사회과학 연구조사방법론

양적연구와 질적연구의 접근

김 구

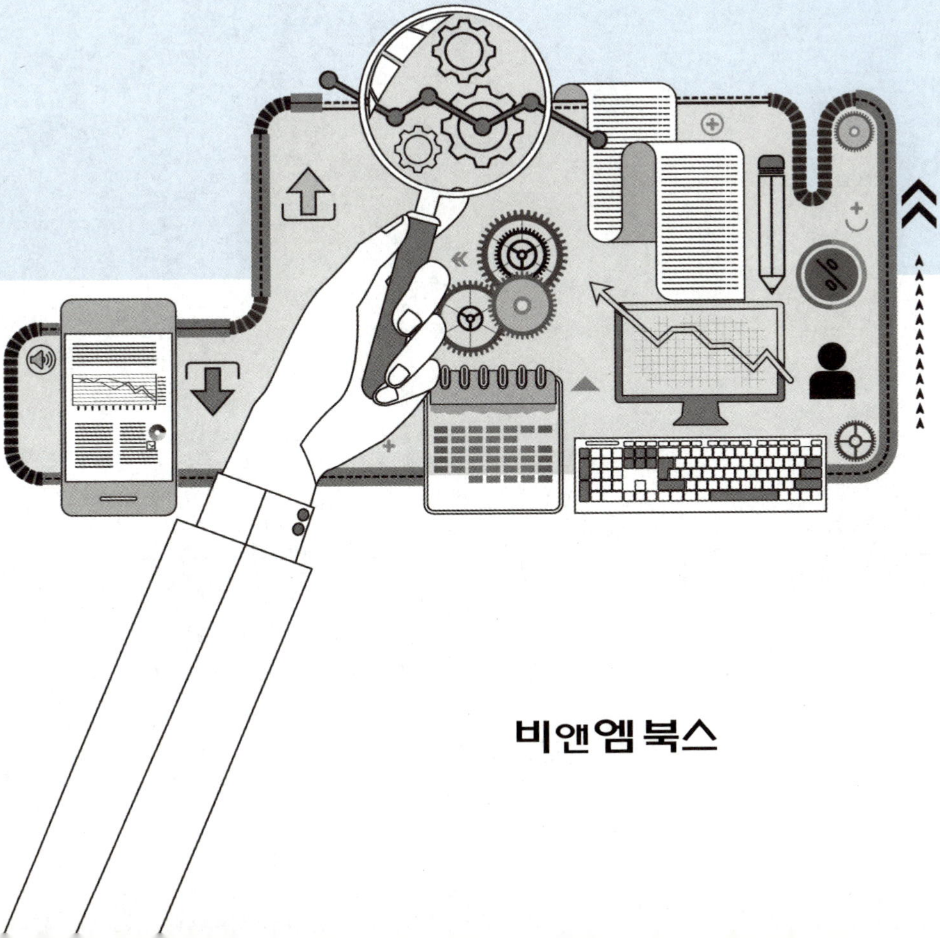

3판

비앤엠북스

3판 머리말

PREFACE

이 책의 개정판을 발행한 지 9년이 지나 제3판을 출간하게 되었다. 현대사회는 인구구조의 변화와 제4차 산업혁명의 파동으로 다양하고 복잡하게 얽혀 새로운 문제들이 발생하고 있다. 새롭게 맞이하고 있는 변화의 폭과 깊이 그리고 강도는 기존의 양상과 비교할 수 없을 정도이다. 사회문제가 복잡 다양하며 새로운 현상으로 나타나기 때문에 그에 따른 사회과학 연구조사방법론도 포괄성과 정밀성을 갖추어야 하는 것은 물론 새로운 접근법의 시도가 요구되고 있다. 단일의 방법론보다 다양한 접근법이 요구되며, 양적방법과 질적방법을 혼합 및 통합하는 연구 필요성이 날로 높아지고 있다. 또한 사회과학이 사회문제를 해결하는 데 기초지식은 물론 문제처방에 도움을 줄 수 있는 대안을 제시하는 실질적인 학문으로 자리매김하기 위해서는 연구조사방법론의 역할이 지대할 것으로 생각한다. 연구조사방법론이 사회과학의 주춧돌이자 내비게이션 역할에 기여하기 위해서는 연구조사방법론의 내용이 충실하게 구성되어야 하는 것은 자명하다. 이 책은 이러한 요구에 반응하는 차원에서 부족한 부분을 보완하고 보다 충실한 내용으로 구성하고자 제3판을 출간하게 되었다.

제3판에서는 내용의 중복 및 오류 부분을 수정하였고, 예시나 사례를 최근 사회문제로 대체하였으며, 부족한 부분을 보완하는 데 중점을 두었다. 첫째, 제1장에서는 철학과 과학의 상호 관계를 추가하였다. 둘째, 제3장 연구유형에서는 양적연구와 질적연구의 혼합적 접근에 관한 내용을 추가하였다. 셋째, 제4장에서는 연구계획서 작성내용을 수정 및 추가·재정리하면서 양적연구의 실제를 추가하였다. 넷째, 제5장은 두 개의 장으로 구분하였다. 연구문제와 가설을 5장으로 구성하고, 이론과 문헌연구를 6장으로 구성하였다. 5장에서는 연구문제에 관한 내용, 특히 연구질문에 관한 내용을 추가하였다. 제2판에서 뒷부분에 소개하였

3판 머리말

던 문헌연구는 제6장으로 앞당겨 통합하여 정리하였다. 다섯째, 개념과 변수를 제7장으로, 측정과 척도를 제8장으로 구분하여 정리하였다. 여섯째, 제13장 실험설계의 준실험설계에서 회귀불연속설계를 설명하는 예시를 수정하였다. 일곱째, 제14장에서는 내용분석의 실제 연구사례를 추가하였다.

이상과 같이 제3판에서는 내용구성의 충실성, 미흡 및 부족한 부분의 보안, 실제적 예시 및 현행화를 통해 연구조사방법론의 완전성을 확립하고자 노력하였다. 그럼에도 불구하고 제3판의 내용이 사회과학 연구를 수행하는 데 완벽한 가이드북이라고 자부하기에는 무릇 부끄럽기만 하다. 여전히 채워야 할 내용이 있음을 고민하면서도 지면관계상 모두 담지 못한 아쉬움을 뒤로 남긴 채 용기를 내어 제3판을 출간하였다. 이번 제3판 출간에 애써 주신 비앤엠북스 정광식 대표와 정경식 이사 그리고 편집자께 지면을 통해 고마움을 전한다.

2020년 5월

저자 씀

2판 머리말 PREFACE

이 책의 출간 3년 만에 다시 개정판을 내놓게 되었다. 이는 그동안 강의하면서 미흡하거나 오류가 있는 부분을 수정 및 보완하기 위해서이다. 사회과학 연구방법론의 학습 범위와 수준을 명확히 설정하기란 쉽지 않지만 방법론에서 공통적으로 다루는 큰 영역은 양적연구와 질적연구라는 것에 모두가 동의할 것이다. 이 책은 양적연구와 질적연구에 관한 기본적인 접근 틀을 잡는 데 유용한 지침서가 되도록 하기 위하여 가능한 복잡한 설명과 다양한 논의는 생략하고 보편적인 렌즈(논높이)로 학습할 수 있게 구성하였다. 또한 학습자들이 방법론에 관한 이해를 통하여 실제 적용할 수 있는 능력을 높일 수 있도록 가능한 도형이나 표를 통하여 정리하였다.

개정판에서 수정 및 보완한 내용은 다음과 같다.

첫째, 오타, 탈자 등을 바로잡았다. 둘째, 내용의 이해성을 높이기 위해 사례를 수정 및 추가하였다. 셋째, 인용과 참고문헌을 수정 및 보완하였다. 넷째, 양적연구 방법론의 체계를 수립하기 위하여 장을 재배열하였다. 양적연구에 대해서는 그 절차에 따라 제6장 개념과 측정, 제7장 설문지 작성법, 제8장 자료수집방법, 제9장 표본설계, 제10장 측정도구의 검증, 제11장 보고서 및 논문 작성 등의 순으로 배열하다. 그리고 그밖에 내용은 제12장 실험설계, 제13장 내용분석, 제14장 질적연구의 본질, 제15장 사례연구와 역사적 비교연구, 제16장 근거이론과 실행연구, 제17장 연구한계와 연구윤리 순으로 배열하였다. 다섯째, 연구설계, 문헌연구, 사례연구, 면접, 그리고 관찰 등을 세부적으로 추가하였다.

이 책은 양적접근뿐만 아니라 질적접근의 연구방법론 내용을 포함하고 있다. 따라서 두 영역을 한 번에 학습하고 이해하기란 쉽지 않을 것으로 보인다. 먼저 기본과정을 숙지하여 방법론 기초를 확립하고, 다음으로 고급과정을 학습한다면 종합적이고 체계적인 학습결과를 얻을 수 있을 것이다.

2판 머리말

기본 과정	고급 과정
제1장 연구방법론의 토대 제2장 과학적 연구의 본질 제3장 연구의 유형 제4장 연구계획과 절차 제5장 연구문제와 가설	
제6장 개념과 측정 제7장 설문지 작성법	제13장 내용분석 제14장 질적연구의 본질 제15장 사례연구와 역사적 비교연구 제16장 근거이론과 실행연구
제8장 자료수집방법 제9장 표본설계 제10장 측정도구의 검증	
제11장 보고서 및 논문작성 제12장 실험설계 제17장 연구한계와 연구윤리	

필자는 사회과학 연구방법론에 관심을 가지고 순수학문을 하거나 실제에서 응용하고자 하는 사람들이 이 책을 통해 기대 이상의 학습성과를 올리기를 고대한다. 한편 더 쉽게 이해할 수 있도록 설명을 보충하고 보완한 이번 개정판이 학습자들에게 오히려 짜증을 불러일으키지는 않을까 하는 우려도 있다. 한 번의 작업이 완전하고 완벽할 수 없겠지만 그것을 평가하는 차선적 기준은 필자의 성실성에 달려 있다. 성실하게 최선을 다하였지만 여전히 필자가 찾아내지 못한 오류가 있을 것이다. 학습자들의 아낌없는 채찍을 기대한다. 개정판 출간을 쾌히 허락해 준 비앤엠북스 정광식 사장과 정경식 부장 그리고 편집자께 지면을 통해 고마움을 전한다.

2011년 6월

저자 씀

초판 머리말 PREFACE

사회과학은 사회현상에 대해 과학적인 방법을 동원하여 바람직한 요인과 바람직스럽지 않은 요인을 탐색하여 규명함으로써 바람직한 사회현상을 설명하는 이론을 개발하고 지식을 제공하는 데 목적을 두고 있다. 사회현상 속에는 인간의 욕구불만족 상태가 지속되어 사회문제를 일으키게 된다. 사회과학은 사회문제의 원인을 규명하고 적절한 대안을 모색하는 이론과 지식을 습득하기 위해 여러 과학적 접근방법을 탐구하는 학문이다.

이 책의 내용은 사회문제의 발굴에서부터 심층적 탐구활동과 과학적이고 체계적으로 조사, 분석에 이르기까지 사회과학 전반에 관한 질적방법론과 양적방법론을 체계적으로 정리한 기본서이다. 어떤 학문이든 방법(method)과 방법론(methodology)의 관점에서 해당 분야를 다룬다. 방법은 수단과 도구의 맥락이고, 방법론은 어떤 방법을 어떻게 사용할 것인가를 안내하는 방향과 지침의 맥락으로서, 이 책의 내용은 이 두 가지 모두를 포함하고 있다. 따라서 이 책은 연구자가 연구상황에 적합한 연구방법을 선택하고 사용할 수 있도록 하는 기본적인 토대에서부터 구체적인 방법 즉, 툴을 포함하는 내용들로 구성하였다.

방법론은 크게 질적방법과 양적방법으로 구분되고 있으나 실제 연구에서는 이 두 가지 방법을 병행하고 있으며, 또는 상호 교호적으로 접근하고 있다. 필자는 이런 점에 착안하여 그동안 체계적으로 정리하지 않았던 질적방법론을 추가하였고 양적방법론에 대해서도 보완하는 차원에서 이 책을 출간하였다. 필자가 질적방법론을 추가한 것은 기존에 다루어왔던 '조사방법론'은 주로 양적방법론의 계량적인 접근방법에 치중함으로써 '가치적'이고 '심층적'인 요소를 체계화할 수 있는 지식창출의 토대 구축에 미흡하다고 판단한 것이다. 우리 사회가 날이 갈수록 이해관계가 복잡하게 얽히고 다양한 생각과 의견들로 여러 사회문제들을 야

초판 머리말

기하고 있으며, 이런 문제를 해결하기 위한 다양한 방법이 종합적으로 동원되어야 한다는 점을 상기해 볼 때, 사회과학을 공부하는 사람은 양적접근법과 질적접근법 모두를 학습해야 할 것이다. 이와 같은 의도를 가지고 이 책은 다음과 같은 체제로 구성하였다.

제1장부터 제5장까지는 방법론의 출발과 토대에 해당되는 부분으로서 과학과 방법론의 일반적인 기초를 다루었으며, 연구문제 도출과 연구설계 구축방법들을 제시하고 있다. 제6장부터 제11장까지는 연구자료에 대한 관찰 및 측정법을 중심으로 양적방법에 입각한 툴을 다루었으며, 제12장부터 제14장까지는 질적방법의 토대에서부터 사회과학 질적방법으로 자주 사용되고 있는 사례분석과 역사적 비교연구, 근거이론과 실행연구 등을 다루었다. 제15장에서는 양적/질적방법 모두에 적용되는 자료수집방법을 다루었고 제16장은 연구결과를 정리하는 보고서와 논문의 작성방법을, 마지막으로 제17장은 사회과학 연구의 한계와 연구윤리를 다루었다.

이 책은 기존에 출간했던 '조사방법론'의 내용을 대폭 보완하는 전정판의 성격을 가지고 있다. 기존 출간한 내용에서 질적방법론이 누락되었던 부분과 소홀히 다루어졌다는 점을 인정하면서 이런 고민을 어느 정도 덜어보고, 또한 사회과학을 학습하는 독자들에게 질적방법과 양적방법을 동시에 접근해 볼 수 있는 기본서 및 안내서로서 활용될 수 있기를 바라는 의도로 출간하였다. 이럼에도 불구하고 이번 내용이 사회과학 방법론에서 요구하는 모든 내용을 담고 있다거나 완전하다고 말할 수 없다. 여전히 뭔가 부족하고 빠져있으며 보완해야 될 것 같은 생각은 떨쳐 버릴 수 없다. 따라서 책 내용에 대한 오류 및 수정해야 될 사항은 전적으로 필자의 몫이며 독자들의 비판적 시각으로 학문적 채찍을 기대하며, 학문적 발전을 위하여 겸허히 받아들일 것을 다짐한다. 덧붙여 이 책은 방법론(특히, 조사방법론)에 관한 많은 학자 및 논자들의 노력의 결과물(단행본, 논문, 저널 등)로 이루어졌다. 국내의 경우 여러 방법론 책들을 참고하였지만(참고문헌 참조) 그 중에서 행정학 분야의 김해동 교수님, 김광웅 교수님, 남궁 근 교수님 그리고 경영학 분야의 채서일 교수님의 책은 본인의 방법론 지식을 체화시키고 확장하는 데 큰 발판이 되었다. 이 자리를 빌려 감사를 드린다.

이 책이 나오기까지 가족의 헌신적인 응원 없이는 불가능한 일이었다. 그동안 어려운 여건 속에서도 공부할 수 있도록 응원하고 용기를 주며 참아준 아내 그리고 신우, 고운과 함께 이 책 출간의 기쁨을 나누고 싶다. 또한 학문적 방향을 잡아주고 격려와 성원을 아끼지 않으신 행정학 분야의 교수님들께 감사드리며, 마지막으로 여전히 미완성의 보잘것없는 내용임에도 불구하고 쾌히 출간을 허락해 주신 비앤엠북스 발행인 정광식 사장님과 정경식 부장님 그리고 편집을 담당한 박미영님에게 지면을 통해 고마움을 표한다.

2008년 7월

아름다운 경포와 대관령 사이에 위치한
연구실에서 저자 씀

차례

CONTENTS

차례

CONTENTS

제6장 이론과 문헌고찰

제7장 개념과 변수

차례

CONTENTS

차례

CONTENTS

차례

CONTENTS

제18장 연구한계와 연구윤리

제19장 보고서와 논문 작성

부록

제 1 장

연구방법론의 토대

이 장의 개요

어떤 학문분야에서든 지식을 확장 발전시키기 위해서는 그 기원에 대한 이해가 선행되어야 한다. 이 장에서는 연구방법론이 발전되고 논의를 확장하게 된 근본 뿌리가 어떤 토양에서 비롯되었는지를 학습한다. 구체적으로, 연구의 기본이념, 연구방법론의 주요 접근법 등을 살펴봄으로써 연구방법론의 기원과 기본 틀을 이해하고자 한다. 이와 함께 사회과학의 학문적 특성을 살펴봄으로써 사회과학에서 연구방법론을 왜 학습해야 하고, 어떻게 접목하여야 되는지를 제시한다.

제1절 연구의 기본이념

1. 철학과 과학

연구방법론(research methodology)에 관한 학습은 철학과 과학의 관계를 이해하는 것에서부터 출발한다. 특히 사회현상을 다루는 사회과학은 인간과 사회를 대상으로 하기 때문에 개인적 인간에 대한 이해는 물론 개인들이 모인 공동체라는 사회에 대하여 이해하기 위해서는 보다 폭넓은 시야를 가지면서 체계적인 접근이 필요하게 되는데 여기에 도움을 주는 것이 철학과 과학이다. 철학은 인간과 세상의 이치(理致)에 대하여 멀리 보며 깊고 폭넓게 이해하는 데 도움을 준다.

철학(philosophy)의 개념을 한마디로 정의하기 어렵지만 사전적 의미를 살펴보면 다음과 같다. 「국립국어원 표준국어대사전」에 따르면 철학이란 "인간과 세계에 대한 근본 원리와 삶의 본질 따위를 연구하는 학문"으로 정의하고 있고, 「옥스포드영어사전」에 따르면 "인간 생활과 만물의 본질과 의미를 다루는 분야 또는 삶과 만물에 대한 지식을 찾아서 얻은 특별한 신념 체계"로 정의하고 있다. 철학은 인간은 어떻게 살아야 하는가(윤리), 사물의 본질 또는 존재의 본질은 무엇인가(형이상학), 진정한 지식은 무엇인가(인식론), 추론의 올바른 원칙은 무엇인가(논리) 등에 관심을 두는 학문분야이다(Quinton, 1996; Durant, 1991). 또한 세상을 어떻게 사는 것이 참된, 그리고 올바른 삶인가에 대한 객관적 척도는 존재하지 않으며, 그것을 과학적으로 명확히 규명할 수도 없지만, 철학은 인간의 주장과 가치에 대한 사고의 기본적 전제를 파악하는 기본 틀이기도 하다.

과학(science)과 철학(philosophy)에 대한 논의는 두 학문은 어떤 관계인가, 철학의 토대 없이 과학이 발전할 수 있는가, 또는 과학의 지원 없이 철학 자체만 발전할 수 있는가 하는 물음과 궁금증이다. 사람들은 과학이 철학에서 비롯되었다고 여긴다. 과학과 철학은 각각의 발전을 위해 상호 도움을 주고 있다. 철학은 주장의 근거로서 과학적 발견으로부터 끊임없이 도움을 받고 있다. 그리고 과학은 보편적 원칙에 대한 방법론적 자극과 세계관을 철학으로부터 지원받고 있다. 현대

과학의 토대가 된 많은 아이디어는 철학적 사고 구조에 기인한다. 특별한 분야의 지식발전에 있어서도 철학은 실질적인 자극을 준다.

철학적 진술은 과학을 통해 도출된 연구 성과물로 이루어진 사실들의 총체에 기반하고 있다. 또한 철학적 진술은 과학적 사실의 일반화를 통해 발견된 명제(propositions), 원칙(principles), 개념(concepts), 그리고 법칙(laws) 등의 시스템에 기반하고 있다. 곧 특별한 과학의 성과는 철학적 진술을 요약해 놓은 것이다. 예를 들어, 유클리드 기하학에서 갈릴레이(Galilei)와 뉴턴(Newton)의 역학은 인간 이성의 큰 성과이다. 우주구조의 전체 개념을 변화시킨 코페르니쿠스(Copernicus)의 태양 중심설, 생물학에 심대한 영향을 미친 다윈(Darwin)의 진화론(theory of evolution), 물체, 운동, 공간, 시간 사이 관계성을 주장한 아인슈타인(Einstein)의 상대성 이론(theory of relativity)도 지적 혁명(intellectual revolution)에서 비롯된 것이다. 또한 인간사회의 발전을 연구한 마르크스(Marx), 엥겔스(Engels) 그리고 레닌(Lenin)은 사회현상이나 사건에 대한 사람들의 생각을 변화시켰다. 말하자만 철학과 과학은 상호 영향관계라고 할 수 있다.

철학과 과학의 관계에서 상호 기여가능성을 살펴보면 다음과 같다(허재윤, 1980: 100-110).

먼저 철학이 과학에 기여할 수 있는 가능성은 무엇인가?

① 철학은 과학의 방법과 원리를 탐구하는 데 기여한다.
② 철학은 과학언어를 논리적으로 분석하는 데 토대가 된다.
③ 철학은 과학의 근본 전제 및 근본 개념에 대한 연구의 토대가 된다.
④ 현상학적 입장에서 과학의 각 영역에 있어서의 근본 개념의 본질을 해석하고 이해하는 데 도움을 준다.

다음으로 과학이 철학에 기여할 수 있는 가능성은 무엇인가?

① 과학, 특히 엄밀성을 가진 과학의 전형에 따라 철학을 '엄밀하고 정확한 학문'으로 재정립을 시도할 수 있도록 자극한다.

② 과학적 지식을 수단적 접근으로 보는 입장으로 철학의 임무는 단순한 과학적 지식을 종합하고 체계화하는, 즉 철학은 과학의 성과를 종합해야 한다는 것이다.

철학은 우리가 사회현상의 의미를 깊이 이해하도록 돕는 길잡이이며, 나아가 과학적 발견과 기술적 응용의 일반적 가능성을 엿볼 수 있도록 안목을 갖게 한다. 연구방법론에 있어서 철학은 왜 연구조사를 해야 하는가? 무엇을 문제로 규정할 것인가? 사회현상을 어떻게 이해할 것인가? 등에 관한 기본 틀을 정립하는 데 토대가 된다.

【그림 1-1】 철학과 과학의 상호 관계

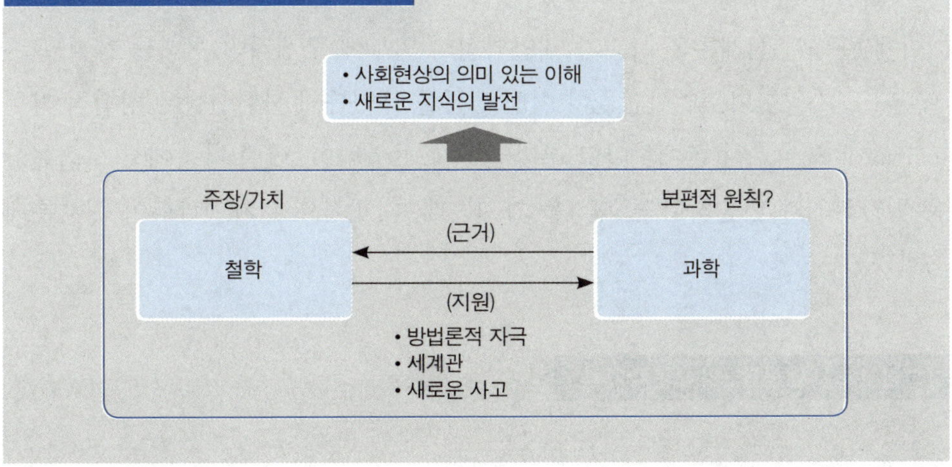

2. 연구출발의 근본

연구출발에 앞서 중요한 물음은 무엇(what)을, 왜(why) 연구하려는가, 어디(where)에 초점을 두고 어떤 방법(how)으로 연구하려는가 등이다. 이런 물음은 다음과 같은 4가지 차원, 즉 대상의 존재(ontology), 대상의 인식(epistemology), 인간의 본성(human nature), 방법론(methodology) 등을 통해 설명할 수 있으며, 이들 각 차원은 그림 1-2와 같이 상대적으로 구분할 수 있다(Burrell & Morgan, 1979: 3; 강신택, 1998: 29).

1) 존재론

존재론(ontology)은 그리스어 존재(being)로부터 비롯된 것으로 연구의 대상이 되는 현상의 본질에 초점을 맞춘다(Hollis, 1994). 존재론의 목적은 객관적인 실체(reality)가 있는가에 대하여 답하는 데 있다.

사회과학에서 존재론은 유명론(nominalism, 唯名論)과 실재론(realism, 實在論) 차원으로 구분한다. 유명론에 따르면 사회란 어떤 물리적인 실체처럼 존재하는 것이 아니라 우리가 사회관계에 관하여 무엇인가를 묘사하고 지칭하기 위하여 붙인 이름에 불과하다(강신택, 1998: 29). 그러므로 사회과학은 주관성(subjectiveness)의 정도를 포함하고 있어 지능, 신뢰, 만족, 행복, 자유, 평화 등과 같은 특성을 측정하기 곤란하다는 것이다. 즉, 신뢰란 사회적 커뮤니케이션 과정에서 창출된 개인의 인식과 생각으로 보고 있다.

이에 반하여 실재론은 사회가 개인의식의 외부에 구체적인 형태를 가지고 존재한다고 가정한다. 즉 사람들이 어떤 이름을 붙였든지 사회현상은 경험적 사실(empirical facts)로서 존재한다고 본다(강신택, 1998: 29). 이런 가정에서 사회현상은 평가하기가 단순하다는 특성을 가지는데, 대표적으로 자연과학이 실재론에 속한다.

【그림 1-2】 연구접근의 근본적 차원

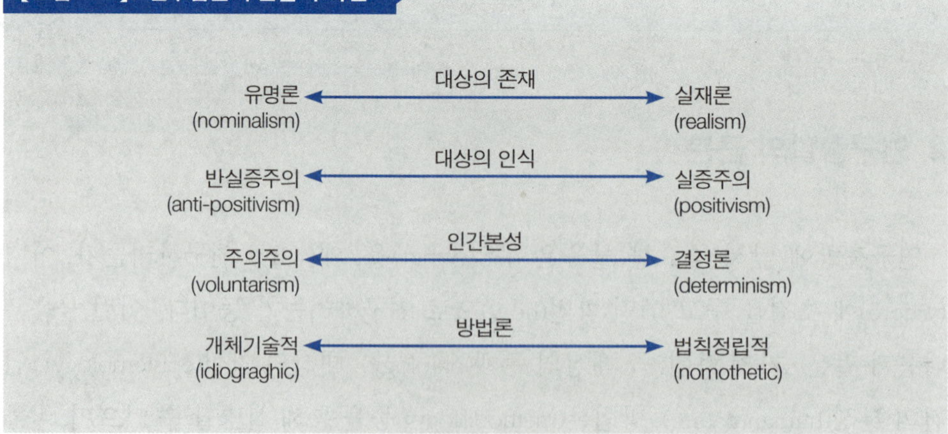

2) 인식론

인식론(epistemology)은 지식의 생산과 획득, 참(true)과 거짓(false)의 구분, 소통 방법을 다룬다. 인식론은 다시 인과법칙 확인을 통해 지식이 증명되거나 기각될 수 있다고 보는 실증주의(positivism)와 개인의 주관적 확인을 통해 지식이 증명되거나 기각될 수 있다고 보는 반실증주의(anti-positivism) 차원으로 구분한다. 실증주의는 과학적 지식이 논리적 실증적 근거를 가져야 하며, 가치와 사실이 구별되고, 몰가치적(value-free, 沒價値的)이어야 한다고 주장한다(강신택, 1998: 29). 즉, 실증주의는 가설의 증명을 통해 지식을 창출한다는 점에서 자연과학과 밀접하게 관련된다.

이에 반하여 반실증주의는 과학적 지식이 유일한 지식이 아닐 뿐만 아니라 지식이란 반드시 실증적 근거를 가질 필요도 없으며, 가치와 사실은 구별될 수 없고 모든 지식은 가치에 관한 주장을 담고 있다고 주장한다(강신택, 1998: 29-30).

표 1-1 실증주의와 반실증주의 비교정리

실증적(positive)	반실증적(anti-positive)
• 예측적(predictive)	• 기술적(descriptive)
• 계수적(enumerative)	• 구성적(constructive)
• 입증적(verificative)	• 생성적/발생적(generative)
• 연역적(deductive)	• 귀납적(inductive)
• 객관적(objective)	• 주관적(subjective)
• 양적(quantitative)	• 질적(qualitative)
• 일반화(generalization)	• 비교성(comparability)

자료: Lecompte & Preissle(1993); 조영달(2005: 50에서 재인용)

3) 인간본성

인간본성(human nature)은 어떤 환경(environment)이 개인의 행동에 영향을 미치는가에 관심을 가진다. 예를 들어, 결정주의(determinism)는 환경적 요인으로 요인적·선척적 요인과 사회구조를 두고 이것에 의해 개인행동이 운명적으로 결정된다고 주장한다. 주의주의(voluntarism)는 환경적 요인으로 고려될 수 있는 것은 무한하며 상황도 복잡 다양하기 때문에 개인행동에 영향을 미치는 요인을 명확히 하기는 곤란하고, 따라서 개인행동은 주변 환경에 따라 그때그때 결정된다고 주장한다.

4) 방법론

방법론(methodology, 方法論)에 있어서 중요한 국면은 연구문제를 어떻게 형성할 것인가, 이론을 어떻게 적용할 것인가, 경험적 자료를 어떻게 수집하고 해석할 것인가를 결정해야 할 때이다. 예를 들어, 연구자가 주관적인 접근법을 가진다면 질적인 조사가 가능한, 소규모 집단을 연구대상으로 삼는 사례연구방법이 가장 적절할 것이다. 반면에 객관적인 접근법을 가진다면 양적으로 조사하는 법칙정립적인 서베이방법을 선호할 것이다. 방법론에서 전자를 개체기술적(idiographic, 個體記述的) 방법론, 후자를 법칙정립적(nomothetic, 法則定立的) 방법론이라고 한다.

또한 사회과학 연구방법론(research methodology)은 세부적으로 방법론(methodology)과 방법(methods)으로 구분한다. 방법론은 현상을 기술하고 설명하며 예측하는 일을 수행하는 전반적 틀로서 수집된 자료와 정보를 해석하고 결론을 이끌어내는 데 이용될 표준이 될 뿐만 아니라 연구에 필요한 이론적 근거를 도출하는 가치와 가정에 대한 틀을 제공한다(Almalki, 2016: 290). 방법론은 용어 형태상 '방

【그림 1-3】 방법과 방법론의 관계

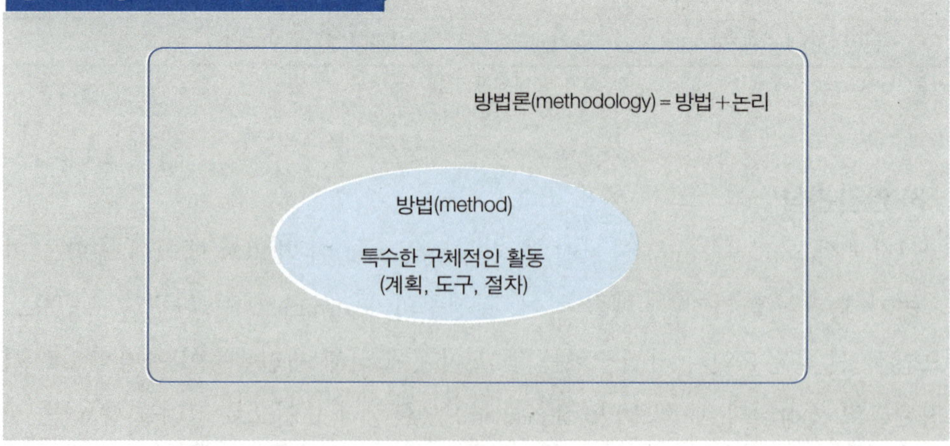

법'과 '논리(logos)'의 결합으로 볼 수 있다. 논리는 철학에서 비롯한다. 철학에서 논리는 이성의 원리, 세계질서의 원천, 그리고 이해 능력 등의 의미를 담고 있다. 방법론은 지식을 얻기 위해 사용되는 계획에 대한 연구, 즉 '현상에 대한 이해를 성취하기 위해 수행할 가능한 계획을 검토하는 것'을 의미한다. 다시 말해 면접법, 측정수단 개발법, 설문지법 등 사용되는 방법에 관심을 갖기보다는 왜 그러한 방법을 사용하면 타당성이 있고 신뢰할 만하며 진정한 이해를 얻을 수 있는가에 주로 관심을 기울인다(김승현 외, 2003: 19-20). 사회과학에서 방법론이라고 말할 때는 방법 자체를 포함하여 방법이 적절한지, 현상을 잘 설명해 줄 수 있는지를 체계적으로 검토하는 것을 의미한다.

방법이란 '무엇인가를 추구하는 것'으로 연구결과를 얻기 위해 사용되는 특수한 구체적인 활동 또는 어떤 형태의 질문이나 조사를 수행하는 동안 사용하는 수단이나 도구를 의미한다. 다양한 질문이나 조사에 사용할 수 있는 도구 역시 다양하며, 특정 연구 상황에 가장 적합한 도구를 선택하는 일은 연구자의 몫이다(Almalki, 2016: 290). 음식을 만들 때 음식 목적과 재료에 따라 사용하는 도구가 달라져야 하듯이 연구목적, 연구대상, 연구자료 등에 따라 도구가 달라져야 한다. 방법은 연구진행에서 사용하게 되는 다양한 도구들로, 즉 실험설계, 표본추출절차, 측정도구, 자료의 통계적 처리 등을 포함한다. 과학적 지식획득 방법에서 사

【그림 1-4】 사회과학 연구방법론의 다차원적 분류

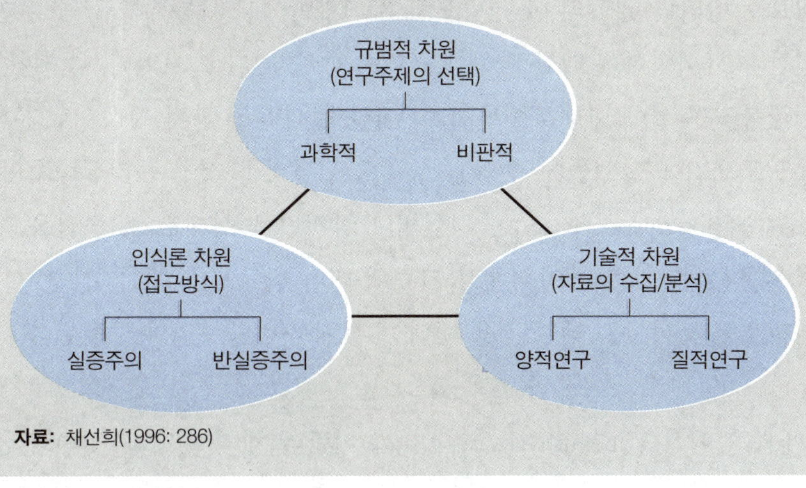

자료: 채선희(1996: 286)

용될 때에는 '지식을 추구하기 위해 사용되는 구체적이면서 논리적으로 질서정연한 계획이나 절차'를 의미한다.

한편 사회과학 연구방법론은 연구주제 선택의 규범적 차원에서 과학적 접근과 비판적 접근으로 구분할 수 있고, 접근방식의 인식론 차원에서는 실증주의와 반실증주의로 구분하며, 자료의 수집 및 분석의 기술적 차원에서는 양적연구와 질적연구로 구분한다.

제2절 연구방법론의 접근법

1. 실증주의와 역사주의

1) 실증주의

실증주의(positivism, 實證主義)는 어떤 사실이나 현상의 배후에 초월적인 존재나 형이상학적인 사변(思辨)을 상정하는 것에 반대하고 객관적이고 경험적으로 검증된 결과만을 사실로 인정하는 태도나 경향을 가리킨다. 실증주의는 근대 자연과학의 방법과 성과에 기초해 물리적 세계만이 아니라 사회적·정신적 현상들까지 통일적으로 설명하려는 지적 태도로서 나타났다. 실증주의는 콩트(Comte)를 중심으로 나타난 철학의 한 경향으로 자연과학에서 사용되는 실증적 연구방법이 인간과 사회현상에 대한 탐구에도 적용될 수 있다고 보았다. 즉, 실증주의는 형이상학적 학설에 반대하여 사실에 대한 인식만을 참된 지식으로 본다. 실증주의가 20세기에 접어들어 수정된 모습으로 등장한 것이 논리실증주의이다. 논리실증주의(logical positivism)는 경험이나 감각만을 실제로 보는 점을 거부하고, 철학의 임무를 과학의 인식론적 기초에 대한 탐구보다 개념, 진술, 설명 등을 논리적으로 분석하는 데 초점을 둔다는 점에서 실증주의와 구별된다(문태현, 1993: 76).

여기에서 형이상학(metaphysics, 形而上學)이란 일체의 존재자(세계)의 궁극적 근거를 연구하는 학문으로 영역적·부분적 지식이 아니라 보편적·전체적 지식을 탐구한다. 형이상학에서 구하는 지식은 모든 존재 대상의 어떤 실재근거(實在根據)를 찾는 것이며, 따라서 특수한 영역과 시야를 넘은 초월의 시야에서 얻는 초월적 지식이라야 세계를 진정으로 이해할 수 있다고 본다.

2) 역사주의

역사주의(Historismus, 歷史主義)는 모든 사상(事象)을 역사적 생성과정으로 보고 그 가치 및 진리도 역사의 발전과정에서 나타난다고 주장한 입장이다. 역사주의는 모든 지식과 경험, 사회적·문화적 실재를 역사변동의 맥락에서 파악한다.

역사주의는 실증주의와 인식과 입장을 달리한다. 역사주의는 자연과 세계를 고정되고 영원한 것이라기보다 유동적이고 변화한다는 관점에서 이해하며, 지식은 발견되기보다 창조된다는 신념에 의존한다. 또한 지식이나 세계관을 개인적이고 사회적인 창조물로 보며, 인간 현실이나 자연의 성격을 객관적이고 절대적인 방법으로 파악할 수 없다고 본다. 역사주의는 순수 감각자료에 대한 직접 인식을 거부하며 진리의 상대성을 지지한다(문태현, 1993: 76-77).

2. 실증적 연구, 해석적 연구, 비판적 연구

사회과학의 주요 접근방법은 크게 실증적 연구, 해석적 연구, 그리고 비판적 연구로 나눌 수 있다(문태현, 1993: 81-84).

1) 실증적 연구

실증적 연구(positive study)는 실증주의의 철학에 기반을 두고 사회현상을 설명하고 예측하는 접근방법이다. 설명하고 예측하는 기반은 인과관계를 통해 제시하며, 이를 위해 연역적 방법과 귀납적 방법을 이용하는데, 연역적 방법은 현상을 설명하고 예측하는 데 일반법칙을 사용하며, 귀납적 방법은 주로 통계적 확률론에 의존한다.

2) 해석적 연구

해석적 연구(interpretive study)는 현상학, 해석학, 언어분석학의 전통에 뿌리를 두고 사회적 상황 속에서 삶을 살아가는 사람들의 말과 행동을 이해하고 의미를 파악하는 데 관심을 두는 접근방법이다. 인간생활에 궁극적 관심을 두고 과학적 방법은 부차적이라고 본다. 해석적 연구접근방법은 지각할 수 있는 물질세계가 아니라 스스로 반성하고, 변화를 추구하고, 무엇을 바라고 창조하며, 문화적 전통을 받아들이는 정신세계에 초점을 둔다. 사회현상을 이해하려는 해석적 접근방법은 '상황'을 이해하기 위해서 해석이 필요하다는 견해를 가진다. 여기에서 해석은 사회적 행동의 의미와 사회적 행동을 규제하는 규범이나 규칙 혹은 가치를 이해하는 것과 관련된다. 그리고 이해는 행위자의 생각이나 의도 동기 혹은 감정 등을 파악하는 인식작용이다. 해석적 연구에서는 행위자 내면의 의도(주관적 의식) 파악을 중요하게 생각하며, 이를 위해 타인(연구대상)의 경험을 심리적으로 재영상하거나 동기, 믿음, 욕망, 생각 등을 합리적으로 이해하는 데 관심을 둔다. 해석적 연구의 목적은 자신과 타인의 행동의 의미를 파악하고, 사회 속에 참여한 사람들의 상호 주관적(intersubjective) 커뮤니케이션을 통하여 행위의 객관

표 1-2 실증주의와 해석주의 비교

실증주의	해석주의
• 지식은 직접 관찰할 수 있는 현상에 토대를 둔다.	• 지식은 직접 관찰할 수 있는 것이 아니라 해석과 의미를 이해하는 것에 토대를 둔다.
• 사회현상은 실험과 같은 자연과학의 원리를 사용함으로써 연구되어야 한다.	• 사회현상은 자연적으로 발생하는 행동을 이해하기 위하여 참여관찰과 심층면접과 같은 자연적 상태로 연구되어야 한다.
• 신뢰성과 일반화를 강조한다.	• 타당성을 강조한다.
• 설명은 인과법칙의 형성 또는 일반화의 법칙을 통해 이루어진다.	• 설명은 사회적 의미/이유와 행동에 대한 성향을 기술함으로써 이루어진다.
• 주어진 이론의 검증을 강조하는 가설적/연역적 방법을 사용한다.	• 이론은 데이터로부터 생성된다는 분석적/귀납적 방법을 사용한다.
• 객관적인 자료를 수집한다.	• 주관적인 자료를 수집한다.
• 분석은 주어진 이론에 대한 과학적 검증에 기반을 둔다.	• 분석은 진화된 이론으로부터 행동과 상황에 대한 언어적 표현과 관찰에 기반을 둔다.

자료: Henn et al.(2009: 17)

적 의미 생성을 재구성하는 데 있다(조영달, 2005: 36-37).

3) 비판적 연구

비판적 연구(critical study)는 마르크스 이론과 비판사회이론, 현상학 등에 뿌리를 둔 접근방법으로 사회적으로 왜곡된 구조를 파악하여 사회변동을 촉진시키려는 의도를 갖는다. 여기에서 비판이란 지식의 조건과 사회제약에 대한 성찰을 뜻하며, 사회적 상황 속에서 무엇이 진리이고 허위인지, 어떤 것이 선이고 악인지를 지적하여 사람들로 하여금 진리와 선에 따라 행동하도록 밝힌다.

표 1-3 실증주의, 해석주의, 비판주의 비교

구분	실증주의	해석주의	비판주의
1. 연구목적	사건의 예측과 통제	의미 있는 사회행동의 이해와 기술	사회변동에 대한 사람들의 권한
2. 사회실제의 본질	이미 존재하는 안정적인 유형과 질서의 발견	인간 상호작용에 의해 창조된 상황의 정의	숨겨진 근본적 구조를 통한 갈등관리
3. 인간존재의 본질	자신의 이익을 위한 합리적인 선택	의미를 생성하는 사회적 존재, 지속적으로 단어에 의미를 부여하는 존재	드러나지 않은 잠재성을 가진 창조적이고 적응적인 존재
4. 이론의 연결형태	정의, 공리, 법칙과 상호 연결된 논리적, 연역적 체계	집단의 의미 체계가 어떻게 생성되고 유지되는가를 기술	더 좋은 세상을 위한 비판
5. 진리의 설명	법칙과 사실에 기반하여 논리적으로 연결	연구자의 감정	세상을 변화시키는 데 필요한 도구
6. 증거	반복적인 정확한 관찰	사회적 상호작용의 맥락	발표된 이론
7. 가치의 준거	과학은 가치중립적	가치는 사회생활의 통합적 부분	모든 과학은 가치 중심

자료: Neuman(2000: 85)

제3절 사회과학의 학문적 특성

과학의 분야는 크게 자연과학(natural sciences)과 사회과학(social sciences)으로 분류한다. 자연과학은 자연현상을 연구하는 분야이고, 사회과학은 인간행동과 사회현상을 연구하는 분야이다.

1. 사회과학의 학문적 성격

사회과학은 사회현상을 연구대상으로 하기 때문에 응용과학 및 실천과학의 성격이 매우 강하다.

(1) 응용과학으로서 사회과학

사회과학은 인간을 이해하기 위하여 과학적인 지식을 사용하며, 복잡한 인간체계를 연구하기 위해 개발된 지식과 기술을 사용하는 응용과학이다. 또한 사회과학은 사회현상을 진단하고 바람직한 대안을 모색하는 과정에서 인접학문과 학제적 교류가 이루어지는 학문 분야이다.

(2) 실천과학으로서 사회과학

사회과학은 실제에 응용되어 당면 문제를 해결하는 데 주안점을 두는 실천과학이다. 여러 상황에 대한 과학적 조사를 통해 얻은 이론은 현상을 설명하기 위한 준거 틀이 된다. 이론이 올바르지 않다면 현상을 제대로 이해하고 설명할 수 없다. 과학은 '이론 개발'에 그치지 않고 개발된 이론이 현실 세계의 문제를 해결하기 위한 준거 틀로써 이용되어야 한다. 사회과학도 이론연구 중심이 아니라 개발된 이론이 보편적으로 적용되어 당면한 사회문제 해결에 실마리를 제공하는 데 의의를 둔다.

(3) 종합학문으로서 사회과학

사회과학은 인간의 모든 행위, 즉 개인의 독자적인 행동과 타인과 상호 관련되어 나타나는 사회적 행동을 연구대상으로 하여 사회현상이나 인간의 행위를 분석하고 종합하여 일반적 법칙을 찾아내려는 지식활동 체계라고 말할 수 있다. 사회과학은 별도의 연구분야가 존재하지 않고 사회문제가 곧 연구대상이기 때문에, 사회과학에 관한 지식을 탐구하기 위해서는 사회현상을 종합적 관점에서 탐구하려는 자세가 필요하다. 예를 들어, 행정학을 '행정현상에 대한 체계화된 지식'이라고 한다면 행정현상을 둘러싸고 있는 복잡한 많은 변수들이 체계적으로 검토되어야 하고 이를 위해서는 인접학문끼리 상호작용이 이루어지면서 종합적으로 접근해야 한다.

2. 사회과학 연구의 특성

사람은 사회적 동물이기 때문에 사회를 떠나서 생활할 수 없으며 다른 사람과 관계를 맺으면서 집단이나 조직의 구성원으로 생활하고 있다. 사회에 관한 연구는 사람행동에 관하여, 그리고 다른 사람, 집단, 문화, 조직과의 관계에 관하여 관심을 둔다. 사회과학 연구는 물리학, 화학, 생물학 등과 같은 자연과학과 차이가 있지만 분명하게 구분되는 것은 아니다. 사회과학 연구는 인간 행동 결과로 나타나는 사회현상뿐만 아니라 자연현상을 탐구하는 영역에도 관심을 가진다. 예를 들어, 사회과학의 한 분과인 심리학에서 실험활동은 본질적으로 생물학에서 다루는 동물행동에 관심을 가지고 그 관찰 결과를 토대로 인간행동을 이해하는 출발선으로 삼기도 한다. 사회과학 연구는 주로 인간행동에 의한 사회현상에 관심을 갖는 데 반해 자연과학 연구는 주로 자연현상을 연구대상으로 삼는다. 사회과학과 자연과학의 연구는 연구대상에 차이가 있을 뿐 기본적인 연구방법 등에는 큰 차이가 없다.

사회과학 연구란 사회문제를 해결하기 위한 방안을 찾기 위해 자료를 수집하는 지식탐구의 활동 및 절차이다. 사회과학 연구는 과학적 방법을 활용하여 현상에 관한 자료를 수집, 기술, 분석, 해석하고 이해하여 사회문제 해결을 위한 지식을 제공한다. 사회과학 연구는 다음과 같은 특성을 가진다.

(1) 응용연구와 순수연구의 양면성

사회과학 연구는 사회현상에 대한 이해와 이론으로 결집된 지식 자체만을 획득하려는 순수연구의 성격도 지니고 있지만, 연구의 주된 목적이 주로 인간의 욕구 충족과 당면한 문제의 해결을 위한 프로그램 수행 등에 필요한 지식의 산출이라는 측면에서 응용연구의 성격이 강하다. 물론 응용연구와 순수연구의 관계는 단절적이고 별개로 분리될 수 있는 것이 아니라 상호 보완적 또는 상호 교호적 관계에서 연구발전을 기대할 수 있다.

(2) 사회개량 지향성

사회과학 연구는 바람직하지 않은 사회문제 해결과 더욱 바람직한 방안을 찾기 위해 지식과 정보를 체계화한다. 사회과학 연구는 기존의 사회시스템이나 제도, 그리고 사회현상의 어떤 국면이 부적합한지를 찾거나 어떤 요인이 인간행동에 불편을 초래하는지를 찾고, 이에 적합하고 편리한 요인들을 제안함으로써 사회적 개량에 목적을 둔다.

(3) 계획 지향성

사회과학의 한 분야인 행정학의 경우 행정기관에서 행정서비스를 제공하려 한다면 행정수요조사를 통해 대상자 선정과 욕구의 종류 및 수준을 파악함으로써 행정서비스가 계획적(의도적)으로 제공될 수 있도록 해야 한다. 행정서비스는 지속적인 관리활동이고 서비스가 계획적으로 제공되기 때문에, 행정학 연구도 행정서비스가 체계적이고 계획적으로 제공될 수 있도록 지원해야 한다. 또한 정부정책이나 프로그램은 서비스 제공 기간과 서비스를 제공하기 위한 재원조달방안, 서비스제공 및 지원체계 등이 계획적으로 마련되어야 효율성과 효과성을 확보할 수 있는데, 이를 위해서는 과학적인 조사연구를 통해 계획적이고 체계적인 방안 수립이 필요하다.

(4) 평가적 특성

행정기관에서 제공하는 서비스는 많은 인력과 예산으로 이루어진다. 인력과 예산이 적기·적시·적정하게 제공되어 원하는 만큼의 결과를 가져왔는지 검토해야 한다. 행정학 연구는 정부의 각종 제도나 프로그램의 영향(결과)을 평가하여 프로그램을 확대할 것인지, 수정할 것인지, 중단할 것인지를 결정할 수 있는 정보를 제공해야 한다.

(5) 시험적 특성

정부의 각종 정책, 제도, 프로그램이 국민욕구에 적합한 것인지 또는 전국적으로 확대하여 시행하는 데 적합한 것인지 시험해 봐야 한다. 행정학 연구는 시범적으로 운영되고 있는 정책, 제도, 프로그램의 상호작용과 상관관계를 분석해 봄으로써 간접적으로 시험할 수 있다.

(6) 과학적 특성

사회과학 연구는 사회문제나 현상을 개념화하고 변수를 조작하여 관찰하고 분석, 검증함에 있어서 과학적 방법을 활용한다. 과학적 방법에 대하여는 제2장에서 자세하게 설명한다.

3. 사회과학 연구의 대상

사회과학의 연구대상은 사회제도나 사회현상이다. 사회현상이나 사회문제를 일으키는 것은 인간이고, 사회제도를 변경하거나 제도화시켜 나가는 것도 인간이기 때문에, 사회과학 연구의 궁극적 대상은 인간(행동)에 초점이 맞추어진다.

1) 사회문제의 개념

사회문제(social problem)의 개념을 정확히 규정한다는 것은 매우 어려운 일이다. 그것은 사회문제의 양상이 시대에 따라 다르기 때문이다. 사회문제를 가치관의 갈등, 환경의 부적응, 인간관계의 결함 또는 사회규범으로부터의 일탈 등에 기인하는 것으로 보기도 하고(김영모, 1972: 231; 이광자, 1979: 8에서 재인용), 스스로 확인한 것이든 타인에 의해 확인된 것이든 간에 안일(安逸)이 요청되는 인간의 욕구, 박탈감, 또는 불만족으로 이해하기도 한다(김해동 역, 1977: 32; 송근원, 1978: 251에서 재인용). 또한 일상주변에서 일어나는 현상으로서 사회구성원들이 어떤 사건(events) 또는 상황(situation)을 문제라고 인식하는 사건 또는 상황을 말하기도 하고(이광자, 1979: 10), 사회의 영향력 있는 집단이 사회적 표준이나 규범에 어긋난다거나 모든 사람이 인정하고 수용하고 있는 사회조직의 중요한 어떤 측면을 파괴하는 것으로 인식한 어떤 상태를 의미한다. 이를 좀 더 간략히 정의하면 사회의 많은 사람들이 느끼는 결함이나 기대에 미치지 못하는 상황을 의미한다. 따라서 사회문제는 다음 두 가지의 특성을 갖는다(노시평 외, 1999: 98-99).

첫째, 사회문제는 사회구성원의 기대수준에 따라 그 수효가 달라지는 매우 주관적인 개념이다. 즉 똑같은 조건이라 할지라도 사회구성원의 기대수준이 올라가면 사회문제의 수는 많아질 것이며, 기대수준이 낮아지면 사회문제의 수는 줄어들 것이다.

둘째, 사회문제는 사회적 맥락 속에서 발생하며, 따라서 다수의 사람들이 그 속에 관련되어 있고 공감하는 문제이다. 그러나 그 바탕은 사회적 존재로서의 개인을 전제한다. 예컨대 개인이 느끼는 기회의 부족, 열등감, 무력감 등의 문제가 어떤 계층이나 범주에 속한다고 스스로 인지하고 있는 다수의 사람들로부터 공감을 얻게 되고 나아가 그들 자신의 문제로 인식될 때, 개인의 문제는 사회문제로 전환되는 것이다. 특히 유대의식을 느끼는 다수의 사람들이 제기하는 문제는 사회문제가 되는데, 인종차별, 성차별, 지역차별, 학력차별 등이 이에 해당된다.

이상의 논의를 정리하면, 사회문제는 '사회구성원 모두가 바람직한 상태에 미달되거나 또는 불만족스러운 상태라고 인식하는 현상이나 사건 또는 상황'이라고 정의할 수 있다.

한편 사회문제의 수준과 정도, 이해관계에 따라 대두된 쟁점을 사회적 이슈라고 한다. 사회적 이슈(social issue)란 문제의 성격이나 문제의 해결방법에 대해서 집단들 사이에 의견일치를 보기 어려운 사회문제이자, 다수의 개인이나 집단들 간에 논쟁의 대상이 되어 있는 사회문제를 의미한다. 이처럼 어떠한 사회문제를 놓고 다수의 개인이나 집단들 간에 논쟁을 벌이는 이유는 이에 관련된 개인이나 집단이 서로 다른 정보를 가지고 있을 뿐만 아니라, 가치관에 차이가 있어 다양한 견해를 가지고 있기 때문이다(노시평 외, 1999: 99).

사회과학 연구에서 사회문제가 주된 연구대상이 되는 이유는 사회과학이 실용학문으로서 바람직한 사회질서를 위한 이론과 모형 및 실천방안을 탐색해야 하는 학문적 사명을 안고 있기 때문이다. '바람직한 사회질서'란 사회구성원 대부분이 조화롭게 균형을 이루어 살 수 있는 규범 틀을 의미하며 그러한 욕구수준은 시대와 사회양상에 따라 변한다. 즉, 과거에는 만족스러운 수준이었더라도 현재 또는 미래에는 불만족 수준이 될 수 있기 때문에 사회과학은 이런 불만족 수준과 바람직하지 않은 사건과 현상을 파악하여 만족스럽고 바람직한 기대수준에 기여하는 이론과 지식을 형성하고 실질적인 처방적 지침을 줄 수 있어야 한다.

2) 현대 사회문제의 특징

현대 사회문제는 제4차 산업혁명의 대두와 정보통신기술의 급속한 발전으로 인한 산업구조와 변화, 인구구조의 변화, 세대 간 가치와 생활양식의 차이 등으로 인해 다양하고 복잡하며 원인이 불분명한 문제 양상이 나타나고 있다. 현대 사회문제를 자세하게 살펴보면 다음과 같은 특징을 보인다(송근권, 1978: 252-255).

(1) 문제의 다양성

현대 사회문제는 다양성을 띤다. 물질문명의 발달로 인하여 직접적으로 파생되는 문제들로 수질 및 대기오염 등과 같은 환경문제, 식품위생문제, 광고공해, 난개발문제 등을 들 수 있고, 사회 가치체계의 급격한 변화로 인해 발생하는 문제들로는 저출산·고령화문제에 따른 인구감소, 아동학대, 노인문제, 자살문제, 성문제 등을 들 수 있다. 또한 사회변동으로 인해 발생하는 문제로 실업문제, 빈곤문제, 교육문제, 노동조건, 주택문제, 교통문제 등을 들 수 있으며, 생활의 질적 향상 즉 소득증대로 인해 발생하는 문제로 여가활용문제, 의료보건문제 등을 들 수 있다.

(2) 문제의 대규모화

현대 사회문제는 문제 자체가 대규모화되고 그 파급효과 및 영향력이 크다. 현대사회의 대표적인 사회문제인 공해문제, 환경문제, 교통문제, 정보통신기술의 발달로 제기되는 정보격차와 정보역기능 문제, 식품위생문제, 교육문제 등은 그 이해관계자가 전국적이고 문제의 당사자가 많다는 특성을 가지고 있다. 근래 들어 사회문제가 되고 있는 보이스피싱(voice phishing), 스미싱(smishing), 파밍(pharming) 등 전자금융사기, 개인정보 유출 및 남용, 불특정다수를 대상으로 하는 각종 범죄 등도 그 피해가 대규모화되고 있다. 또한 2019년 12월 중국 후베이성 우한에서 발생한 신종 코로나바이러스 감염증(코로나19)의 전국적 확산으로 인해 일상생활과 경제활동은 물론 산업 현장 등 모든 부문에 파급효과가 크게 나타난 것을 경험하였다.

(3) 문제의 복합성과 연관성

현대 사회문제는 복합성을 띠면서 다른 문제와 연관성을 가진다. 문제가 단순히 하나의 욕구불만족으로 인해 창출되는 것이 아니라 충족되지 못한 여러 가지 욕구가 복합적으로 작용하여 발생한다는 것이다. 지역차별문제의 경우, 지역인재에 대한 중앙의 차별적 대우뿐 아니라 지역소득수준, 지역개발지원을 위한 중앙정부의 예산배분 등 물질적 요인을 전통적으로 인식되어 온 지역의 특성과 연관해서 생각함으로써 등장한다고 볼 수 있다. 또한 현대 사회문제는 한 문제의 발생이 또 다른 문제를 발생시킨다. 예를 들어, 이혼문제는 부부 두 사람만의 문제가 아니라 자녀가 있는 경우 양육문제와 연관되며, 지역에 공장이 입주하게 되면 지역경제에는 긍정적 효과를 보이지만 환경문제가 초래될 수 있다. 지역에서 저출산 고령화는 인구가 감소되어 학교가 폐교되고 지역경제에 부정적 효과를 초래하게 된다. 실업문제는 가족해체, 이혼, 빈곤문제, 자살, 노동문제 등과도 연관된다. 최근의 신종 코로나바이러스 감염증(코로나19)과 같은 문제는 경제적 영향은 물론 일상생활에 영향을 미치게 된다. 제4차 산업혁명은 산업구조와 고용문제, 교육, 물류와 의료, 가정과 교통생활 등의 변화에 연관된다.

(4) 문제원인의 불명확성

현대 사회문제는 문제원인이 불명확하다. 예를 들어 빈곤문제, 청소년비행문제, 주택문제, 실업문제, 노인문제, 비혼 등을 보면 근본적 원인이 개인에서 비롯된 것인지 또는 국가와 사회에서 비롯된 것인지를 명확하게 구분하기 힘들다. 빈곤문제의 경우 개인의 나태와 게으름, 노동력 상실 등에서 비롯된 것인지 아니면 국가의 경제정책 및 복지정책이 뒷받침되지 못해서 제도적으로 야기된 것인지 명확하게 선을 긋기 힘들다는 것이다.

(5) 개인이 해결하기 곤란

현대 사회문제는 개인적으로 해결하기 힘들다. 현대의 사회문제는 복잡성과 다양성 그리고 문제원인의 불명확성으로 인해 다양한 이해가 얽혀 있기 마련이다. 예를 들어, 쓰레기처리장, 하수처리장, 위생시설, 정신병원, 방사성폐기물처리장 등의 입지선정 같은 공공문제는 시설의 필요성에 원칙적으로 찬성하지만 자기 주거지역에 그것이 들어서는 데는 강력히 반대하는 님비현상을 보인다. 또한 실업문제, 주택문제, 교통문제 등은 국가에서 바람직한 경제정책을 기반으로 자원의 효율적 배분과 막대한 재정투자가 수반되어야 하기 때문에 오로지 개인이 문제를 해결하기 힘들다.

3) 사회문제의 유형

사회문제는 크게 기존의 새로운 여건과 상황으로 인하여 사회규범과 가치가 파괴됨으로써 비롯되는 문제와, 사회적 조건 변화로 인하여 사람들이 받는 심리적·물질적 고통의 원인이 되어 대두되는 문제로 구분해 볼 수 있다(김영화 외, 2006: 26-29).

(1) 규범과 가치의 파괴

사회구성원 대부분이 문제라고 인식하는 사건이나 현상 및 상황이 발생하여 사회의 규범과 가치를 파괴하거나 일탈로 이어지는 경우로, 각종 범죄행위가 대표적으로 여기에 해당된다. 그러나 사회구성원의 규범과 가치체계는 여러 가지

요인으로 인해 변화하기 때문에 한편으로는 일탈행위 및 사회문제라고 인식하는 반면 또 한편으로는 적절한 행위로 간주될 수 있다. 예를 들면, 전쟁에서 사람(적)을 죽이는 행위는 훈장으로 치하될 수 있지만 일반적인 살인은 범죄라는 사회문제로 인식되기도 한다.

(2) 사회적 조건의 변화

사회문제의 두 번째 유형은 사회적 조건 변화로 사회구성원 일부가 경험하는 심리적·물리적 고통의 원인이 되어 사회문제로 인식된다. 여기에서는 사회작동 시스템과 사회제도에 의해 권리나 혜택이 박탈되거나 소외되는 경우에 문제가 발생하게 된다. 예를 들어, 입시제도(정시 또는 학생부종합전형), 고용제도(비정규직), 건강보험제도, 국민연금제도, 로스쿨 등 국가가 만든 사회제도의 변동으로 인해 여기에 불이익과 소외감을 받은 사람들이 갖게 되는 문제가 해당된다.

4) 사회문제의 발생 관점

사회문제는 소속된 사회의 규범을 이해하지 못했을 때 일어나는 심리적 좌절감에서 발생하며, 이러한 심리적 좌절감이나 실망감을 극복하려는 의도가 발현될 때, 또 그런 시도가 전 사회적으로 광범위하게 합의될 때 발생한다(Bredemeier & Toby, 1960; 이광자, 1979: 12에서 재인용). 사회문제의 발생 원인을 밝힐 때는 주관적 관점이 개입될 수 있는데, 일반적으로 개인적·미시적 관점과 제도적·거시적 관점으로 구분할 수 있다(김영화 외, 2006; 송근원: 1978).

(1) 개인적·미시적 관점

개인적·미시적 관점에서는 사회문제의 발생 원인이 개인에서 비롯된다는 시각을 가지고 있다. 사고, 질병, 성격결함 또는 부적응 등 개인적 결함이 일탈의 원인이라고 보는 것이다. 따라서 개인적·미시적 관점에서는 사회문제 해결의 방법을 사회제도보다는 개인의 행동교정, 심리치료, 처방 등 개인적 일탈을 교정하는 데서 찾는다.

(2) 제도적·거시적 관점

제도적·거시적 관점에서는 사회문제를 사회제도와 국가정책 탓으로 돌린다. 즉, 잘못된 사회구조와 제도가 사회문제를 일으키는 원인이라는 시각이다. 예를 들어, 학력차별, 지역차별, 실업문제, 지역불균형, 각종 범죄, 환경문제, 교통문제, 주택문제(부동산문제), 교육문제, 의료보건 및 각종 연금문제 등은 국가의 각종 제도와 정책이 근본적으로 잘못 진단되고 설정되었거나 현실 상황과 적합하지 않거나 또는 특정 계층과 지역에 이익이 되고 다른 지역이나 계층에는 소외나 이익이 돌아가지 않을 때 발생하게 된다.

5) 사회문제 해결을 위한 사회과학 연구의 역할

사회문제 해결에 영향을 미치는 요인은 다양하고 복잡하며, 해결 주체도 개인을 비롯하여 사회, 지역, 집단, 기업, 국가 등 특정하기 어렵다. 또한 사회문제의 개념을 어떻게 정의하느냐에 따라 해결방법이 달라지고, 해결방법의 수준과 범위에 따라 문제와 관련된 수혜집단과 피해 및 소외집단이 달라진다. 그러므로 사회적 이슈화의 과정은 문제정의를 위한 토론의 과정이며 또는 논쟁의 과정이기도 하다. 사회적 이슈화의 과정에서는 사회문제의 핵심적 성격을 규정할 수 있는 강제력을 지닌 공식적 기관이 존재하지 않는다(노시평 외, 1999: 99). 그러나 모든 사회문제가 사회적 이슈로 부각되는 것은 아니다. 사회문제를 쟁점으로 부각시키는 리더나 집단의 역량 또는 사회적 문제해결의 시급성, 정치적 요인 등에 따라 결정될 수 있다.

사회문제를 해결하기 위해서는 원인진단을 통해 문제의 정의, 문제의 범위와 정도 그리고 영향력, 문제의 발생주체, 문제해결의 당사자, 문제해결과 관련된 이해관계자, 문제해결을 위한 대안, 각 대안별 미래효과 등이 과학적이고 체계적으로 분석되어야 한다. 사회과학 연구방법론은 이러한 역할을 어떻게 수행하고, 어떤 방법으로 접근하며, 어떻게 해석하는가에 대한 전반적인 틀을 제공한다. 따라서 사회문제를 바람직한 방향으로 해결하기 위해서는 문제의 명확한 정의, 문제와 다른 문제와의 관련성, 현황 및 실태에 대한 객관적이고 정확한 조사, 문제와 관련된 이해관계자들에게 존재하는 상황과 맥락에 대한 합리적인 설명과 예측이 이루어져야 하는데, 사회과학 연구방법론은 과학적이고 객관적인 여러 접근방법은 물론 주관적·심리적 양상의 맥락까지도 체계적으로 파악하여 설명과 주장의 근거를 제시하는 데 활용된다.

생각해 볼 문제

1. 사회과학 연구에서 철학과 과학의 본질을 비롯하여 상호 관계를 설명하시오.
2. 사회과학 연구방법론과 방법의 차이를 설명하시오.
3. 실증주의, 해석주의, 비판주의를 비교 설명하시오.
4. 사회과학 연구의 필요성을 설명하시오.
5. 현대사회에서 사회문제라고 생각하는 것을 한 가지 제시하고, 왜 문제라고 생각하는지 그 이유를 설명하시오.

제2장

과학적 연구의 본질

이 장의 개요

연구결과의 정당성과 수용성 확보는 어떤 접근법과 근거에 의해 이루어졌는가에 달려 있다. 연구를 수행하는 방법은 여러 가지 접근법이 있지만 그중에서 연구결과의 정당성과 수용성을 높이기 위한 일반적인 방법이 과학적 접근법이다. 이 장에서는 과학적 연구 접근에 대한 본질을 살펴봄으로써 연구수행이 왜 '과학적'으로 수행되어야 하는가에 대한 실마리를 얻게 될 것이다. 이를 위해 과학의 의의, 과학적 지식획득 방법, 그리고 과학적 연구방법을 살펴본다.

제1절 과학의 의의

1. 과학의 정의

과학(science)의 어원은 1834년에 영국의 자연철학자 윌리엄 휴얼(W. Whewell)이 '지식'이나 '앎'의 라틴어 'scientia'에서 따온 말로 과학자(scientist)라는 말도 이때 만들어졌다(이종호, 2007: 163; 정광수, 2011: 168). 과학에 대한 어원적 관점은 지식(knowledge)과 연관되어 있다. 과학에 대한 일반적 정의는 "지식들의 체계"로 이해하며, 여기에서 지식이란 몇몇 특징을 갖는 신념(belief)이다. 그리고 신념이란 무엇이 어떠하다는 것에 대한 믿음의 상태이고, 신념의 내용, 즉 무엇이 어떠하다는 것을 명제(proposition)라고 한다. 어떤 사람 A가 '5 더하기 3은 8이다' 또는 '지구는 둥글다'라고 믿을 때 그 신념들의 내용 '5 더하기 3은 8이다' 또는 '지구는 둥글다'라는 것이 명제들이다. A의 신념들이란 명제들에 대한 믿음의 상태들이다(정광수, 2011: 169).

어떤 신념이 지식이 되려면, 우선 그 신념의 내용, 즉 명제가 옳아야 한다. 그런데 신념의 내용이 옳기만 하면 그 신념은 지식인가? 신념이 지식이 되기 위해서는 그의 신념이 훌륭한 증거에 의해 정당화(justification)되어야만 한다. 결국 지식이란 '정당화된 옳은 신념'이다. 그리고 신념이란 주관적이므로 '과학이 지식들의 체계이다'라는 정의는 "과학"에 대한 주관적 정의라고 할 수 있다. 그러나 우리는 과학의 객관적 정의를 일반적으로 사용하고 있다. 과학에 대한 객관적 정의는 '정당화된 옳은 명제들의 체계'라고 할 수 있다. 여기에서 옳은 명제를 진리(truth)라고 부른다. 우리가 "지구는 둥글다"라는 명제가 옳다고 말할 때, 이 명제의 '옳음'은 이 명제가 이 세상에 존재하는 '지구가 둥글다'라는 사실(fact)과 대응(correspondence)함을 의미하기 때문이다(정광수, 2011: 169).

일반적으로 '과학(science)'이란 말을 들을 때 가장 먼저 떠오르는 이미지는 통제된 실험실, 실험실 복장, 실험도구, 컴퓨터, 로켓발사, 우주선 등은 물론 2005년 모든 국민의 이목을 집중시켰던 '배아줄기세포' 등이다. 이런 실험실 위주의 인간육체와 자연세계(예: 바위, 식물, 화학제품, 별, 혈액, 전기 등)를 다루는 것은 자연과학(natural science)의 몫으로, 생물학, 화학, 물리학 그리고 동물학 등이 이에 속한다. 자연과학은 자연(nature)에 의해서 결정된, 혹은 인위적이 아닌(not artificial) 자연 그대로를 연구하는 학문으로서 가치중립적인 성격을 갖는다.

사람의 신념과 행동, 상호작용, 제도 등에 관한 연구 즉 인간의 삶 자체를 연구하는 인류학, 교육학, 경제학, 심리학, 정치학, 사회학, 사회복지학, 행정학 등의 사회과학(social science)도 과학으로서 자연과학에 비해 상대적으로 가치지향적인 성격을 갖는다.

과학에 대한 사전적 의미는 "보편적인 진리나 법칙의 발견을 목적으로 한 체계적인 지식"[1] 또는 "객관적인 관찰을 통해 획득한 축적된 지식의 실체들을 체계적으로 조직화하는 지식생성 활동(knowledge generating activity)으로서 경험적 변수들 간의 체계적 관계를 확인함으로써 이해(understand), 설명(explain), 예측(predict)하는 것"이다.[2] 한편 과학철학자들은 과학을 '특정한 문제해결과 지식획득 과정 및 절차'라는 데 동의하고 구체적으로 '현상에 내재하고 있는 진리를 객관적인 접근방식에 의해 규명하는 과정 또는 해결 가능한 문제를 과학적 방법을 통해 이론을 도출하는 과정'이라고 정의한다.

이와 같은 과학에 대한 정의 속에는 모든 현상은 과학의 대상이 될 수 있는 가정이 포함되어 있다. 그러므로 과학에서 중요한 것은 '대상 자체보다는 진리규명을 위해 지식을 축적하는 방법론'이라고 하겠다. 자연과학이든 사회과학이든 현상에 내재되어 있는 법칙과 규칙을 찾아 이해함으로써 하나의 '지식으로 축적해 가는 과정 및 방법'이면 과학이 될 수 있다는 말이다. 사회과학은 사회현상과 인간행동 간에 존재하는 진리를 탐구하는 것이며, 무엇이 진리인가에 대한 '참'을 추론하고 확인함으로써 '지식을 축적해 가는 과정'이라고 볼 수 있다. 여기에서 지식(knowledge)이란 '의문을 밝히는 원천'이자 '문제해결 및 의사결정에 유용한 조직화된 정보를 이해하고 해석하는 준거 틀을 제공하는 통찰력'이다.

1) 표준국어대사전

2) http://www.jsu.edu/depart/psychology/sebac/fac-sch/rm/pdfs/Ch2v4.pdf

【그림 2-1】 과학의 개념적 정의

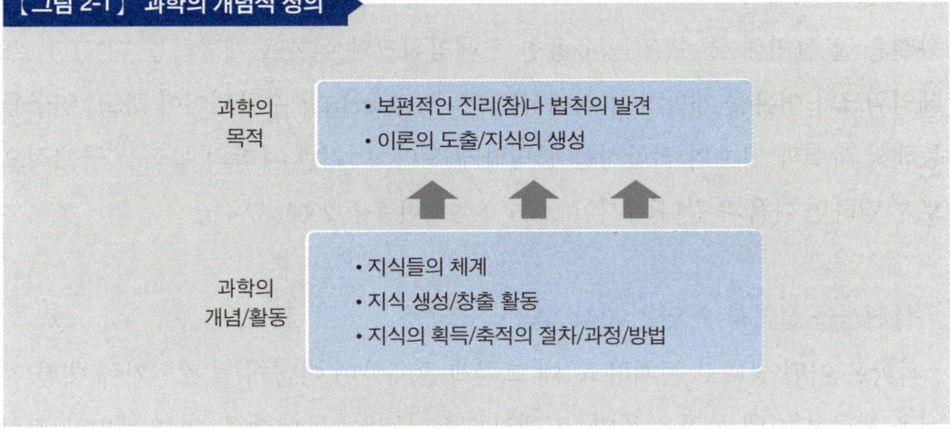

2. 과학의 조건과 목적

1) 과학의 조건

과학이 갖추어야 할 조건은 다음과 같다(Kockelmans, 1973: 246; 김승현 외, 2003: 288에서 재인용).

① 기본 개념을 정의하는 데 일정한 규칙에 따른다.
② 구체적인 조건을 충족시켜야 할 가설을 세움으로써 주제에 접근한다.
③ 일정한 기준을 따르는 절차를 통해 가설을 검증한다.
④ 가설을 법칙이나 법칙적 진술에 관련시켜 설명한다.
⑤ 특정한 구체적 조건을 충족시켜야 하는 검증의 원리를 사용하여 그 설명이 검증된다.

2) 과학의 목적

과학의 기본 목적은 현상을 설명할 수 있는 이론을 제시하는 데 있다. 이론이란 현상을 논리적으로 설명하는 것이며, 이를 위해서 변수 간의 인과관계를 구체화시키고 현상에 대한 체계적인 견해를 제시하는 것이다.

또한 과학의 목적은 사실에 대한 가장 정확한 모델을 형성하는 것이라기보다는 사실을 이해하기 위한(for understanding) 프레임워크(frameworks)를 구축하고, 사실을 잘 설명해 줄 수 있는 유용한 프레임워크와 이론을 개발하는 데 있다. 프레임워크와 이론을 개발하기 위해서는 연구(research)가 수반되어야 하고, 연구를 통해서 사실과 이론의 적합성을 증명하게 된다. 이러한 과학의 목적을 구체적으로 설명하면 다음과 같다(채서일, 2005: 29-31; 이종규, 2006: 37-45).

(1) 현상을 설명할 수 있는 지식 제공

과학은 어떤 상태로 존재하고, 왜 그렇게 존재하며 어떻게 될 것인가에 대한 지식을 제공하는 데 목적을 둔다. 그래서 모든 사람이 동의할 수 있는 분명한 지식(기준)이 있을 때 '존재한다고' 말한다. 그러나 철학(philosophy)의 경우 특정한 행동이나 가치관이 '옳다'라는 당위를 주장하는데, '옳다'라는 당위는 모든 사람이 동의하는 것이 아닐 수도 있다.

과학은 현상이나 사실의 원인과 결과에 대해 모든 사람이 동의하는 지식(기준)을 제공한다. 과학은 현상을 설명할 수 있는 지식(능력)을 제공한다. 예를 들어, 청소년들에게 술과 담배가 해롭다고 하는 것은 술과 담배가 성장이나 두뇌발달에 좋지 않은 영향을 미친다는 객관적인 연구결과를 토대로 설명할 수 있는 지식을 가지고 있다는 의미이다.

(2) 현상에 대한 규칙성의 일반화

과학은 자연현상이나 사회현상 속에 존재하는 논리적이고 지속적인 패턴, 즉 규칙성을 이론과 법칙으로 일반화한다. 그리고 규칙성을 일반화하는 과정에서 과학은 객관성(objectivity)을 가져야 한다.

여기에서 규칙성은 절대적인, 즉 어떠한 예외도 인정되지 않음이 아니라 확률적 규칙성, 발생의 개연성이 높음을 의미한다. 예를 들어, '겨울에는 눈이 온다'는 현상에 대하여 봄에 눈이 오지 않는다고 일반화할 수 없다. 또한 '교육수준이 높을수록 소득이 높다'고 하는데, IMF 외환위기 이후 교육수준이 높은 많은 화이트칼라 직종의 근로자들이 직장을 잃고 소득이 감소한 현상을 보고 '교육수준이 높을수록 소득이 높다'라는 규칙이 거짓이라고 주장할 수 없다.

(3) 변수들 사이의 관계 기술과 설명

과학의 대상이 되는 현상에는 원인과 결과가 있기 마련이다. 과학은 원인과 결과 간의 관계를 기술하고 설명하는 데 목적이 있다. 즉, 관계의 방향과 인과관계를 밝히는 것이다. 예를 들어, 청소년의 비행을 설명해 줄 수 있는 원인으로 부모의 감독, 교우관계, 학교의 감독, 부모의 교육수준, 부모의 소득, 부모의 사회적 지위 등이 있다고 하자. 이들 원인변수가 청소년 비행이라는 결과변수와 긍정적 관계인지 부정적 관계인지 기술하고 설명하는 것이 과학의 목적 중의 하나이다.

(4) 이론을 바탕으로 현상 예측

과학의 주요 목적은 현상에 대한 지식을 제시하고 그것을 통해 현상을 설명해 줄 수 있는 이론을 개발하는 데 있다. 어떤 이론이 현상을 설명하는 데 적합하다면 미래의 동일한 현상에 대해서도 예측할 수 있어야 한다. 예를 들어, 심리학이나 조직행동론에서 많이 이용하는 강화이론(reinforcement theory)을 적용해 보자. 강화이론은 어떤 반응이 일어날 때 보상을 받는다면 그 반응이 반복되는 경향이 있다는 것이다. 직장에서 열심히 일하여 성과(반응)를 낸 근로자가 상여금(보상)을 받게 되면 그 직원은 앞으로도 상여금을 받기 위해 열심히 일할 것이라고 예측할 수 있다. 또 다른 예를 들면, 음주운전을 하는 사람에게 범칙금을 부과하게 되면 음주운전을 하지 않을 것이라는 예측을 할 수 있다. 전자의 경우는 적극적 강화(정적 강화)에 해당되고, 후자의 경우는 소극적 강화(부적 강화)에 해당된다. 이처럼 어떤 이론을 가지고 특정 현상을 예측할 수 있다면 그것은 좋은 이론이고 가치가 높다. 결국 좋은 이론이 되기 위해서는 예측력이 높아야 하고, 예측력이 높기 위해서는 인과관계의 설명력이 높아야 할 것이다.

3. 과학활동의 규범

사회적 규범(social norms)은 과학의 주체(연구자)나 대상이 되는 인간행동을 지배한다. 연구자들이 수년간 연구를 통해 배우고 내면화한 규범과 가치들은 과학적 연구방법을 지배하게 되며, 규범은 연구자에게 독특한 역할을 요구하게 된다.

다른 사회적 규범처럼 연구자 즉 전문가들의 규범 역시 적절한 행동을 강요한다. 연구자들 또한 사람이기 때문에 편견, 자만심, 야심, 개인생활 등이 연구활동에 영향을 미칠 것이다. 과학공동체의 규범은 실제에서 항상 완벽하게 이루어지는 것은 아니며 때로는 그 틀을 벗어나기도 한다. 그러나 그런 행동들이 현실과 동떨어진 것이어서는 안 된다. 여러 가지 사회적, 정치적, 그리고 경제적 규범은 과학이 어떻게 수행되어야 하는가에 영향을 미치며, 과학의 발달을 가져오기도 한다.

과학공동체의 규범에는 기본적으로 다음 **표 2-1** 과 같이 다섯 가지가 있다. 이 다섯 가지는 다른 사회적 제도와 다르며, 연구자 및 과학자는 이들 규범을 따르고 실천해야 할 것이다.

표 2-1 과학공동체의 규범

구분	내용
1. 보편주의 (Universalism)	연구는 연구자(예: 연령과 성별 등)나 연구수행기관에 상관없이 과학적 가치(사회적 기여)에 토대를 두고 설명되어야 한다.
2. 비판주의 (Criticism)	연구자는 주의나 비판적 태도 없이 새로운 아이디어나 증거를 수용해서는 안 된다. 대신 모든 증거에 대해 의문과 질문을 던져야 한다. 비판은 개인을 공격하려고 해서는 안 되며, 연구결과가 설명력을 확보할 수 있도록 보완하고 수정하기 위한 것이어야 한다.
3. 관심성 (Interestedness)	연구자는 중립적, 공평적, 수용적이어야 하며 예상하지 못한 결과와 새로운 생각들에 열려 있어야 한다.
4. 공동체주의 (Communalism)	과학적 지식은 다른 사람과 공유할 수 있어야 한다. 과학적 지식은 개인의 전유물이라기보다는 모든 사람에게 해당되는 것이다. 특히, 사회과학의 지식은 대중의 행동에서 창출된 것이며, 그 결과물은 대중의 소유물이고, 모든 사람들에게 유용해야 한다. 따라서 연구결과물은 자세하게 설명되어 쉽게 이해할 수 있어야 한다.
5. 정직성 (Honesty)	일반적 규범에서도 그렇지만, 특히 연구자는 객관성을 가지고 정직해야 한다. 자연과학이나 사회과학 또는 모든 영역에서 연구자에게 강한 정직성을 요구한다.

자료: Neuman(2000: 9)

제2절 과학적 지식획득 방법

과학(science)이란 넓은 의미로는 체계적인 지식(systematic knowledge)이며, 좁은 의미로는 과학적 방법을 토대로 지식을 획득하는 체계 또는 과학적 조사를 통해 획득된 지식을 조직화해 놓은 실체이다. 지식은 현상에 대한 원인을 밝히는 원천이다. 지식이 현상을 이해하고 설명하는 기준이 된다는 것은, 지식이 현상이라는 결과를 초래한 원인(의문)에 대한 궁금증을 풀어주는 역할을 한다. 과학 활동을 한다는 것은 자연현상이나 사회현상을 이해하고 설명할 수 있다는 것이기도 하다. 현상을 이해하고 설명하기 위해서는 기준이 있어야 되는데 그 역할을 하는 것이 바로 지식이다. 기준이 되는 지식에 대해 모든 사람이 '옳다'라고 동의하면 그 지식은 이해와 설득력을 높여 줄 것이고, 동의하지 않는 사람이 있거나 반론의 여지가 많다면 이해와 설득력이 떨어질 것이다. 이러한 차이는 지식을 획득하는 방법에 따라서 발생한다.

지식을 획득하는 경로와 방법은 다양하다. 학교와 같은 공식적 교육기관을 비롯하여 가정, 방송 및 인터넷 매체, 주변인의 말 등 비공식적 전달 체계를 통해 획득하는 방법, 그리고 자신이 직접 경험을 통해 획득하는 방법이 있다.

1. 과학적 지식의 본질과 특징

1) 과학적 지식의 본질

과학적 방법론에서 지식의 본질을 살펴보면 다음과 같다(김승현 외, 2003: 342-345).

(1) 최선의 설명 근거

지식은 수용될 수 있는 경쟁의 대안 중에서 더 좋은 문제해결책을 제공하는 것으로서, 확실한 것이 아니라 단지 이용 가능한 최선의 설명을 제시할 뿐이다. 지식은 오류를 안고 있을 수 있으며 최선의 설명이란 우리가 행위를 하는 데 충분히 믿고 따를 수 있는 설명들이다.

(2) 누적적이고 수정가능성

지식은 누적적이고 수정될 수 있다. 과거에 획득한 지식에 대한 확실성이 이후에 전개되는 발견과정에 오류로 발견되고 이를 수정하는 과정의 결과이며 왜 오류인가를 설명하는 데 동의하는 근거를 제시하는 것이 지식이다.

(3) 지적 도구

지식은 지식을 발전시키고 정당화하기 위해 사용되는 지적 도구와 관련된다. 지적 도구들은 과거에 사용된 감각경험, 증명논리보다 훨씬 더 다양하다. 과학에 대한 새로운 이해에서 체계 논리, 해석학적 논리, 실용주의 논리의 추론 작용을 포함하는 확장된 관념들을 이용하여 지식을 발전시킨다.

(4) 새로운 지식발전의 원천

지식은 지식을 발전시키는 활동과 관련된다. 여기에는 가설을 제안하는 개인적인 창조적 활동, 제안한 가설의 검증, 결과를 과학공동체의 다른 구성원에게 수사적(rhetorical, 修辭的)으로 커뮤니케이션하는 활동이 포함된다. 그러나 모든 지식주장이 진리를 낳는다는 설득력 있는 보장에 모두가 동의하는 것은 아니며, 또한 모든 지식주장이 공동체에 의해 수용될 가치가 있는 것도 아니다.

2) 과학적 지식의 특징

(1) 재생가능성

과학적 연구방법으로 얻은 과학적 지식은 재생 가능한 것이어야 한다. 재생가능성(reproducibility)이란 일정한 도구나 절차 및 방법을 되풀이했을 때 누구나 동일한 결론을 얻을 수 있어야 한다는 의미이다. 그러나 사회과학 분야는 연구환경이 항상 동일하지 않기 때문에 자연과학에 비해 재생가능성을 확보하기란 쉬운 일이 아니다. 따라서 과학은 절대적으로 재생가능성 있는 방법을 찾기보다는 보다 더 재생 가능한 지식을 얻는 방법이라고 할 수 있다. 그러한 방법의 하나가 통계적 확률을 통해서 산정하는 것이다. A라는 연구자가 설문과 심층면접을 통해 '일찍 출근한 사람이 성과가 높고 승진이 빠르다'는 연구결과가 나왔다면, B라는 다른 연구자가 비슷한 연구환경이나 집단에 대해 설문과 심층면접으로 조사한 결과 A라는 연구자의 결과와 같이 승진이 빠른 사람은 상대적으로 일찍 출근한 사람들로 밝혀졌다면 재생가능성이 높다고 말할 수 있다.

(2) 경험성

경험성(empiricism)이란 연구대상이 우리의 감각기관에 의하여 지각될 수 있어야 한다는 의미이다. 인간의 감각기관(감각)은 눈(시각), 귀(청각), 코(후각), 피부(촉각), 혀(미각) 등으로 이들 감각기관에 의해 볼 수 있고, 들을 수 있고, 냄새를 맡을 수 있고, 피부로 느낄 수 있고, 단맛·짠맛·신맛·쓴맛을 느낄 수 있어야 한다. 반대로 말하면, 이와 같은 감각기관에 의해 지각할 수 없다면 과학적 지식으로 수용하기 어렵다는 의미이기도 하다.

그러나 경험성에도 논란이 있을 수 있는데 다음의 경우이다. 첫째, 인간의 감각기관이 완전하다고 믿을 수 있는가? 둘째, 사람마다 감각기관이 다른 경우 그 결과에 어떤 의미를 부여할 수 있는가? 셋째, 자유, 평화, 진리, 행복, 불행, 사랑, 만족, 사기, 욕구, 몰입, 관여 등과 같은 추상적 사회과학 용어를 지각할 수 있으며 지각할 수 있을지라도 후술하는 객관성을 확보할 수 있는가? 등이다.

(3) 객관성

객관성(objectivity)이란 주관성과 대립되는 개념으로 건전한 감각기관을 가진 여러 사람이 같은 대상을 인식하고 그로부터 얻은 결과가 일치하는 경우를 의미한다. 누구에게나 동일하게 인식되는 사상(事象)은 객관성이 있다고 말할 수 있다.

그러나 감각기관을 가진 사람들 간에도 인식의 차이가 생기는데 그 까닭은 첫째, 우리의 지각은 반응기관의 훈련과 단련의 결과로 얻어진 것이며 둘째, 우리의 감각기관은 피로도, 나이, 온도 등의 생리적·환경적 조건에 의해 영향을 받고 셋째, 자극에 대한 해석은 과거 경험으로 발전시켜 온 감수성과 우리가 받은 반응에 의해 결정되기 때문이다. 게다가 개인 간의 이해관계, 가치판단의 주체, 편견을 조장하는 사회적·문화적 맥락 등에 의해서도 객관성이 왜곡된다. 예를 들어, 직장에서의 '직무만족도' 개념을 측정하는 경우 조사대상인 사람마다 개인적 특성을 비롯하여 후천적 교육과 경험, 기대수준 등 다양한 요인에 의해 인식의 차이와 한계를 가지고 있기 때문에 절대적인 객관성 확보가 쉽지 않다. 결국 완전한 주관이 배제된 객관성은 생각할 수 없으므로, 주관과 편견을 줄이고 객관성을 확보하기 위하여 객관적 도구인 척도, 조사표, 채점표 등을 사용한다. 과학이란 객관성을 추구하려는 사람들의 주관이라고도 할 수 있겠다.

2. 비과학적 지식획득 방법

1) 권위에 의한 방법

사람들은 권위가 있다는 학자, 성직자, 전문가 등에 의해 또는 책, 신문이나 텔레비전과 같은 권위매체를 통해 지식을 획득한다. 권위(authority)에 의하여 지식을 획득하는 방법은 영향력 있는 지위를 가진 사람이 어떤 현상이나 사건을 진실(그 말이 진정한 진리인지는 의문임)이라고 말하거나 권위적인 기관이 발표하거나 공표하게 되면 그것을 사실로 받아들이는 경우이다. 권위적 지위에 있는 사람의 말, 권위기관이나 권위매체가 공표하는 말에 의존하여 무엇을 배우는 것은 빠르고, 단순하며, 비용이 적게 든다는 장점이 있다.

그러나 권위에 의존하여 지식을 획득하는 방법도 한계가 있다. 먼저 권위를 가진 전문가의 의견이라고 해서 과대평가하거나 잘못된 사실을 의심 없이 받아들이기 쉽다는 점이다. 예를 들어, 감기가 키스를 통해 전염될 수 있다는 주장을 옆집 아저씨가 얘기할 때보다는 전염병 학자가 얘기할 때 더 잘 믿는 경우(고성호 외(역), 2007: 9), 또는 광우병에 관해 주변의 일반 사람들이 말하는 것보다 광우병 전문가가 말하거나 언론방송매체가 보도한 것을 신뢰하는 경우가 해당된다. 또 다른 예를 들면, "침대는 가구가 아니라 과학입니다"라는 광고 문안에 대해 초등학생이 TV매체의 권위에 의하여 '가구'를 '과학'이라고 잘못 알고 있는 경우가 해당된다.

다음으로 사람들은 권위자나 권위기관 또는 권위매체가 진정성을 담고 있지 않은 경우에도 옳은 것이라고 받아들이는 경향이 있다는 점이다. 권위가 있는 사람이나 그런 사람으로 구성된 권위기관이나 매체는 모두 '사람'에서 출발한다. 사람은 근본적으로 절대인(모든 지식을 완전하게 다 알고 있는)이 아니기 때문에 어떤 현상의 일부 국면을 보았거나 알고 있는 것을 기반으로 전체를 안다고 착각할 수 있다. 또한 어떤 분야에 있어서 전문가는 본인과 관련 없는 분야에서도 자신의 권위를 이용하여 '다 아는 것처럼' 말하는 수도 있다. 전문가란 비전문가에 비해 더 많은 지식을 가졌다는 상대적 의미일 뿐 그 분야의 모든 것을 알고 있는 것은 아니다. 예를 들어, 실업문제를 진단하고 해결방안을 모색하는 데 있어서 정치학자, 행정학자, 경제학자, 경영학자, 노동법학자, 사회복지학자 마다 인식하는 출발점과 조망하는 관점이 각각 다를 수 있다. 실업문제에 대해 사회복지학자는 국가가 적극적으로 개입하여 빈곤의 늪에 빠지지 않도록 구제해야 한다는 입장이라면, 경제학자는 국가의 개입보다는 자율적인 시장(市場)에 맡겨야 한다는 입장을 가질 수 있다. 이와 같이 실업문제에 대하여 권위를 가진 학자들도 학문분야에 따라 각각 다른 견해를 가지기 때문에 객관성이 확보되었다고 말하기 곤란하다.

2) 전통에 의한 방법

'사탕을 너무 많이 먹으면 이가 썩게 되고, 원의 둘레는 대략 지름의 22/7이다'라고 다른 사람들로부터 배울 수 있다(고성호 외(역), 2007: 8). 우리는 이런 진술에 대해 검증해 보지도 않고 그냥 받아들이는데 이 경우를 전통에 의한 지식획득 방법이라고 한다.

사람들은 간혹 전통(tradition)에 의존하여 지식을 획득한다. 전통은 권위의 특별한 경우로서, 전통에 의해 지식을 획득한다는 것은 '항상 그렇게 되어 왔다는 방식' 즉 과거의 권위에 의존하여 진리(참)라고 수용한다는 의미이다. 사람들은 지금까지 그렇게 해 왔기 때문에 또는 그동안 믿어 왔기 때문에 참의 여부를 가리려고 하지 않는다. 그러나 편견과 선입견을 가지고 전통에 의존하여 획득한 지식을 한번 진리라고 믿게 되면, 계속해서 왜곡하게 되고, 그것은 더 이상 진리가 아니다. 사람들은 실제 세계의 이해가 없어서 전통적 지식에 매달릴 수도 있다. 이런 경우, 과거에 진리였기 때문에 앞으로도 계속 그럴 것이라고 믿는 우를 범하게 된다. 예를 들어, 대학에 입학한 신입생에게 '우리 학과는 어떤 전통과 관습을 가지고 있다', 공직이나 민간회사에 갓 입직한 직원에게 선배가 '우리 기관은 이렇게 저렇게 해 오고 있다'라고 말하는 것은 전통에 의해 지식을 습득하는 것이다. '우리 때는 이렇게 안 했어!', '나 때는 이렇게 했어!'의 표현은 세대 차이를 나타내는 말이기도 하지만 전통과 관습을 강조하기 위한 것이다. '우리 때' 또는 '나 때'는 옳은 것으로 받아들였던 지식일지라도 지금은 옳은 지식인지 살펴봐야 한다.

이처럼 권위적 방법이나 전통 또는 관습에 의한 방법은 개인의 지적 욕구 및 탐구력에 대한 근본적 제약을 가하게 된다. 지식은 계속해서 변화할 수 있는데도(수정가능성) 불구하고 권위와 전통이라는 원천적 굴레로 인해 그대로 받아들이게 되기 때문이다. 하지만 권위나 전통의 진술에 머물러 있지 않고 의문을 제기하는 것이 진정한 지식을 획득하는 출발점이 되기도 한다. 즉, 연구의 새로운 아이디어를 창출하는 계기가 되기도 한다.

3) 신적 방법

우리는 복잡 다양한 불확실성의 사회에서 살고 있다. 그래서 불확실성의 사회에 대하여 좀 더 확실한 미래를 예측하고 싶어 하는데, 이런 경우 지식의 생산자와 전파자가 누구(어디)인가에 따라서 그 지식에 신뢰를 보내는 정도가 달라진다. 신적 방법에 의해 지식을 획득한다는 것은 신비적인 원천(source)을 기반으로 어떤 지식을 진실이라고 믿는 경우를 말한다. 신적 방법(mystical mode)이란 예언가, 계시자, 천명, 신, 그 밖에 초자연적인 권위에 의지한다는 것이다. 권위적 방법이 지식생산자의 사회적 지위에 의존한다면 신적 방법은 지식생산자의 초자연적인 방법 또는 지식사용자의 심리상태에 의존한다. 신적 방법은 지식사용자에게 의식(ceremony)을 강요하기도 하며, 어려운 상황에 처해 있을수록 사실(지식)로 받아들이게 한다. 즉 심리적 위축감, 무력감 및 흥분상태에서 쉽게 사실(지식)

로 수용하게 된다.

그러나 이 방법에 의해 획득된 지식에 대한 반론(refutation)이 제기되고 누적되면서 또는 사회의 교육수준이 향상되면서 그 믿음은 감소하게 된다. 권위적인 방법과 마찬가지로 권위의 원천(source)에 대한 믿음이 약해지면 그 지식에 대한 불만과 불신이 커지게 된다. 신적 방법은 결코 사회현상을 이해하고 설명하는 진정한 지식으로 보기 어렵다.

4) 직관에 의한 방법

직관(直觀, intuition)이란 일반적으로 이성적 추리(reasoning) 없이 곧바로 아는 능력, 또는 그런 감각을 가진 능력을 의미하기도 하고 감각, 경험, 연상, 판단, 추리 따위의 '사유 작용을 거치지 아니하고 대상을 직접적으로 파악하는 작용'을 의미하기도 한다. 즉 사물이나 사태를 이성적 사유 없이 곧바로 판단한다. 따라서 직관에 의한 지식획득 방법은 비판의 여지가 없는 분명한 명제에 호소하는 방법이다.

직관에 의한 방법으로 지식을 얻을 경우, 너무나 명백한 사실에 속하기 때문에 그 뜻을 이해하는 사람이면 누구나 진실이라고 믿을 것이라고 확신을 갖게 된다. 예를 들어, '전체는 부분보다 크다', '개인의 재산권은 불가침이다', '이중결혼은 죄악이다', '원인 없는 결과는 없다'와 같은 명제는 많은 사람들이 의심 없이 받아들이고 있다. 그러나 과거 '지구는 평평하다'라는 명제가 잘못된 것으로 판명되었듯이 직관에 의해 획득된 지식은 시험(검증)됨으로써 그 명제의 진리가 바뀔 수 있다. 또한 누구의 이성에 의거했느냐 하는 것과 시대에 따라서도 달라질 수 있다.

3. 과학적 지식획득 방법

우리가 무엇을 안다고 하는 것은 상식(common sense)과 지식(knowledge)을 가지고 있다는 의미이다. 상식이란 전문적인 지식이 아니라, 정상적인 일반인이 가지고 있거나 또는 가지고 있어야 할 일반적인 지식·이해력·판단력 및 사리분별력을 의미하는 것으로, 일상적으로 직접적인 경험을 통해 시행착오의 과정을 거침으로써 얻어지는 단순한 경험적 지식이다. 그러나 상식을 통해 모든 인간의 실제생활이나 사회문제를 이해할 수 있고 설명할 수 있는 것은 아니다. 이런 경우에 필요한 것이 바로 과학적 지식이다.

연구(research)는 '무엇을 아는 것' 자체에 대해 다루는 것이 아니라 '어떻게 알 것인가'에 대한 방법을 다룬다. 지식을 탐구하는 것은 아는 것에 그치지 않고 지속적으로 떠오르는 의문에 대한 방법을 찾는 것이다. 인간생활은 변화하고 사회문제는 다양해지기 때문에 과거에 있었던 어떤 유형의 사회문제에 대한 해결방안은 현대의 사회문제를 해결하는 데 적절한 방안이 될 수 없다. 그러므로 당면한 사회문제를 해결하기 위해서는 과거 정해진 방법들을 적용하기보다 지금의 현상에 주목할 필요가 있다.

과학적 지식획득 방법은 변화하는 사회문제에 대한 해답을 제공해 주기보다는 '해답을 찾아갈 수 있도록 하는 방법'을 탐구하는 것이다. 예를 들어, 자동차 운전자가 길을 잘 모르는 경우 내비게이션(navigation) 안내로 따라 운전하여 목적지에 도달하듯이, 방법이란 어떤 목적을 달성하기 위해서 취하는 수단·절차·과정에 해당된다. 과학적 지식획득 방법은 지식을 획득하는 수단으로 '과학적(scientific)'인 것을 취하며, 과학적이란 논리적이고 경험적인 과정을 거친 것을 말한다. 과학적 방법으로 제시되는 과학적 이론은 현상(사회문제)이 현실적으로 어떻게 존재하는가를 보여 주고 설명하며 이해하는 토대이자 청사진이다.

과학적 이론을 도출하는 과정은 곧 과학적 방법을 통해 지식을 획득하는 것으로, 현상에 대한 개념을 통해 가설을 도출하고 그것을 경험적 활동을 통해 가설을 검증함으로써 일반적 이론을 도출하는 일련의 절차를 말한다. 이러한 절차를 거치는 목적은 지식 폭을 넓히고자 하는 데 있다. 과학적 지식은 과학적 방법에 의해 증명된 지식을 말한다.

현상 → 개념 → 가설 → 관찰 → 검증 → 이론

하지만 모든 지식을 과학적 방법으로 증명할 수는 없다. 왜냐하면 '과학적 방법으로 얻어지지 않은 지식은 무엇인가?' 그리고 '오랜 인류의 지혜를 통하여 얻어진 지식은 무엇인가?' 하는 반문을 받을 수 있기 때문이다. 지식의 획득 방법 또는 의문을 밝히는 원천은 과학적 방법만이 전부는 아니며, 실제로 많은 연구에서 과학적인 관찰 및 방법, 권위적인 주석과 기록, 상상력과 통찰력 등을 어느 정도씩 적용하고 있고, 상대적으로 강조되거나 우위에 있는 방법에 따라 구분되고 있을 뿐이다.

4. 지식획득 과정의 오류

앞에서 과학적 지식획득 방법은 논리적이고 경험적인 과정을 거친다고 말하였다. 자신에게 무슨 일이 일어났거나 무엇을 보고 느꼈을 경우 사람들은 그것을 진실로 받아들이곤 한다. 개인적 경험, 혹은 '보는 것을 믿는다(seeing is believing)'라는 말은 지식을 획득하는 방법으로 설득력이 있다. 그렇지만 개인적 경험이라도 착각(optical illusion), 망상(mirage)과 유사한 일들일 수도 있다. 잘못된 것을 진리라고 생각하는 것은 가벼운 오류가 있었거나 판단하는 데 왜곡이 있었기 때문이다. 직접 체험하는 것은 사실을 느끼고 이해하는 데 강한 힘을 발휘한다. 이미 알고 있음에도 불구하고 때로는 착각에 빠지고 실수를 한다. 사람들은 그런 오류를 피하기 위해 보는 것과 경험한 것만을 믿는다.

그러나 개인적 경험에 의한 방법도 다음과 같은 4가지 오류를 범하게 한다.

(1) 지나친 일반화

지나친 일반화(over generalization)는 그동안 믿고 있던 지식에 대한 어떤 증거를 가지게 되었을 때 일어나는 오류로, 그 믿음을 많은 다른 상황에 적용할 수 있을 것이라고 생각하는 것이다. 공무원은 국민에 대한 봉사자이고 청렴결백해야 한다고 믿고 있는데 한 공무원이 직무와 관련하여 돈을 받았다는 신문기사를 보고 모든 공무원이 그렇게 할 것이라고 받아들이는 경우나, 언론에서 공무원이 허위 출장신고로 부정하게 출장비를 챙겼다는 보도를 보고 모든 공무원이 출장비를 부당하게 수령했을 것이라고 여기는 경우이다.

(2) 선택적 관찰

선택적 관찰(selective observation)은 특수한 사례나 상황에 초점을 맞추고 관찰하는 경우, 특히 선입견이나 편견을 가지고 관찰하는 경우에 발생하는 오류이다. 우리가 진리 또는 사실이라고 믿고 있고 생각하고 있는 것을 확인하기 위해 확실한 증거를 찾는 데 매우 민감해지는데, 이런 때 우리는 주의와 관심을 갖지 않은 다른 증거나 특징들에 주의를 기울이지 못한 데서 오류가 발생한다. 예를 들어, 특정지역에 대한 지역주민의 연구에서 연구자가 그 지역주민의 이상행동을 확대 설명하는 경우 지역주민의 행동에 대한 명확한 이해 없이 판단하는 경우에 오류에 빠지기 쉽다.

(3) 성급한 종결

성급한 종결(premature closure)은 '지나친 일반화'나 '선택적 관찰'과 함께 범할 수 있는 오류이다. 성급한 종결은 모든 해답을 가지고 있어서 정보를 더 구할 필요도 없고 더 들을 필요도 없다고 느낄 때 또는 더 이상 의문을 제기할 게 없다고 느낄 때 곧바로 결론에 이르게 되는 경우이다. 예를 들어, 하루에 여섯 갑의 담배를 피우는 세 사람이 80세를 살았다고 하면, 담배를 피우는 사람은 80세까지 살 수 있을 것이라고 단정을 내리는 경우이다. 연구자 자신이 개입하거나 좋아하는 프로그램이나 정책이 효과적이지 않다는 증거를 고려하고 싶지 않을 때 종종 이런 오류가 발생한다.

(4) 후광효과

후광효과(halo effect)란 일반적 견해가 구체적 특성을 평가하는 데 영향을 미친다는, 또는 한 측면의 특질이 다른 특질에도 영향을 미친다는 심리학적 용어이다. 후광효과는 다양한 형태로 나타나지만, 기본적으로 매우 긍정적으로 해석하거나 유명세에 근거하여 과대 포장하여 일반화시키는 경우이다.

제3절 과학적 연구방법

1. 과학적 연구의 의의

1) 과학적 연구의 개념

우리가 어떤 문제를 제대로 해결하려면 먼저 무엇이 문제인지를 알아야 하고, 그 문제의 원인이 무엇인지를 파악해야 한다. 나아가 이를 해결하기 위해 어떻게 할 것인가를 결정해야 한다. 문제의 원인을 진단하고 해결방안을 모색하는 방법은 여러 가지가 있지만 과학적 연구를 통한 방법이 가장 이해력과 설명력을 높일 수 있다. 연구(research)란 세상의 여러 현상을 발견하고 해석하며 지식을 수정해 나가는 활동을 의미한다. 연구는 문제해결을 위한 면밀하고 체계적인 방법을 동원하며 새로운 지식을 발견하거나 획득하는 과정 또는 현상에 관한 계획적이고 체계적인 자료수집, 분석, 해석을 통하여 문제를 해결하는 과정이다.

과학적 연구(scientific research)란 기존의 이론으로부터 도출된 변수들 사이의 관계를 경험적으로 검증하는 과정을 말하며, 이 과정을 통해 기존의 이론이 검증되거나 새로운 이론이 창출되고, 검증되거나 창출된 이론을 통해 사회현상을 이해하고 설명하게 된다. 또한 이 과정에서 변수들 간의 관계가 논리적이고 체계적이며 원인과 결과 간의 관계를 설명하는 연구일수록 정교한 연구방법이 되는 것이다. 예를 들어, '직장에서 직무스트레스가 낮을수록 직무만족을 높이고 이직의도를 낮출 것이다'라는 가설을 검증하는 과정에서 직무만족과 이직의도를 설명하는 원인변수가 직무스트레스라고 주장하기 위해서는 다른 변수들이 통제된 상황에서(개입되지 않고) 순수하게 직무스트레스 변수만이 영향을 미치는 연구설계가 구축되어야 정교한 연구방법이 되는 것이다.

2) 과학적 연구의 목적

학생, 교수, 연구원, 과학자, 기술자, 그리고 정부 및 연구기관은 많은 각자의 주어진 연구목적을 달성하기 위하여 연구를 수행한다. 이들이 수행한 연구결과물은 논문이나 책으로 제시되거나 공개적으로 발표되고 있지만, 일반 사람들은 이들 연구자들이 개발한 기초지식과 연구방법 그리고 연구성과를 당장 눈으로 볼 수 없고 경험하지 못하는 경우가 많다. 당장 볼 수 없고 경험하지 못한다고 하여 그 연구를 '하찮은 것'으로 여긴다면 성급한 판단이다. 그것은 다른 연구의 토대가 되고 후속연구의 방향과 지식을 제공하기도 한다.

사회과학을 연구하는 학자들은 많은 이유 때문에 연구를 수행한다. 어떤 연구는 실질적인 해답을 찾기 위해서 수행되기도 하고, 또 다른 연구는 이슈를 다루는 근본적 문제에 대한 이해를 확장하기 위해 수행되기도 한다. 사회과학에서 과학적 연구의 궁극적 목적은 보다 나은 삶의 공간을 유지하기 위해 바람직한 사회 구축에 대한 이론적·실제적 방향을 제시하고 설명하기 위한 것이다. 즉, 사회과학은 사회적 문제에 대하여 관심을 갖는 사람들에게 무엇을 해 줄 수 있는가 또는 무엇을 해 주어야 하는가에 주목한다. 사회문제 해결을 위한 사회과학이 가지는 연구의 목적은 다음과 같다(채서일, 2005: 36-38; 남궁근, 1998: 41-61).

(1) 사실의 기술

과학적 연구(조사)의 첫 번째 목적은 사실을 기술(description)하는 데 있다. 경험적으로 관찰된 사실을 일반적인 수준으로 요약하고 기록함으로써 현상 자체의 속성을 있는 그대로 보여 주는 것을 말한다. 사회문제를 진단하고 원인을 파악하기 위해서는 문제를 둘러싸고 있는 현상을 있는 그대로 묘사해야 한다. 예를 들어, 우리 지역에서 수해피해는 어느 정도인지, 산불피해는 어느 정도인지, 기초생활수급자는 몇 명인지, 결식아동은 몇 명인지, 학교폭력의 실태는 어떠한지, 가정폭력 및 아동학대의 실태는 어떠한지, 독거노인은 몇 명인지, 실업자는 몇 명인지 등을 파악하여 그대로 제시해야 한다.

(2) 설명

과학적 연구의 두 번째 목적은 현상에 대한 과학적 설명(scientific explanation)을 하기 위해서이다. 과학은 기본적으로 현상의 원인(why?)을 밝히는 학문이다. 그리고 어떤 사회현상이나 자연현상이 왜 일어나게 되었는지에 대한 대답이 곧 설명이다. 과학적 연구의 목적은 'why?'라는 물음에 대답하기 위해 논리적이고 체계적으로 설명하는 데 있다. 예를 들어, '교육수준이 높을수록 소득이 증가한다'라고 주장하기 위해서는 교육수준을 통한 소득의 증가가 설득력 있게 설명되어야 한다. 노숙자의 증가 원인은 무엇인가, 학교 부적응의 원인은 무엇인가, 빈곤층의 자립에 영향을 미치는 요인은 무엇인가, 실업자의 재취업에 영향을 미치는 원인은 무엇인가. 가정폭력이 사회적 건강성에 미치는 요인은 무엇인가, 공무원의 사기에 영향을 미치는 요인은 무엇인가, 지방자치 발전에 영향을 미치는 요인은 무엇인가, 지역대학이 지역발전에 어느 정도 기여하는가, 행복의 구성요인은 무엇인가 등과 같이 결과에 변화를 일으키는 근본(왜?)을 찾기 위해서 과학적 연구를 수행하는 것이다.

(3) 예측

과학적 지식이 있으면 예측(prediction)할 수 있어야 한다. 사회현상에 대한 예측은 바람직한 미래사회를 구현하는 방향을 제시하는 것이다. X가 Y를 유발하는 지식이라고 했을 때 X가 있으면 Y가 일어날 것을 예측할 수 있어야 한다. 반대로 X가 Y를 일으키지 않으면 X가 존재하지 않는 한 Y라는 현상은 일어나지 않을 것이라고 예측할 수 있어야 한다. 예를 들어, IMF 외환위기 관리체제에서 정부가 추진하고 있는 실업대책프로그램의 시행이 효과가 있다면 실업대책프로그램을 계속 시행하는 경우 실업이 줄어들 것으로 예측할 수 있어야 한다. 경제상황의 악화가 노숙자수 증가에 영향을 미치는 예측변수라면 경제상황이 호전된다면 노숙자수가 감소될 것으로 예측할 수 있다. 직무스트레스가 이직충동에 영향을 미치는 설명변수라면 직무스트레스를 낮추면 종업원들이 직장을 떠나지 않을 것으로 예측할 수 있다.

(4) 이해

과학적 연구의 네 번째 목적은 현상을 이해(understanding)하기 위해서이다. 사회과학의 연구는 인간의 본질과 행동에 관한 것이므로 그 중심은 인간이다. 따라서 과학적 연구가 추구하는 목적은 인간행동(action)에 대한 의미를 해석하고 이해하는 것이라고 하겠다.

사회과학은 사회현상 속에서 인간행동의 문제를 다룬다. 사회문제는 삶의 수준을 향상시킨다거나, 정상적인 사회행동에서 벗어난 일탈행동을 올바른 방향으로 유도하고 개선하는 데 있다. 사회문제를 해결하기 위해서는 인간행동에 대한 이해가 필수적이다.

3) 과학적 연구의 필수조건

과학적 연구(scientific research)는 사건을 정확하게 기술하고, 여러 가지 조건과 현상 속에서 규칙을 발견하여 이를 이론과 법칙으로 일반화시키려는 것이다. 과학적 연구의 필수조건은 (a) 목적성(purposiveness), (b) 엄격성(rigor), (c) 시험가능성(testability), (d) 재생가능성(replicability), (e) 정확성과 신뢰성(precision & confidence), (f) 객관성(objectivity), (g) 일반성(generalizability), (h) 간결성(parsimony) 등이다(Sekaran, 2003).

(1) 목적성

목적성(purposiveness)이란 미리 정해진 목표를 위해 연구활동을 수행하는 것을 말한다. 연구활동의 목표가 미리 정해지지 않으면 연구를 언제 종료해야 될지 결정할 수 없고 또한 연구결과에 대한 성공과 실패를 가늠할 수 없게 된다. 목표가 있으면 연구팀을 구성하여 프로젝트를 수행하는 경우 팀원들 간에 동기부여와 자극을 촉진시킬 수 있다.

(2) 엄격성

엄격성(rigor)이란 이론적 토대가 견고하고 방법론적으로 연구설계가 완전해야 한다는 것이다. 엄격한 연구계획은 연구의 신뢰성과 타당성을 제고하는 데 기여한다.

(3) 시험가능성

만약 개발된 이론이 경험적으로 검증되지 않는다면, 연구의 목적과 실제적 가치는 제약을 받게 된다. 연구목적을 달성하고 현실적 가치를 높이기 위해 과학적 연구는 경험적으로 검증할 수 있어야 한다는 의미이다. 과학적 연구의 입장에서 보면 이론(theory)은 참(true)으로 증명된 것이 아니라 단지 부적절하지 않다고 증명된 것이다(Popper, 1934). 그러므로 이론은 수집된 자료로 증명될 때 수락될 수 있다.

(4) 재생가능성

좋은 이론으로 정착되기 위해서는 높은 신뢰성을 가지고 반복적으로 검증되어야 한다. 과학적 연구에서 반복적인 검증이 불가능하다면 신뢰성을 확보할 수 없다.

(5) 정확성과 신뢰성

정확성과 신뢰성(precision & confidence)이란 연구대상을 얼마나 정확하게 측정하느냐 하는 것이다. 과학적 연구에서는 보통 95%를 신뢰구간으로 정하고 있는데, 5%는 측정된 값이 신뢰구간을 벗어난다는 의미이다. 범위가 좁으면 좁을수록 신뢰성은 높다는 의미이다.

(6) 객관성

객관성(objectivity)은 자료해석과 결론도출이 사실에 기초해야 하며 주관적 의견이나 감정적 가치가 들어가서는 안 된다는 것이다.

(7) 일반성

일반성(generalizability)이란 연구결과를 다른 환경에도 적용했을 때 효과나 활용성이 높은 정도를 말한다. 일반성이 높다는 의미는 곧 연구결과의 유용성과 효과가 높다는 말이다.

(8) 간결성

간결성(parsimony) 개념은 같은 내용을 담은 두 개의 예측이론(predictive theories)이 있다면 연구자는 더 간단한 이론을 선택한다는 것이다. 즉, 현상을 설명하는 데 있어서 많은 예측요인을 동원하여 설명하기보다는 몇 개의 간단한 요인으로 설명할 수 있을 때 간결성이 있다고 말한다. 통계적으로 볼 때, 간결성은 현상에 대한 독립변수(independent variables)의 설명력이라 할 수 있다.

2. 과학적 연구방법의 특징

(1) 논리성

과학적 연구방법에서 논리성이란 어떤 현상에 대한 원인과 결과가 있을 때 결과가 원인에 대해 시간적으로 앞설 수 없음을 말한다. 과학의 논리에서는 두 개의 배타적인 상태가 동시에 발생하는 것을 부정한다. 따라서 사건과 사건의 연결이 우리가 알고 있는 지식체계 내의 사실에 의해 뒷받침되어야 한다. 예를 들면, 동전을 한 번 던질 때 동전의 앞면과 뒷면이 동시에 보일 수 없다는 것이다.

(2) 확률적 인과성

과학에서 모든 현상은 시간적으로 앞선 어떤 원인에 의해 발생하며 논리적으로 원인과 결과관계로 이해할 수 있다. 모든 현상은 그 나름대로 일정한 원인을 가지고 있다. 한 가지 현상(결과)에 대해서도 여러 가지 원인이 존재하므로 그것들을 모두 안다는 것은 불가능하다. 사회현상에는 대부분 두 개 이상의 원인이 결과에 영향을 미친다. 따라서 어떤 원인이 결과를 절대적으로 결정하는 것은 아니고 확률적(probabilistic)으로 영향을 미친다. 예를 들어, 학교폭력에 영향을 미치는 요인으로 가정환경, 경제수준, 부모의 감독, 학교의 감독, 교우관계 등을 꼽는다면 이 중에서 가정환경 요인이 학교폭력에 미칠 확률이 0.7(70%)이라고 표현하는 것이다.

(3) 일반성

과학적 방법은 어떤 현상을 개별적으로 설명하는 것이 아니고 그것에 대한 일반적인 견해와 이해를 추구한다. 예를 들어, 공무원의 사기가 높을수록 성과가 향상된다는 인과론을 도출하였다면 그것은 개별 공무원 각각을 설명한다기보다 전체 공무원에 대한 보편적인 설명이 된다. 전국 지방자치단체 공무원 300명을 대상으로 직무만족을 조사한 경우 조사대상으로 뽑힌 300명에 대한 연구결과에 관심을 가지는 것이 아니라 우리나라 전체 지방공무원의 직무만족 수준에 관심을 가지기 때문에 연구결과를 전체 지방공무원으로 확대 적용하는 것이다. 연구의 과학성을 위해서는 높은 일반화 가능성을 담보해야 한다.

(4) 간결성

과학적 방법에서는 어떤 현상을 이해함에 있어서 최소한의 설명변수를 이용하여 최대의 설명력을 얻으려고 한다. 예를 들어, 유권자의 투표성향에 대한 설명변수로 정당가입여부, 사회계층, 인종, 성장배경, 성, 교육수준, 연령, 직업 등이 있으며 이 중에서 사회계층이 60% 영향을 미친다고 한다면 후보자는 사회계층에 집중하여 선거 전략을 수립하는 것이 더 효과적이다. 또한 이혼에 영향을 미치는 설명변수로 성격(性格), 성적격차, 소득수준, 부모와의 갈등, 자녀양육 등이 있으며 이 중에서 소득수준이 70% 영향을 미친다고 한다면 이혼율 감소를 위해 소득증대 전략을 수립하는 것이 더욱 효과적이다.

(5) 한정성과 구체성

과학적 연구에서는 추상적이거나 모호하고 불분명한 개념을 사용해서는 안 된다. 개념은 한정적이면서도 구체적으로 규정해야 하며, 개념을 측정할 때 진술하는 조작적 정의 역시 한정적이고 구체적이어야 한다. 예를 들어, 가정의 소득수준을 조사하려고 한다면 남편의 소득, 부인의 소득, 자녀의 소득 중 남편의 소득에 한정할 것인지, 부인과 자녀의 소득을 포함시킬 것인지를 명확히 해야 한다. 소득의 측정에 있어서도 세금공제 후 경상수입으로 측정할 것인지, 세금공제 전 경상수입으로 측정할 것인지를 구체적으로 한정해야 한다.

(6) 경험적 검증가능성

과학적 연구는 실제 자료를 수집·조사하거나, 분석하는 등 경험적인 검증절차가 필수적이므로 이에 대한 철저한 준비가 요구된다. 법칙과 이론은 경험적 자료의 수집·분석을 통해 검증됨으로써 그 유용성이 인정된다. 실제자료는 사회현상의 구성요소이다. 실제자료를 통해 분석하고 검증하는 것은 모든 사람이 사회현상을 이해하고 동의하도록 도와준다.

(7) 상호 주관성

상호 주관성이란 같은 실험을 수행하는 경우 서로 다른 주관적인 동기가 있더라도 결과가 같게 나타나야 한다는 것을 말한다. 다시 말하면, 연구자가 각각 다른 연구성향을 갖고 있다 하더라도 동일한 연구방법 또는 실험을 수행하였다면 동일한 연구결과에 도달해야 한다는 것이다. 그러나 동일한 현상에 대해 동일한 연구방법을 적용했으나 결과가 다른 경우 이것은 개념에 대한 조작적 정의가 서로 다른 데서 기인한 것이다.

A, B 연구자가 지방자치단체 성과를 측정하였는데 분석결과가 달랐다면 A, B 연구자가 연구설계, 자료수집방법, 분석방법 등을 달리하였기 때문이다. 상호 주관성이 있다면, A, B 연구자가 연구설계와 자료수집방법, 분석방법을 동일하게 했을 때 결과가 동일하게 나타나야 한다.

(8) 수정가능성

과학적 연구결과와 이론은 최신 이론과 연구에 의하여 반박되고 대체된다. 과학적 연구는 예전보다 세련되고 정밀하게 과거의 이론과 결과를 수정하게 된다. 이론의 결정론적 절대성은 있을 수 없기 때문에, 연구자들은 모든 이론이 새로운 이론으로 대체될 수 있다는 것을 인정해야 한다. 어떤 시점에서 어떤 이론이 개발되어 어떤 현상을 설명하는 데 적합하였더라도, 시대가 바뀌고 새로운 현상에 따른 새로운 이론이 개발되었다면 기존 이론은 새로운 이론에 대체되는 것이다. 그렇기 때문에 어떤 이론이 불변인 것처럼 고집하는 것은 과학의 발전에 도움이 되지 않는다.

3. 과학적 방법의 기본가정

과학적 방법의 기본가정은 연구자의 신념체계를 구성하며 그들의 행동방향을 결정하게 되는데, 다음 가정 중에는 증명된 것도 있고 증명되지 않은 것도 있다(이종규, 2006: 34-37).

(1) 자연은 질서정연하며 규칙적이다

과학적 방법에서 자연은 경험적으로 관찰이 가능한 대상(objects), 상황(situation), 현상(phenomena)을 의미한다. 자연은 일정한 질서와 규칙성을 가지고 있다. 봄, 여름, 가을, 겨울의 변화는 우연히 일어나는 것이 아니라 그 속에 있는 일정한 질서와 규칙에 의해서 일어나는 현상이다. 급격하게 변화하는 자연환경도 그 과정에서는 일정한 규칙과 유형을 찾을 수 있다는 것이다. 사회현상 역시 사건을 관찰하고 측정하여 사회적 규칙성을 발견하고 검증함으로써 이론형성이 가능하다.

(2) 인간은 자연을 이해할 수 있다

과학적 방법에서 인간은 궁극적으로 모든 현상을 이해하고 설명할 수 있다고 가정한다. 우리 인간은 자연의 일부분이다. 자연이 질서정연하며 규칙을 가지고 있듯이 사회현상도 어떤 규칙이나 경험적으로 입증될 수 있는 형태를 가지고 있다. 인간이 자연현상을 이해할 수 있듯이 사회현상도 이해하고 설명가능하다. 인

【그림 2-2】 인간의 이해범위

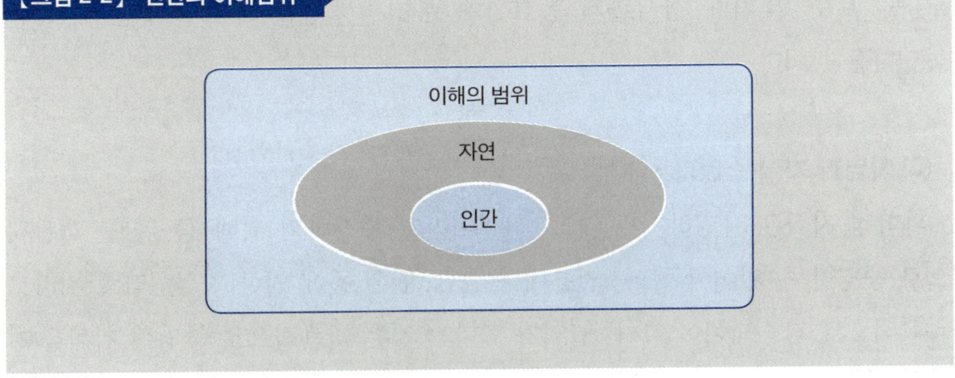

간은 자연을 알 수 있는 능력뿐만 아니라 인간 그 자체를 알 수 있는 능력도 가지고 있다는 것이다.

(3) 진리는 상대적이다

절대적인 진리란 존재할 수 없다. 지식은 제한된 배경, 방법, 도구, 자료 혹은 준거체계 속에서 입증된 것이기 때문에 완전무결하거나 절대적일 수 없다. 여러 가지 지식체계 간에 경합, 재평가, 재해석이 이루어질 수 있으며, 그러한 과정에서 새로운 지식체계가 탄생한다. 현재 인정받고 있는 명제는 불완전한 진리 가운데 불완전성이 가장 적은 것으로 간주되는 것이다.

(4) 모든 현상과 사건에는 원인이 있다

모든 자연현상에는 원인이 존재하기 때문에 자연적인 사건의 발생 원인을 자연 안에서 찾는다. 자연적인 사건을 설명하기 위해서는 자연 내에 존재하는 규칙성과 질서를 찾는다. 이러한 규칙성을 찾게 되면 인과관계(cause-effect relationship)의 증거로 활용할 수 있다. 사회과학에서도 사회현상 및 사건은 우연히 발생하는 것이 아니라 어떤 원인이 있어 발생하는 것이라고 가정한다. 그러나 어떤 원인이 현상을 모두 설명할 수 있다는 것은 아니다.

예를 들어, 선거에서 어떤 유권자가 특정 후보자에게 투표한다면 그 유권자가 자유의지에 의하여 선택한 것이 아니라 그 유권자의 연령, 지연, 교육수준, 사회적 계층, 정치이념 등 여러 요인이 특정 후보자를 선택하도록 영향을 미쳤다는 것이다. 또 공무원이 직장생활에 만족감을 느낀다면 스스로 의지에 의해서라기보다는 보수, 일 자체, 상사관계, 동료관계, 복리후생 등 여러 요인이 만족수준을 높였다는 것이다.

(5) 자명한 지식은 없다

과학적 지식은 자명하지도 않고, 진실이라고 주장하기 위해서는 이를 객관적으로 증명할 수 있어야 한다. 전통이나 관습, 권위 등에 의한 지식이라 할지라도 과학적으로 검증되어야 한다. 권위가 있다는 것은 객관적으로 증명된 지식을 가지고 있다는 것이고 반대로 객관적으로 증명된 지식이 없다는 것은 권위가 없다는 말과 같다.

(6) 경험적 관찰이 지식의 원천이다

현상에 대한 모든 이론적 추론의 타당성은 궁극적으로 경험적 관찰에 의하여 입증되어야 한다. 하지만 많은 현상이 바로 경험되거나 관찰되지 않는다. 현상을 경험적으로 관찰하기 위해서는 우선 현상에 대한 개념이 파악되어야 하고, 개념을 어떻게 측정하는 것이 가장 적합한지에 대한 동의도 선결되어야 한다.

4. 과학적 방법의 논리체계

과학적 방법은 두 가지 논리체계로 연결되어 있다. 연역적 논리(deductive logic)와 귀납적 논리(inductive logic)가 그것이다. 연역(deduction)이란 추론 또는 추정한다는 말로, 어떤 명제로부터 추론 규칙에 따라 결론을 이끌어 내는 것을 의미한다. 만일 이론으로부터 연구가 시작된다면 이미 알려진, 즉 관찰된 것을 설명하기 위해 이론을 사용한다. 이론은 자료에 대한 설명을 이끌어 내는 데 적용된다. 기본적으로 연역은 이론이나 모델의 형성으로 출발한다. 이론은 특별한 연구질문을 어떻게 형성할 것인가를 안내하며, 연구질문은 가정 및 가설로 구성되며 경험적 자료로 검증되어야 한다.

귀납(induction)은 개별적인 특수한 사실이나 원리로부터 일반적이고 보편적인 명제 및 법칙을 유도해 내는 것을 의미한다. 귀납은 관찰로부터 출발하여 이론으로 진행하며 사회과학의 이론 개발에 핵심이 된다. 귀납에 있어서 이론은 연구자료의 패턴으로 구성된다.

1) 연역적 논리(전체 → 부분)

연역적 논리는 일정한 이론적 전제를 수립해 놓고 그에 따라 구체적인 사실을 수집하여 검증함으로써 다시 이론적 결론에 도달하는 것이다. 연역적 논리는 기존이론이나 일반적 논리에 의하여 잠정적인 해답을 규정하는 가설을 도출하고 이를 관찰하여 경험적으로 검증하는 방법이다.

연역적 논리는 일반적이고 보편적인 전제로부터 부분적이며 특수한 원리를 이끌어 내는 방법이다. 예를 들어, 공공부문에서 어느 조직의 성과에 관심을 가지고 있다면, 성과에 영향을 미치는 여러 문헌을 통하여 이론적으로 검토한 결과, '참여적 리더십이 조직성과에 영향을 미칠 것이다'는 가설을 설정한다. 다음 단계에서는 '참여적 리더십'과 '조직성과'의 개념을 측정하기 위하여 변수를 조작화(개념적 정의와 조작적 정의)하고 측정도구(설문문항)를 개발한다. 그런 다음 공무원에 대한 측정(설문조사 또는 면접)을 실시하고 분석하여 가설을 검증한다.

이론적 전제에서 출발 → 가설화 → 조작화 → 관찰 → 검증

공부시간과 성적 간의 관계를 연역적 방법으로 살펴보면 그림 2-3과 같이 공부에 사용한 시간과 시험에서 획득한 점수 간의 관계 사이에 긍정적 관계를 제시하는 가설을 도출하게 된다. 즉, 공부시간이 증가할수록 성적이 올라간다(a)는 것이다. 가설을 도출한 다음에는 공부시간과 성적을 실제 관찰한다. 그림 (b)는 학생들이 얼마나 많은 시간을 공부했는지, 그리고 학생들이 받은 성적은 어떠한지를 나타낸다. 마지막 단계 (c)에서는 가설(a)과 관찰값을 비교하여 가설을 채택 및 기각한다.

【그림 2-3】 연역적 방법

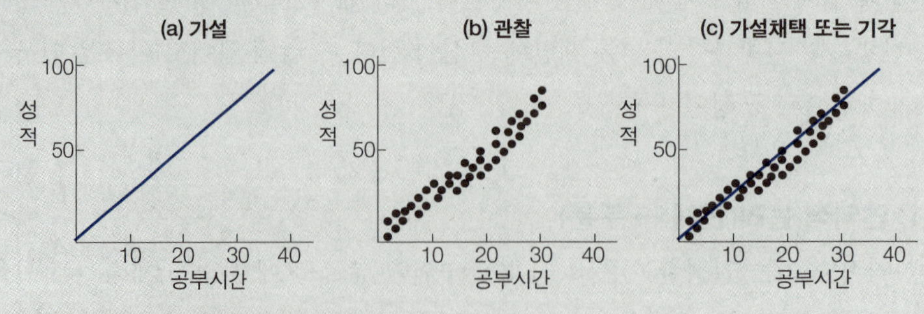

자료: Babbie(1992: 52)

2) 귀납적 논리(부분 → 전체)

귀납적 논리는 특수하고 구체적인 사실로부터 일반적인 원리를 도출해 내는 것이다. 현상에 대한 어떤 특징이 일반화되기 위해서는 그 현상을 관찰하고, 관찰한 것에서 공통적인 사실을 발견하고, 이를 실제 현상에 적용하여 확인해서 잠정적인 결론을 내리는 과정을 거친다. 여기서 잠정적인 결론이라고 한 까닭은 현상에 대한 공통적인 특성 및 원리가 연역법처럼 경험적 검증과정을 거친 것이 아니고 관찰에 의해 도출된 것이기 때문이다. 이같이 귀납법은 경험의 세계에서 관찰된 많은 사실 중에서 공통적인 유형(pattern)을 찾아낸다.

사실의 관찰에서 출발 → 많은 사실을 유형화 → 잠정적인 결론

예를 들면, 학교에서 '왕따' 현상에 대해 관심이 많다고 하자. 조사 대상 몇 개 학교를 설정한 다음 '왕따'가 일어나고 있는 실제 현상을 관찰한다. 관찰을 통해 '왕따'를 당하는 학생들의 특성을 파악하여 잠정적 결론을 내린다. 이때 결론은 검증된 것이 아니라 단지 관찰에 의해 만들어진 유형일 뿐이다. 귀납적 방법은 특정 지역주민의 특정 행태를 참여관찰을 통해 살펴본다거나, 장애인의 행동·유아의 행동·치매노인의 행동·노숙자의 행태 등 인간의 자연적 행태를 관찰을 통해 살펴볼 수 있다.

그림 2-4는 귀납적 방법의 논리체계이다. 연구자는 먼저 공부시간과 성적 간의

[그림 2-4] 귀납적 방법

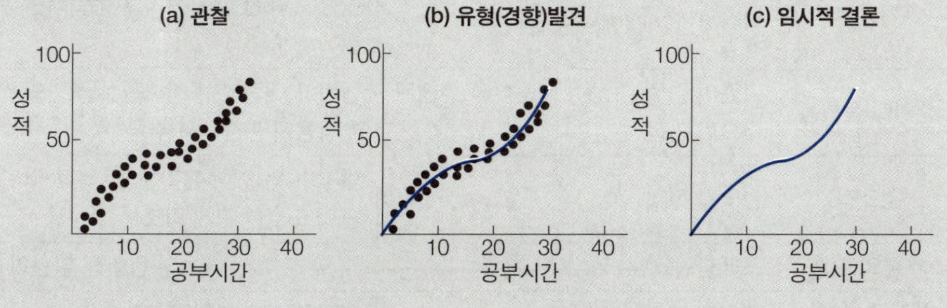

자료: Babbie(1992: 52)

관계에 대해 관심을 가지고 연구대상인 개별 학생들의 공부시간과 성적을 일일이 관찰한다. 다음으로 관찰된 값을 중심으로 패턴을 찾고 패턴을 통하여 임시적 결론에 도달한다. 임시적 결론이란 패턴이 아직 검증된 것이 아니기 때문이다.

3) 연역과 귀납의 관계

연역적 논리에서는 결론의 타당성이 전제의 타당성에 달려 있는 반면 귀납적 논리에서 결론은 결코 확실한 것이 아니다. 즉 일정 정도의 확률값만 갖는다. 그러므로 귀납적 방법에서는 이러한 확률의 값을 어떻게 계산하는지를 보여 주며, 그 범위 내에서 잠정결론(tentative conclusions)을 내릴 수 있다.

또한 가설적·연역적 방법은 기존의 이론으로부터 도출된 가설을 검증하여 가설이 현상을 얼마나 잘 설명하고 있는지를 검증하는 전형적인 양적연구의 특성

표 2-2 연역적 방법과 귀납적 방법 비교

구분	연역(deduction)	귀납(induction)
특징	일반적 · 보편적인 전제/원리로부터 특수한 것으로 도출	특수한 사실로부터 일반적 원리로 도출
	특수한 가설을 추론하기 위하여 광범위한 가정에서 조작적 규칙을 적용	특수한 사례 행동을 관찰함으로써 특수한 가설을 이끌어 냄
	공식적인 수학적 도구와 컴퓨터 시뮬레이션 활용	주의 깊게 보고, 들을 수 있는 도구와 비공식적인 관찰 도구를 사용
수준	거시적	미시적
본질	공식적 · 형식적	실질적
설명의 형태	구조적 ——— 인과적 ——— 해석적	
전제	연역적인 가정에서 출발	현상에 대한 객관적이고 중립적인 관찰에서 출발
행위의 규칙성	기존이론 및 가정이 처음부터 설정된 것으로 가정	행위가 대립되는 이해관계들 간의 상호작용의 관찰에서 추론
강조점	연역적 전제	연구의 복잡성, 불확실성, 목적 및 수단의 모호한 관계 강조
추론의 수준	프레임워크 ——— 경험적 일반화	
결론의 타당성	전제의 타당성에 달림	일정한 정도의 확률값만 가짐

자료: Miller & Whicker(1999: 39); Neuman(2000: 61)을 재정리

을 지니고 있다. 따라서 연역적 방법은 방법론적 특성으로 인하여 새로운 지식체계를 정립하는 데 제한적이다. 이에 반하여 경험적·귀납적 방법은 현상에 내재된 요인을 규명하고 이들 간의 관계를 파악하는 질적연구로서 새로운 지식을 발견하고자 하는 탐색적 연구의 특성을 가진다. 그러므로 귀납적 연구의 결과는 특별한 부분의 이해를 돕기 위해 그리고 미래 연구를 위해 검증 가능한 가설을 제안하는 데 유용하다.

연역적 논리와 귀납적 논리는 연구목적에 따라 각각 독립적으로 적용될 수 있으나 연구과정에서는 연역과 귀납이 과정을 끊임없이 되풀이되면서 순환적으로 연결된다. 또한 실제연구에서도 연역적 논리와 귀납적 논리가 반복하여 적용된다. 즉 이론에서 가설을 정립하고, 이러한 가설은 관찰을 가능하게 하며, 관찰을 통하여 일반화가 이루어지고 일반화를 거쳐 이론이 수정되는 순환적 과정이다. **그림 2-5**는 연역적 논리와 귀납적 논리의 상호작용 및 순환관계를 도식화한 것이다.

【그림 2-5】 연역과 귀납의 상호 순환적 관계

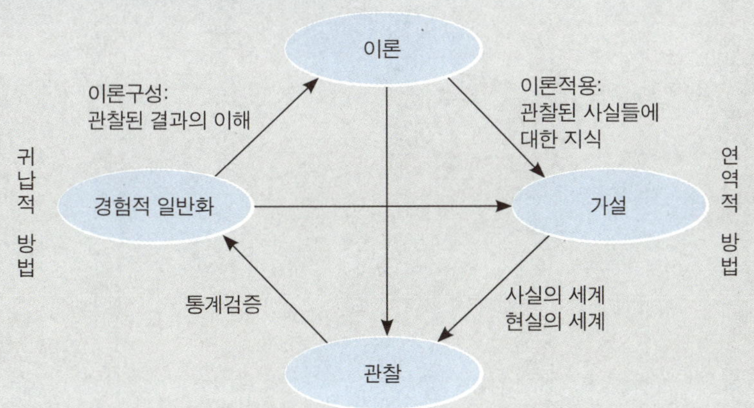

자료: Babbie(1992: 53)의 토대로 정리

생각해 볼 문제

1. 지식획득 방법에 대해 설명하시오.
2. 사회연구가 왜 과학적 방법이어야 하는가를 설명하시오.
3. 연역적 방법과 귀납적 방법을 예를 들어 비교·설명하시오.
4. 지식획득 과정의 오류에 대해 예시를 들어 설명하시오.

제3장

연구의 유형

이 장의 개요

연구수행 시 연구역량, 연구대상, 연구범위, 연구방법, 연구목적 등 연구와 관련된 여러 상황에 따라 연구유형이 달라진다. 연구상황에 맞는 적합한 연구유형을 적용하면 연구수행의 수월성은 물론 연구성과의 실행가능성과 설명력을 높일 수 있다. 이를 위해서는 먼저 어떤 연구유형이 연구상황에 적합한지를 판단해야 되는데, 이 장에서는 여러 연구유형의 특징 및 접근방법을 살펴본다.

제1절 연구의 목적에 따른 분류

사회과학 연구의 방법은 연구의 목적에 따라 탐색적 연구, 기술적 연구, 그리고 설명적 연구로 구분할 수 있다.

1. 탐색적 연구

1) 탐색적 연구의 의의

탐색적 연구(exploratory research)는 좀 더 정확한 연구를 위하여 연구문제를 형성하거나 가설을 개발하려고 할 때 사용하는 연구로 형성적 연구(formulative research)라고도 부르며, 주로 질적자료(qualitative data)를 사용한다. 탐색적 연구는 연구자가 필요로 하는 지식의 수준이 가장 낮은 형태라고 할 수 있으며 유용한 지식이 한정되어 있는 미개척분야에서 기본적 자료를 제공하기 위한 연구에 적합하다고 할 수 있다. 연구자가 새로운 관심사에 대해 연구하거나, 연구주제가 거의 알려져 있지 않은 새로운 것이거나, 앞으로 보다 중요한 연구를 위해 그 연구의 실행가능성이나 사용할 연구방법 등을 개발하고자 할 때 주로 사용하는 등 연구의 실마리와 방향을 찾고 토대를 구축하기 위한 연구이다.

탐색적 연구를 사용해야 하는 경우를 보면, 연구자는 연구대상에 관한 지식이 아주 빈약하기 때문에 어떤 자료를 수집해야 할지를 구체적으로 정하기 어렵다. 이런 경우 탐색적 연구를 통하여 (a) 연구해야 할 속성을 개념화(conceptionalization)하고 (b) 이들 개념을 조작적으로 정의하여 (c) 자료수집을 위한 변수로 전환시키고 (d) 독립변수와 종속변수를 구분하고 (e) 이들 변수를 서열화하고 (f) 측정할 수 있는 척도를 작성하게 된다. 이렇게 하여 얻은 지식은 다음에 실시할 본격적인 연구에서 중요한 사전지식으로 활용될 것이다. 탐색적 연구는 본연구(main research)를 위한 예비연구(pilot research)로서 연구문제의 발견, 변수의 규명, 가설의 도출을 위해서 실시된다. 탐색적 연구에 대비하여 본연구는 연구자가 연구분야와 조사내용에 대한 지식이 많고, 측정대상이 규명되어 있고, 자료수집 방법 및 절차가 치밀하게 계획되어 있는 경우에 적용한다.

탐색적 연구의 예로 저소득층 자녀의 학교생활 태도를 조사하려고 할 경우 저소득층의 기준을 무엇으로 삼을 것인지, 학교생활 태도를 무엇으로 어떻게 측정할 것인지에 대한 사전지식이 요구되는데 연구자가 이런 지식을 갖고 있지 않다면 관련문헌이나 전문가들을 통해 그와 관련된 정보와 지식을 얻어야 한다. 또 다른 예로 보다 큰 규모의 연구에서 사용하게 될 설문지를 개발하기 위해서는 설문지에 어떤 질문들을 포함시켜야 하며 어떤 문구나 용어를 사용하여 설문문항을 만들어야 하는지를 알아보고자 전문가들의 의견을 조사할 수 있다. 학교생활 만족을 측정하기 위하여 설문문항에 어떤 문항들이 포함되어야 할지 학생들의 의견을 묻는 경우도 탐색적 연구에 해당된다. 인구감소로 인하여 지역경제가 쇠퇴되고 물리적 및 지리적 경계를 기반으로 하는 전통적인 지역공동체의 설정이 무의미해지고 있는 상황에서 현대적 의미에서 '지역공동체'를 어떻게 정의해야 할 것인지를 파악하는 연구도 탐색적 연구에 해당된다.

일반적으로 탐색적 연구는 새로운 문제나 쟁점을 제기하고 해답을 찾아갈 수 있는 '올바른 방법이나 방향'이 무엇인가를 제시해 주는 연구이기 때문에, 연구질문에 대한 만족할 만한 대답을 해 주지 못한다는 단점이 있다.

2) 탐색적 연구의 용도

일반적으로 탐색적 연구는 다음과 같은 목적으로 사용된다(Neuman, 2000: 22; Neuman & Wiegand, 2000: 20).

① 다음에 실시할 체계적인 연구의 대상이나 환경에 친숙해지기 위해서
② 개념을 보다 분명하게 하기 위해서
③ 다음 연구의 우선순위를 정하기 위해서
④ 많은 아이디어를 생성하고 임시적 가설 개발을 위해서
⑤ 문제를 형성하고 더욱 체계적인 질문을 위한 이슈를 세련되게 하기 위해서
⑥ 미래 연구의 기법을 개발하고 방향감각을 얻기 위해서
⑦ 실제 현실상황에서 연구를 수행할 수 있는지에 관한 정보수집을 위해서

3) 탐색적 연구의 수행방법

탐색적 연구는 다음과 같은 방법으로 수행한다.

(1) 유관분야의 관련문헌 조사

연구대상이나 연구분야에 대한 지식이 부족한 경우 최초의 연구자로서 관련 분야의 문헌(literature)을 조사한다. 문헌연구는 문제를 규명하고 가설을 정립하기 위한 가장 경제적이고 신속한 방법이다. 근래에는 인터넷을 통한 문헌검색기능이 편리하게 제공되고 있어 과거에 비해 효율적으로 활용할 수 있다. 문헌연구에 관한 자세한 설명은 '문헌연구의 고찰'에서 다루기로 한다.

(2) 전문가 및 경험자를 대상으로 한 조사

연구문제에 정통한 전문가(expert)나 경험자로부터 정보를 획득하는 방법이다. 문헌연구의 보완적인 수단으로 활용될 수 있는데, 전문가로부터 문제의 해답을 구하기 위해서 아니라 연구문제에 대한 의견이나 조언을 구하고자 하는 조사이다. 예를 들어, 지방자치 발전방안에 관한 연구를 하려고 하는데 '지방자치'라는 문제는 너무 포괄적이고 추상적이다. 이를 구체적으로 접근하는 방법과 문제는 어떤 것들이 있는가에 대해 지방자치 전문가에게 조언을 구하면 문제의 범위와 가설을 개발할 수 있을 것이다.

(3) 통찰력을 얻을 수 있는 소수사례의 분석

소수사례의 분석은 주어진 문제와 유사한 사례(case)를 찾아내어 분석하는 것으로, 주어진 문제에 대한 간접적인 경험과 사전지식을 갖게 하여 현 상황에 대한 논리적인 유추에 도움을 주는 방법이다. 그러나 단지 시사적·임시적 결론에 불과할 수 있으므로 추가적인 조사를 계속 실시하여 가설을 재검증하는 절차가 필요하다. 사례분석은 대표적인 귀납적 방법으로 수행되는데, 사례분석 대상에 대한 심층적인 관찰이 이루어질 수 있다면 소수의 사례로도 충분히 조사의 가치를 높일 수 있다. 되도록이면 연구자가 관심을 가지고 있는 문제를 잘 나타낼 수 있는 사례를 선택하는 것이 중요하다.

2. 기술적 연구

1) 기술적 연구의 의의

기술적 연구(descriptive research)는 현상을 정확하게 기술(description)하는 것을 목적으로 하는 연구형태로, 가장 중요하게 고려해야 할 사항은 정확성(accuracy)이다. 기술적 연구는 현상을 계량적(숫자)으로 기술하여 정확성을 확보함으로써 수집된 증거의 신뢰성(reliability)을 극대화할 수 있는 연구설계가 필요할 때 이용된다. 사회문제에 대한 정책적 대안을 마련하기 위한 정책분석적 연구나 정책집행이나 사업시행 후 목적/목표의 달성 여부나 진행과정을 살펴보기 위한 평가적 연구에서는 정확한 실태를 파악하는 것이 가장 중요하기 때문에 기술적 연구는 매우 중요한 비중을 차지한다.

기술적 연구는 대학에서 등록생, 휴학생, 복학생, 장학생, 재적생, 취업자 등의 조사와 실업자, 독거노인, 관내 업종별 중소기업체수, 빈민가구수, 청소년비행건수, 범죄발생건수, 빈민가구의 소득, 직업, 위생상태, 주거상태, 가족구조, 코로나 19 확진자수 등에 관한 실태를 조사하는 경우 그리고 국가가 시행하는 인구조사, 국세조사, 물가조사 등도 기술적 연구에 해당된다.

기술적 연구를 수행하는 연구자는 관찰해야 할 변수가 무엇인지, 독립변수와 종속변수가 무엇인지를 알고 있어야 하며, 수집하여야 할 자료가 어떤 것인지 사전에 정확하게 규정할 수 있어야 한다(사전지식의 존재). 기술적 연구는 철저한 계획과 체계적인 절차에 의해서 실시된다는 점이 탐색적 연구와 다르다. 기술적 연구는 특정문제를 해결하거나 가설검증에 필요한 정확한 정보를 획득해야 하기 때문에 보다 정교한 조사계획이 필요하다. 정교하고 정확한 연구란 오류를 줄이는 것이며 이를 위해서는 양적(量的)인 연구가 필요하다. 양적인 기술에는 현상에 대한 모집단의 주요변수의 크기와 분포, 그리고 변수들 간의 관계의 정도와 방향 등이 포함된다. 이러한 것들은 도수분포, 중앙경향값 및 산포도, 연관도 및 공동변화 등 계량적 형태로 기술된다.

2) 기술적 연구의 용도

기술적 연구는 다음과 같은 목적으로 사용된다(Neuman, 2000: 22; Neuman & Wiegand, 2000: 20).

① 특정 개인, 상황, 집단의 특성에 관하여 정확하게 묘사하는 조사
- 비행청소년집단의 정확한 프로파일(profile) 제공
- 노인회관 노인들의 가족상황, 소득수준, 주택수준, 건강상태

② 어떤 사건의 발생빈도
- 학교폭력, 성폭행, 절도, 강도 등 범죄 발생빈도
- 이혼율, 출산율, 사망률, 인구증가율, 교통사고사망률, 집회발생건수

③ 사건의 발생빈도와 다른 사건과의 연관정도를 파악하는 조사
- 강도사건과 살인사건의 연관성 문제
- 국가의 경제수준과 노숙자 수의 관계
- 자녀의 세금공제와 부모부양과의 관계
- 취업교육프로그램과 실업 또는 소득과의 관계
- 지방자치단체의 출산장려금과 출산율(인구증가율)과의 관계
- 가계경제(소득)와 이혼율과의 관계

④ 사건의 카테고리를 만들고 사건유형을 분류하기 위한 조사
- 청소년범죄와 지역사회의 특성
- 청년취업과 스펙의 유형

3. 설명적 연구

1) 설명적 연구의 의의

설명적 연구(explanatory research)는 탐색적 또는 기술적 연구결과의 축적을 토대로 하여 사실과 사실의 관계를 파악하여 인과관계(causal relation)를 규명하거나, 이러한 규명결과를 토대로 미래를 예측하는 연구이다. 즉 일반적 사실을 설명하는 것으로 어떻게(how), 왜(why) 그 사실이 발생했는가를 설명하는 것이다.

사회과학 분야에서는 '왜(why)'라는 의문에 해답을 제공하는 것으로서 문제의 원인을 파악하고 '개입활동'이 어떠한 효과를 가져왔는지 파악하기 위해 설명적 연구를 실시한다. 예를 들어, 직업훈련이 실업자의 취업을 증가시켰는지, 공공근로사업이 장기빈곤을 줄였는지 등과 같은 연구문제는 모두 설명적 연구로 수행한다. 직업훈련이나 공공근로사업이라는 독립변수가 취업이나 장기빈곤과 같은 종속변수와 인과적 관계가 있는지를 밝히고자 하는 경우다. 또한 왜 어떤 사람들은 복지서비스를 확대하기 위해 세금을 더 걷어야 하는 것에 찬성하고, 반대하는 사람은 어떤 사람인가 등도 설명적 연구가 필요하다. 이 연구에서 만약 성별, 연령, 소득수준, 직업 등에 따라 어떤 차이만을 보여 준다면 이는 기술적 연구에 해당된다. 마찬가지로 어떤 지역은 어떤 이유로 인하여 다른 지역보다 암 환자가 많이 발생한가를 알아보는 것은 설명적 연구이지만, 단순히 지역별 암 환자의 차이를 파악하는 것은 기술적 연구에 해당된다. 왜 어떤 도시들은 다른 도시들보다 '학교 왕따' 비율이 높은지를 알아보는 것은 설명적 연구이나, 단순히 도시별 '학교 왕따' 비율을 조사하는 것은 기술적 연구에 해당된다. 또 대학별 취업률 차이를 가져온 원인을 규명하는 연구는 설명적 연구이지만, 단순히 대학별 취업률을 조사하는 것은 기술적 연구에 해당된다. 수업만족도에 영향을 미치는 요인을 파악하기 위하여 교수법, 강의시간 준수, 과제물, 발표여부, 시험유형 등을 조사하는 것은 설명적 연구이지만, 과목별 수업만족도를 조사하는 것은 기술적 연구에 해당된다.

2) 설명적 연구의 용도

설명적 연구는 다음과 같은 목적으로 사용된다(Neuman, 2000: 22; Neuman & Wiegand, 2000: 21).

① 더 좋은 설명력을 확보하기 위해
② 이론과 원리를 새로운 영역이나 이슈로 확장시키기 위해
③ 공통적 진술 아래에서 다른 이슈 혹은 주제를 연계하기 위해
④ 원리(principle) 또는 이론(theory)의 정확성(accuracy)을 판단하기 위해

⑤ 이론을 구축하고 세련되게 함으로써 더욱 경쟁력을 확보할 수 있도록 하기 위해
⑥ 설명(explanation)과 예측(prediction)을 확보할 수 있고 반박할 수 있는 증거를 제공하기 위해

이상과 같이 설명적 연구를 수행하기 위해서는 다음과 같은 사항이 충족되어야 한다.

① 두 변수가 관련성이 크고(공동변화)
② 한 변수가 다른 변수보다 시간적으로 앞서며(한 변수의 시간적 선행)
③ 제3의 변수가 그 관계에 영향을 미치지 않는다는 점을 밝힐 수 있어야 한다 (경쟁가설 배제의 원칙)

지금까지 연구목적에 따라 과학적 연구유형을 구별하였지만, 일반적으로 대부분의 연구는 이 세 가지 연구목적을 모두 갖는다. 대부분의 연구들이 한 가지 이상의 연구목적을 갖기 때문에 어떤 특정연구가 가진 연구목적이 무엇인지를 명확히 밝힌다는 것은 쉽지 않다. 예를 들면, 연구자의 궁극적 목적은 설명적 연구에 있지만 설명적 연구의 수행과정에서 탐색적 연구를 바탕으로 기술적 연구가 이루어지고 마지막으로 인과관계를 규명하는 설명적 연구가 수행될 수 있다. 다만 연구의 유형을 살펴보는 것은 연구목적에 따른 연구의 수월성을 확보하기 위한 것이다.

그림 3-1 은 기술적 연구와 설명적 연구의 모형을 비교하였다. (a)의 기술적 연구모형의 경우, 어떤 지역에 거주하고 있는 주민 10,000명의 생활실태에 관심을 가지고 있지만 연구자는 자신이 접근하기 쉬운 사람 1,000명을 대상으로 조사하여 자료를 분석하였다. 이런 경우 1,000명의 통계량은 관심을 가지고 있는 10,000명에게 적용될 수 있는 것도 아니고 모수를 추정하기도 곤란하다. (b)의 설명적 연구모형의 경우에는 연구자가 관심을 가진 10,000명 중에서 대표성을 확보하기 위하여 무작위 표본추출을 통해 1,000명을 선발하여 조사하고 분석한 다음 그 결

과를 모집단(10,000명)에게 적용하고 모수[1]를 추정하게 된다.

【그림 3-1】 기술적 연구와 설명적 연구의 비교 모형

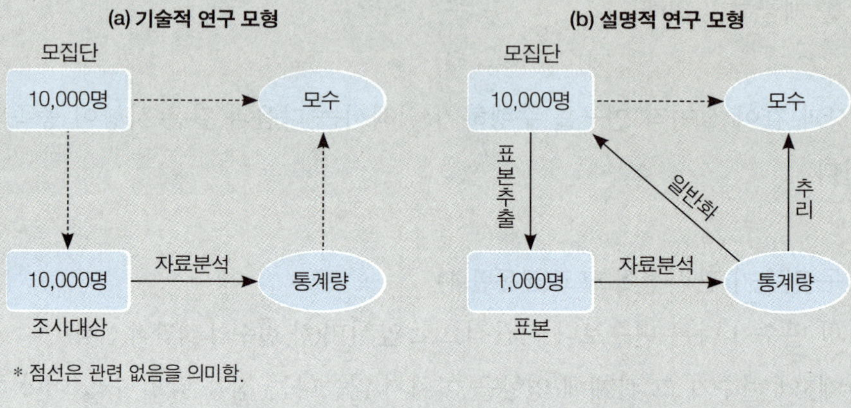

표 3-1 연구목적에 따른 연구유형 요약

구분	연구목적	연구질문
탐색적 연구	• 현상에 대한 이해 • 중요한 변수를 확인하고 발견 • 미래 연구를 위한 가설 도출	• 여기서 무슨 일이 일어나고 있습니까? • 뚜렷한 주제, 패턴, 범주는 무엇입니까? • 이들 패턴이 다른 것들과 어떻게 연결되어 있습니까?
기술적 연구	• 관심 현상을 상세히 기록	• 현상에서 일어나고 있는 뚜렷한 행태, 사건, 신념, 태도, 구조, 과정은 무엇입니까?
설명적 연구	• 질문에 대한 현상의 중요원인을 설명 • 현상에 대한 인과관계를 확인	• 현상을 구성하고 있는 사건, 신념, 태도, 정책은 무엇입니까? • 현상의 결과와 이들 국면이 어떻게 상호작용하고 있습니까?

1) 여기에서 모수는 모집단으로부터 예상되는 측정값을 말하며, 이 값들은 거의 대부분 정확히 알 수 없는 것들로, 표본의 측정값인 통계량을 통해 추정될 뿐이다.

제2절 연구의 이용에 따른 분류

사회과학 연구방법은 연구의 이용에 따라 기초연구, 응용연구 그리고 평가연구로 구분할 수 있다.

1. 기초(순수)연구

기초연구(basic research) 또는 순수연구(pure research)는 사회현상에 관한 새로운 지식을 추구하며 현상을 설명할 수 있는 일반원칙을 확립하고자 한다. 기초연구는 변수 간 관계의 발견을 포함한 새로운 지식을 창출하고 다양한 조건 아래에서 결과를 예측할 수 있는 능력을 함양하고자 한다. 따라서 기초연구는 지식생산의 원천을 제공하고 독창적 연구이론 발전을 위한 기틀을 마련하며 응용연구를 위한 토대를 구축하는 데 기여하기 때문에 토대연구라고도 한다. 토대연구는 연구의 토대(base) 자료를 정리·축적함으로써 후속연구를 위한 기초 자료를 확보하고, 연구의 지속가능성을 제고하기 위함이다.[2)]

기초연구는 후술한 응용연구에 적용하게 될 방법(methods), 이론(theories), 그리고 아이디어(ideas) 등의 툴(tools)을 개발하는 토대를 제공한다. 보통 문제의 발견과 지식발달은 기초연구에서 비롯된다. 기초연구는 문제해결에 직접적인 도움을 주지 않지만 직접적인 도움을 주는 응용연구의 토대를 지원한다. 기초연구를 통해서는 새로운 아이디어나 근본 지식만을 제공해 준다. 그럼에도 불구하고 기초연구가 의미를 갖는 까닭은 지식확장과 응용연구의 토대를 제공해 주기 위해서 필수적이기 때문이다.

반대로, 응용연구는 문제에 대한 빠른 해답을 얻기 위해 사용되는 경우가 많다. 예를 들어, 청소년비행에 관심을 가지는 연구자는 비행(delinquency) 문제의 수준과 범위에 대한 기초정보를 얻기 위해 기초연구를 수행하게 된다. '왜 비행행동

2) 한국연구재단 '2018년도 토대연구지원사업 신청요강'

(deviant behavior)을 하는가?'에 관한 의문을 가지고 비행행동의 원인들에 대한 원천을 찾는 것이 기초연구에 해당된다.

2. 응용연구

응용연구(applied research)는 사회문제를 이해하고 해결하기 위한 어떤 행위를 선택하는 데 필요한 지침을 제공하고자 한다. 응용연구는 사회문제의 제거 또는 완화를 위해 정책결정자가 즉각 이용할 수 있는 지식을 제공하는 것이 주목적이다. 따라서 응용연구에 관심을 가지는 사람은 연구자보다는 실무자들이다. 실무자들은 직면하고 있는 문제를 당장 해결하는 데 관심을 가지며 그것을 해결하고 개선하는 데 활용할 수 있는 방안과 지침을 원하기 때문이다.

Gagne(1996)은 폭행을 당하고 있는 여성에 관한 연구를 수행하였다. 그는 부모나 남편으로부터 신체적으로 학대받고 있는 여성들을 대상으로 면접을 실시하였다. 여성들은 부모나 남편으로부터 감금을 당하기도 하였고, 자신이 받았던 피해에 대해 공포를 느끼고 있었다. Gagne의 연구는 폭행경험 여성의 법적인 방어와 호소를 정당화하는 데 제공되었다.

표 3-2 기초연구와 응용연구의 비교

기초연구	응용연구
• 연구문제와 주제는 자유롭게 선정한다.	• 연구문제와 주제는 한정적이고 구체적이며 스폰서 또는 연구발주기관의 요구에 따라 선정된다.
• 연구는 과학적 엄밀성에 의해 판단되며 연구자의 높은 수준을 요구한다.	• 연구는 연구용도에 따라 진행되며 대체로 신속하게 수행된다.
• 주요 관심사항은 논리적이고 엄밀성을 가진 연구설계를 갖추어야 한다.	• 주요 관심사항은 연구비 지원기관이나 스폰서의 요구에 응한다.
• 연구목표는 기초적이고 이론적인 지식에 기여할 수 있어야 한다.	• 연구목표는 실제 활용가능성이 있어야 한다.
• 연구결과는 학술지에 실리고 다른 분야 학자들에게 영향을 미친다.	• 연구결과가 연구비지원기관이나 스폰서의 의사결정에 사용됨으로써 연구의 성과 여부를 판단한다.

자료: Neuman(2000: 25)

이상과 같이 응용연구는 기초연구의 절차 및 기법의 토대 위에서 이루어지며, 기초연구와 응용연구는 방법론에 있어서 표 3-2와 같은 특성을 가지고 있다.

3. 평가연구

평가연구(evaluation research)는 정책집행의 과정이나 결과 및 영향에 대한 정확한 사회적 설명 또는 평가가 주목적이며, 정책이 본래 의도한 효과를 가져왔는지를 사정(assessment)하는 것이다. 예를 들어, 정부의 고용정책의 효과는 어떠한가, 지방자치단체의 공공근로사업의 효과는 어떠한가, 주거안정을 위한 정부의 주택정책의 효과는 어느 정도인가, 지방자치단체의 출산장려금의 효과는 어느 정도인가, 지역사회의 각종 복지프로그램의 효과는 어떠한가, 민선단체장의 취임 후 지역경제의 효과는 어느 정도인가, 지역축제의 파급효과는 어떠한가, 국가장학금의 효과는 어떠한가, 국가의 교육정책의 효과는 어떠한가 등 국가나 지방자치단체 등 공공기관이 시행한 정책이나 사업이 당초 계획했던 목적/목표를 달성했는지를 파악하고 정책의 수정, 변경, 종결, 폐지 여부 등을 판단하기 위한 정보로 활용하기 위하여 평가연구를 수행한다.

정책은 하나의 가설에 해당된다. 가설은 잠정적인 해결방안이다. 국가가 어떤 정책을 수립하고 집행하는 것은 당면하고 있거나 예상되는 문제를 해결하기 위하여(응용연구) 가설에 해당되는 정책을 수립하고 시행한다. 정책을 시행한 경우 문제가 해결될 수도 있고 해결이 안 될 수도 있으며, 당초 기대하는 해결수준과 다른 양상을 보이는 제3의 문제가 파생될 수도 있다. 따라서 평가연구의 필요성은 어떤 정책이 당초 기대하는 수준과 범위에 영향을 미쳐 문제가 어느 정도 해결되었는지를 파악함으로써 한정된 자원(인적자원과 물적자원)의 효율적 배분을 제고할 수 있는 정보로 활용하기 위해서이다. 만약 당초 기대했던 목표상태에 미달되었다면 자원을 확충하거나 자원이나 서비스 제공방식을 변경해야 할 것이나, 전혀 문제가 해결되지 않으면서 새로운 문제가 계속 발행하고 있다면 그 정책은 전면적으로 재검토를 해야만 한다.

평가연구는 독립변수에 해당되는 정책, 프로그램, 사업의 집행효과(종속변수)

를 살펴보는 것이다. 평가연구는 지식의 획득이 아니라 정책이나 프로그램, 사업의 지속, 중단 등의 여부를 판단하기 위한 정보를 산출하기 위해 실시된다. 평가연구는 엄밀하게 보면 응용연구의 하나로서 국가 정책이나 각종 프로그램의 책임성 요구와 관련하여 오늘날 매우 중요하게 다루어지고 있다.

평가연구는 다시 형성평가(formative)와 총괄평가(summative)로 구분된다. 형성평가는 프로그램 관리에 사용된 프로그램에 관한 모니터링과 계속적 피드백을 위한 것인 데 반하여 총괄평가는 프로그램의 최종 영향(outputs)을 살펴보려는 것이다. 일반적으로 실제 평가에 있어서 이 두 가지 평가는 반드시 필요하며 평가의 목적에 따라 적용을 달리할 수도 있다.

평가연구는 다음 5가지 국면에서 이용된다.

① 욕구사정(needs assessment): 프로그램 목표를 설정하기 위해 사람들의 욕구를 기술한다.
② 프로그램 모니터링(program monitoring): 계획대로 프로그램이 잘 진행되고 있는지 지속적으로 프로그램을 점검한다.
③ 프로그램 영향(program impact): 개입이 기대하는 결과를 가져왔는지를 분석한다.
④ 효율성 분석(efficiency analysis): 프로그램에 투입된 비용에 대해 프로그램의 성공을 평가한다.
⑤ 효용성 조사(utilization research): 사람들이 프로그램을 어느 정도 이용하는지 그리고 이용하지 않는 요인은 무엇인지를 검토한다.

제3절 연구시점에 따른 분류

사회과학 연구방법은 연구를 수행하는 시점, 즉 자료를 수집하는 시점에 따라 횡단면적 연구와 종단면적 연구로 구분할 수 있다.

1. 횡단면적 연구

횡단면적 연구(cross-sectional research)는 특정 시점에서 여러 가지 연구대상을 조사하여 비교하는 방법이다. 여기서 횡단이라고 하는 것은 상이한 특성, 즉 연령, 교육수준, 소득수준, 성, 직업 등을 가진 사람들을 표본으로 폭넓게 추출하기 때문이다. 횡단면적 연구는 상이한 집단 간 특성의 차이를 비교·분석하는 데 많이 이용된다.

횡단면적 연구는 탐색적, 기술적, 설명적 연구를 적용할 수 있으나, 기술적 연구로 수행되는 것이 일반적이다. 예를 들어, 우리나라 지방자치단체 정보화수준 진단, 전국 중·고등학교의 학교폭력실태 조사, 전국의 출생률 조사, 전국의 범죄율 조사, 전국의 교통사고사망률 조사, 대학별 신입생등록률 조사, 대학별 취업률 조사, 복지기관별 복지서비스 만족도 조사 등이 해당된다.

횡단면적 연구는 다음과 같은 조건 중 어느 한 가지라도 만족시키면 적용할 수 있다.

① 지리적으로 넓게 분포되어 있고
② 연구대상의 수가 많으며
③ 많은 변수에 관한 자료를 수집하여야 할 필요성이 큰 경우

이와 같은 횡단면적 연구는 (a) 자료수집이 용이하고 짧은 시간에 자료를 수집할 수 있으며 (b) 종단조사에 비해 경제적이다. 또한 (c) 유사한 목적을 가진 조사결과들끼리 객관적인 비교가 가능하다는 장점이 있다. 하지만, 일정 시점의 자료만을 분석대상으로 하기 때문에 시간의 흐름에 따른 변화추이를 파악하기 어렵다는 것이 단점이다.

2. 종단면적 연구

종단면적 연구(longitudinal research)는 동일한 현상에 대해 시점을 달리하여 측

정하는 방법이다. 따라서 각 기간 동안(시간의 흐름에 따라)에 일어난 변화에 대한 측정이 주요 관심사항이다.

종단면적 연구는 (a) 특정현상이 시간의 흐름에 따라 어떻게 변화하는지 그 과정을 일목요연하게 파악할 수 있고 (b) 횡단면적 연구에서 파악하기 어려운 변수들 간의 인과관계를 분석할 수 있다는 장점이 있다.

반면에 (a) 오랜 기간에 걸쳐 조사함으로써 비용이 많이 소요되며 (b) 응답자들이 첫 번째 조사에서는 비교적 객관적 응답을 하지만 두 번째부터는 연구문제를 알고 있어서 선입관이 개입될 수 있으므로 객관적인 자료를 얻기 어렵다는 단점이 있다.

종단면적 연구는 다시 세부적으로 패널연구(panel study), 추세연구(trend study), 동시경험집단연구(cohort study)로 구분한다.

1) 패널연구

패널연구(panel study) 또는 동일집단반복연구란 특정한 연구 대상집단을 사전에 선정한 후 이들을 대상으로 반복적으로 조사를 실시하는 방법이다. 패널이란 인명록, 토의집단을 의미한다. 패널연구는 사회의 어떤 경향을 조사하기 위하여 일부가 반복해서 조사된다는 뜻을 담고 있다. 각종 공직자 선거에 있어서 유권자들에게 어느 후보(또는 당)를 지지하겠는가에 대하여 일정한 주기로 반복 질문하는 것과 같다.[3] 행정기관에 근무하는 공무원들 중 일부를 패널로 정해 놓고 이들에 대해 추적조사를 하는 경우도 패널조사에 해당된다.

공공기관의 행정서비스 만족도를 시민들을 대상으로 조사한다고 하자. 우선 시민들 가운데 일부를 사전에 패널로 선정하게 된다. 그리고 이들을 대상으로 3개월 혹은 6개월 단위로 조사하고, 조사결과들을 비교 분석한다. 패널을 이용한 조사의 경우 측정기간 동안 패널이 탈락할 수 있는 단점이 있다. 패널로 선정된 사람이 다른 지역으로 이사를 갔다거나 사망했을 경우 또는 흥미를 잃고 조사에

3) 선거에서의 패널연구는 측정간격이 짧아야 한다. 만약 측정간격이 길면 그 사이 여러 가지 요인이 개입되므로 유권자의 투표성향을 정확히 파악하기 힘들다. 유권자의 투표성향 파악은 1주일 혹은 2주일 간격으로 조사하는 것이 적절하다.

응하지 않는 경우 패널연구는 의미가 없어진다. 따라서 정확한 조사를 위해서는 패널의 선발과 구성원의 유지가 중요하다. 패널연구가 가지는 또 다른 단점은 조사대상자의 초기 경험이 조사과정 후기의 반응에 영향을 줄 수 있다는 점이다. 예를 들어, 담배를 피우고 있던 청소년 집단을 조사하는 경우 1차 조사에서 담배를 피우고 있다고 조사되었고 조사기간에도 여전히 담배를 피우고 있었으나 2차, 3차 조사에서는 담배를 끊었다고 응답하였다. 이런 경우 실제는 계속해서 담배를 피우고 있었지만 '의지가 없다'라는 말을 듣게 될까봐 2, 3차 조사에서 담배를 끊었다고 응답할 수 있다.

2) 추세연구

추세연구(trend study) 또는 경향연구는 연구대상의 변화를 여러 시기를 두고 관찰·비교하는 것이다. 예를 들어, 인구센서스를 통해 노인부양지수의 변화가 어떻게 되었는지, 이혼율 및 결혼관의 변화는 어떤지, 사망률의 변화는 어떤지, 청년취업률의 변화는 어떤지, 교통사고사망률의 변화는 어떤지, 환경오염지수의 변화는 어떤지 등을 조사하는 경우이다. 또 다른 예로, 결혼관이나 부모의 부양관에 대해 1970년, 1980년, 1990년, 2000년, 2010년, 2020년 등 10년 단위로 조사하여 비교하는 경우가 추세조사에 해당된다. 이 경우 엄격한 의미에서 동일한 대상자는 아니나 연구자가 원하는 동일한 특성을 가진 대상으로 본다. 추세연구는 패널연구와는 달리 사전에 연구대상자를 선정해 두지 않는다.

3) 동시경험집단연구

동시경험집단연구 또는 코호트조사(cohort study)는 특정한 경험을 같이한 사람들에 대해 두 번 이상의 다른 시기에 걸쳐 조사한 결과를 비교하는 것을 말한다. 여기에서 코호트(cohort)란 특정한 시기에 태어났거나 동일시점에 특정한 사건을 경험한 사람들을 지칭하는 말이다. 예를 들어, 산업화세대, 386세대, 베이비부머세대, X세대, N세대, P세대, 밀레니얼 세대, Z세대, 2020학번, 2001년도 출생자 등이 동시경험집단이 된다.

추세연구에서는 연구대상이 되는 집단구성원의 모집단 특성이 변화하는 것과 달리 동시경험집단연구에서는 집단구성원의 모집단이 변화하지 않는다. 또한 패널조사는 패널로 선정된 동일한 사람을 연구대상으로 하지만, 동시경험집단연구는 집단구성원의 모집단은 동일하지만 연구시점마다 표본으로 선정된 연구대상이 변할 수 있다.

잠깐: 세대별로 다른 성장 배경과 소비 패턴 · 가치관

한국의 베이비부머는 6 · 25전쟁이 끝난 뒤 태어난 세대를 뜻한다. 1955년부터 1963년 사이에 출생한 사람들이다. 고도 경제성장과 1997년 외환위기, 2008년 글로벌 금융위기를 경험했다. 인터넷에 올라와 있는 어느 베이비부머의 독백에는 '주산(주판을 사용해 계산하는 방법)의 마지막 세대이자 컴맹 제1세대, 부모님에게 무조건 순종했던 마지막 세대이자 아이들을 황제처럼 모시는 첫 세대, 부모를 제대로 모시지 못해 처와 부모 사이에서 방황하는 세대, 가족을 위해 밤새워 일했건만 자식들로부터 함께 놀아주지 않는다고 따돌림 당하는 비운의 세대, 20여 년 월급쟁이 생활 끝에 길바닥으로 내몰린 구조조정 세대'라는 자조가 등장한다.

한국에는 베이비부머와 X세대 사이에 '386세대'가 존재한다. 1960년대에 태어나 1980년대 대학에 다니며 학생운동, 민주화 투쟁에 앞장섰던 세대다. 낮에는 돌을 던지고, 밤에는 막걸리를 마시며 토론하는 대학 생활에 익숙한 386세대는 사회에 진출한 뒤에도 정치적으로 개혁을 지지하는 진보 성향을 나타낸다. 조직적 학생 운동을 했던 경험으로 집단주의 문화에 익숙하다. 이런 문화는 X세대로 대변되는 신세대들의 개인주의적 문화와 충돌하기도 했다.

X세대는 1970~1980년에 태어난 이들이다. 당시 X는 '정의할 수 없음'을 의미했다. X세대는 주위의 눈치를 보지 않는 개성파였으며 경제적 풍요 속에 성장했던 사람들로, 경제적으로 원하는 것은 무엇이든 얻을 수 있었던 세대로 부르기도 한다. 워크맨(카세트 플레이어)과 삐삐(무선호출기)를 처음으로 사용했고, 1994년 처음 치러진 수능을 경험한 '수능 세대'다. 1994년 김일성 사망으로 한국 사회를 짓누르던 반공 이데올로기에서도 정신적으로 해방됐다. 1992년 등장한 서태지와 아이들이 X세대의 아이콘이다.

1981~1996년 태어난 '밀레니얼 세대'는 베이비부머의 자식 세대다. 새로운 밀레니엄(2000년)을 맞아 대거 대학에 들어갔다. X세대 다음 세대라는 이유에서 Y세대로 불리기도 한다. 타임지에서는 자기 위주로 생각하고 행동하는 이들 세대를 가리켜 '미 제너레이션(me generation)'이라고 표현했다. 대학 진학률이 높고 소셜네트워크서비스(SNS)를 능숙하게 사용하며 자기표현 욕구가 강하다.

1997년 이후 태어난 Z세대는 X세대의 자녀들로, 이들은 태어날 때부터 인터넷을 경험한 '디지털 네이티브'다. 2000년 초반 정보기술(IT) 붐과 함께 유년 시절을 보냈다. 2005년 출범한 유튜브와 함께 자라 '유튜브 세대'로도 불린다. TV · 컴퓨터보다는 스마트폰, 텍스트보다 이미지 · 동영상 콘텐츠를 선호한다. 풍족한 환경에서 태어났지만 부모 세대인 X세대가 2000년대 말 금융위기로 경제적 어려움을 겪는 모습을 보고 자랐기 때문에 안정성과 실용성을 추구하는 특징을 보인다.

대한민국 세대 구분

세대	출생연도	경험한 역사적 사건
산업화 세대	1940~1954년	한국전쟁, 베트남 전쟁
베이비부머 세대	1955~1963년	5 · 16군사정변, 새마을 운동
386 세대	1960~1969년	6 · 10항쟁, 민주화 운동
X 세대	1970~1980년	성수대교, 삼풍백화점 붕괴
밀레니얼 시대	1981~1996년	월드컵, 외환위기, 금융위기
Z 세대	1997년~	금융위기, 정보기술(IT)붐

자료: 한국경제, 2018. 10. 15. https://www.hankyung.com. (검색일: 2010. 2. 19).

제4절 자료수집방법에 따른 분류

사회과학에서 연구방법은 자료형태에 따른 자료의 수집방법에 따라 양적연구와 질적연구로 구분한다.

1. 양적연구

양적연구(quantitative study)는 사회현상을 연구하기 위해서 연구대상의 속성에 숫자(number)를 부여하여 자료를 수집하며, 그 자료를 분석하는 데 기술통계와 추리통계라는 통계분석기법을 사용한다.

양적연구의 대표적인 방법은 실험(실험설계와 준실험설계 포함)과 서베이(횡단면적 설계와 시계열설계 포함), 내용분석, 통계자료 등이 있으며, 자료수집 수단으로 설문지 또는 구조화된 면접을 사용하며, 표본으로부터 수집된 정보를 토대로 모집단에 대한 일반화를 추구한다. 사회과학 분야에서 또는 각종 여론조사에서 사용하는 설문지기법이 양적연구에 해당한다.

양적연구의 특징은 다음과 같다.

① 일반화가 가능하다.
② 결과지향적이고 안정된 현상을 가정한다.
③ 확인지향적이고 추론적이며 연역적이다.
④ 대규모 분석에 유리하며 자료분석 시간이 적게 걸린다.
⑤ 통제된 실험 및 관찰과 구조화된 면접(정형화/공식적)을 사용한다.
⑥ 객관적 사실에 대한 설명과 예측에 중점을 두는 논리실증주의의 입장이다.
⑦ 연구자는 연구가 이루어지는 연구대상과는 독립적이고 연구자의 주관을 배제한 객관화된 척도를 사용함으로써 가치중립적이며 편견을 배제할 수 있다.
⑧ 사용하는 언어는 일단의 정의에 기초하며 공식적이고 일반적으로 합의된 양적언어를 사용한다.
⑨ 수집된 자료는 신뢰성 있고 반복 가능한 특징을 가지나, 인위적 조작으로 인해 타당도는 떨어진다.

2. 질적연구

질적연구(qualitative study)에서 자료는 숫자가 아니라 단어(words)의 형태로 수집되며, 자료는 주제와 범주(categories)로 구분하여 분석한다. 따라서 질적연구의 자료수집방법은 현장조사, 참여관찰, 심층면접, 사례연구, 역사적 비교연구, 생활사 등과 관련된 각종 문서, 시청각 자료(사진, 비디오테이프, 예술품, 컴퓨터소프트웨어, 필름) 등을 사용한다.

질적연구의 특징은 다음과 같다.

① 질적연구에서는 비공식적인 언어를 사용한다.

② 자료수집이 개방적이고 자연적 언어를 사용한다.

③ 비통제적 관찰, 심층적·비구조적 면접을 실시한다.

④ 발견지향적이고 탐색적이며 서술적이고 귀납적이다.

⑤ 소규모 분석에 유리하고 자료분석 시간이 많이 소요된다.

⑥ 주관적 동기의 이해와 의미해석을 하는 현상학적·해석학적 입장이다.

⑦ 수집된 자료는 타당성이 있고 실질적이다. 그러나 주관의 개입으로 신뢰성이 낮고 일반화가 곤란하다.

⑧ 주관적이며, 연구참여자와 연구자 간에 상호작용을 통해 연구가 진행되기 때문에 가치지향적이고, 편견이 개입된다.

표 3-3 양적연구와 질적연구의 비교

구분	양적방법(Quantitative method)	질적방법(Qualitative method)
연구의 초점	• 크기(size), 수량(quantify)	• 본질(nature), 정수(essence)
배경	• 실증주의(positivism) • 논리적 경험주의(logical empiricism)	• 반실증주의(anti-positivism) • 자연주의(naturalist) • 해석주의(interpretivism) • 현상학(phenomenology) • 상징적 상호작용(symbolic interaction)
관련되는 용어들	• 실험적(experimental) • 경험적(empirical) • 통계적(statistical) • 객관적(objective)	• 현장연구(field study) • 민속학적 연구(ethnography) • 자연주의적 연구(naturalistic) • 근거/바탕이론(grounded) • 주관적(subjective)
특징	• 정밀(precise) • 좁음(narrow) • 축소(reduction)	• 종합적(comprehension) • 총체적(holistic) • 개방적(expansive)
목적	• 이론검증 • 일반화 • 사실을 구성 • 예측(prediction)과 통제(control) • 기술(description) • 확증(confirmation) • 인과관계의 규명 • 가설(hypothesis)의 검사/검증(tests)	• 이론전개 및 개념을 개발 • 맥락화(contextualization) • 다양한 현실세계를 구성 • 해석(interpretation) • 행위자의 시각(perspective) 이해 • 이해(understanding) • 발견(discovering) • 창조(generating)

구분	양적방법(Quantitative method)	질적방법(Qualitative method)
가정	• 현실(reality)은 객관적으로 존재 • 방법의 우월 • 변수들은 확인가능하며 관계는 측정됨	• 현실은 사회적으로 구성됨 • 주관적 인식의 우월 • 변수들은 복잡하며, 서로 얽혀 있고, 측정하기 어려움
중요 개념	• 변수, 조작적 정의 • 신뢰도, 가설, 타당도 • 통계적 의미의 일반화	• 의미, 상징적 이해 • 상황의 정의 • 일상생활의 이해, 실제적 목적, 사회의 구성
접근 방법	• 연역적 추리: 가설과 이론으로부터 출발 • 조작(manipulation)과 통제 • 형식을 갖춘 도구의 이용 • 실험 • 법칙정립적(nomothetic) 접근: 평균과 규칙의 발견	• 귀납적 추리: 가설과 근거 이론(grounded theory)으로 종결 • 출현(emergence)과 묘사(portrayal) • 주관적 접근 • 자연적(naturalistic) 방법 • 개별사례적(idiographic) 접근: 복잡성과 패턴의 발견
조사 설계	• 일반화를 위한 자료의 크기 • 초점 및 절차가 자세하고 세부적임 • 방대한 문헌고찰이 선행됨 • 자료수집 전에 작성됨 • 가설이 진술됨	• 간략한 데이터 크기 • 사색적임 • 자료가 수집되는 과정에서 작성됨 • 문헌고찰 부분이 상대적으로 협소함 • 접근법의 일반적 진술이 포함됨
자료와 표본	• 양적 의미부여, 양화가 가능한 부호 • 계산하고 측정함 • 조작화된 변수들 • 통계적이고 표본이 큼 • 통제집단의 존재, 외생변수에 대한 통제	• 개인적 · 기술적(記述的) 기록 • 현장, 노트, 사진, 녹음기, 진술자가 한 말 • 표본이 작음 • 이론적인 표집 • 비대표성 샘플(편의적 선택)
자료수집	• 척도검사 • 서베이 • 설문지	• 면담(interview) • 관찰(observation)
분석 형태	• 연역적 • 자료수집이 끝날 때 이루어짐 • 통계적이며 양적 결과에 의미를 부여함	• 지속적이며 귀납적 • 모형, 주제, 개념별 분석 • 분석적 귀납법 및 연속적 비교법
장점	• 객관적 • 일반화의 모색	• 심층 분석적 • 현상에 대한 이해 및 설명이 가능
단점	• 외생변수들의 통제가 어려움 • 통계적 오류가능성 • 연구의 내적타당도를 높이기 어려움	• 연구기간이 김 • 개인의 편견을 배제하기 어려움 • 연구의 외적타당도를 높이기 어려움

자료: 심준섭(2006)과 Merriam(1988: 18); 이종규(2006: 110-111)에서 재인용

3. 양적연구와 질적연구의 기본 가정

앞선 양적연구와 질적연구의 비교의 연장선에서 사회과학 방법론의 가정, 질문에 따라 양적연구와 질적연구는 표 3-4와 같은 차이점을 가지고 있다. 존재론의 관점에서 실재의 질문에 대한 접근으로, 양적연구에서는 실재란 객관적이고 유익한 것이며 연구자와 별개로 간주하는 데 반하여 질적연구에서는 실재를 연구자의 주관성이 개입되며 연구자마다 그 정의가 다르다는 견해를 가진다.

다음 인식론의 관점에서 연구대상과 연구자의 관계를 보면, 양적연구는 독립적인 관계로 보는 반면 질적연구는 상호작용의 관계로 본다. 가치론의 관점에서

표 3-4 양적연구와 질적연구의 기본 가정

가정	질문	양적연구	질적연구
존재론 (ontological assumption)	실재(reality)의 본질은 무엇인가?	실재는 객관적이고 유일하며 연구자와 별개의 것이다.	실재는 주관적이고 다양하며 연구 참여자들에게 비친 것이다.
인식론 (epistemological assumption)	연구대상과 연구자는 어떤 관계인가?	연구자와 연구대상은 독립적	연구자는 연구대상과 상호작용의 관계
가치론 (axiological assumption)	가치(values)의 역할은 무엇인가?	가치 및 선입견 배제	가치 중심이고 선입견 개입
수사학적 가정 (rhetorical assumption)	연구에서 사용되는 언어는 무엇인가?	• 공식적이고 • 일련의 정의에 기반하며 • 감정이 개입되지 않고 • 통용되는 양적단어를 사용	• 비공식적이고 • 결정으로 이끌게 되며 • 감정이 개입되고 • 질적단어를 사용
방법론적 가정 (methodological assumption)	연구과정은?	• 연역적 과정 • 인과성 • 정형화된 설계: 카테고리를 미리 설정 • 상황에 대해 자유로움 • 일반화를 통해 예측, 설명, 이해를 이끌어 냄 • 타당성과 신뢰성을 통해 정확성과 신뢰성을 확보	• 귀납적 과정 • 요인들의 형상에 다양한 자극을 줌 • 새로운 설계: 연구과정에서 카테고리가 확인됨 • 상황이 고려됨 • 이해를 하기 위해 패턴, 이론이 개발됨 • 확인을 통해 정확성과 신뢰성을 확보

자료: Creswll(1994: 5)

가치의 역할 개입문제와 관련하여, 양적연구는 가치 및 선입견이 배제되는 가치중립적인 데 반해 질적연구는 가치개입·가치지향적인 특성을 가진다. 수사학적 가정에서 연구에 사용되는 언어를 보면, 양적연구는 모든 사람에게 인식되고 통용되는 양적단어를 사용하는 데 반해 질적연구는 연구자의 감정이 이입되는 비공식적 단어를 사용한다. 마지막으로, 방법론적 가정에서 양적연구는 연역적 과정으로 수행되는 데 반해 질적연구는 귀납적 과정으로 이루어진다.

4. 양적연구과 질적연구의 혼합

1) 혼합연구의 필요성

양적연구와 질적연구는 접근방법으로서 고유의 가치와 특징을 가지고 있다. 따라서 연구자는 연구대상, 즉 자료수집대상의 특성을 고려하여 양적연구와 질적연구를 선택적으로 적용하는 것이 일반적이다. 사회과학 방법론에서 양적연구는 적용하면 법칙성과 객관성을 근간으로 하여 모든 이해관계자들에게 설명을 위한 분명한 객관적인 근거를 제시할 수 있다는 이점이 있는 데 반하여 현상에 대한 표면적 결과와 확인에 치우치다 보니 현상이 일어나게 된 배경이나 과정 및 절차는 물론 그 깊이를 파악할 수 없다는 한계를 안고 있다. 양적연구의 이러한 한계 때문에 이를 보완할 수 있는 접근법으로서 질적연구의 가치가 제기된다.

방법론적 순수주의자들에 의하면, 양적연구와 질적연구는 세계에 대한 이해와 지식에 대한 이해가 근본적으로 다르기 때문에 각각의 패러다임에 적합한 각자 고유의 연구방법을 그대로 유지하는 것이 바람직하며, 혼합될 수 없다고 주장한다(김미숙, 2006: 49). 그러나 세계와 지식에 대한 이해의 어느 접근법이 절대적으로 우수하며, 그 가치가 상호 배타적으로 존재할 수 있을지에 대한 의문이 제기된다. 특히 인간행동과 사회현상을 연구대상으로 하는 사회과학에서 특정 연구방법의 절대적 우수성을 주장하는 것이 현실적으로 존재하며 수용가능할지 의문이다. 다양성과 복합성이 혼재된 사회현상을 온전히 담을 수 있는 특정 연구방법을 제시하기는 쉽지 않다. 사회과학은 사회문제를 해결하기 위하여 처방책을 제시하는 응용학문이다. 그러나 처방책을 제시하는 절차적 합리성(공식)과 문제를 완전히 해결할 수 있는 내용적 합리성(정답) 모두를 충족할 수 있는 접근방법을 찾기란 쉽지 않다.

사회과학 연구방법에서 양적연구와 질적연구의 우수성과 상대적 가치를 인정하더라도 질적연구와 양적연구는 양립할 수 없을까? 연구자는 세상에서, 생각하는 인간을 대상으로 하는 연구방법론에서 연구자의 주관이 전혀 개입되지 않으면서 철저하게 객관적으로 연구할 수 있는지, 그리고 모든 사회현상을 양적방법으로만 의존하여 연구할 수 있는지, 다른 연구방법으로 연구하여 검증할 수 없는 연구결과를 생산하였다고 하여 신뢰하거나 수용하기 어려운 것인지, 적은 사례를 대상으로 한 연구결과가 어떠한 학문적 의미가 있는 것인지 등의 의문을 가질 수 있다(김미숙, 2006: 43). 또한 과학적 지식의 특징(재생가능성, 경험성, 객관성)을 갖추지 않은 연구는 학문적 의의나 가치가 떨어진다고 확언할 수 있는지, 혹은 양적연구가 상대적으로 우월성을 가치고 있을지라도 연구대상의 본질과 특성을 온전하게 드러낼 수 있고 확인가능한지 등의 의문이 제기될 수 있다.

한편 양적연구와 질적연구를 한 패러다임에서의 혼합을 지지하는 실용주의자들은 각 연구방법의 기저에 있다고 가정된 세계관보다 연구문제를 더 중시한다. 이들은 연구문제를 해결하기 위해서는 어떤 방법론적 도구든지 활용할 수 있다는 입장이다. 연구방법의 혼합의 가치를 주장하는 사람들은 특정 방법론이나 방법의 기저에 있는 패러다임보다는 연구문제를 어떻게 하면 보다 잘 탐구할 수 있는가에 더 큰 관심이 있다. 따라서 이들은 연구문제에 방법이 따라가야 한다고 본다. 양적연구와 질적연구의 사용에 대한 의사결정은 어떤 방법이 특정 연구의 내적 요구에 가장 잘 부합하며 좀 더 정확하고 유용한 자료수집과 분석에 유용한가에 따라서 방법의 혼합이 결정되어야 한다(김미숙, 2006: 54에서 재인용).

사회과학 연구방법론에서 양적방법과 질적방법의 혼합연구의 유용성은 다음과 같다(강근복, 2009: 54).

① 연구결과에 보다 더 확신을 가질 수 있게 한다.
② 더 창의적인 자료수집방법을 고안하는 것을 자극한다.
③ 보다 풍부한 자료를 획득할 수 있게 한다.

④ 여러 이론들을 종합하고 통합하는 데 기여한다.
⑤ 상충되는 것들을 드러내고 무엇을 보완해야 할 것인지를 안내한다.
⑥ 혼합적 연구의 포괄성으로 인해 경쟁적인 이론들을 검증하는 리트머스로 작동한다.
⑦ 특정 방법으로 연구한 결과를 다른 방법으로 연구한 결과와 비교해볼 수 있어 연구결과의 상호 보완성을 높인다.
⑧ 하나의 방법을 통해 얻은 결과를 이용해서 다른 방법의 발전에 기여할 수 있다.
⑨ 연구질문을 재구성하게 만들어 새로운 연구를 시작하거나 연구내용을 더 풍성하게 하는 데 기여할 수 있다

2) 혼합연구의 주요 패러다임

연구방법은 각각의 특징과 가치를 가지고 있기 때문에 어느 연구방법이 모든 현상에서 정확히 파악할 수 있는 접근법이라고 말하기 곤란하다. 이로써 각각 연구방법의 가치를 높이고 부족한 부분을 상호 보완할 수 있는 혼합적 연구가 설득력을 가지게 된다. 여기에서는 양적연구와 질적연구의 특징과 가치를 통해 상호간 보완해야 할 연구방법이 무엇인지를 안내하는 기본적 패러다임을 살펴본다.

양적연구는 대표적으로 실증주의 패러다임에 토대를 두고, 질적연구는 상대적으로 구성주의 패러다임에 바탕을 두고 있으며, 이를 혼합하는 패러다임은 실용주의이다. 실용주의는 오랫동안 패러다임 논쟁을 벌여온 실증주의와 구성주의 패러다임에서 어느 하나만을 선택하는 것을 거부한다. 어떤 면에서는 실증주의의 입장을 또 다른 면에서는 구성주의의 입장을 지지한다. 그러므로 연구방법도 연구질문에 대한 적절한 대답을 얻을 수 있는 방법이면 양적방법이든 질적방법이든 수용하고 활용한다. 그러므로 실용주의는 객관적 관점과 주관적 관점을 모두 포용하는 인식론적 상대주의 입장에 서 있다. 또한 사회적 현상 사이에는 일종의 법칙적 관계가 있다고 보는 후기실증주의자들이나 원인과 결과를 구분하는 것이 불가능하다는 구성주의자들과는 달리 실용주의자들은 인과적 관계는 있을 수 있지만 완전하게 그 관계를 구분하여 확인할 수는 없다고 본다(강근복, 2009:

57-58). 이와 같이 실용주의는 양적방법을 주장하는 실증주의와 질적방법을 주장하는 구성주의를 혼합하는 접근방법으로서 각 패러다임의 우수성과 가치를 인정하고 수용하며 상호 보완함으로써 연구문제, 즉 사회문제의 본질을 파악하고 해결하는 데 기여할 수 있는 패러다임으로 이해되고 있다.

표 3-5 연구방법론의 주요 패러다임 비교

구분	실증주의	후기실증주의	실용주의	구성주의
방법	• 양적	• 양적 위주	• 양적+질적	• 질적
논리	• 연역	• 연역 위주	• 연역+귀납	• 귀납
인식론	• 객관적 • 인식주체와 객체의 분리(이원론)	• 객관적 '진리'의 개연성 • 수정이원론	• 객관적+주관적	• 주관적 • 인식주체와 객체의 분리 불가
가치론	• 가치중립적	• 가치 내재적이지만 통제 가능	• 결과해석 시 가치의 역할 인정	• 가치개입적
존재론	• 순진한 실재주의	• 비판적/초월적 실재주의	• 외적 실재 인정	• 상대주의
인과적 연계	• 원인은 결과보다 시간적으로 우선	• 사회현상 간에는 확률적인 법칙적-안정적 관계가 있음	• 인과관계가 있을 수 있지만 명확히 규정할 수 없음	• 모든 실체는 동시에 서로를 구성함 • 원인-결과의 구분 불가

자료: 강근복(2009: 58)

3) 양적연구와 질적연구의 혼합 방법

양적연구와 질적연구의 혼합은 연구과정에서 양적 및 질적 자료를 통합하는 방법, 상호 보조적으로 이용하는 방법, 양적자료를 통한 질적자료의 설명적 설계, 질적자료를 통한 양적자료의 탐색적 설계 등 네 가지 방법 등을 고려할 수 있다(Almalki, 2016: 291-293).

(1) 분석과 해석의 통합

이 방법은 분석과 해석을 위하여 분명히 다른 양적자료와 질적자료를 통합하는 방법이 있다. 이 방법은 각각 다른 양적방법과 질적방법을 이용하여 다른 소스로부터 수집한 자료에 대한 직관적인 감각을 갖는 데 유용하다. 그러나 이 방법은 각각 다른 방식으로 수집한 자료 속성의 불일치로 인하여 자료의 등가성을 어떻게 병합하고 일치할 것인가를 사전에 정의하여야 한다.

(2) 상호 보조적 방법

이 방법은 연구자나 연구결과물의 이해관계자가 연구의 전체를 이해할 수 있도록 전체적으로는 양적방법(질적방법)을 수행하지만 보조적 역할로서 질적방법(양적방법)을 이용하는 경우이다. 따라서 전체적으로 양적방법으로 수행하고 질적방법을 보조적으로 이용하는 경우, 양적방법의 결과에 토대를 두되 질적방법을 보조적으로 이용하여 해석하여야 한다. 이 방법은 특정 연구방법의 수행으로 인하여 설명이나 주장의 근거가 부족하거나 완전하지 않아 일반화하기 곤란한 경우에 적용될 수 있다. 예를 들어, 표준화된 서베이 조사의 양적 접근으로 자료를 수집하여 문항의 대표성이나 표본의 대표성이 문제가 되는 경우나 이를 보완하기 위하여 문제의 목표 지역이나 집단에 대하여 타당성을 확보할 수 있는 심층면접으로 보조하는 연구를 설계한다.

(3) 양적자료를 통한 설명적 설계

이 방법은 양적자료를 통하여 질적자료를 어떻게 구축할 것인지를 설명하기 위한 기초로 사용하는 것이다. 이 방법은 양적자료가 질적자료의 선택 과정을 알려주며, 이는 연구자가 연구 프로젝트와 관련된 자료를 구체적으로 찾아낼 수 있도록 도와준다. 예를 들어, 양적자료인 실업 관련 통계(실업자수, 청년실업, 청년고용, 고용률, 취업자수, 경제활동인구, 경제활동참가율, 임금근로자수, 비임금근로자수, 비정규직비율 등)는 실업 실태를 나타내는 대표적인 지표이다. 실업자의 실질적인 생활 실태와 심리적 상태 그리고 삶의 질을 파악하기 위해서는 면접이 수반되어야 하는데 실업 통계의 양적인 자료들이 질적인 자료(면접) 대상자와 면접질문 항목을 선발하는 데 기초로 사용하게 된다.

하지만 이 방법은 양적자료가 질적자료의 구축에 영향을 미치기 때문에, 기초로 삼는 양적자료의 범위와 기준을 어떻게 설정하고 그에 적절한 질적자료를 어떻게 정의하느냐가 과제이다. 즉, 양적자료의 범위와 기준을 잘못 설정하면 그에 따른 질적자료의 정의와 선택 과정도 잘못될 수 있다.

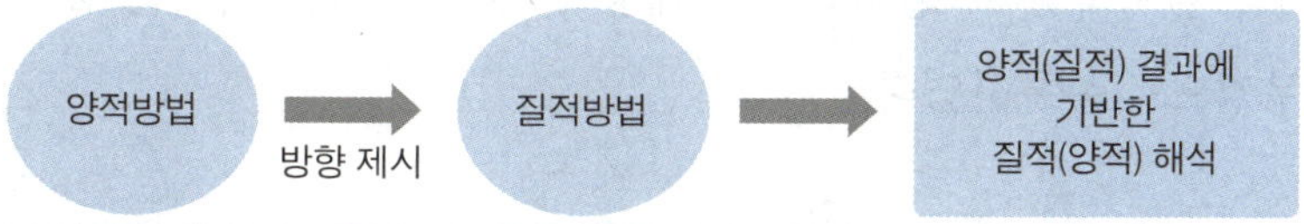

(4) 질적자료를 통한 탐색적 설계

탐색적 설계는 설명적 설계와 반대되는 방법으로서 양적자료수집의 탐색 과정에서 질적자료를 추가적으로 이용하는 것이다. 이 방법은 양적자료를 추가적으로 수집해야 할 필요성이 있을 때 어떤 자료를 수집해야 할 것인가를 질적자료를 통해 가늠하게 된다. 예를 들어, 학생지도에 더욱 더 관심을 가져야 하는 정책(방안)을 마련하기 위하여 학생을 대상으로 하는 양적자료의 설문문항을 만들고자 하는 경우 전문상담사와 학생 간의 주기적인 면담자료를 추가적으로 이용하는 것이다. 또한 전국적으로 사회복지대상자에게 일반적인 복지정책을 수립하고자 하는 경우 관할 지역의 사회복지사와 대상자 간의 주기적인 면담자료를 통해 복지정책 내용에 포함하여야 할 설문문항을 만든다. 이 방법은 양적자료 구축이 이루어진 다음 추가적으로 질적자료를 보완하여 해석한다.

4) 양적연구와 질적연구의 혼합 예시

양적연구와 질적연구의 혼합 예시는 실제 연구설계 및 연구수행의 방향을 설정하는 데 도움이 될 수 있을 것이며, 조직진단(Pofi, 2002) 연구수행 과정을 **표 3-6**과 같이 정리하였다.

사회과학에서 양적연구와 질적연구의 혼합적 접근으로서 가장 선호하는 방법은 자료수집방법에서 양적방법은 서베이(구조화된 설문지 이용), 질적방법은 개방형 면접질문이 많이 이용되고 있다. 조직진단의 양적연구에서는 서베이조사를 실시하고 질적연구에서는 양적방법의 서베이조사에 추가한 개방형 질문을 구성하였다. 양적연구의 서베이조사는 5점 리커트식 설문문항을 통해 측정하고 기술통계분석을 실시하였다. 질적연구의 개방형 질문에 대한 처리는 응답자 답변을 긍정과 부정으로 분류하였다.

표 3-6 조직진단의 혼합적 연구

구분	양적연구(방법)	질적연구(방법)
측정방법	서베이조사	개방형 질문
측정문항	• 조직의 외부환경(4개 문항) • 미션과 전략(11개 문항) • 리더십(7개 문항) • 문화(12개 문항) • 구조(4개 문항) • 관리실제(13개 문항) • 시스템(8개 문항) • 작업집단 풍토(8개 문항) • 과업의 필요조건과 개인의 스킬(4개 문항) • 동기부여(4개 문항) • 개인의 니즈와 가치(5개 문항) • 성과(10개 문항)	• 양적방법의 서베이조사에 추가한 질문 • 조직의 강점 • 개선을 필요로 하는 영역(부문) • 서베이에서 측정하지 못한 관심 이슈 • 추가적으로 바라는 사항
측정척도	리커트식 5점 척도	–
자료분석	기술통계분석(평균)	응답자 답변에 대한 내용분석(7개 카테고리에서 긍정과 부정으로 분류)

자료: Pofi(2002)의 내용을 정리함

제5절 변수통제 가능성에 따른 분류

사회과학 연구방법은 연구변수를 통제할 수 있는지에 따라 실험설계와 비실험설계로 구분된다.

1. 실험설계

실험설계(experimental design)란 연구에 사용된 독립변수(실험치)를 조작화(operationalization)하여 그 결과가 종속변수, 즉 인간의 행동에 어떠한 영향을 미치는가를 평가하는 방법이다. 실험설계는 변수 간의 인과관계를 밝혀 앞으로의 사건을 예측하고 설명하는 데 사용되며, 인과관계를 검증하기 위해서는 (a) 한 변수(독립변수)가 시간적으로 종속변수보다 우선적으로 일어나야 하고, (b) 독립변수와 종속변수가 공동으로 변해야 하며, (c) 제3의 요인의 배제(진실한 관계) 등 인과관계의 구성요소가 충족될 때 적용한다. 실험설계에 대해서는 이 책의 뒷부분에서 자세하게 설명한다.

2. 비실험설계

비실험설계(non-experimental design)는 독립변수가 연구자에 의해 조작되지 않고 이미 노출된 상태이거나 인위적으로 조절이 불가능한 상태에서 독립변수와 종속변수의 관계를 사후적으로 파악하는 연구설계이다. 실험설계의 구성요소를 갖추지 못할 때 사용된다. 비실험설계에 대해서도 이 책의 뒷부분에서 자세하게 설명한다.

지금까지 살펴본 사회과학 방법론의 연구유형을 정리하면 표 3-7과 같다.

표 3-7 연구유형 정리

연구목적	사용용도	연구시점	자료수집방법	변수통제가능성
탐색적 연구 기술적 연구 설명적 연구	기초연구 응용연구 평가연구	횡단면적 연구 종단면적 연구 – 패널연구 – 추세연구 – 동시경험집단사례연구	양적연구 – 실험 – 서베이 – 내용분석 – 통계자료 질적자료 – 현장연구 – 역사적 비교 – 참여관찰 – 심층면접 – 생활사	실험설계 비실험설계

생각해 볼 문제

1. 양적연구와 질적연구의 특징을 비교 설명하시오.

2. 정부의 정책과 관련하여 평가연구의 중요성을 설명하시오.

3. 횡단면적 연구와 종단면적 연구의 특징을 비교 설명하시오.

4. 패널연구, 추세연구, 동시경험집단연구를 비교 설명하시오.

5. 탐색적 연구, 기술적 연구, 설명적 연구의 특징과 차이점을 설명하시오.

6. 양적연구와 질적연구의 혼합의 유용성과 혼합 방법을 설명하시오.

7. 청소년의 음주실태 및 금연실태가 성적에 영향을 미치는지를 알아보려고 한다. 적절한 연구방법과 그 이유를 설명하시오.

제4장

연구계획과 연구절차

이 장의 개요

연구수행을 위해서 가장 먼저 해야 할 사항은 연구계획을 수립하는 일이다. 연구계획은 연구수행을 위한 전반적인 일정표로, 연구자(연구기관)가 연구목표를 달성하기 위한 구체적인 실행전략을 수립하는 것이다. 이 장에서는 연구 실행전략 수립 시 연구계획서에 포함되어야 할 사항과 연구수행의 체계성과 수월성을 확보하는 데 필요로 하는 연구절차와 그 내용을 살펴본다.

제1절 연구설계의 의의

연구설계(research design)의 목적은 연구질문(research questions)과 수집할 정량적 및 정성적 자료의 연계성을 구축하는 데 있다. 연구설계는 연구질문에 답할 수 있도록 도구(tools)와 절차를 어떻게 마련할 것인가에 대한 일련의 연구수행 계획을 수립하는 것을 의미한다. 정량적 연구설계에는 연구전략, 표본, 자료수집 및 분석절차 등이 포함되며(Punch, 2000), 정성적 연구설계에는 연구전략, 자료수집 및 해석(비판)의 기준 등이 포함된다.

1. 연구설계의 기본 가정

연구수행 계획은 분명한 연구목적이 담겨 있어야 한다. 연구목적이 확립되어 있지 않으면 연구가 어디로, 어떻게 수행해 갈 것인가를 판단할 수 없다. 연구목적에 맞게 연구방향과 연구의 수단·도구·절차 등이 정교하게 마련되어 있지 않으면 원하는 시간과 정해진 예산으로 연구를 수행할 수 없게 된다. 그러므로 연구수행에 앞서 그림 4-1과 같이 연구설계의 기본 가정이 고려되어야 한다. 즉, 순수연구와 응용연구(pure-applied research), 1차적 연구와 2차적 연구(primary-secondary research), 이론적 연구와 경험적 연구(theoretical-empirical research), 기술적 연구와 설명적 연구(descriptive-explanatory research) 등을 상대적 차원으로 고려해야 한다. 연구설계는 연구를 어디서, 어떻게, 누구를 대상으로 출발할 것인가에 관한 전반적인 틀이자 연구의 방향을 설정하기 때문에 분명한 기준과 범위

【그림 4-1】 연구설계 파라미터 고려 기준

를 설정할 필요가 있다.

하지만 실제 연구에서는 그림 4-2 와 같이 4가지 차원이 절대적이고 배타적인 기준으로 수행되기보다 연구목적, 연구범위, 연구대상, 연구방법 등에 따라 그 적용범위가 달라질 수 있다. 예컨대 응용연구를 수행한다고 하더라도 연구의 기본적 토대에서는 순수연구 및 기초연구를 수행한 후 응용연구를 수행하는 것이기 때문에 양 극단의 기준은 절대적이라기보다는 상호 보완적인 관점에서 접근해야 한다.

【그림 4-2】 연구설계의 상대적 차원

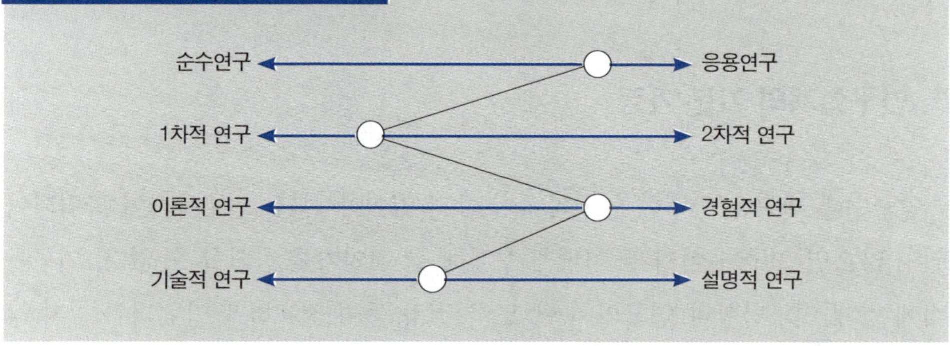

또한 연구유형별 상대적 차원에서 보면 실제 연구에서는 탐색적, 기술적, 설명적 연구를 조합할 수 있으며, 자료수집의 시점에서도 횡단면적 연구, 종단면적 연구, 역사적 연구 등이 상호 보완적으로 설정될 수 있다.

【그림 4-3】 연구유형별 상대적 차원

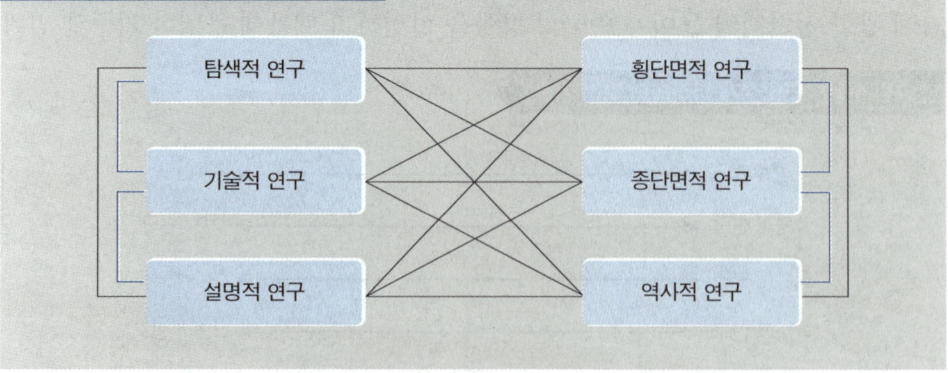

2. 연구방법의 구분

연구설계의 전략 수립은 크게 양적-질적 연구(quantitative-qualitative research), 귀납적-연역적 연구(inductive-deductive research)로 구분할 수 있다. 먼저 연구자가 수행하고자 하는 연구의 특성이 양적연구 또는 질적연구 중 어떤 연구방법에 적절한지를 결정해야 한다. 다음으로 연역적 접근방법과 귀납적의 접근방법이 결정되면 연구설계는 **그림 4-4**의 4가지 영역 중 하나에 해당하게 된다.

양적연구과 질적연구 그리고 연역적 접근과 귀납적 접근은 각각 특성과 장단점을 가지고 있기 때문에 실제 연구에서는 어느 특정 연구접근방법으로 진행하기보다는 이 4가지 접근방법을 상호 교호적으로 적용할 수 있는 연구설계를 고려해야 한다. 이들 접근 영역은 앞서 설명한 양적연구와 질적연구의 혼합적 방법과 같은 맥락에서 이해해야 한다.

【그림 4-4】 연구설계의 주요 접근 영역

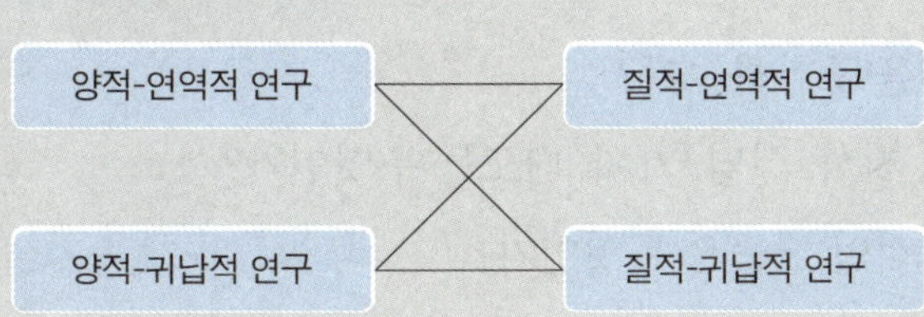

제2절 연구설계의 유형과 전략

1. 일반적 연구설계와 구성요소

연구설계 구축에 있어서 모든 연구 영역에서 공통적으로 갖추어야 하고 고려해야 할 일반적 연구설계의 절차는 **그림 4-5**와 같으며 여기에 포함될 내용은 다음과 같다(Lincoln & Guba, 1985; Blaikie, 2010: 37).

① 연구에 대한 전반적 계획
② 연구에 포함되어야 할 변수
③ 변수(가설) 간 예상되는 관계
④ 자료수집방법
⑤ 자료분석방법

1) 연구질문의 형태

연구질문은 크게 3가지 질문 형태, 즉 '무엇(what)'에 관한 질문, '왜(why)'에 관한 질문, 그리고 '어떻게(how)'에 관한 질문 등으로 구분한다(Blaikie, 2010: 60).

(1) 무엇(What)에 관한 질문

'무엇'에 관한 질문은 기술적 해답을 얻고자 할 때 필요로 하는 질문으로, 사회적 현상에 대한 특징과 패턴을 기술하고 발견하기 위한 것이다.

① 어떤 사람들을 포함하는가?
② 그들이 가진 지식, 신념, 가치, 태도는 무엇인가?
③ 그들의 특징적인 행동은 무엇인가?
④ 그들의 특징들 간의 관계는 어떤 패턴을 가지는가?
⑤ 그들의 활동으로 인한 결과는 무엇인가?

(2) 왜(Why)에 관한 질문

'왜'에 관한 질문은 특별한 현상에 대한 원인이나 이유를 묻기 위한 질문으로, 사건 사이의 관계를 이해하거나 설명하기 위해 그리고 사회적 활동과 사회적 과정 내에서 일어나는 사건의 원인을 파악하기 위한 것이다.

① 그들은 왜 그런 생각을 하고 왜 이 방식으로 행동하는가?
② 특징이나 사회적 과정이 왜 변동되는가?
③ 이들 활동이 왜 특별한 결과를 가져오는가?

【그림 4-5】 일반적 연구설계와 구성요소

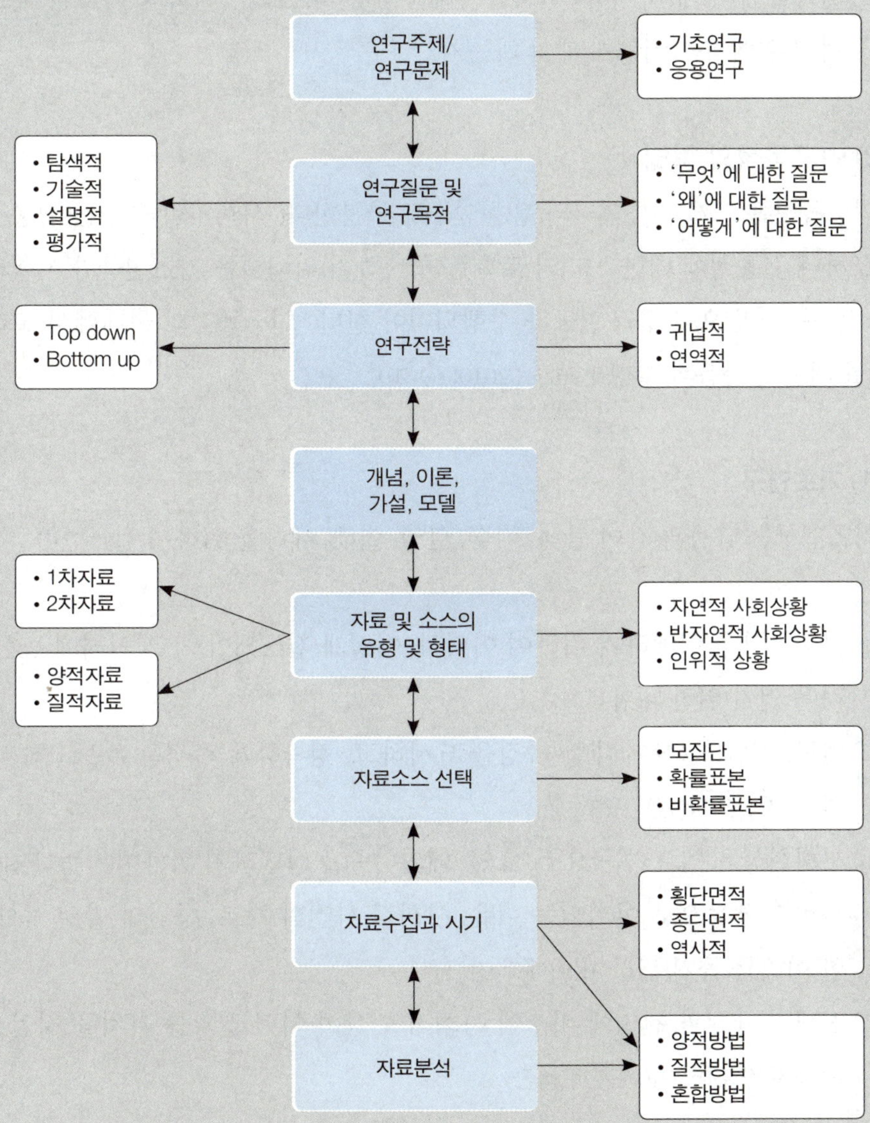

자료: Blaikie(2010: 33)

(3) 어떻게(How)에 관한 질문

'어떻게'에 관한 질문은 실제적 결과와 함께 변화를 가져오는 데 관심을 가진다.

① 이들 특징, 사회적 과정, 또는 패턴은 어떤 변화를 가져올 수 있는가?

② 변화를 멈추게 하거나, 변화를 천천히 하거나, 또는 변화의 속도를 내도록 하기 위해서는 어떻게 해야 하는가?

2) 연구목적의 형태

연구목적은 크게 기초연구와 응용연구로 구분한다. 사회과학 연구는 실용성을 강조하나 실용성에 대한 논리와 토대를 구축하기 위해서는 기초연구가 선행되고 그 결과를 바탕으로 응용연구가 수행되어야 한다. 연구목적의 형태에서 고려해야 할 내용은 다음과 같다(Blaikie, 2010: 69-70).

(1) 기초연구

기초연구는 다음과 같이 탐색, 기술, 설명, 이해, 예측을 위하여 접근한다.

① 사회현상을 이해하기 위하여 어디서, 어떻게 접근해야 할 것인지에 관한 감각을 얻기 위하여(탐색적 접근).

② 인구, 집단, 현상에 대한 특징을 묘사하고, 정확하게 측정하고 보고하기 위하여(기술적 접근)

③ 사회현상을 일으키는 요소, 요인, 메커니즘을 설명하기 위하여(설명적 접근)

④ 사회적 행동으로 야기되는 이유, 사회적 사건의 경로, 사건의 발생 등에 관한 이해를 돕기 위하여(이해적 접근)

⑤ 정해진 규칙과 원리에 비추어 사회적 현상이 어떤 결과를 가져올 것인가를 예측하기 위하여(예측적 접근)

(2) 응용연구

① 연구의 어떤 국면을 조작함으로써 의도하거나 기대하는 사회적 상황을 가져오도록 하기 위하여(변화)

② 문제해결과 정책결정을 지원하기 위해, 기대하는 결과를 달성했는지를 사정하기 위해 사회적 프로그램을 모니터하기 위하여(평가)

③ 사회적 구조, 사회적 과정, 사람 등에 관해 계획된 프로젝트, 기술적 변화, 정책 개입이 사회적·문화적 영향을 가져왔는지 확인하기 위하여(사회적 영향 사정)

표 4-1 연구질문의 유형별 예시

접근방법	질문의 예
탐색	• 무슨 일이 일어날 수 있는가? • 어떤 사람들이 관련되어 있는가?
기술	• 일어난 일이 무엇인가? • 어떤 사람들이 관련되어 있는가?
이해	• 왜 그런 일이 일어났는가?
설명	• 왜 그런 일이 일어났는가?
예측	• 무슨 일이 일어날 것인가?
변화	• 그것이 어떤 차이를 가져왔는가?
평가	• 무슨 일이, 왜 일어났는가?
영향 사정	• 그것이 개인, 사회, 환경에 어떤 영향을 미쳤는가? • 왜 그런 영향을 일으켰는가?

3) 연구전략

연구설계는 크게 귀납적 전략과 연역적 전략으로 접근한다(Blaikie, 2010: 83-87).

(1) 귀납적 연구전략

사회과학 연구자는 '무엇인가(what)'라는 연구질문에 답하기 위하여 사회현상에 대한 설명을 필요로 한다. 귀납적 연구전략의 목적은 개인과 사회현상에 대하여 관찰된 혹은 측정된 특징 등을 통해 형성된 연관성의 패턴을 토대로 제한된 일반화를 수립하는 데 있다(Blaikie, 2010: 83).

① 알고 싶어 하는 어떤 특징을, 어떻게 찾을 것인가?

(2) 연역적 연구전략

사회과학 연구자는 관찰된 패턴을 설명하기 위하여 '왜(why)'라는 연구질문에 대답할 수 있어야 한다. 기존 이론을 사용하거나 혹은 새로운 이론을 고안하는 것은 관찰된 패턴을 설명하기 위한 기준과 원리로 삼기 위함이다. 연역적 연구전략의 목적은 이론이 제안한 것과 관찰된 것의 두 가지 개념 간의 연관성을 설명하는 데 있다. 연역적 연구전략의 일반적 단계는 다음과 같다(Blaikie, 2010: 85).

① 임시적 아이디어, 추측, 이론으로부터 형성된 가설을 설정한다. 여기에서는 이전에 채택된 다른 가설을 참고한다. 기대되는 가설이 채택되고 결론이 도출되기 위한 조건을 구체화한다.
② 적절한 자료를 수집한다.

표 4-2 연구전략의 구분

구분	귀납적 전략	연역적 전략
목적	특징과 패턴에 대한 기술	이론을 검증하기 위해, 거짓을 제거하기 위해, 확증하기 위해
시작	특징과 패턴에 관한 자료수집	설명하기 위해 필요로 하는 규칙성 확인
종결	연구질문에 대한 연구결과의 관계성 찾기	가설의 검증

자료: Blaikie(2010: 84)

지금까지 살펴본 연구전략, 연구질문, 연구목적의 관계를 정리하면 **표 4-3**과 같다.

표 4-3 연구전략, 연구질문, 연구목적의 관계

연구목적	연구전략		연구질문 유형
	귀납적	연역적	
탐색	***		무엇
기술	***		무엇
설명	*	***	왜
예측	**	***	무엇

연구목적	연구전략		연구질문 유형
	귀납적	연역적	
이해			왜
변화		*	어떻게
평가	**	**	무엇/왜
영향 사정	**	**	무엇/왜

자료: Blaikie(2010: 105)

2. 연구설계의 유형

연구를 시작하기 위해서는 연구설계를 수립해야 한다. 연구에 착수하기 위해서 어떤 유형의 연구설계를 선택할지 고민하게 되는데 이것은 (a) 연구상황(research situation), (b) 연구대상(research subject), (c) 연구문제(research question), (d) 연구자의 통제여부(researcher control) 등을 고려하여 결정할 문제이다.

그림 4-6은 연구설계의 주요 유형을 의사결정구조(decision tree)로 제시하고 있다. 첫 번째 채택은 질적설계(qualitative designs)와 양적설계(quantitative designs)로 구분된다. 질적연구(qualitative research)에서는 자연적 상황에서 관찰하고 일상적 언어로 결과를 기술하게 된다. 양적연구(quantitative research)에서는 연구대상을 관찰자로 할당하고 표준화된 측정도구를 사용하여 통계적 결과를 제시하게 된다.

양적연구는 다시 실험설계(experimental designs)와 상관설계(correlational designs)로 구분된다. 실험설계에서는 자연재난과 같은 자연적 사건이나 연구자에 의해 계획된 실험치에 의해 일정한 변화를 가져오는 원인변수에 관심을 두게 된다. 실험설계는 다시 진실험설계(true experiments)와 준실험설계(quasi-experiments)로 구분되는데, 진실험설계는 연구대상을 무작위로 할당하는 경우가 해당되며 준실험설계는 무작위로 할당할 수 없는 경우가 해당된다. 준실험설계는 다시 단절적 시계열설계(interrupted time series designs)와 비동질 통제집단설계(nonequivalent control group designs)로 구분되는데, 단절적 시계열설계는 하나의 연구집단(또는 실험집단)에 대해 실험 전후에 걸쳐 관찰함으로써 어떤 변화 및 차이를

【그림 4-6】 연구설계의 유형의 트리구조

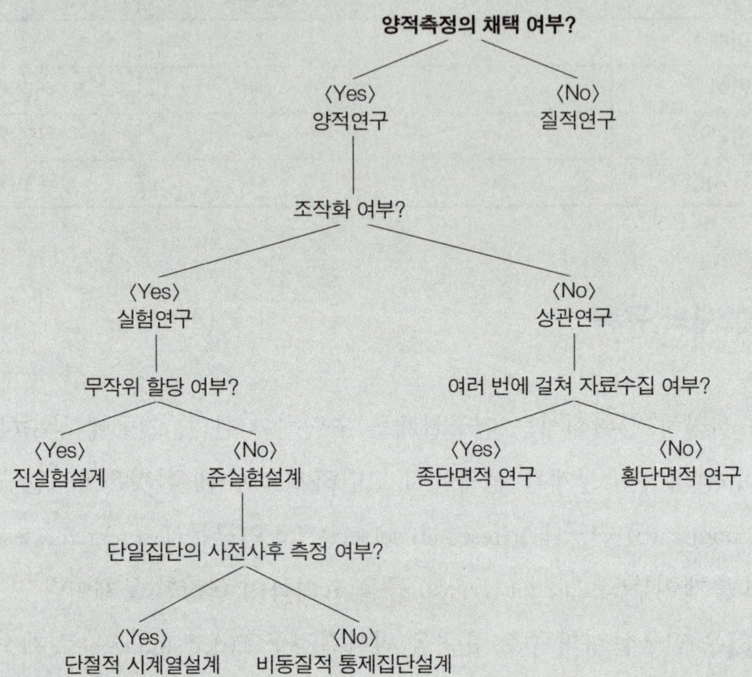

자료: Dooley(2001: 265)

보이는가를 살펴보고자 하는 경우에 적용한다. 비동질 통제집단설계는 둘 이상의 다른 집단을 비교하고자 하는 경우에 적용한다.

3. 연구접근법과 전략

1) 연구접근법의 체계

연구접근법의 체계는 크게 양적전략과 질적전략으로 구분한다. 양적전략은 다시 탐색적 연구-심층면접, 기술적 연구-서베이조사, 인과적 연구-실험연구 등으로 나누며, 질적전략은 설명적 연구-사례연구, 해석적 연구-토대이론(근거이론), 비판적 연구-행동연구 등으로 구분한다.

【그림 4-7】 연구접근법의 전략

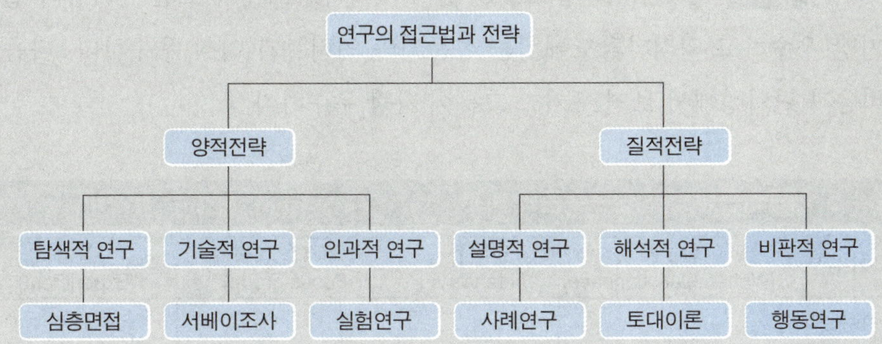

자료: McNabb(2002: 83)

2) 연구접근방법별 전략

연구는 연구자가 연구목적, 연구범위, 연구대상, 연구방법에 맞는 전략을 세워야 한다. 연구의 접근방법에 따라 연구질문의 형태가 다르며 행동의 통제필요성 및 현재사건의 강조 여부도 다르다.

양적연구의 경우 연구전략은 대부분 실험연구나 서베이 조사를 통해 이루어지며 현재사건을 강조하려는 경우에 해당된다. 질적연구의 경우 2차자료를 통해 자료를 수집하는 예가 대부분이며 행동적 사건이 연구자에 의해 미리 통제되지 않은 경우에 해당된다.

표 4-4 연구의 접근방법별 전략

구분	연구전략(접근방법)	연구질문의 형태	행동적 사건에 대한 통제필요 여부	현재의 사건 강조 여부
양적 연구	실험연구	어떻게, 왜?	예	예
	서베이	누가, 무엇을, 어디서, 어떻게, 얼마나 많이?	아니오	예
질적 연구	기록정보 분석	누가, 무엇을, 어디서, 어떻게, 얼마나 많이?	아니오	예/아니오
	역사	어떻게, 왜?	아니오	아니오
	사례연구	어떻게, 왜?	아니오	예

자료: 신경식 외(2005: 23)를 수정

다음으로 타당도, 비용과 편의성, 시간, 한계에 따른 연구접근 방법별 수준을 제시하면 표 4-5와 같다(심준섭, 2006). 먼저 내적타당도에서 보면 인터뷰와 실험이 가장 우수하고 외적타당도에서는 설문지와 인터뷰가 가장 우수하다. 다음으로 비용과 편의성에서 보면 포커스 그룹이 가장 우수하다.

표 4-5 연구접근방법별 연구수준의 비교

기준	설문지 (Written Questionnaire)	인터뷰 (Interview)	포커스 그룹 (Focus group)	실험 (Experiment)
내적타당도 (internal validity)	* 폐쇄형질문	*** 즉각적인 응답	**	*** 독립변수의 조작 인과관계의 분석
외적타당도 (external validity)	*** 충분한 표본크기	*** 중간정도의 표본크기	** 작은 표본크기	*
비용/편의성	* 많은 비용	**	*** 적은 비용	** (규모에 따라 상이)
시간	** 설문지 제작, 배포, 회수	* 대면 인터뷰	*** 집단토론	규모에 따라 상이
한계	• 사전조사(pretest) 필요 • 대표성을 지닌 표본의 확보가 어려움 • 설문지 제작의 어려움	응답 계량화의 어려움	• 원활한 토론의 진행이 관건 • 소수에 의해 토론이 지배됨 • 인터뷰의 장점을 대부분 그대로 보유	• 실험집단과 통제집단의 무작위화 어려움 • 윤리문제, 실제와의 괴리문제

주 * 가장 미흡, ** 보통, *** 가장 우수
자료: 심준섭(2006)

제3절 접근방법별 연구절차

1. 질적연구의 귀납적 접근

질적연구는 주로 귀납적 접근을 통해 수행된다고 하였다. 질적연구는 정보를 수집하고 수집된 정보를 통해 연구질문을 형성하고 이론적 패턴을 찾는 순서로 진행한다.

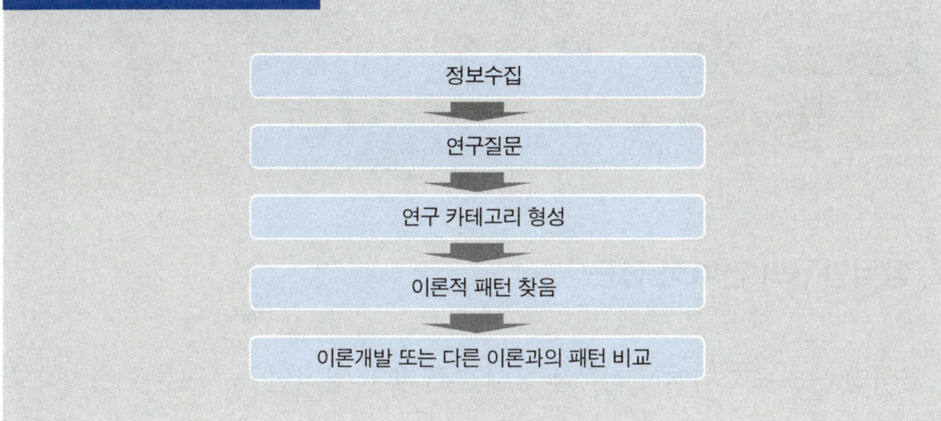

【그림 4-8】 질적연구의 절차

또한 질적연구의 과정적 전략을 보면 연구목적을 설정하고 그에 따라 연구설계가 선정되면 세 가지 국면(설명적 조사, 해석적 조사, 비판적 조사)을 상호작용적 맥락에서 검토할 수 있도록 설계해야 한다. 그런 다음 자료를 수집하고 수집된 자료를 코드화하며 자료에 대한 개념적 순서를 열거하고 자료분석과 해석을 수행하며, 그 결과를 통해 관계성을 예측하는 절차를 거치게 된다.

【그림 4-9】 질적연구 과정의 전략

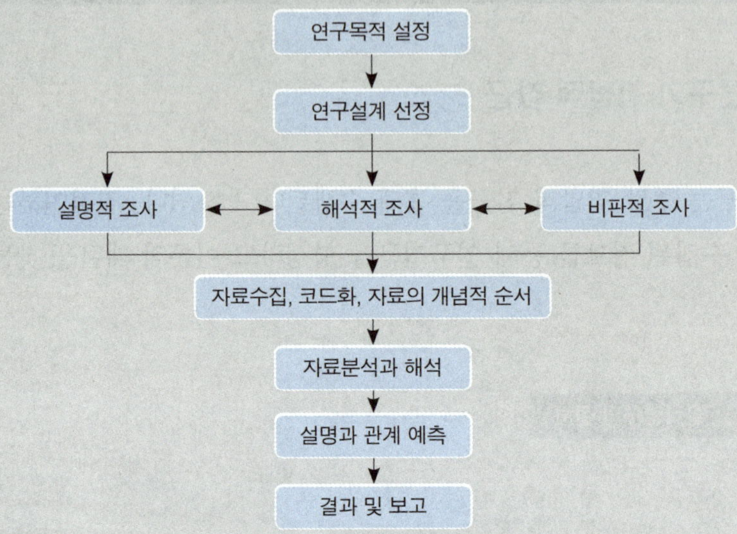

자료: McNabb(2002: 90)

2. 양적연구의 연역적 접근

양적연구는 주로 연역적 접근을 통해 수행된다. 양적연구는 이론을 형성하고, 이론으로부터 도출된 연구질문을 형성하고, 이론으로부터 도출된 가설과 변수를 측정함으로써 가설을 검증하는 절차로 수행한다.

【그림 4-10】 양적연구의 절차

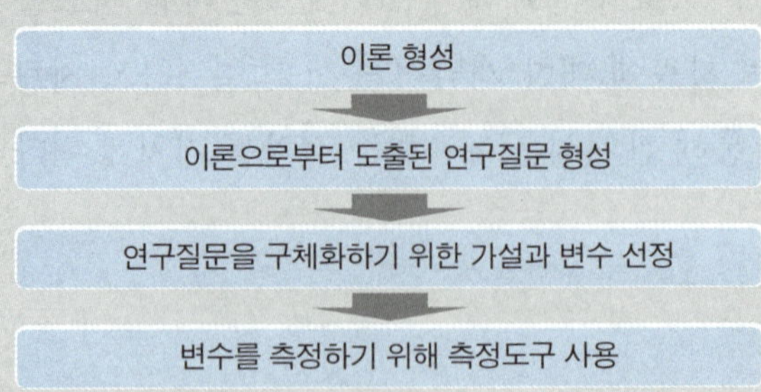

또한 양적연구의 과정적 전략을 보면 연구목적을 설정하고 그에 따라 연구설계가 선정되면 세 가지 국면(탐색적 조사, 기술적 조사, 인과적 조사)을 상호작용적 맥락에서 검토할 수 있도록 설계해야 한다. 측정지표 및 측정도구를 설계(조작화)하고 자료수집, 분석, 해석, 그리고 결과보고 순을 거치게 된다.

【그림 4-11】 양적연구 과정의 전략

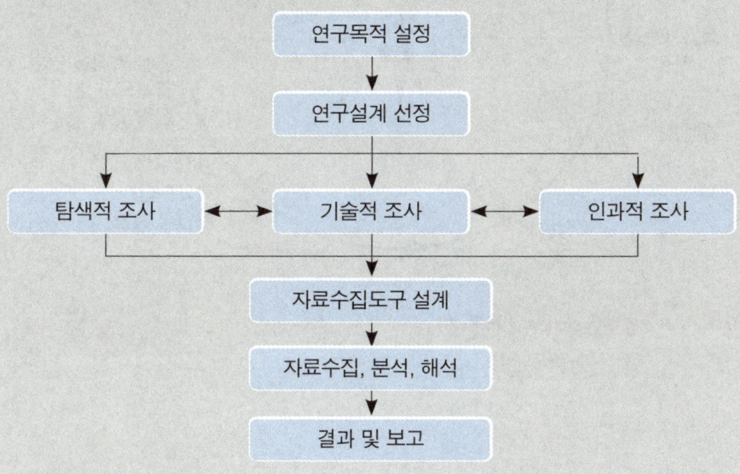

자료: McNabb(2002: 84)

양적연구 절차의 일반적 과정을 구체적으로 제시하면 **그림 4-12** 와 같다. 양적연구의 출발은 이론에서 시작한다. 이론으로부터 연구문제를 형성하고 연구문제를 구성하고 있는 변수를 통해 모델을 작성하고 가설을 도출하게 된다. 가설을 구성하는 개념 및 변수들에 대한 양적 측정을 위해 조작적 정의를 내리고 이를 바탕으로 측정도구(예, 설문지)를 개발한다. 설문지가 개발되면 사전조사를 통해 설문지가 연구목적과 연구상황 등 연구에서 얻고자 하는 정보를 획득할 수 있도록 구성되어 있는지를 검토한다. 다음으로 사전조사 결과를 통해 설문지를 완성한 후 조사대상자를 통해 설문조사를 실시하고 수집된 자료를 통해 분석한 다음 분석결과를 토대로 설명, 적용가능성, 예측, 그리고 정책과 실제를 위한 함의를 제시한다. 자세한 절차는 제4절에서 설명한다.

【그림 4-12】 양적연구의 순환과정

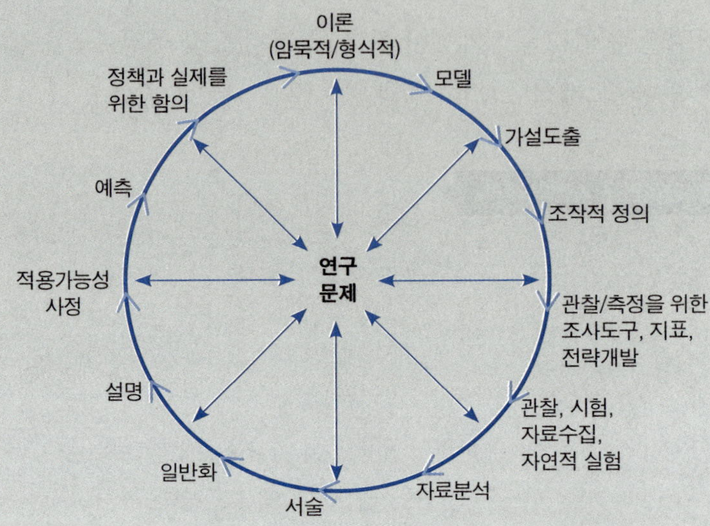

자료: Marshall & Rossman(1999: 26)

제4절 연구의 절차

1. 연구의 일반적 절차

양적연구든 질적연구든 연구를 수행하기 위한 출발은 연구문제와 관련된 사회현상에 대한 폭넓은 탐색에서 시작한다. 문제를 일으키는 사회현상 중 어떤 영역에서 어떤 요인들이 부적합한 요인으로 작용하고 있는지, 이로 인해 개선되어야 하는 것은 무엇인지를 탐색한 다음 잘못되어 있거나 잘못되고 있는 문제를 바탕으로 주제를 선정한다. 주제가 선정되었으면 해당 영역의 문제 상황을 정확하게 파악할 수 있는 접근방법(양적연구 또는 질적연구)을 결정한다. 연구접근방법이 결정되면 연구실행을 위한 체계적인 연구계획을 수립하고 연구계획에 따라 자료를 수집하여 분석한 후 최종 결과물(보고서)을 제시한다.

【그림 4-13】 연구의 일반적 절차 모형

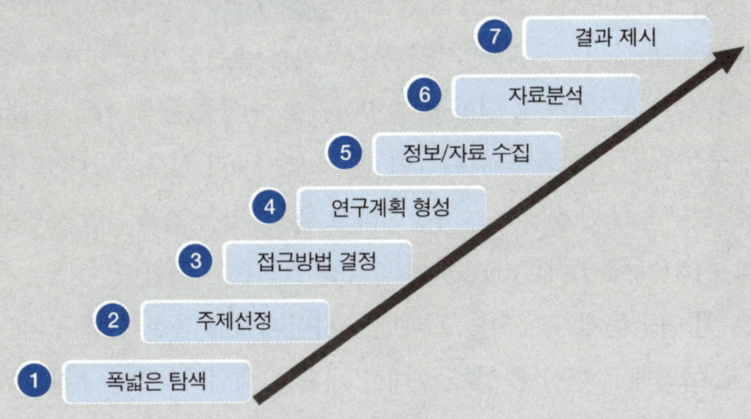

자료: Gill & Johnson(1997: 3); Henn et al.(2009: 50)

연구과정은 일련의 연속적 과정이다. 연구과정이 다양하게 제시되고 있지만, 대부분의 연구과정은 그림 4-14와 같이 크게 일곱 가지 단계로 진행된다. 이 책의 체계도 이와 같은 연구과정에 따라 각 영역을 장별로 설명하고, 주로 양적연구의 관점에서 제시하며 질적연구 과정은 이 책의 뒷부분에서 자세하게 소개한다.

【그림 4-14】 연구과정의 순환모형

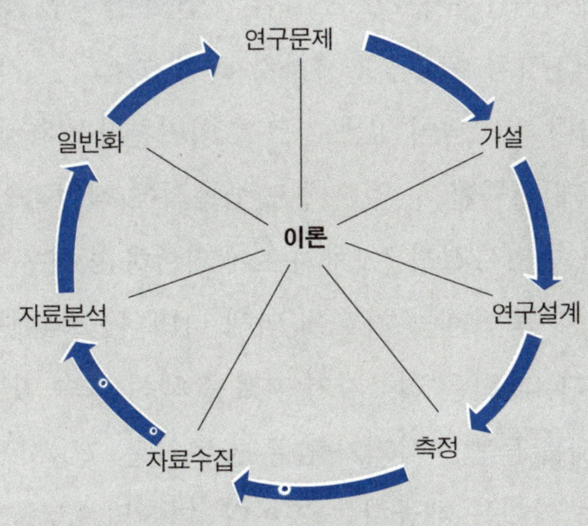

자료: Frankfort-Nachmias & Nachmias(1996: 20); Henn et al.(2009: 50)

연구과정에서 연구자가 첫 번째로 수행해야 할 단계는 주제를 선정하는 것이다. 주제가 선정되고 나면 연구의 방향을 설명할 수 있도록 주제를 연구질문으로 구체화한다. 예를 들어, "공무원 사기와 직무만족에 관한 연구"라는 주제로부터 "공무원 사기가 직무만족에 영향을 미칠까?"로 연구질문을 이끌어 내야 한다. 주제를 연구문제로 구체화하기 위하여 연구자는 과거 선행연구(문헌)들을 검토한다. 또한 연구문제 단계에서는 가설이라고 할 수 있는 잠정적인 해답을 개발해야 하는데, 이 단계에서 이론(theory)이 중요한 원천을 제공한다.

주제로부터 연구문제가 제시되고 나면 조사설계를 구축한다. 연구자는 조사를 구체적으로 어떻게 수행할 것인가에 대한 계획을 세워야 한다. 조사설계 단계에서는 실제 연구를 수행할 수 있도록 구체적 부분까지 설계한다. 연구질문에 대한 개념을 정의하고 개념을 어떻게 측정할 것인지, 누구를 대상으로 측정할 것인지, 자료수집은 어떤 방법으로 하고 수집된 자료를 어떤 분석방법으로 분석할 것인지, 연구대상자(피실험자들)를 어떻게 이용할 것인지, 그들에게 무엇을 질문할 것인지 등이 포함되어야 한다. 조사설계가 구체적이고 체계적이며 명확하지 않으면 조사진행은 원활하게 이루어질 수 없고 조사시간과 비용이 계획했던 것보다 초과될 수 있다.

조사설계가 구축되고 나면, 연구자는 자료 혹은 증거를 수집할 준비를 해야 한다. 자료수집 단계에서는 1차자료로 조사할 것인지 아니면 2차자료로 조사할 것인지를 결정해야 한다. 1차자료는 조사자가 직접 수집하는 자료이고, 2차자료는 다른 사람에 의해 이미 정리되어 있는 자료를 의미한다. 2차자료는 1차자료에 비해 경제적이고 손쉽게 획득할 수 있으나 연구목적에 직접적인 자료를 제공해 주지는 못한다. 대부분의 의사결정은 1차자료에 의존하는 경우가 많다.

자료가 수집되면, 다음 단계는 자료에 의해 나타나는 패턴을 볼 수 있도록 자료를 분석하는 일이다. 패턴은 연구자가 자료를 해석할 수 있도록 의미를 부여해 주는 역할을 한다. 예를 들면, "사기가 높은 공무원은 그렇지 않은 공무원보다 직무만족이 높다"라는 의미를 제공하는 것이다. 마지막으로, 연구결과에 대한 보고서를 작성하고 이해관계자들(연구위탁기관)에게 보고하면 연구가 종료된다.

결론에 포함되어야 할 내용은 다음과 같다.

첫째, 문헌으로부터 수집된 주요 아이디어를 요약해야 하며 또한 실험연구로부터 발견된 주요 결과를 다시 한 번 기술해 줄 필요가 있다.

둘째, 연구결과에 대해 연구자 자신만의 단어로 해석을 해야 한다. 연구자의 의견을 중심으로 연구결과를 해석해야 한다.

셋째, 연구아이디어, 연구설계, 연구과제 등이 의미(또는 가치)가 있다는 것을 독자들에게 설득할 수 있어야 한다.

넷째, 필요하다면 관련 후속연구를 위해서 권고 및 제안사항을 제시한다.

【그림 4-15】 과학적 연구절차(양적방법)

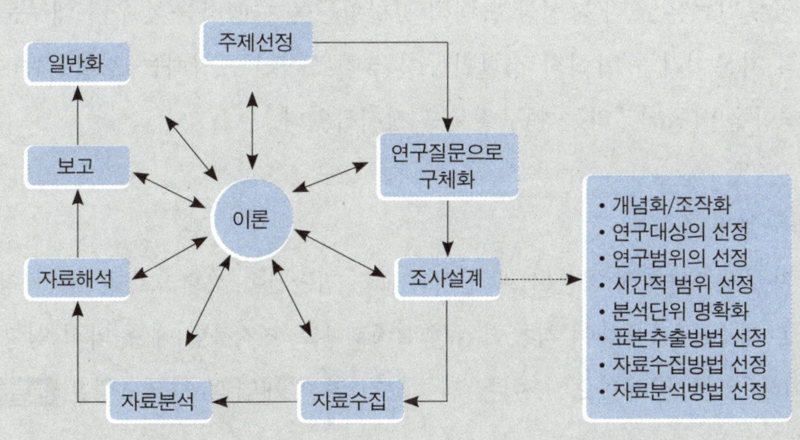

자료: Neuman(2000: 12)의 수정

2. 연구절차의 실제

1) 양적연구

양적연구의 실제에 대하여 김구 외(2012)가 수행한 "경찰조직에서 사회적 자본이 조직성과에 미치는 영향"의 연구내용을 요약 정리하였다.

(1) 주제선정의 동기

공공부문의 조직은 조직의 공통 목표를 달성하기 위하여 무엇보다도 조직구성원들 간 협력적 활동이 중요하다. 조직의 사회적 자본은 근본적으로 개별, 객체, 개인 등에 초점을 두기보다는 관계성, 집단, 공동체, 협력 등에 초점을 맞추고 조직구성원이 존재하고 활동하는 과정과 결과를 설명하는 데 유용한 개념이다. 사회적 자본은 인간 간의 관계 또는 사회구성원들이 어딘가에 속해 있다는 감정과 공유된 행동규범 및 공통적인 문화적 정체성을 부여함으로써 사회질서를 가능하게 하는 역할을 한다. 이 연구는 경찰공무원들을 대상으로 그들의 사회적 자본 활동이 조직성과에 영향을 미치는지를 경험적으로 검증하고자 한 것이다.

(2) 연구질문

경찰공무원들은 조직 특성상 협력적 경찰활동을 수행하는 경우가 대부분인데, "사회적 자본이라는 협력적 경찰활동이 경찰조직이 표방하는 경찰활동(조직성과)에 영향을 미칠까?"라는 연구질문을 제시하였다.

(3) 연구설계

연구가설로 "사회적 자본(신뢰, 협력적 교환, 집단결속, 사회적지지, 조직공정성)이 업무스트레스를 매개하여 경찰직무성과(직무만족, 조직몰입)에 유의적 영향을 미칠 것이다"로 설정하였으며, 이를 검증하기 위한 개념적 연구모형은 **그림 4-16** 과 같다.

변수의 조작화와 측정에서는 각 변수의 하위요인에 구조화된 형식의 설문문항을 개발하고 각 문항에 대하여 리커트식 5점 척도로 측정하였다.

【그림 4-16】 개념적 연구모형

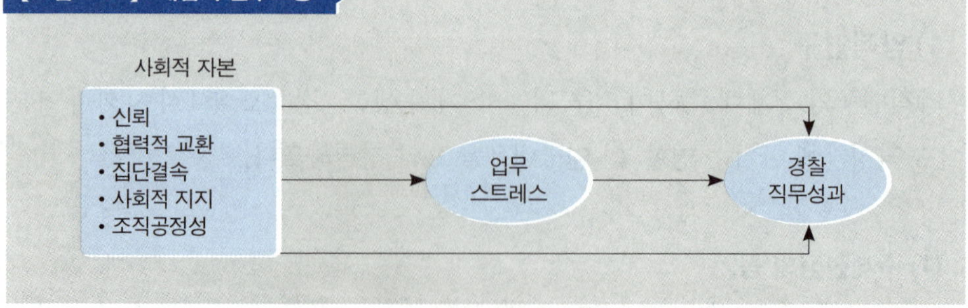

(4) 자료수집

실증분석을 위한 자료를 수집하기 위해 설문조사를 실시하였으며, 설문조사는 2011년 9월 1개월간 ○○경찰청 관할 경찰서에 근무하는 경찰공무원을 대상으로 실시하였고 조사대상 경찰서에 근무하는 경찰공무원의 협조를 받아 무작위배포조사법으로 이루어졌다. 설문지는 전체 400부(명)를 배포하여 383부(명)가 회수되어 회수율은 96%로 집계되었다.

(5) 자료분석

가설검증에 앞서 측정자료(설문문항)의 신뢰도와 타당도를 검증하였다. 신뢰도 검증을 위하여 SPSS 통계프로그램을 이용하여 Cronbach's Alpha(α) 분석을 실시하였고, 타당도 검증을 위하여 탐색적 요인분석(Exploratory Factor Analysis, EFA)을 실시한 후 AMOS 통계프로그램을 이용하여 확인적 요인분석(Confirmatory Factor Analysis, CFA) 실시를 통해 측정문항(측정변수)들이 잠재요인을 구성하고 있는지 살펴보았다. 확인적 요인분석은 각 구성개념별로 모형을 설정하고 모형의 적합도를 검정하기 위한 방법이다. 분석 결과 사회적 자본, 업무스트레스, 그리고 직무성과 등을 구성하고 있는 하위요인과 그 측정문항들은 잠재요인의 구성 정도를 나타내는 적합지수에 근사하게 나타남으로써 연구의 개념적 모형을 구성하는 측정문항은 타당성이 있는 것으로 판단하였다.

그리고 연구모형의 적합도 및 가설을 검정하기 위하여 측정변수로 구성된 잠재요인을 통해 구조방정식모형을 구축하고 이를 분석하였으며, 분석결과와 최종 분석모형은 다음과 같다.

표 4-6 가설적 경로관계 검증 결과

경로관계			경로계수	t값(CR)	p값	가설 채택여부
신뢰	→	업무스트레스	−.203	−2.351	.019*	○
협력적 교환	→		.076	.614	.539	×
집단결속	→		−.115	−.907	.365	×
상사지지	→		.051	.557	.577	×

경로관계			경로계수	t값(CR)	p값	가설 채택여부
동료지지	→		–.056	–.531	.595	×
공정성	→		–.348	–4.433	.000***	○
신뢰	→	직무만족	.334	4.439	.000***	○
	→	조직몰입	–.046	–.891	.373	×
협력적 교환	→	직무만족	.155	1.470	.142	×
	→	조직몰입	.162	2.158	.031*	○
집단결속	→	직무만족	.347	3.112	.002**	×
	→	조직몰입	.416	4.677	.000***	○
상사지지	→	직무만족	–.033	–.428	.668	×
	→	조직몰입	–.003	–.060	.952	×
동료지지	→	직무만족	–.005	–.053	.958	×
	→	조직몰입	.150	2.376	.017*	○
공정성	→	직무만족	.132	1.977	.048*	○
	→	조직몰입	.461	7.234	.000***	○
업무스트레스	→	직무만족	–.203	–4.079	.000***	○
	→	조직몰입	–.052	–1.523	.128	×

* p<.05, **p<.01, ***p<.001

【그림 4-17】 분석결과 최종모형

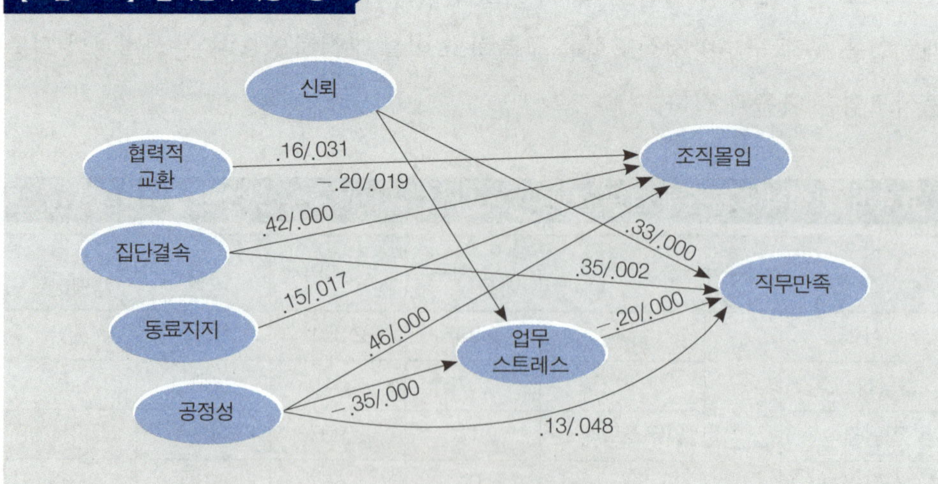

(6) 자료해석

가설적 경로관계 검증 결과 업무스트레스에 영향을 미치는 사회적 자본의 구성요인은 신뢰와 공정성으로 나타났고 업무스트레스와 직무성과 간의 관계에서는 직무만족에만 유의적 영향을 미치는 것으로 나타났다. 사회적 자본의 구성요인과 직무성과 간의 관계에서는 직무만족에 영향을 미치는 요인은 신뢰, 집단결속, 공정성 등으로 나타났고 조직몰입에 대해서는 협력적 교환, 집단결속, 동료지지, 공정성 등의 요인으로 나타났다. 이상과 같은 결과를 통해 알 수 있는 것은 경찰공무원들에게 있어서 사회적 자본의 구성요인은 업무스트레스의 매개효과보다는 직무만족과 조직몰입에 미치는 직접효과가 더 크다는 것을 알 수 있으나 신뢰와 공정성을 통해 업무스트레스를 줄이고 직무만족을 높일 수 있을 것으로 파악하였다.

2) 질적연구

연구과정에 대한 각 단계별 이해를 높이기 위해 1992년 Lonnie Athens가 제시한 "위험한 폭력범죄의 유발(The Creation of Dangerous Violent Criminals)" 주제에 대한 연구과정을 소개한다(Neuman, 2000: 12-14).

(1) 주제선정의 동기

이 연구는 사회적 경험과 위험한 폭력범죄 유발 간의 관계에 대해 관심을 가지고, 온순한 개인이 어떻게 악한 범죄자로 변모되는가를 발견하고자 하였다.

(2) 연구질문

Athens는 널리 알려진 사회학자 Herbert Blumer의 제자로 Blumer의 상징적 상호작용(symbolic interaction) 이론을 구체화하였다. 상징적 상호작용 이론에 의하면, 범죄자가 처해 있는 상황을 어떻게 정의하고 학습하는가를 알기 위해서는 그가 가지고 있는 인식 또는 의식의 관점에서 출발해야 한다. Athens는 위험한 폭력행동이라고 불리는 충동적 폭력행동의 유형에 관심을 가졌으며, 폭력행동은 분노가 약간 있거나 전혀 없을 때에도 발생할 수 있다고 가정하였다.

(3) 연구설계

연구방법으로 개인을 심층면접하기로 결심하고, 경험한 폭력범죄와 생활에서 가장 중요하게 생각하는 것을 이야기하도록 하였다.

(4) 자료수집

Athens는 폭력범죄를 저지른 성인 죄수를 대상으로 면접을 실시하였으며, 소수의 청소년들을 포함시켰다. 면접 시 체포되거나 유죄로 판결을 받기 이전의 폭력범죄행동에 대해서도 솔직하게 말하도록 하였다.

(5) 자료분석

자료분석을 위한 Athens의 구상은 범죄자들의 폭력행사에 대한 발달경험 패턴을 찾는 데 있었다. 그는 폭력에는 어떤 사회적 경험이 존재하며, 사회적 경험이 범죄자들 충동폭력을 유발했을 것이라고 보았다.

(6) 자료해석

Athens는 4가지 중요한 사항을 발견하였는데, 여기에는 공통적으로 응답자의 청소년기 생활 경험이 작용하고 있었다. 첫 번째는 누군가로부터 신체적 학대를 포함한 잔인성을 경험했다는 것이다. 즉, 응답자들과 감정적으로 가장 가까운 사람(어머니를 비롯한 가족)이 신체적 학대를 받는 것을 직접 목격했다는 것이다. 두 번째는 폭력에 대하여 일종의 내성이 생기거나 '눈에는 눈'이라는 방법으로 대응한다는 것이다. 세 번째는 누군가와 싸우고 중대한 피해를 끼치려는 난폭성이다. 네 번째는 주변 사람들이 그들을 '폭군'이라고 부른다는 것이다. 결국 Athens는 비폭력적인 사람들이 위험한 경험을 통해 폭력범죄자로 변모한다고 주장하였다.

제5절 연구의 분석단위

인간행동과 사회현상을 연구대상으로 하는 연구에서 궁금한 사항 중의 하나는 사회현상의 결정요인 또는 사회현상이나 사회문제를 일으키는 원인이 개인에게 있는지 집단에게 있는지다. 방법론적 입장에서 분석의 단위와 수준이라는 맥락에서 볼 때 이 두 가지 견해는 방법론적 개체주의(個體主義)와 방법론적 전체주의(全體主義)에 의한다고 할 수 있다(강신택, 1998: 125-150).

연구에서 분석단위란 연구자가 그 속성 또는 특징에 관한 자료를 수집하고, 기술, 설명하고자 하는 사람이나 사물에 대하여 '자료를 수집하는 단위'를 말한다. 분석단위는 '누구 또는 무엇을 연구할 것인가'와 관련된 개념이다. 누구 혹은 무엇은 연구주제가 아니라 연구대상이다. 예를 들어, 지방자치단체의 주민자치센터 프로그램에 참여하는 지역주민의 연령, 성별, 교육수준, 주거형태, 프로그램 만족도를 조사하는 경우 분석단위는 개인이다. 그러나 연구자는 궁극적으로 행정관할구역의 전체 지역주민의 특징으로 나타낸다. 분석단위는 '그 단위의 속성을 집계하여 보다 큰 집단을 기술하거나 어떤 추상적인 현상을 설명하기 위하여 자료를 수집하는 단위'이다. 연구의 분석단위에 관한 자세한 설명은 다음과 같다(Baker, 1988; Rubin & Babbie, 1989; 남궁근, 1998: 96-98에서 재인용).

1. 연구의 분석단위 구분

(1) 개인

사회과학 연구에서 전형적인 분석단위는 개인이다. 개개인의 특성에 관한 자료를 집계하여 전체 집단의 특성을 설명하고 예측하려 할 때 분석단위는 개인이다. 각 개인의 성, 연령, 거주지, 직업, 소득수준, 교육수준, 태도, 성격, 성장배경 등 개인적 특성이 어떻게 차이가 나는지를 기술할 때 개인이 분석단위이다. 사회집단이나 사회적 상호작용을 연구하는 경우에도 연구자가 비록 어떤 특성을 다루기는 하지만 주로 개인을 분석단위로 한다. 예를 들어, 지역사회주민들, 학생들, 선거유권자들, 공무원들, 회사원들 등 집단으로 표현되지만 분석단위는 개인이다. 이들 집단은 개인들이 모여 이루어진 모집단이라는 의미를 가지고 있다.

분석단위인 개인은 자신이 속한 사회적 집단의 구성원으로 표현되기도 한다. 예를 들어, 빈곤층 혹은 부유층이라고 하는 경우, 자료를 수집할 때 빈곤층과 부유층을 사전적으로 구분하여 조사하는 것이 아니라 분석결과에 의하여 두 그룹으로 구분하여 표현하는 것이고, 각 그룹에 대한 맞춤식 처방적 대안을 제시하기 위함이다. 또한 도시지역의 학교 출신과 농촌지역 학교 출신이라고 하는 경우, 이때도 분석단위는 가정이나 지역(도시)이 아니라 개인이 된다.

(2) 집단

사회집단도 분석단위가 될 수 있다. 분석단위로서 사회집단은 집단 속의 개인을 연구하는 것과는 다르다. 예를 들어, 가출한 비행청소년집단의 구성원들에 대해서 연구하기 위해 비행청소년집단에 속한 사람들을 조사하고자 한다면 분석단위는 개인이다. 이에 반하여 어떤 특정 비행행동을 일으키는 집단을 조사대상으로 하여 비행집단 간의 여러 가지 특징을 연구하고자 한다면 그때는 비행집단이라는 사회집단이 분석단위가 된다.

사회조사에서 가정을 분석단위로 하는 경우가 대표적이다. 가정의 연소득과 가정의 자동차 보유 여부, 가정의 신문구독 여부, 노인부양가족 여부, 장애인 여부 등을 조사하는 경우 가정이라는 집단이 분석단위가 된다. 그러나 가정을 구성하고 있는 가족 개인의 특성을 파악하려고 한다면 분석단위는 개인이 된다. 집단이 될 수 있는 그 밖의 사회적 집단으로는 싱글맘, 싱글대디, 친구집단, 기혼자집단, 미혼자집단, 치매노인집단, 장애인집단, 소년소녀가장집단 등 같은 특성을 가진 사람들의 집합을 생각할 수 있다.

사회적 집단이 분석단위가 되는 경우 집단을 구성하고 있는 개인별 특성이 그 집단의 특성으로 묘사되기도 한다. 예를 들어, 가정을 분석단위로 하는 경우 가장(아버지)의 연령이나 소득, 교육수준 등을 가지고 그 가정을 특징지을 수 있다. 학력이 높은 가장이 있는 가정과 학력이 낮은 가장이 있는 가정 간의 소득수준을 비교해 볼 경우에는 가정이 분석단위이다. 만일 대졸 이상인 사람이 그렇지 않은 사람보다 소득이 더 많은지를 알고자 한다면 분석단위는 개인이다.

(3) 프로그램, 정책, 사업

응용연구에 해당되는 평가연구에서 프로그램, 정책, 사업이 분석단위가 되는 경우가 있다. 실업자재취업프로그램이나 범죄예방프로그램을 운영하고 있는 경우 프로그램 자체가 분석단위가 된다. 이 경우에도 프로그램 대상자인 개인이 분석단위가 되는 경우와 프로그램 그 자체가 분석단위가 되어 프로그램의 성과를 측정하고자 한다. 전국 시·도에서 동일하게 운영되는 프로그램이 있고 그 성과를 비교 분석하고자 하는 경우 프로그램 자체가 분석단위가 된다. 예를 들어, 경력단절여성의 취업을 지원하기 위해 지방자치단체에서 프로그램을 운영하여 그 성과를 평가하고자 하는 경우 프로그램에 참여하는 개인이 아니라 프로그램 자체가 분석단위가 된다.

(4) 공식조직

회사, 학교, 군부대와 같은 공식조직이 분석단위가 되는 경우가 있다. 대학별로 취업자 수를 조사하는 경우, 회사별로 연간 매출실적을 조사하는 경우에는 공식조직이 분석단위가 된다.

(5) 지역사회, 지방정부, 국가

사회조사에서 지역사회, 지방정부나 국가 등을 분석단위로 선정하는 경우도 있다. 예를 들어, 지역사회 감염병(신종 코로나바이러스감염증) 확진자를 조사하려는 경우, 지방자치단체별로 노인인구 비율, 출산율, 주택보급률, 기초생활수급자. 의료급여수급자 등을 비교하는 경우, 국가별로 사회복지예산 비율을 조사하는 경우 등이 여기에 해당된다.

(6) 사회적 생성물

사회적 생성물에는 모든 종류의 간행물(책), 시, 그림, 노래, 자동차, 건물, 도자기, 주택 등 문화항목이라고 불리는 여러 형태의 사회적 매체가 포함되는데, 사회적 생성물의 분석단위는 주로 내용분석에서 사용된다. 사회적 생성물을 분석단위로 하는 경우 조사자는 규모, 무게, 길이, 가격, 내용, 그림의 수, 판매고, 저자에 관한 기술 등에 초점을 맞춘다. 예를 들어, 어느 한 신문의 사설들 가운데 대학교육에 관한 사설만을 골라 그 내용을 분석함으로써 사설을 쓴 사람의 대학교육에 대한 견해가 어떻게 바뀌어 왔는지를 기술 또는 설명할 경우, 한 편의 사설을 분석단위라고 할 수 있다.

(7) 사회적 상호작용

사회적 상호작용 자체가 분석단위가 될 수 있다. 주먹다짐을 하는 사례를 보자. 한쪽은 웃옷을 훌훌 벗어 던졌고 다른 한쪽은 그렇지 않은 경우에 주먹다짐에서 어느 쪽이 기선을 제압하는가를 알아보려고 한다. 이때 분석단위는 싸우는 개인이 아니라 '주먹다짐'이라는 상호작용이다. 마찬가지로 부부싸움의 정도가 이혼으로 치닫는 경우를 알아보려고 한다. 부부가 싸우는 과정에서 입에 담지 못할 심한 욕을 하는 경우와 가정의 물건을 내던지고 파손하는 경우 그리고 손찌검을 하는 경우로 나뉠 것이며 이때 '부부싸움'이 분석단위가 된다. 그 밖에 사회적 상호작용에 해당되는 분석단위로 친구 선택하기, 결혼, 이혼, 소송사례, 교통사고, 비행기 납치, 청문회 등을 생각해 볼 수 있다.

지금까지 사회과학 연구의 분석단위들을 살펴보았다. 사회과학 연구에서 분석단위가 무엇인지를 확실히 이해하지 못하면 누구 또는 무엇을 연구하기 위해서 어떤 조사(관찰)가 필요할지를 결정할 수 없다. 때문에 연구설계에 있어서 분석단위를 분명하게 결정하고 전체 연구과정에서 일관되게 유지해야 한다. 분석단위가 결혼(이혼)인지 아니면 결혼(이혼)하는 당사자인지, 청소년 비행인지 아니면 비행 청소년인지, 기관인지 아니면 그 기관의 종사자인지, 대학인지 아니면 대학의 구성원인지, 지방정부인지 아니면 지방정부의 공무원인지, 병원인지 아니면 병원의 종사자인지를 반드시 구별할 수 있어야 한다.

실제 연구에서 보면 연구에 따라서는 하나 이상의 분석단위에 대해 기술하거나 설명하는 경우도 있을 수 있다. 이런 경우, 연구자는 자신이 어떤 분석단위에 대해서 어떤 결론을 내리고자 하는지를 반드시 이해하고 있어야 한다.

- 여자들은 남자보다 TV를 더 많이 본다(개인)
- 흑인들은 백인들보다 하루에 평균 약 45분 정도 TV를 더 많이 본다(개인)
- 공무원 직급별 직무만족도에 차이가 있다(집단)
- 실업자재취업프로그램의 효과에 관한 평가를 연구하였다(프로그램)
- 지방자치단체별로 서비스수준에 차이가 있었다(지방정부)
- 대학별로 취업자 수에 차이가 있다(대학)
- 전국의 도시 가운데 범죄율이 최근 3년 동안 0%에 해당되는 도시는 6개에 불과하다(도시)
- ○○정부의 부동산정책에 관한 신문사설을 조사 비교하였다(사설)
- 가정폭력에 대한 실태를 조사하였다(가정폭력)
- 학교폭력조직이 사회폭력조직으로 어떻게 연계되는가를 조사하였다(집단)

2. 분석단위 선정과 해석상의 오류

실제 연구에 있어서 분석단위의 선택과 식별이 항상 절대적이고 배타적이지 않을 경우와 개인에 대한 자료를 종합하여 모집단에 대해 기술할 경우 오류를 범할 가능성이 있다. 연구자가 연구설계에서부터 연구수행 전 과정에 걸쳐 분석단위를 명확하게 정하고 적용하지 않으면 해석 및 설명에서 오류를 범하게 된다. 이런 문제는 분석단위를 이해하지 못한 채 연구과정에서 표본을 추출할 때뿐만 아니라 연구결과를 해석할 때에도 대두될 수 있다. 분석단위의 선정과 해석상에서 대표적인 오류에는 생태학적 오류와 환원주의적 오류가 있다(김경동 외, 1998: 92; 남궁근, 1998: 99-101; 고성호 외(역), 2007: 141-143).

1) 생태학적 오류

생태학적 오류(ecological fallacy)란 어떤 분석단위(주로 집단)를 채택하여 연구한 결과에서 얻은 결론을 다른 분석단위(개인)에 적용시킬 때 범할 수 있는 오류이다. 생태학적 오류는 분석단위가 집합적인 경우에 범하기 쉽다. 예를 들어, 도시지역의 고등학교는 농촌지역의 고등학교보다 부모의 경제적·사회적 지위가 높은 학생이 많다고 한다. 조사 결과 도시지역의 고등학교 학생들의 탈선이 농촌보다 많다고 한다면, 부모의 경제적·사회적 지위가 높을수록 탈선하는 학생이 많다고 결론을 내리는 경우이다.

2) 환원주의적 오류

분석단위에서 개별수준의 연구결과를 집단수준의 연구결과로 환원시킬 때 발생하는 오류로 변수 및 개념의 종류를 지나치게 한정시키거나 한 가지로 환원시키려는 경향을 환원주의적 오류 또는 축소주의적 오류(reductionism fallacy)라고 한다.

환원주의적 오류의 예를 보면, 탈선한 학생들에 대한 부모의 거주지역과 경제적·사회적 지위를 조사한 결과 학생들은 농촌지역 고등학교에 다니며 그 부모들은 경제적·사회적 지위가 낮은 것으로 나타났다. 그렇다고 농촌지역 고등학교 학생은 도시지역 고등학교 학생에 비하여 탈선율이 높다고 단정하는 것은 무리한 해석이다.

【그림 4-18】 생태학적 오류와 환원주의적 오류 정리

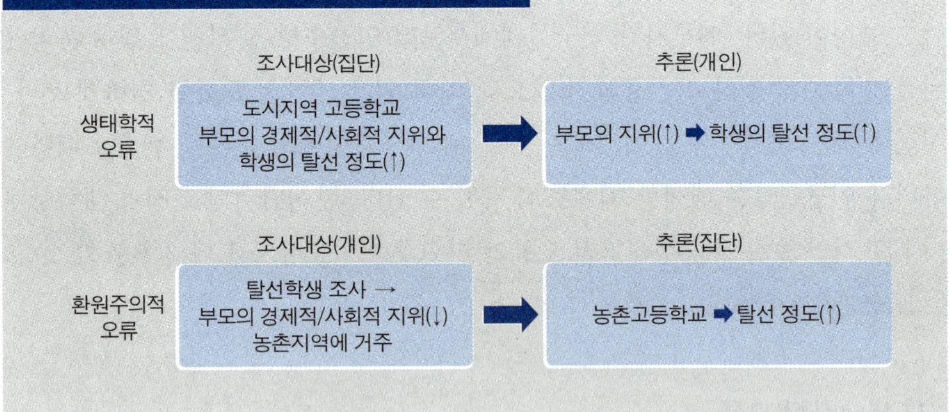

제6절 연구계획서 작성

1. 연구계획서의 의의

연구계획서 작성은 연구를 수행하기 위한 사전 청사진이다. 연구자 본인이 비용을 부담하여 연구를 수행하든 정부기관 및 지원단체로부터 연구비를 지원받아 연구를 수행하든 연구를 체계적으로 수행하기 위하여, 정해진 연구기간과 비용에 맞추어 수행하기 위해서는 충실한 연구계획서를 작성해야 한다.

연구계획서는 연구의 목적과 내용, 대상, 자료수집방법, 조사도구, 연구일정, 비용 등을 체계적으로 밝힘으로써 이해관계자들이 연구의 방향을 이해하고 연구수행을 위한 사항이나 자원을 미리 준비하는 데 필요한 정보를 제공하는 문서이다.

연구시작에 앞서 연구자는 다음 사항을 고려하여 점검해야 한다.

① 연구수행의 목적은 무엇인가?
② 연구문제(research problem)는 무엇인가?
③ 연구결과의 정보를 필요로 하는 사람은 누구인가?
④ 질문하는 최선의 방식은 무엇인가?
⑤ 연구내용이 상황 및 조건에 적합한가?
⑥ 자료는 어디에서, 누구를 대상으로, 어떻게 수집해야 하는가?
⑦ 자료를 어떤 방법으로 어떻게 처리할 것인가?
⑧ 분석결과 및 처리된 결과를 어떻게 해석하고 의미를 부여할 것인가?
⑨ 연구결과를 제시(소통)할 수 있는 최선의 방법은 무엇인가?
⑩ 연구수행 시 예상되는 장애요인과 문제는 무엇인가?
⑪ 장애요인과 문제가 있다면 극복방안을 마련할 수 있는가?
⑫ 연구자가 극복할 수 없다면 누구에게 어떻게 도움을 요청할 것인가?
⑬ 전문가는 누구이며 이들과 어떻게 접촉하고 소통할 것인가?

2. 연구계획서의 내용

일반적으로 연구계획서에 포함되어야 할 내용은 다음과 같다. 이러한 내용은 원칙 또는 법칙이 있는 것이 아니라 연구자, 연구수행기관, 연구발주 및 연구비 지원기관 등에 따라서 다를 수 있다.

1) 연구계획서 작성 시 고려사항[1)]

(1) 연구주제의 창의성

연구주제가 선행연구와 차별되는 새로움을 담고 있어야 한다. 창의성 및 독창성이 의미하는 내용(질문)은 다음과 같다.

① 지금까지 연구되지 않았던 주제인가?
② 선행연구의 문제점을 규명하고자 하는가?
③ 선행연구와의 차별성이 나타나고 있는가?
④ 새로운 해석이나 적용이 가능한가?
⑤ 새로운 지식 또는 이해를 창출 및 증진시키는가?

(2) 연구방법의 창의성(도전성)

연구방법의 창의성(도전성)이 의미하는 내용(질문)은 다음과 같다.

① 새로운 분석기법을 활용하는가?
② 새로운 자료수집 방법(도구)을 시도하는가?
③ 지금까지 접근하지 않았던 새로운 연구방법론을 모색하는가?
④ 선행연구와 비교하여 연구방법이 차별화되고 혁신적인가?

1) 한국연구재단의 인문사회연구지원사업 신청요강과 2020년도 "중견연구자지원사업 신청요강"에 수록된 내용을 정리한 것이다.

(3) 연구방법의 타당성(적절성)

연구방법의 타당성 및 적절성이 의미하는 내용(질문)은 다음과 같다.

① 자료수집 방법은 적절한가?
② 연구문제 해결에 적합한 접근방법인가?
③ 자료분석(실험 또는 이론계산) 및 결과해석 방법은 적절한가?

(4) 연구목적의 타당성

연구목적의 타당성이 의미하는 내용(질문)은 다음과 같다.

① 연구의 필요성이 타당한가?
② 연구의 목적이 타당한가?

(5) 연구내용의 타당성(적절성)

연구내용의 타당성(적절성)이 의미하는 내용(질문)은 다음과 같다.

① 연구규모와 관련하여 연구내용 및 범위가 적절한가?
② 연구되어야 할 핵심적인 내용들을 포함하는가?
③ 포함된 내용들은 연구목적 달성에 필수적인 것들인가?

(6) 연구내용의 구체성 및 실행가능성

연구내용이 구체적이고 실행가능한지에 관한 내용(질문)은 다음과 같다.

① 연구 추진전략이 체계적으로 수립되었는가?
② 자료의 수집·분석·해석 방법과 도구가 구체적으로 기술하고 있는가?
③ 연구 추진과정이 체계적이고 정교하며 실행가능하도록 기술하고 있는가?
④ 제안한 연구수행에 필요한 자료수집 및 확보 방법이 구체적으로 마련되었는가?

(7) 선행연구의 검토

연구와 관련하여 선행연구를 검토함으로써 이론의 탐색과 연구의 방향을 설정할 수 있다. 선행연구를 체계적으로 검토하기 위해서 고려할 사항은 다음과 같다.

① 선행연구가 연구내용과 연관되어 있는가?
② 중요한 선행연구들이 정확하고 치밀하게 분석되었는가?
③ 중요 선행연구(참고문헌)가 정확하게 제시되어 있는가?

(8) 연구규모

연구수행을 위해서는 연구인력의 구성이 적정하고 연구규모가 연구주제 및 연구내용과 적합(수행가능)해야 한다. 연구규모에서 고려할 사항은 다음과 같다.

① 연구인력의 규모가 연구주제와 내용에 적합한가?
② 연구인력의 역할분담 및 참여비율이 적정한가?
③ 연구인력이 한정된 자원과 시간으로 연구를 마칠 수 있는가?

(9) 연구진의 전문성과 역량

연구수행에 있어서 연구참여진의 전문성 및 관련 연구수행실적이 중요하다. 연구진의 전문성과 역량으로 고려할 사항은 다음과 같다.

① 연구를 수행할 수 있는 전문성이 있는가?
② 연구를 수행할 수 있는 관련 연구업적(경험)이 축적되어 있는가?

(10) 학문발전 기여도 및 학문적 파급효과

연구결과는 지식을 발전시키고 축적하며 교육 및 사회 각 분야에 적용될 수 있어야 한다. 이를 위해서는 다음 사항을 고려해야 한다.

① 많은 후속 연구를 파생할 수 있는가?

② 관련 연구분야의 지식증진 및 연구활성화에 기여하는가?

③ 연구 결과가 교육 및 산업 등 해당 분야에 환류될 가능성이 높은가?

④ 연구결과가 지식공동체의 지적호기심을 불러일으킬 수 있는가?

(11) 연구비의 적정성

연구목표 대비 연구비 규모가 적절해야 한다. 과도하게 계상되면 연구비가 남용될 것이고 너무 과소하게 계상되면 연구목표를 충실히 수행할 수 없을 것이다. 연구비는 각 항목별로 조정 액수를 쓰고, 그 일치 정도를 비율로 환산한다.

표 4-7 연구비 구성항목

항목	내용
① 인건비	• 연구참여 수당 – 연구보조원 수당 – 연구원 수당
② 연구활동 경비	• 연구활동비
	• 연구회의비
	• 여비
	• 유인물비(인쇄비, 수용비)
	• 공공요금 등 잡비
③ 직접성 경비	• 조사연구비
	• 문헌구입비
	• 재료구입비
	• 장비사용료(임차료)
	• 연구기기비
계	

2) 연구계획서와 연구결과 평가내용[2)]

(1) 연구계획서 평가내용

앞에서 연구계획서 작성 시 고려사항을 제시하였다. 연구자는 연구계획서를 작성한 후 최종 제출하기 전 작성된 계획서가 타당성, 적절성, 적합성, 체계성, 구체성, 명료성, 일관성 등을 갖추고 좋은 평가를 받아 채택될 수 있는지를 점검해야 한다. 표 4-8 은 작성자를 포함하여 연구참여자가 점검해야 할 연구계획서 평가질문을 정리한 것이다.

표 4-8 연구계획서 평가지표와 평가질문

평가항목	평가지표	평가질문
연구의 창의성	연구주제의 창의성	• 새로운 연구주제를 제안하고 있는가? • 선행연구의 문제점을 규명하고자 하는가? • 선행연구와의 차별성이 나타나고 있는가?
	연구방법의 적절성 및 도전성	• 연구목표 달성을 위한 연구방법이 적절한가? • 선행연구와 비교하여 연구방법이 차별화되고 혁신적인가?
연구계획의 우수성	연구목적의 타당성	• 연구의 목적 및 필요성이 타당한가?
	연구내용의 구체성 및 연구실행 가능성	• 연구규모와 관련하여, 연구내용 및 범위가 적절한가? • 연구해야 할 핵심적인 내용들을 포함하는가? • 연구 추진전략이 체계적으로 수립되었는가? • 제안한 연구수행에 필요한 자료수집 및 확보가 가능한가?
연구역량의 우수성	연구책임자의 역량	• 연구과제와 관련 연구책임자의 연구경험 및 역량이 충분한가?
연구결과의 기대효과	학문발전 기여도	• 후속 연구 발전에 기여할 수 있는가? • 관련 연구분야 지식증진 및 활성화에 기여하는가?
연구예산 및 연구기간의 적절	연구예산 및 연구기간의 적절성	• 연구비와 연구기간이 적절하게 설계되었는가?

자료: 한국연구재단, "2020년도 중견연구자지원사업 신청요강"

2) 한국연구재단, "2020년도 중견연구자지원사업 신청요강"을 정리함.

(2) 연구결과 평가내용

연구계획서에 의해 연구가 수행되어 완료되면 해당 연구결과는 관련 분야의 전문가그룹에 의해 평가를 받게 된다. 다년도 연구인 경우는 연구비의 계속지원 여부를 판단하기 위하여 중간점검의 성격을 띤 연차평가를 실시하며, 연구가 종료된 경우에는 연구자에게 인센티브를 제공하거나 추후 과제지원에 대한 참여제한 등 제재조치를 취하기 위하여 최종평가를 실시한다.

표 4-9 연구결과의 평가지표와 평가질문

평가항목	평가지표	평가질문
연구결과의 질적 수준	결과의 질적 우수성	• 최근의 학문수준에 비추어 볼 때, 연구결과가 질적으로 우수한 것인가?
	결과의 독창성	• 연구결과가 기존의 것과는 달리 새롭고 독창적인가?
연구결과의 학문적 기여도	객관적 타당성의 확보	• 연구결과는 신뢰할 수 있는 수준으로 객관적 타당성을 확보하고 있는 것인가?
	학문발전의 기여 정도	• 해당학문의 이론과 실제를 선도하여 발전시키는 것인가?
	학문적 파급 효과	• 학문의 새로운 연구방향이나 방법 등을 제시할 수 있는 것인가?
연구수행의 목표 달성	목표 달성 노력	• 목표 달성을 위해 가능한 수단과 방법을 동원하는 등 최선의 노력을 다하였는가?
	목표 수준의 도달 정도	• 당초 계획된 목표 수준으로 효율적으로 달성하고 있는가?
연구수행 과정의 합리성	연구 방법의 적합성	• 문제의 해결에 적합한 연구방법을 사용하였는가?
	참고 자료의 적절성	• 연구수행 과정의 참고 자료나 문헌 등이 적절히 인용되었으며 도움이 되었는가?

자료: 한국연구재단, "2020년도 중견연구자지원사업 신청요강"

3) 연구계획서 구성

(1) 제목

제목은 연구내용을 함축하여 연구를 대표하는 이름이다. '~에 관한 연구', '~

이 ~에 미친 영향' 등이 사용되며, 제목이 긴 경우에는 소제목(부제)을 붙인다.

(2) 연구의 필요성 및 목적

연구의 필요성은 연구자가 '왜'라는 의문을 가진 것에 대한 질문이기도 하다. 질문은 체계적이어야 하는데, 만약 질문이 황당한 경우에는 이해관계자의 동의를 얻지 못한다. 질문이 체계적이고 새롭다는 것을 알리기 위해서는 다음과 같은 내용을 포함하여야 한다.

연구의 필요성에서 질문이 제기되었으면 그에 따른 잠정적 해답을 제시해야 한다. 연구내용과 관련된 이해관계자들은 실제 연구결과를 통해 무엇을 얻을 수 있는지에 많은 관심을 가지고 그것이 달성될 수 있을 것이라는 기대 속에서 연구가 수행되어야 한다는 당위적 가치를 부여한다. 또한 그 연구결과가 누구에게 얼마만큼의 효과를 주고 영향을 미칠 수 있는지를 암시해 주어야 한다. 이에 대한 해답으로서 연구목적을 명확히 밝혀야 한다. 사회과학 연구의 궁극적 가치는 연구결과를 통해 문제를 처방하는 데 도움을 줄 수 있는 안내나 지침 또는 정책적 시사점(함의)을 제시하는 것이다. 이해관계자도 연구결과를 통해 무엇을 얼마만큼 해결해줄 수 있는지에 많은 관심을 가지고 있다는 것을 명심해야 한다.

① 연구내용과 관련된 국내외 환경 및 동향
② 연구수행의 필요성
③ 연구의 창의성
  가. 기존 내용의 현황(직접 관련된 연구내용 및 결과)
  나. 기존 내용과의 차별성
④ 연구의 궁극적 목적

(3) 연구 내용 및 방법

연구의 필요성과 연구목적이 제시되었으면 연구질문과 목적에 대답을 해야 하는데, 그 대답을 어떤 방식, 절차, 도구, 소스 등을 사용하여 연구를 수행할 것인지, 즉 연구내용과 연구방법을 제시하여야 한다. 어느 때, 어느 지역에서, 누구를 대상으로, 어느 수준에서 조사할 것인가에 대한 윤곽이 제시되어야 한다.

① 연구의 내용 및 범위(공간적, 시간적)
② 연구대상
③ 연구방법(자료수집방법, 자료분석방법)
④ 예상되는 결과물

연구범위(研究範圍)

연구의 범위라고 할 때는 두 가지 뜻으로 이해한다. 하나는 연구에서 다루는 기본개념들 또는 변수들의 수를 두고 말하는 scope란 뜻이고, 또 하나는 연구에서 대상으로 삼는 관찰단위의 수 또는 종류에 따라 나누는 range란 뜻이다. 가령 다음과 같이 도시화와 자살률을, 다른 하나는 사회이동과 자살률을 주제로 삼았다고 하면, 이들은 모두 두 개의 변수를 다루므로 그 scope는 같다. 하지만, 그중 첫 번째 것은 그 관계(도시화→자살률)가 나라(국가사회)라는 단위에만 적용되지만, 두 번째 것은 나라 · 연령집단 · 혼인상태 등의 여러 단위에 적용되므로 후자의 것은 그 range가 넓다고 할 수 있다(Gibbs, 1972: 67-68; 김경동 외, 1998: 93에서 재인용).

(4) 추진체계 및 전략

추진체계에서는 연구를 실질적으로 수행하는 사람이나 단체가 연구단계별로 어떤 역할을 하는지를 밝혀야 한다. 그런 다음 연구목표 달성을 위한 추진전략과 전략별 세부 추진방법을 기술해야 한다.

① 추진체계
② 추진전략
  가. 연구목표 달성을 위한 추진전략
  나. 추진방법(추진전략별 세부 추진방법)

(5) 전문가 활용방안

연구를 하다 보면 연구 성격상 관련 전문가의 도움을 필요로 하는 경우가 있다.

이런 경우 연구협력팀이나 국내외 전문가 그리고 세미나나 토론회 등을 통해 연구수행에 도움을 받고자 한다면 그 운영계획의 구체적 내용을 알려야 한다. 예를 들면, 전문가집단을 어떻게 구성하고 무슨 내용의 도움을 받을 것인지, 운영기간은 언제부터 언제까지 할 것인지, 그리고 소요예상금액은 얼마로 할 것인지 등을 밝혀야 한다.

(6) 연구결과에 대한 세미나/공청회 계획

연구성과물은 학회의 세미나 또는 이해관계자의 공청회를 통해 공개적으로 발표되어야 한다. 연구성과물을 발표하는 경우 언제, 어느 학회 또는 어떻게 공청회를 개최하여 발표할 것인지를 밝혀야 한다.

(7) 기대효과 및 활용방안

연구결과가 제시되었으면 성과물을 어떻게 활용할 수 있는지에 대한 방법론을 제시하여야 한다. 실천적·응용적 연구에서는 연구결과의 적용을 통해 문제가 해결될 수 있어야 하기 때문에 현장 실무자들이 업무에 쉽게 활용할 수 있도록 매뉴얼이나 지침 등을 통해 전달되어야 한다. 기대성과 및 활용방안에는 세부적으로 다음과 같은 사항이 제시되어야 한다.

① 정책적 활용가능성
② 경제·사회적 기여도
③ 연구결과 활용방안
④ 관련분야 예상파급효과

(8) 추진계획

추진계획은 추진단계별 추진일정표로, 이해관계자들에게는 예정된 연구추진상황을 알려 주며 연구자들에게는 차질 없이 연구가 수행될 수 있도록 하는 방향타 및 지침이 된다(표 4-10 참고).

표 4-10 연구추진계획표(예시)

추진단계		추진일정									
		2020년 1월	2월	3월	4월	5월	6월	7월	8월	9월	10월
연구설계		■									
문헌고찰		■	■								
연구 협력팀 회의	1차회의	■									
	2차회의				■						
	3차회의									■	
자료 수집 및 분석	사례조사		■								
	현황조사			■							
	서베이 및 면접조사				■						
	자료분석				■						
분석결과 해석					■						
학회 및 세미나 발표						■					
새로운 방안 제시								■	■		
개선방안 종합 및 보고서 작성										■	
보고서 인쇄 및 납본											■
주요 Milestone 완성점에서의 수행결과											
예산집행계획(천원)											
추진실적제출시기											

생각해 볼 문제

1. 연구의 일반적 절차를 설명하시오.
2. 생태학적 오류와 환원주의적 오류에 대해 사례를 들어 설명하시오.
3. 연구계획서 작성 시 고려사항을 설명하시오.
4. 임의의 연구주제와 연구문제를 설정하고 그에 따른 연구범위, 연구대상, 분석방법 등을 정한 후 연구계획을 작성하시오.
5. 양적연구절차와 질적연구절차를 비교 설명하시오.

제 5 장

연구문제와 가설

이 장의 개요

연구의 실질적인 출발은 무엇 때문에 연구해야 할 것이며, 왜 연구를 해야 하는지에 관한 의문을 가지고, 즉 스스로 질문하는 것에서부터 시작하고, 그 의문에 대한 잠정적인 해결방안을 제시하게 된다. 이 장에서는 연구문제 및 연구질문을 어디서, 어떻게 착안하고 그에 대한 잠정적 해결방안인 가설을 도출 및 설정하는 방법을 살펴본다.

제1절 연구문제

연구의 출발은 사회현상에서 문제라고 인식하는 것에 대해 '무엇(what)/왜(why) 저런 문제가 발생되었는가?', '저런 문제를 해결하기 위한 원인(cause)은 무엇인가?'라는 의문을 가지면서 시작한다. 그리고 의문이 제기되면 그와 관련된 잠정적 해결방안(가설)을 제시하며, 문제와 가설을 경험적으로 검증하고 설명하기 위하여 연구가 이루어진다.

1. 연구문제의 의의

1) 연구문제와 연구질문의 개념

사회과학 연구는 수많은 사회현상 중에서 연구자가 관심을 갖는 분야나 사회적 요청으로 당면문제에 대한 바람직한 대안을 제시하기 위하여 연구주제(research topic)를 선정하는 것으로부터 시작한다. 연구문제(research problem)란 "둘 혹은 여러 변수들 사이의 관계를 파악할 수 있는 의문의 진술"로서 의문문 형식으로 표현한다(Kerlinger, 1986: 48-49; 남궁근, 1998: 10에서 재인용).

연구문제(research problem)는 관심 분야, 개선해야 할 조건, 제거하기 어려운 어려움을 제기하는 것이거나 또는 학문적 문헌, 이론 또는 실제로 의미 있는 이해와 숙의가 필요하다는 점을 지적하는 진술이다. 사회과학 분야에서 연구문제는 일반적으로 질문(questions)의 형태(types)로 제시한다. 따라서 연구문제는 질문에 대한 답을 제시하거나 어떻게 해야 하는지에 관한 답을 제시하는 것이 아니라 질문의 방향과 틀을 제안하는 것이다. 또한 연구문제를 연구주제와 혼동하지 말아야 한다. 주제는 정보를 읽고 얻을 수 있는 데 반하여 문제는 해결해야 할 질문으로 제시하며 가설을 포함하여 연구영역을 정의한다. 그리고 주제(topic)와 제목(title)도 의미적 차이가 있다. 주제는 연구에서 중심이 되는 문제를 의미하고, 제목은 주제의 핵심을 더욱 함축적으로 표현한 것이다.

연구문제는 특정 주제(topic)와 관련되고 연구질문을 형성할 수 있도록 방향을 안내하는 것이라면, 연구질문(research question)은 연구문제에 따른 포커스 영역을 제공한다. 즉 문제에 대한 대답을 얻기 위하여 질문하는 것이며, 질문에 대답하기 위하여 연구를 수행한다. 예를 들어, 연구문제를 "기후변화"로 진술한다면, 연구질문은 "지구온난화에 영향을 미치는 오존 수준은 어떤가?"로 표현한다. 연구문제가 일반적이라면, 연구질문은 구체적이며 가설과 관련된다.

연구문제가 표현되는 연구질문은 "변수 X와 변수 Y는 관련이 있을까?," "변수 X는 Z의 조건하에서 Y와 어떤 관계가 있을까?" 등으로 제시되어야 한다. 예를 들어, "부동산 관련 세금인상이 주택시장을 안정시킬 수 있을까?", "지역축제가 지역경제 활성화에 영향을 미치는가?", "지역에서 대학은 지역발전에 영향을 미칠까?", "교육프로그램의 질이 청년실업 해소에 영향을 미칠까?", "출산장려금이 출산의도에 영향을 미칠까?", "출산장려금과 출산의도는 관계가 있을까?", "교육수준과 부모부양은 관계가 있을까?", "자녀들은 세금공제 때문에 부모를 부양하려 할까?", "부모의 감독과 자녀의 비행은 관계가 있을까?", "국가장학금이 학업성과에 영향을 미칠까?", 가정생활의 만족은 직장생활의 만족과 관계가 있을까? 등 우리 주변의 모든 현상이 연구문제가 될 수 있다.

【그림 5-1】 연구문제-연구질문-가설의 관계

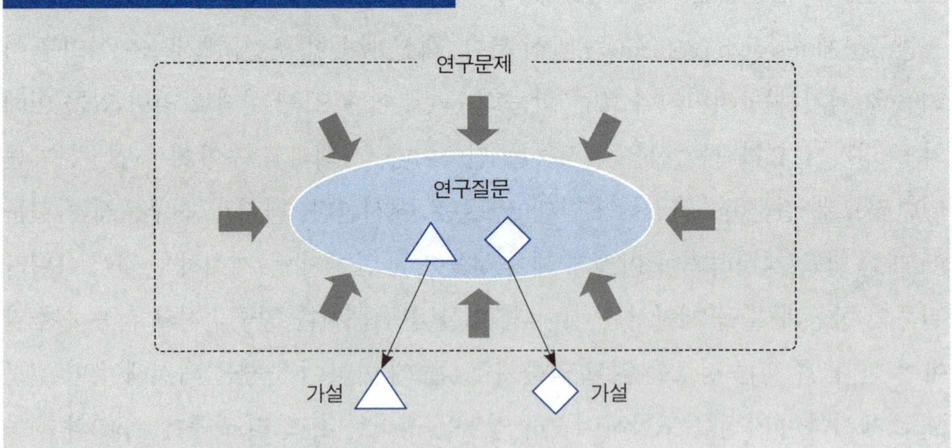

2) 연구문제의 목적

사회과학에서 연구문제는 다음과 같은 목적을 가진다.[1)]

① 이해관계자에게 연구주제(research topic)의 중요성을 소개한다. 특히 학문공동체 구성원들은 연구가 왜 중요하며, 연구질문 또는 가설에 관심을 두고 있는데 이들에게 연구의 틀을 이해하도록 한다.
② 연구의 전반적인 방향을 안내하고 실제 조사할 대상과 주요 변수의 설정과 그 변수의 위치를 안내한다.
③ 연구수행에 필요한 사항을 제시하며, 분석결과를 어떻게 설명해야 할지에 관한 방향을 제공한다.

2. 연구문제의 유형과 정의과정

1) 연구문제의 유형

사회과학에서 연구문제의 유형은 다음과 같이 결의론자 연구문제, 차이 연구문제, 기술적 연구문제, 관계적 연구문제 등으로 구분한다.[2)]

(1) 결의론자 연구문제

결의론자 연구문제(casuist research problem)는 일반적인 규칙의 적용과 특별한 경우의 신중한 구별을 통해 도덕적 딜레마를 분석함으로써 행동 또는 양심 문제에서 옳고 그름을 결정하는 것과 관련이 있다. 예를 들어, "직장에서 직원들의 사기를 높이는 데 민주적 리더십이 권위적 리더십보다 효과적입니까?" 또는 "학습자의 긍정적 태도를 형성하는 데 비지시적(비명령적) 교육방식은 지시적(명령적) 교육방식보다 효과적입니까?" 등의 표현이다.

(2) 차이 연구문제

차이 연구문제(difference research problem)는 전형적으로 "두 개 이상의 집단 또는 처치(개입) 간에 차이가 있는가?"라는 질문을 한다. 이 유형의 문제 설명은 연구자가 둘 이상의 현상을 비교하거나 대조할 때 사용한다.

1) https://libguides.usc.edu/writingguide/introduction/researchproblem. (Retrieved on February 26, 2020).
2) https://libguides.usc.edu/writingguide/introduction/researchproblem. (Retrieved on February 26, 2020).

(3) 기술적 연구문제

기술적 연구문제(descriptive research problem)는 특정 현상의 상황, 상태, 존재를 설명하는 것을 목적으로 전형적으로 "무엇입니까?"라는 질문을 한다.

(4) 관계적 연구문제

관계적 연구문제(relational research problem)는 두 개 이상의 변수 간의 관계를 제안한다. 이 유형의 근본적인 목적은 어떤 방식으로 연결된 품질 및 특성을 조사하는 데 둔다.

2) 연구유형별 연구질문

질적연구든 양적연구든 모두 연구에서는 연구문제에 따른 연구질문이 뒤따른다. 연구에서 사용하는 질문의 종류는 답을 찾으려는 내용과 원하는 연구유형에 따라 다르다. 가장 일반적으로 연구질문은 연구유형별로 달라지고, 실제 학문적 연구문제에 따른 연구질문은 아래 예시보다 더 복잡하며 종종 두 가지 이상의 유형이나 질문이 제시될 수도 있다.

표 5-1 연구유형별 연구질문[3]

연구유형	연구질문
기술적 연구	X의 특징은 무엇입니까?
비교연구	X와 Y의 차이점과 유사점은 무엇입니까?
상관연구	변수 X와 변수 Y의 관계는 무엇입니까?
탐색적 연구	X의 주요 요인은 무엇입니까? Z에서 Y의 역할은 무엇입니까?
설명적 연구	X는 Y에 영향을 미칩니까? Y가 Z에 미치는 영향은 무엇입니까? X의 원인은 무엇입니까?
평가연구	X의 장단점은 무엇입니까? Y는 얼마나 잘 작동합니까? Z는 얼마나 효과적이거나 바람직한가요?
액션연구	X를 어떻게 달성할 수 있습니까? Y를 향상시키는 가장 효과적인 전략은 무엇입니까?

3) https://www.scribbr.com/research-process/research-questions/ (Retrieved on February 26, 2020).

3) 연구문제의 정의과정

일반적으로 연구문제를 정의하는 과정은 그림 5-2와 같은 절차로 진행된다. 연구문제가 설정되면 문제를 통하여 해결하고자 하는 연구목적과 관련시키며, 연구문제와 관련된 이론탐구 및 선행연구를 통하여 이론적 배경을 제시한 후, 문제의 하위영역과 문제를 구성하고 있는 요인과 요소들을 설정하는 절차를 거친다. 다음으로 무엇을 측정할지 관련변수를 결정하고 연구목적과 관련 하위목적을 명확히 밝히며 변수, 목적, 하위목적을 재정의(redefining)하고 예비조사(pilot study)를 수행한다.

여기에서 연구목적은 연구문제와 관련된 가설을 공식적으로 진술하고 연구문제를 통하여 달성될 수 있거나 또는 해결될 수 있는 것이 무엇이고 어느 정도인가를 좀 더 명확히 진술하는 것을 의미한다.

【그림 5-2】 연구문제의 정의과정

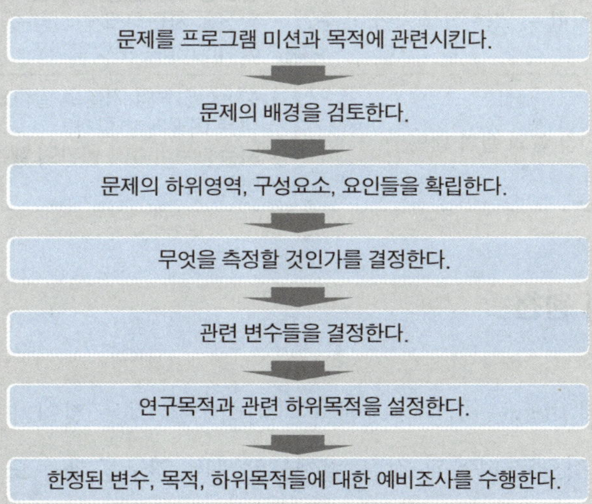

자료: McNabb(2002: 66)

4) 연구질문의 작성 방법

연구문제에 따른 연구질문의 정확한 형태는 프로젝트 기간, 연구 유형, 주제 및 연구문제에 따라 다르다. 그러나 모든 연구문제는 집중적이고 구체적이며 적절하고 복잡하며 사회적 또는 학술적 문제와 관련이 있어야 한다. 명확하게 정의된 문제가 있는 경우 하나 이상의 질문을 공식화해야 한다. 정확히 알고 싶은 것과 문제를 해결하는 데 어떻게 도움이 될지 생각한다. 연구질문을 작성하는 일반적인 방법은 다음과 같다.[4]

① 광범위한 주제를 선정한다.
② 주제가 될 수 있는지를 파악하기 위해서는 예비자료(문헌)를 읽는다.
③ 포커스에 맞춰 원하는 특정 범위로 좁힌다.
④ 해결할 실제적 또는 이론적 연구문제를 식별한다.
⑤ 연구문제에 따른 가설적 연구질문(의문문 형식)으로 전환한다.

표 5-2 연구문제와 연구질문의 예시

연구문제(research problem)	연구질문(research question)
감염병 위기상황에서 선제적으로 예방하고 확산을 차단하고 방지할 수 있는 정책(방안)이 눈이 띄지 않는다.	• 감염병 위기상황에서 선제적으로 예방하고 확산을 차단하고 방지할 수 있는 효과적인 정책(방안)은 무엇일까?
4차 산업혁명과 인간 삶의 질과 행복	• 4차 산업혁명 기술의 발전으로 인간의 삶의 질은 어떻게 변할까? • 지능정보기술이 인간의 행복에 어떤 영향을 미칠까?

3. 연구문제의 원천

연구문제의 원천(source)은 어디에서 아이디어를 얻을 것인가, 무엇을 연구할 것인가에 관한 것으로 다음과 같은 원천으로부터 연구문제를 도출할 수 있다(김해동, 1986: 110-116; 남궁근, 1998: 111-112).

(1) 기존이론이나 지식체계의 미비

연구자는 기존이론이나 지식체계에서 미진한 부분이나 부족한 부분이 있다거

4) https://www.scribbr.com/research-process/research-questions/ (Retrieved on February 26, 2020).

나, 기존의 연구결과들이 상호 모순되었을 때, 또는 기존지식체계로는 어떤 새로운 사실을 설명할 수 없는 경우에 연구문제를 도출하게 된다. 예를 들어, 청소년의 비행에 대해 선행연구에서는 부모의 감독관계를 통해 살펴봤지만 부모감독이 원인변수로서 설명력이 낮다는 판단 아래 교우관계, 학교감독, 주변환경 등을 추가하여 청소년 비행을 살펴보려는 경우이다. 또 다른 예를 들면, 학교 내에서 학생들 간 폭력이 발생되고 있고 폭력의 정도가 성인폭력을 모방하는 경우가 많아 학교폭력에 대한 심각성이 우려되고 있다. 이에 대해 일부에서는 학교폭력을 예방하기 위해 학교경찰(school police)을 도입해야 한다는 주장이 있는가 하면, 학교에 경찰이 상주하게 되면 교권의 자율성이 침해될 우려가 있고 학교폭력이 그렇게 심각한 수준이 아니라는 주장이 제기될 수 있다. 이럴 경우 연구자는 어느 쪽 주장이 사실을 가장 잘 설명해 주는지를 알아보기 위해 '학교폭력의 실태'를 연구할 수 있다.

(2) 사회적 요청

사회적으로 이슈가 되는 문제는 그 해결 방안을 요청하기 마련이고 그럼으로써 연구문제가 형성된다. 사회과학의 경우 정부나 지역사회, 각종 연구단체에서 특정의 연구문제에 대한 경험적 조사연구를 요청하는 경우가 있다. 예를 들어, 지역차별을 해소할 수 있는 방안, 지역이기주의를 극복하고 지역 간의 화합과 상호 협력을 증진할 수 있는 방안, 지역공동체 붕괴를 사전적으로 예방할 수 있는 방안, 공무원들의 사기를 진작시킬 수 있는 방안, 출산율을 높이는 방안, 노령화 사회에 대비한 노인인구의 일자리창출 방안, 직장여성에 대한 자녀양육 문제 해결 방안, 원활한 주택공급을 위한 방안, 청년실업을 해소할 수 있는 방안, 중장년 여성들의 일자리 창출문제 해결 방안, 혐오 및 위해시설이 지역에 유치될 수 있도록 하는 방안, 사회복지시설이 지역에 유치될 수 있는 방안, 음주사고를 줄일 수 있는 방안 등 개인, 가정을 비롯하여 집단, 지역사회, 국가 차원에서 다양한 연구문제가 제시될 수 있다.

(3) 개인의 취향과 경험

연구자들이 개인적으로 관심을 가지고 있는 분야나 일상생활에서 또는 직장생활에서 겪은 개인적 경험을 토대로 연구문제를 도출한다. 사회과학은 자신이 직접 경험한 현상에 대한 문제점이나 개선되어야 할 문제라고 생각하는 데서 연구문제의 아이디어를 얻게 된다. 예를 들어, 직장생활에서 일찍 출근한 사람이 승진이 빠르다는 것을 관찰했다면, 출근과 승진 간에 어떠한 관계가 있는지를 연구문제로 정할 수 있다.

4. 연구문제 및 연구질문 선정의 고려사항

좋은 문제의 진술은 연구의 중심이 되는 넓은 영역을 소개하는 것으로부터 시작하여 좀 더 좁은 질문으로 이끌어낸다. 좋은 연구질문이 있으면 해결하기가 쉬울 수 있다. 연구문제를 설정하는 데 있어서 '좋은 연구문제'라고 평가할 수 있는 사항들을 제시하면 다음과 같다(김해동, 1986: 96-104; 남궁근, 1998: 112-113의 내용).[5)]

(1) 다양한 관점의 생성

좋은 연구문제는 이분법을 피하고 대신 다양한 관점을 생성하고 탐색을 지원하는 방식으로 문제를 표현해야 한다. 사회과학에서 좋은 연구문제는 이성적인 사람들로 구성된 다양한 이해관계자로부터 다양한 견해를 생성할 수 있어야 한다.

다양한 관점을 생성하기 위해서는 보다 많은 논의를 이끌 수 있는 질문이 필요하며, 다음과 같은 세부 사항을 고려해야 한다.

① 단답형 대답을 강요해서는 안 된다. 닫힌 질문, 즉 "예" 또는 "아니오"로 대답을 요구하는 질문을 삼가야 한다. 닫힌 질문은 연구에서 풍부한 정보를 제공할 수 없으며, 토론에 충분한 범위를 제공하지 않는다. 예를 들어, "최

5) https://libguides.usc.edu/writingguide/introduction/researchproblem. (Retrieved on February 26, 2020); https://www.scribbr.com/research-process/research-questions/ (Retrieved on February 26, 2020)의 내용을 정리

근 5년 동안 빈집이 증가하였습니까?", "귀하는 지난 선거에서 투표하였습니까?"보다는 "최근 5년 동안 빈집이 증가한 요인은 무엇입니까?", "사람들이 선거에서 투표하지 않는 이유는 무엇입니까?"로 표현한다.

② 쉽게 찾을 수 있는 사실과 수치로 대답할 수 없어야 한다. 단순히 인터넷 검색을 통해 또는 단일 책이나 기사를 읽음으로써 질문에 대답할 수 있다면 굳이 연구할 가치가 없다. 즉 좋은 질문이라고 할 수 없다. 연구질문에 답을 제공하기 위해 원자료(raw data), 2차자료 등 여러 출처의 자료를 종합하고 해석함으로써 보다 많은 논의를 이끄는 데 도움을 주어야 한다.

③ 토론과 숙의의 범위를 제공해야 한다. 질문에 대한 대답은 단순한 사실의 진술에 그쳐서는 안 된다. 연구를 통해 발견한 내용을 토론하고 해석할 수 있는 범위를 제공하는 것이다.

(2) 창의성 및 독창성

연구문제는 기존의 지식체계에 대하여 새로운 쟁점, 다른 관점, 다른 접근방법을 제시하는 연구여야 한다. 따라서 기존의 동일한 연구문제에 대하여 새로운 쟁점, 다른 관점, 다른 접근방법을 통해 살펴보고자 하는 경우에도 연구의 독창성 및 창의성(originality)이 있다고 말할 수 있다. 창의성 및 독창성은 기존 연구와 차별화한다는 뜻이 강하게 포함되어 있다. 예를 들어, 기존 연구가 직무만족과 직무성과에 관한 연구문제를 민간조직을 대상으로 했다면, 연구자가 직무만족과 직무성과에 관한 문제를 행정기관 공무원들에게 적용하여 의미 있는 결과가 나오는지 알아보려고 하는 경우 연구문제에 창의성이 있다고 말할 수 있다.

연구질문이 독창성을 갖기 위해서는 다음과 같은 세부 사항을 고려해야 한다.

① 관련 문제를 해결할 수 있어야 한다. 연구질문은 주제를 기반으로 개발되어야 하며, 기존 지식의 문제나 격차를 해결하는 데 중점을 두어야 한다. 연구질문에 대하여 연구수행의 결과는 질문에 대답할 수 있어야 하고, 그 대답을 적용하면 문제가 해결되어야 한다.

② 주제별 사회적 또는 학술적 토론에 기여하여야 한다. 질문은 현재의 논쟁에

이상적으로 기여할 수 있어야 한다. 이상적이란 해당 연구분야나 사회에서 가장 흥미로운 주제이고 토론의 논거를 제시하는 것이며, 미래의 연구자나 실무자가 보다 새로운 연구설계를 구축할 수 있는 지식을 제공하여야 한다. 연구질문은 연구자 자신에게도 중요해야 하지만, 학문공동체나 실무자 또는 연구결과에 영향을 받을 수 있는 이해관계자와 사회공동체에게도 매력적이고 흥미를 가지면서 중요하다고 여기고 지적 호기심을 자극할 수 있어야 한다.

③ 아직 대답하지 않은 것이어야 한다. 이전에 아무도 생각해 본 적이 없는 획기적인 것을 요구할 필요는 없지만, 질문은 독창성의 측면을 가져야 한다. 예를 들어, 특정 관점에 초점을 맞추거나 오래 지속되는 논쟁에 대하여 새로운 방향을 제시해야 한다.

(3) 검증가능성

연구문제는 변수 간의 관계로 형성되어야 하고, 명백하고 간결한 의문문 형태로 기술되어야 하며 경험적 검증이 가능하도록 작성되어야 한다. 좋은 연구문제는 경험적으로 검증 가능해야 한다. 연구문제가 아무리 독창성이 있다고 하더라도 문제로 제시되는 질문은 실증적으로 검증 가능해야 하며, 검증 결과 최종적으로 참(true) 또는 거짓(false) 여부의 판단이 가능해야 한다. 이를 위해서는 무엇을 검증해야 하는가에 대한 적절한 가설이 도출되어야 하고, 가설의 타당성 여부를 판단할 수 있어야 한다.

(4) 실행가능성

연구는 현실적으로 실행할 수 있어야 한다. 연구를 위한 자료의 획득이나 구체적인 연구설계와 관련된 실행상의 문제로 시간·비용의 제약, 연구대상자의 확보 가능성, 연구에 필요한 시설·기구 등 제반조건의 구비문제도 고려해야 한다.

연구의 실행가능성을 위해서는 다음과 같은 세부 사항을 고려해야 한다.

① 단일 주제와 문제에 초점을 둔다. 연구에 집중하려면 연구질문은 연구문제

와 연계되어야 한다. 질문이 여러 개로 제시하는 경우에도 연구문제의 중심 목표와 범위를 벗어나지 않아야 한다.

② 1차자료 또는 2차자료를 사용하여 대답할 수 있어야 한다. 양적자료 또는 질적자료를 수집하거나 학술자료를 읽음으로써 답을 찾을 수 있어야 한다. 만약 이러한 자료에 접근할 수 없는 경우, 질문을 다시 생각하여야 한다.

③ 주관적 가치판단을 요구하지 않아야 한다. 좋은, 나쁜, 더 나은, 더 나쁜 같은 주관적인 단어는 삼가야 한다. 질문이 무언가를 평가하는 경우 보다 측정 가능한 정의가 있는 용어를 사용한다. 예를 들어, "X 또는 Y가 더 나은 정책입니까?"보다는 "Z 비율을 낮추는 X 및 Y 정책은 얼마나 효과적입니까?"로 표현한다.

④ 구체적인 이유를 묻지 않는다. 사회현상의 일으키는 원인들은 너무 복잡 다양하기 때문에 그 복잡 다양한 문제를 연구에서 발견하기 위해서는 연구의 출발부터 질문을 구체적으로 좁히게 되면 다른 원인들이 대답 속에 포함되지 않을 수 있다. 예를 들어, "X는 왜 발생합니까?"보다는 "X에 기여하는 주요 요인은 무엇입니까?" 또는 "X는 Y의 영향을 어떻게 받습니까?"로 표현한다.

⑤ 실제적인 제약 내에서 응답할 수 있어야 한다. 질문에 대답하는 데 필요한 연구를 수행할 시간과 자원이 충분한지 확인한다. 충분한 자료에 접근하는 데 어려움을 겪고 있다고 생각되면 질문을 보다 구체적으로 좁힌다.

⑥ 구체적이고 명확한 개념을 사용한다. 연구질문에 사용하는 모든 용어는 명확한 의미를 담고 있어야 한다. 모호한 언어와 광범위한 아이디어를 피하고 질문에 무엇을, 누가, 어디서, 언제 해결되는지를 명확히 한다. 예를 들어, "SNS는 사람들에게 어떤 영향을 미치는가?"보다 "SNS의 일상적 사용은 청소년들의 학습에 어떤 영향을 미치는가?"로 표현한다.

⑦ 결정적인 해결책, 정책, 행동과정을 요구하지 않는다. 연구는 지시하는 것이 아니라 알리는 것에 관한 것이다. 연구 및 프로젝트는 실질적인 문제에 초점을 맞추고 있더라도 특정 솔루션을 요구하기보다는 이해를 개선하고 가능성을 제안하는 것이 목표이다. 예를 들어, "정부가 선거에서 투표율을 높

이는 방법은 무엇입니까?" 보다는 "30세 미만 젊은 유권자들의 투표율을 제고하기 위한 가장 효과적인 방안은 무엇입니까?"로 표현한다.

(5) 이론적 의의와 탐구력

연구문제를 통하여 관련된 사회현상을 이해하고 설명할 수 있어야 하며, 미래 예측을 위한 지식을 축적할 수 있을 때 이론적 의미가 있다. 이론에 근거하지 않는 연구문제는 모래 위에 건물을 짓는 것과 같다. 또한 독창적(창의적)인 연구에는 아무런 문제가 없지만, 어떤 식으로든 사용할 수 있는 학문적 자원으로 지원할 수 있는 문제여야 한다.

(6) 연구문제의 구조화

연구문제는 보다 구체적이고 명확하게 구조화되어야 한다. 연구문제가 구체적이고 명확하지 않으면 연구의 관찰가능성은 낮아지고 문제의 해결가능성 또한 낮아진다. 따라서 문제가 명확히 구조화되어 관찰가능성이 높아지면 해결가능성도 높아지게 된다. 특히, 연구문제가 추상적이고 너무 광범위하면 실행가능성과 해결가능성도 낮아지게 된다.

(7) 용어의 명확화

연구문제에 포함된 용어의 정의가 명확히 규정되어 있지 않을 경우 모호성을 증대시켜 문제의 해결가능성을 저해하게 된다. 따라서 연구에서 사용되는 경험적 용어는 조작적 정의를 통해 명확하고 구체적으로 규정되어야 한다.

(8) 현실적 처방성

연구결과가 현실 세계에서 발생하는 실제 문제의 해결에 얼마나 도움이 되는가를 고려해야 한다. 사회과학은 사회문제를 해결하기 위한 응용학문으로써 처방책을 제시해야 하는 실천성이 강조된다.

(9) 도의적 배려

연구자가 어떤 분야의 문제에 대한 의욕과 관심이 높더라도 윤리적 문제를 고려하지 않을 수 없다. 사람들이 통상적으로 생각하는 윤리나 규범을 벗어나 개인의 사생활 침해가 예상되고, 연구대상자가 정신적 또는 신체적으로 손상을 입을 수 있는 연구문제는 근본적으로 지양되어야 한다. 사회과학의 목적은 바람직한 사회현상을 구현하는 데 있기 때문에 어떤 연구가 바람직하지 못한 사회현상을 가져올 수 있는 것이라면 좋은 연구문제라고 볼 수 없다. 가상적인 예를 들어, 음주정도와 가정폭력 간의 관계를 알아보려고 연구대상자(피실험자)에게 술을 마시게 한 다음 가정폭력이 어떻게 행해지는지 관찰한다면 바람직하지 않은 연구이다.

표 5-3 연구문제 발견 요령

■ **최근 발표된 연구논문들을 개관하면서 쟁점, 모순점, 시사점 등을 검토한다.**
① 연구자들이 제시한 논문 내용의 마지막 부분에 언급한 후속연구에 관한 제안사항을 주의 깊게 읽어 본다.
② 개관하고 있는 논문과 기존의 논문내용의 차이점을 발견하고 차이점의 원인을 생각해 보자.
③ 기존의 설명이나 이론을 새로운 주제나 상황에 확장해서 적용해 보자.
④ 새로운 연구방법, 연구대상, 조건 등에 적용하면 어떻게 될 것인지 생각해 보자.
⑤ 연구에서 제시하고 있는 개념과 개념 간의 관계, 또는 변수와 변수의 관계가 현실적으로 적합한지 생각해 보자.
⑥ 다른 문화, 다른 사회에서 이루어진 연구를 우리의 상황에 적용한다면 어떻게 될 것인지 생각해 보자.

■ **주변 환경 및 사물을 주의 깊게 관찰하며 사고한다.**
① 사물 간의 관계를 유추해 보자.
② 우연히 새로운 사실을 발견했으면 그것을 개념화하고 그 현상이 어느 정도로 일반화될 수 있는지를 궁리해 보자. 또한 이 사실과 관련된 이론이 존재하는지도 검토한다.
③ 사고의 틀을 자유롭게 하고 엉뚱한 듯한 의문이나 생각도 쉽게 포기하지 말고 개선점이나 향상점과 연관시켜 보자.
④ 상호 불일치하는 이론이나 연구결과를 확대시키거나 축소시켜 본다. 기존 범주에 대해 확대 또는 축소되는 간극에서 새로운 문제를 발견할 수 있다.
⑤ 고정관념에서 탈피하고 주변의 가장 가까운 곳에서 의문점이나 아이디어를 찾아보자.

■ **다른 사람들과 아이디어를 교환하며 토론해 보자.**
① 전문가들의 다양한 의견을 들어 보자.
② 논문발표회, 학술대회, 워크숍 등에 참석하여 그곳에서 쟁점이 되는 사항, 활발히 논의되는 문제에 주의를 기울인다.
③ 대중매체나 실생활을 통하여 사람들이 필요로 하는 사항에 민감하라.
④ 자신이 평소 가지고 있는 문제나 아이디어를 다른 사람들에게 설명해 보자.

자료: 이종승(2006: 25-26)

제2절 가설

좋은 연구문제는 경험적으로 검증 가능해야 한다. 연구문제를 검증한다는 것은 연구질문에 대한 답을 제시하는 것이고 가설을 검증한다는 것이다. 가설이 실증적인 검증과정을 통하여 진실로 밝혀지면 그 가설은 연구문제에 따른 연구질문에 대한 대답을 제공해 줄 수 있다. 하지만 가설이 진실이 아닌 것으로 판명되면 그 문제 및 질문에 대한 답을 제공해 줄 수 없다. 가설은 두 변수 간의 관계에 대한 잠정적인 해답을 제시해 주는 것이므로, 이를 경험적으로 검증함으로써 특정 현상에 대한 설명을 가능하게 하고 연구자가 제시한 문제의 해답을 제공해 준다.

1. 가설의 정의

연구문제를 해결하기 위해서는 해답이라고 생각되는 것을 제시하고 경험적으로 그 진위를 확인하는 절차를 거친다. 가설(hypothesis)은 일반적으로 "두 개 이상의 변수 또는 현상 간의 관계를 검증가능한 형태로 서술한 잠정적 진술문, 즉 잠정적 해결방안"이라고 정의할 수 있고(Neuman & Wiegand, 2000: 105), 연구문제에 따른 연구질문의 의문문을 서술문의 진술 형태로 바꾸어 놓은 것이다.

여기에서 관계를 검증한다는 것은 원인변수(독립변수)와 결과변수(종속변수)의 관계를 검증한다는 의미이며, 독립변수와 종속변수 간에 정(+)의 관계인지 부(−)의 관계인지 더 나아가 독립변수가 종속변수에 어느 정도 영향을 미치는지를 살펴본다는 것이다. 예를 들어, 직장에서 '사회적 자본은 직무만족에 영향을 미칠까?'라는 연구문제를 가설로 바꾸어 보면 '사회적 자본은 직무만족에 영향을 미칠 것이다'로 진술할 수 있다.

2. 가설의 문장구조와 종류

1) 가설의 문장구조

가설은 두 변수 간에 일어날 수 있는 현상을 조건문 형태로 나타낸 것이다. 일반적으로 가설의 문장은 「만약 ~할수록 ~할 것이다」와 같은 가정적 형태와 「만약 ~하면 ~하다」와 같은 단정적 형태로 진술된다. 가정적 형태는 독립변수가 증가(또는 감소)할수록 종속변수가 증가(또는 감소)하리라고 예견하는 것으로, "사회적 자본이 증가할수록 직무만족이 높을 것이다", "학교생활에 만족할수록 학습성과는 높을 것이다", "교수법에 따라 학생의 학습성과에 차이가 있을 것이다", "지방자치단체장의 리더십 스타일(또는 정치성향)은 행정서비스 품질에 영향을 미칠 것이다" 등의 표현이 해당된다. 단정적 형태는 선행조건이 진실(또는 거짓)이면 결과조건도 진실(또는 거짓)이라고 판단하는 것으로, "돈만 있으면 행복하다", "열심히 공부하면 성적은 향상된다", "인터넷에 중독되면 대인관계가 약화된다" 등의 표현이 해당된다.

가설의 표현

- 가정적 형태 「만약 ~하면(할수록) ~할 것이다.」
- 단정적 형태 「만약 ~는(은) ~하다.」

2) 가설의 종류

(1) 설명적 가설과 식별가설

설명적 가설(explanatory hypothesis)은 인과관계를 규명하기 위한 가설로, 왜(why)라는 물음에 대답할 수 있도록 두 변수 간에 실제로 일어날 수 있는 관계를 나타내는 문장형식이다. '만일 ~하면 ~할 것이다' 또는 '~할수록 ~하다' 등의 문장형식으로 앞의 '~하면' 또는 '~할수록'만 주어지면 그 결과를 예측할 수 있다는 것이다. 예를 들어, "가정폭력을 경험한 청소년일수록 비행률이 높을 것이다", "프로그램의 참여는 자아존중감을 향상시킬 것이다", "직무에 대한 동기가 높을수록 직업에 대한 만족도가 높을 것이다", "개인의 승진가능성이 높을수록 직업에 대한 만족도가 높을 것이다", "일에 대한 성취도가 높을수록 직업에 대한 만족도가 높을 것이다" 등과 같은 표현이 해당된다.

식별가설(identification hypothesis) 또는 기술가설(descriptive hypothesis)은 현상의 정확한 기술 및 사실을 밝히는 무엇(what)에 대한 해답을 구하는 문장형식으로서, 그 기능이 어떠한 것이든 간에 사실을 밝혀내는 연구에 쓰이는 가설이다. 식별가설은 그것이 무엇이냐(what)에 대한 잠정적 해답으로 '무엇은 ~이다(what is)'라는 표현으로 나타낸다. 식별가설은 어떤 사실의 묘사, 즉 문제에 대한 해답이 나와 있고 조사자는 여러 대답 가운데 그 문제가 어디에 해당되는지를 식별하고 선택하는 가설이다. 예를 들어, 환자에 대한 의사의 진찰활동에서, 의사는 환자의 질병위치, 질병정도, 불편과 이상한 점을 발견하여 암(cancer, 癌)이 아닌가를 짐작(잠정적 해답: 식별가설)하고 정밀의료기기를 통해 암인지 아닌지 사실 여부를 판단한다. 일반적으로 식별가설은 자연과학 분야에서 많이 이용된다. 또 다른 예를 들면, 감기 증상으로 병원을 방문한 사람에 대하여 의사는 기존의 일반적인 감기증상과 달리 이상한 점을 발견한 경우 신종 바이러스감염증(코로나19)에 의심을 가지고 진단키트(질병이나 바이러스 따위의 감염 여부를 진단하는 도구)를 통해 정밀검사를 실시한 후 감염확진 여부를 판단하는 활동이다.

(2) 연구가설과 영가설

경험적 연구의 진행과정에서 가설을 검증하기 위하여 연구가설(research hypothesis)과 영가설(null hypothesis)로 구분한다. 연구가설이란 연구문제에 대한 잠정적인 대답으로서 연구자가 제시한 가설이며 작업가설(working hypothesis) 또는 대립가설(alternative hypothesis)이라고도 부른다(표현: H1). 즉 연구자가 연구문제의 해답이 입증될 때까지 제시한 잠정적인 해답이다.

반면에 영가설은 수집된 자료에서 나타난 차이나 관계가 진정한 것이 아니라, 우연의 법칙(laws of chance)으로 생긴 것으로 진술한다. 영가설을 귀무가설로도 부른다(표현: H0). 영가설은 변수들 간에 관계가 없다거나 혹은 집단들 간에 차이가 없다는 식으로 서술한다. 영가설이 필요한 이유는 양적연구에서 전수조사가 아니라 표본조사에 의존할 때 표본추출오차(sampling error)가 발생할 수 있기 때문이다.

- **연구가설; 작업가설; 대립가설**
  - 공무원의 직무만족도는 성별에 따라 차이가 있다.
  - 변수 A는 변수 B에 영향을 미친다.

- **영가설; 귀무가설**
  - 공무원의 직무만족도는 성별에 따라 차이가 없다.
  - 변수 A는 변수 B에 영향을 미치지 않는다.

다음은 연구문제에서 제시되었던 의문문 형식의 연구질문을 가설로 전환하면 다음과 같다.

표 5-4 연구질문과 가설 예시

연구질문	가설
변수 X와 변수 Y는 관련이 있을까?	변수 X와 변수 Y는 관련이 있다.
변수 X는 Z의 조건하에서 Y와 어떤 관계가 있을까?	변수 X는 Z의 조건하에서 Y와 관계가 있다.
부동산 취득세 인상이 주택시장을 안정시킬 수 있을까?	부동산 취득세 인상은 주택시장 안정화에 영향을 미칠 것이다.
지역축제가 지역경제 활성화에 영향을 미치는가?	지역축제는 지역경제 활성화에 영향을 미칠 것이다.
지역에서 대학은 지역발전에 영향을 미칠까?	지역에서 대학은 지역발전에 영향을 미칠 것이다.
교육프로그램의 품질이 청년실업 해소에 영향을 미칠까?	교육프로그램 품질은 청년실업 해소에 영향을 미칠 것이다.
출산장려금이 출산의도에 영향을 미칠까?	출산장려금은 출산의도에 영형을 미칠 것이다.
출산장려금과 출산의도는 관계가 있을까?	출산장려금과 출산의도는 긍정적 관계이다.
교육수준과 부모부양은 관계가 있을까?	교육수준과 부모부양감은 관계가 있다.

연구질문	가설
자녀들은 세금공제 때문에 부모를 부양하려 할까?	자녀의 세금공제는 부모부양에 영향을 미칠 것이다.
국가장학금이 학업성과에 영향을 미칠까?	국가장학금은 학업성과에 영향을 미칠 것이다.

자료: Henn et al.(2009: 17)

3. 가설의 성립조건

전술한 설명적 가설을 인과가설(causal hypotheses)이라고 하는데, 인과가설이 성립하기 위해서는 다음과 같은 조건을 갖추어야 한다(Neuman & Wiegand, 2000: 105).

첫째, 가설이 채택되면 문제를 해결할 수 있어야 한다. 가설이 참(채택)이라고 밝혀지면 문제가 해결되어야 한다.

둘째, 가설의 1개 문장구조는 최소한 2개 이상의 변수를 가져야 한다. 가설은 변수 및 현상 간의 관계로 구성되며, 관계를 이루는 변수 및 현상은 최소한 2개여야 한다.

셋째, 변수 간의 관계가 인과적이어야 한다. 가설의 문장구조는 변수 간의 관계로 설정되며, 가설을 구성하는 2개의 변수는 인과관계(causal-effect relationship)로 표현되어야 한다.

넷째, 가설은 미래 결과를 예측할 수 있어야 한다. 가설의 표현은 예측 또는 기대하는 미래결과로써 표현될 수 있어야 한다. 가설은 조건문 형식으로 선행조건만 주어지면 결과조건이 달성된다는 것으로 미래를 예측하는 표현이어야 한다.

다섯째, 가설은 연구문제 및 이론과 논리적으로 연관되어야 한다. 가설은 이론에서부터 출발하고 이론과 쟁점 및 이슈를 통해 연구문제가 형성되기 때문에, 연구문제와 별개의 가설은 있을 수 없다.

여섯째, 가설은 변수 간의 관계가 경험적으로 검증될 수 있는 것이어야 한다. 가설에 포함되어 있는 변수 간의 관계를 검증하기 위해서는 변수를 조작적으로 정의(측정가능한 지표로 전환)할 수 있어야 하며, 측정지표를 통해 직접 관찰하거나 측정할 수 있어야 한다. 또한 경험적 검증을 통해 진실과 거짓을 보여 줄 수 있어야 한다.

4. 가설의 평가기준

가설이 설정되면 그 가설이 적절한지 여부를 평가해 볼 필요가 있다. 설정된 가설이 연구문제 및 이론과 관련성이 있는지 또 검증가능한지를 살펴볼 필요가 있다. 물론 좋은 가설을 설정하기 위해서는 관련 문헌의 고찰과 전문가의 협조를 구하는 것이 가장 좋은 방안이나, 일반적으로 다음과 같은 사항을 고려하여 가설의 적절성을 평가해야 한다.

가설의 평가기준

- 실제 자료를 통하여 진위가 입증될 수 있어야 한다. (경험적 입증가능성)
- 동일분야의 다른 이론과 연관성이 있어야 한다. (이론과의 연관성)
- 간단명료하게 표현되어야 한다. (명료성)
- 논리적으로 간결하여야 한다. (간결성)
- 가설에 포함된 변수의 계량화가 가능해야 한다. (계량화/수량화)
- 검증결과를 광범위하게 이용할 수 있어야 한다. (일반화)
- 동의어가 반복적이지 않아야 한다. (한정성)

또한 가설 설정 시 주의해야 할 사항은 다음과 같다(이관우, 1986: 65).

첫째, 너무 일반화되거나 특수화되어서는 곤란하다. 지나치게 일반적이면 검증이 곤란하고, 너무 특수하면 검증은 쉬우나 내용이 사소하여 이론적 의미가 떨어진다. 예를 들어, "지식 정도가 높은 사람은 사회에의 적응도가 높다"라는 가설의 경우 너무 일반적이어서 검증이 곤란하고, "박사학위를 가진 홍길동은 기숙사 생활에 쉽게 적응한다"라는 가설의 경우 너무 특수하여 가설로서 의미가 없다.

둘째, 가급적 가치중립적인 표현을 사용해야 한다. 가설표현은 "～해야 한다. 옳다. 나쁘다. 그르다" 등의 용어사용을 피해야 한다. 예를 들어, "A자치단체보다 B자치단체에서 제공하는 행정서비스 만족도가 높을 것이다"라는 가설은 연구자의 선입견이 내재된 표현이다.

이상과 같이 가설은 일반성과 특수성에 있어서 적절한 조화를 이루어야 한다.

생각해 볼 문제

1. 연구문제와 가설의 관계를 설명하시오.
2. 좋은 가설의 조건을 설명하시오.
3. 좋은 연구문제가 갖추어야 할 조건을 설명하시오.
4. 기존이론의 쟁점이나 지식체계의 미비에서 이끌어 낼 수 있는 임의의 연구문제를 제시하고, 그 이유를 설명하시오.
5. 사회적 요청에서 이끌어 낼 수 있는 임의의 연구문제를 제시하고, 그 이유를 설명하시오
6. 개인의 취향과 경험으로부터 이끌어 낼 수 있는 임의의 연구문제를 제시하고, 그 이유를 설명하시오.

제6장

이론과 문헌고찰

이 장의 개요

사회과학 연구는 독창성과 처방성이 요구된다. 독창성은 기존 연구와의 차별성을 의미하며, 처방성은 현실 문제 해결에 도움을 줄 수 있어야 한다는 의미이다. 연구가 기존 연구와 차별성을 갖기 위해서는 기존 연구의 논리적 및 설명적 틀이라고 할 수 있는 이론과 선행연구의 결과를 검토하고 평가하는 작업이 선행되어야 한다. 또한 처방성의 관점에서 보면, 기존의 이론과 선행연구가 직면하고 있는 문제의 현상을 설명하는 데 적확하지 않거나 타당성이 떨어지기 때문에 현실 처방성이 요구된다는 것이다. 기존의 이론과 선행연구가 어떤 국면에서 어떤 격차를 보이는지를 알아야만 독창성과 처방성을 갖춘 연구를 수행하게 되는데, 이를 위한 방법이 이론 및 문헌검토이다. 이 장에서는 선행연구를 중심으로 이론 및 문헌을 검토하는 방법을 살펴본다.

제1절 이론

1. 이론의 의의

1) 이론의 중요성

사회현상에서 문제라고 생각하는 대상을 연구방법으로 알기 위해서는 '현재까지 알고 있는 것'을 무시할 수 없다. 우리가 무엇을 알고 싶어 한다는 것은 현재까지 알고 있는 것이 현실에 잘 맞지 않아 새로운 개선방법이 필요하며, 그것에 관한 지식을 얻고자 함이다. 그렇다면 기존의 지식이 무엇 때문에 현실을 잘 설명해 주지 못하였는가를 이해하기 위해서는 기존 지식의 보편적 원천이라고 하는 이론을 탐구해 보아야 한다.

연구결과가 현실개선에 기여하고 바람직한 인간행동을 위한 방향과 지침이 되기 위해서는, 연구의 전반적인 틀이 적절한지를 평가할 수 있는 근거(이론)가 뒷받침되어야 한다. 연구의 절차와 방법은 기존 이론의 타당성을 검증하고 새로운 이론을 개발하고 형성하는 절차인 것이다(Dubin, 1978; 남궁근, 1998: 118에서 재인용).

이론탐구는 연구주제의 결정 및 연구문제의 선정에서뿐만 아니라 가설설정과 변수의 조작화 등 연구설계(조사설계)의 전 과정을 통해 연구의 기반이 되는 뿌리이다. 뿌리를 보호해 주고 자양분을 주는 것은 토양이다. 토양이 오염되어 자양분이 원활하게 공급되지 못하면 뿌리가 썩어 결국 나무 전체가 말라죽게 되는 것처럼 연구에서도 이론적 기반이 튼튼하지 못하면 연구수행은 원활하게 진행되지 못하고 연구결과의 설명력이나 일반화(확대 적용가능성)도 낮아지기 마련이다. 때문에 연구에서 이론의 중요성이 강조된다.

2) 이론의 정의

이론(theory)이란 명확한 정의를 내리기가 곤란하나 일반적으로 '상호 관련된 개념들의 연결관계 또는 규칙성을 나타내는 일반적 진술'로 정의되기도 하고(박용치 외, 2008: 131), '사실(facts)이나 현상(phenomena)을 설명하기 위해 고안된 일련의 진술이나 원칙'을 의미한다. 이론은 사실이나 현상을 설명하는 근거로 제시되기 때문에 설명의 보편적 타당성이 있어야 하고, 보편적 타당성을 확보하기 위해서는 일련의 법칙성과 규칙성을 기반으로 확립되어야 한다. 특히 과학적 이론(scientific theory)은 객관적이고 경험적인 사실에 입각하여 사실에 대한 주의 깊고 합리적 조사에 기반을 두어야 한다. 즉, '사실 간의 관계를 유의미적으로 관련지은 것 또는 사실과 사실의 관계에 논리적 연관성을 부여하여 그 타당성을 경험적으로 입증한 것'을 의미한다.

이상과 같이 이론의 정의에 있어 약간의 의미 차가 있어 보이나 사회과학의 입장에서 보면, 이론은 현실세계에서 경험적으로 입증된 결과로서 제시되는 것이기 때문에 현실세계와 동떨어져서 생각할 수 없다. 그러므로 이론은 '경험적으로 적용할 수 있어야 하고 어느 정도 법칙적인 일반성을 가져야 하며, 그 구조가 체계적으로 상호 연결된 일련의 진술 또는 명제'이어야 한다. 여기에서 명제(proposition)란 둘 이상의 '개념들의 관계에 대하여 경험적 근거가 확인되고 그 내용이 참 또는 거짓을 명확하게 판별할 수 있는 진술'이라고 할 수 있다(Galtung, 1967: 453; 이관우, 1986: 417). 따라서 명제는 두 개 이상의 개념을 포함하는 것으로 개념 간의 관계에 의하여 실세계를 나타낼 수 있어야 한다. 명제에 관한 가장 일반적인 예는 다음과 같다.

명제 1: A이면 B이다.
명제 2: B이면 C이다. 따라서
명제 3: A이면 C이다.

3) 이론에 대한 오해

사회과학 연구의 목적 중 하나는 현실 세계를 잘 설명해 줄 수 있는 이론의 발전에 있다는 데는 모두 동의하고 있다. 하지만 이론의 의미에 대해서는 일반적인 오해를 갖고 있는 경우도 있다.

(1) 이론과 실제는 다르다는 인식

우리는 흔히 학자는 이론을 탐구하는 사람, 실무자는 현실의 문제를 해결하는 사람으로 인식하고 있다. 그러면서 이론은 학자들의 고유 영역인 데 반하여 실제로 실천하는 것은 현장 실무자의 몫이라고 생각한다. 이런 생각은 근본적으로 이론과 실제를 별개의 것으로 인식하는 데에서 비롯된다. 이론은 현실 세계의 경험적 증명을 통해 일반화된 것으로 현실세계와 별개의 것으로 생각할 수 없다.

그러나 많은 사람이 흔히 "이론은 맞을지 모르나 실제는 다르다"라고 표현하는데, 이런 표현은 이론의 진정한 의미가 무엇인지를 모르고 하는 말이거나 현재 읽히고 있는 이론이 현실에 맞지 않는다는 말이다. 좋은 이론은 실제에 잘 맞아야 한다. 좋은 이론이란 시공을 초월해서 이론이 개발될 당시 상황과 같다면 적용될 수 있고 설명될 수 있어야 한다. 반대로 실제에 맞지 않은 이론은 좋지 않은 이론이다. 더 나아가 실제에 맞지 않은 이론은 이론으로 개발되었더라도 그 개발 과정이 과학적 검증을 거치지 않았거나 연구설계가 잘못되었다는 것을 반증하는 것이나 다름없다. 사회과학은 응용학문으로서 실제 사회문제를 해결하는 데 기여할 수 있어야 하기 때문에, 실제에 적합하지 않은 이론은 좋지 않은 이론이다.

(2) 이론과 철학의 혼동

철학이란 우리가 세상을 살아감에 있어 가장 중요하다고 생각되는 것을 탐구하는 학문이다. 세상을 살아감에 있어 가장 중요하다고 생각되는 것은 대개의 경우 인생관이나 세계관이다. 따라서 철학이란 인생관·세계관을 탐구하는 학문인 셈이다. 그러나 철학이 바로 이론이 되는 것은 아니다. 이론은 과학적으로 검증을 거친 것이지만 철학은 이론 이전의 단계이다.

2. 이론의 역할

사회과학 연구에서 이론의 역할은 다음과 같다(김해동, 1986: 65; 이관우, 1986: 409-412).

첫째, 연구의 주요 방향을 결정하는 토대가 된다. 연구자는 기존의 이론체계를 배경으로 하여 어떤 주제나 문제에 대해 연구함으로써 그 결과를 예측할 수 있는 연구의 방향을 결정할 수 있다.

둘째, 현상을 개념화하고 분류하도록 한다. 이론은 개념 관계를 제시함으로써 연구대상에 필요한 사실의 재개념을 쉽게 설명해 주며, 현상을 적절히 분류하고 체계화하여 상호 연관 짓게 하는 데 기초를 제공한다. 예를 들어, 연구대상을 성별·연령별·교육수준별·경제수준별 등 무엇으로 분류할 것인가의 문제는 기존 이론체계에 따라 결정하게 된다.

셋째, 사실을 예측하고 설명해 준다. 이론은 사실과 사실의 관계를 논리적으로 설명해 주기 때문에, 이론을 탐구하게 되면 탐구된 이론을 통해 새로운 사실을 예측할 수 있다. 예를 들어, 자녀부양부담이 저출산율을 설명하는 이론이라고 한다면 자녀부양부담이 계속되는 한 저출산율은 지속될 것이라고 예측할 수 있을 것이다.

넷째, 지식을 확장시킨다. 이론은 새로운 가설을 제시하고 그것을 과학적 검증도구로 관찰하여 일반화된 것이다. 따라서 새로운 가설이 채택되어 이론으로 성립되었다는 것은 지식의 확장을 의미한다. 즉 이론의 구성 당시에는 알려지지 않았던 현상을 예측·설명할 수 있게 하여 지식과 이해의 폭을 넓혀 준다. 예를 들어, '정부가 시장경제에 깊게 개입하면 장기적으로 시장경제에 부정적인 영향을 미친다'라는 이론이 있다고 하면, 이를 근거로 '도산위기에 있는 회사를 정부가 개입하여 살려주었다면, 장기적으로 주가지수에 악영향을 미칠 것이다'라는 연구가설을 도출할 수 있게 된다(이군희, 2001: 6).

다섯째, 지식의 결함을 지적해 준다. 이론은 기존의 사실을 요약하여 일반화한 것이므로 우리가 잘못 알고 있는 지식을 조사·검증하여 올바르게 이해할 수 있도록 한다. 연구문제의 원천 중 하나가 기존 지식체계의 결함 또는 쟁점에서 출발한다. 연구자가 현실 개선을 위해 제시하는 연구문제나 가설은 기존에 사실과 사실이 논리적으로 연관되어 있다고 설명하는 지식체계가 미흡하거나 잘못 연결되어 있다는 판단과 의문점에서 출발하는데, 그러한 판단과 의문점을 갖게 도와주는 것이 이론의 역할이다.

3. 이론의 형성과정

사회과학은 실제적 관점에서는 응용학문으로서 문제를 처방하는 답을 제시하는 데 목적을 두고 있지만, 학술적 관점에서는 새로운 사회현상을 설명하기 위한 이론을 개발하고 지식을 생성하는 것에도 관심을 둔다. 사회과학 연구가 과학적 연구조사방법론에 입각하여 새로운 특정 사회현상을 설명하기 위해 수행된 후, 연구결과가 일반화 가능성이 높은 경우 이 연구 성과(주장)를 하나의 이론으로 확립하게 된다. 따라서 "이론을 개발한다", "이론으로 확립한다", "이론을 형성한다" 등의 표현은 '과학적 연구조사방법론'에 따라 연구를 수행하고 그 결과가 동일하거나 유사한 사회현상을 잘 설명해 줄 수 있는 이론으로 확립되었다는 것을 의미한다.

이론 형성은 연역적 접근과 귀납적 접근의 순환적 관계를 통해 이루어진다. 먼저 제안된 법칙 또는 일반적 진술을 바탕으로 연역적 추론을 통해 특정 사례에서 관찰(측정)되는 것에 관한 진술들이 제시되고, 제시된 진술은 경험적으로 검증되며 검증된 결과를 바탕으로 일반적 진술로 연결된다.

【그림 6-1】 이론의 형성과정

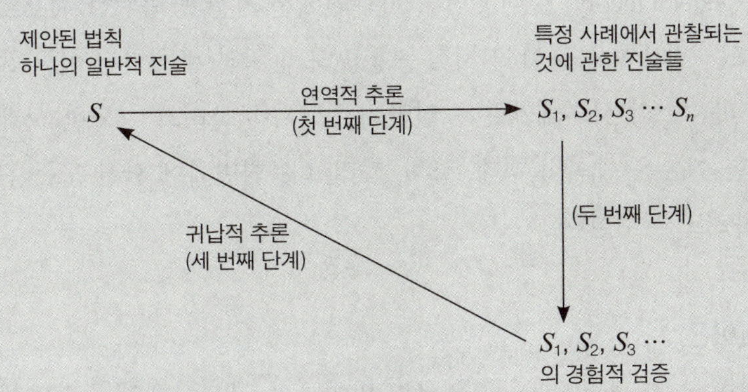

자료: 김승현 외(2003: 128)

4. 이론의 분류

이론의 분류는 이론의 적용범위, 분석수준, 구체화 정도 등에 따라 구분한다(남궁근, 1998: 120-122).

1) 적용범위에 따른 분류

이론은 적용범위에 따라 소범위이론, 일반이론, 중범위이론으로 구분할 수 있다.

(1) 소범위이론

소범위이론(narrow-range theory)은 좁은 범위의 현상에만 적용되는 이론이다. 과학적 연구에서 제시하는 연구가설 또는 작업가설(working hypothesis)이 대표적인 소범위이론에 해당된다. 예를 들어, 행정서비스 제공 행태와 공무원 직급의 관계에 관한 가설을 들 수 있다. 이러한 소범위이론은 다른 이론들과 결합하여 공무원의 서비스 행태와 같은 중범위이론으로 발전할 수 있다.

(2) 일반이론

일반이론(general theory)은 적용범위의 측면에서 가장 광범위한 것으로 하나의 학문분야 또는 전체 학문분야의 지식을 통합하기 위하여 제시된 이론을 말한다. 예를 들면, 파슨스의 사회체계론은 일반이론을 추구하려고 시도한 사례에 해당된다. 이러한 이론은 사회적 행태, 조직, 그리고 사회변화에 관한 모든 관찰된 현상을 설명하려고 시도한다.

(3) 중범위이론

중범위이론(middle-range theory)은 소범위이론과 일반이론의 중간단계의 이론으로서 사회현상의 한정된 측면에만 적용된다. 사회학분야에서 중범위이론은 준거집단이론, 사회적 이동성이론, 역할갈등이론, 사회적 규범의 형성이론 등이 대표적이다.

중범위이론은 다음과 같은 특징을 가지고 있다. 첫째, 중범위이론은 구체적 가설을 논리적으로 도출하고 경험적 연구에 의하여 확증할 수 있는 제한된 수의 가정들로 이루어진다. 둘째, 중범위이론은 사회적 행태와 사회구조의 상이한 영역(differing spheres)을 다룰 수 있다. 따라서 중범위이론은 단순한 진술이나 경험적 일반론을 초월한다. 예를 들어, 사회갈등이론은 종족 및 인종갈등, 계급갈등, 그리고 국제적 갈등에 적용된다. 셋째, 이러한 유형의 이론은 소집단연구에서 찾아볼 수 있는 미시적 사회문제와 사회적 이동성 및 공식조직, 그리고 사회제도들의 상호 의존성에 관한 비교연구에서 찾아볼 수 있다. 넷째, 많은 중범위이론들은 다양한 사회학적 사고의 체계와 조화된다. 다섯째, 중범위이론은 지식획득의 기반을 마련하기 위해서 학습할 필요가 있는 것이 무엇인지를 분명하게 인식할 수 있도록 한다.

2) 분석수준에 따른 분류

이론은 분석수준에 따라 거시수준 이론, 중위수준 이론, 미시수준 이론으로 구분할 수 있다(Neuman, 2000: 49-50).

(1) 거시수준 이론

거시수준 이론(macro-level theory)은 국가, 사회 등 거시수준에서 작용하는 과정에 관한 이론으로, 추상화의 수준이 너무 높기 때문에 구체적인 특정 영역 또는 분야에 관한 경험적 연구에서는 적용가능성이 제약된다. 거시수준 이론은 특정 분야의 정책이 복지국가의 성장, 자본주의 경제에서 국가의 역할, 또는 사회에서 권력의 배분과 같은 사회적 현상의 결과로 대두된다고 보는 입장이다. 예를 들어, 실업과 범죄의 관계를 설명하는 것은 거시수준의 이론에서 접근하고 있다.

(2) 중위수준 이론

중위수준 이론(meso-level theory)은 정부기관, 이익집단 등 집단의 수준에서 작용하는 과정에 관한 이론으로, 특정분야의 정책을 그 결정에 관련된 정부기관의 특성이나 관련 집단들의 상호작용 등 중간단계에서 개입하는 단위들의 영향을 받는 것으로 보는 입장이다. 예를 들면, 특정지역에 거주하는 특정집단의 사람들이 가지고 있는 이념과 지역사회복지 서비스의 연관성을 살펴보는 연구가 이에 해당된다.

(3) 미시수준 이론

미시수준 이론(micro-level theory)은 개개인의 행동에 초점을 맞추는 이론으로 사제지간의 행동, 배심원의 평결, 연인의 데이트 행동, 공무원·정치인·소비행위자 등 개인의 선호와 이해관계를 분석하여 현상을 설명하는 데 적용된다.

3) 구체화 정도에 따른 분류

이론은 구체화 정도에 따라 실질적 이론과 공식적 이론으로 구분할 수 있다 (Layder, 1993: 42-43; Neuman, 2000: 51).

(1) 실질적 이론

실질적 이론(substantive theory)은 사회적 관심사항 중 특수한 영역(specific area)에 적용하기 위해 개발된 이론으로, 공무원의 성취동기이론, 세금납부 의도에 관한 이론이 이에 해당된다.

만약 연구자가 실질적 이론을 검증, 확장하기를 바란다면 동일한 실질적 영역 속에서 연구사례를 검토해야 할 것이다. 따라서 연구과정에서 연구대상과 관련된 몇몇 다른 영역을 비교하는 것이 아니라 연구대상을 포함하고 있는 영역만을 집중 연구해야 한다.

(2) 공식적 이론

공식적 이론(formal theory)은 일반적 이론 중에서 광범위한 개념적 영역(conceptual area)을 위해 개발된 이론이다. 만약 연구자가 공식적 이론을 검증, 확장하기를 바란다면 같은 공식적 영역 속에서 연구사례를 검토해야 한다. 그러나 실제연구에서 실질이론과 공식이론은 상호 연계될 수 있기 때문에, 하나의 이론에만 치우칠 필요는 없다. 이론은 다양한 실질이론과 공식이론의 축적과정이기 때문이다.

5. 이론과 관련된 개념

1) 이론과 사실의 관계

사실(fact)은 인간의 관찰행위에 의해서 형성되는 객관 또는 대상으로, 우리의 감각에 의해 받아들여진 것을 말하며, 감각에 의해 받아들여진 것을 나타나게 하는 것을 현상(現象)이라고 한다. "사람이 걷는다"라는 현상이 경험적으로 입증된 사실이라고 할 때, 이 사실을 구성하는 것은 '사람'이라는 개념과 '걷는다'라는 개념이다. 사실의 역할은 이론을 형성하게 하고, 현존하는 이론을 거부하거나 재정립하게 하며, 이론을 재규정(redefine)하거나 기존이론을 명확하게 한다. 즉 사실은 이론의 증거인 것이다.

사회과학에서 오랫동안 지속된 논쟁은 사실(fact)과 이론(theory)에 관한 것이었다. 먼저 이론과 사실이 별개라는 주장을 보면, 이론은 소프트하고 모호하며 정신적 이미지, 가치 그리고 생각에 속하지만, 사실은 하드하고 확립적이며 관찰할 수 있는 경험 세계에 속한다는 것이다. 특히 경험주의자들은 이론이 환상, 꿈, 상상, 사색, 그리고 미개념(misconception)의 속성을 가지기 때문에 경험적으로 검증되어야 한다고 주장한다.

여기에서 분명한 것은 사실(관찰 또는 측정될 수 있는 대상이나 현상)과 이론(사실 간의 관련성에 대한 설명과 해석)은 밀접한 연관성을 가진다. 사실은 이론을 구성하거나 기존 이론을 확인·재구성하며 새로운 연구를 가능하게 하지만 단순한 한 개의 사실 또는 무질서한 사실의 결합으로는 학문으로 성립하지 못하고, 그것이 이론화되어야 학문에 이른다. 사실은 그것이 가지는 공통성에 의하여 일반화·추상화·분류·정리되어 어떠한 설명 내지 지식체계에 이를 때 이론 또는 학문으로 성립되는 것이다.

2) 이론과 조사의 관계

이론은 관념적·추상적 세계와 관련되며, 조사는 경험적·구체적 세계와 관련된다. 관념적 세계에서 다루는 이론을 경험의 세계에서 일어나는 현상과 연결하거나 경험적 세계에서 일어나는 현상을 관념적 세계의 이론으로 연결하는 과정이

조사이다.

이론과 조사의 관계를 지식의 맥락에서 보면 이론은 암묵지식(tacit knowledge), 조사는 형식지식(explicit knowledge)에 해당된다. 암묵지식은 뇌에 잠재되어 있는 생각이나 아이디어를 말하며, 형식지식은 그런 생각이나 아이디어가 현실세계와 조합하여 경험적으로 검증된 결과이거나 현실세계에 적용되어 도출된 결과물을 의미한다.

【그림 6-2】 이론과 조사의 관계

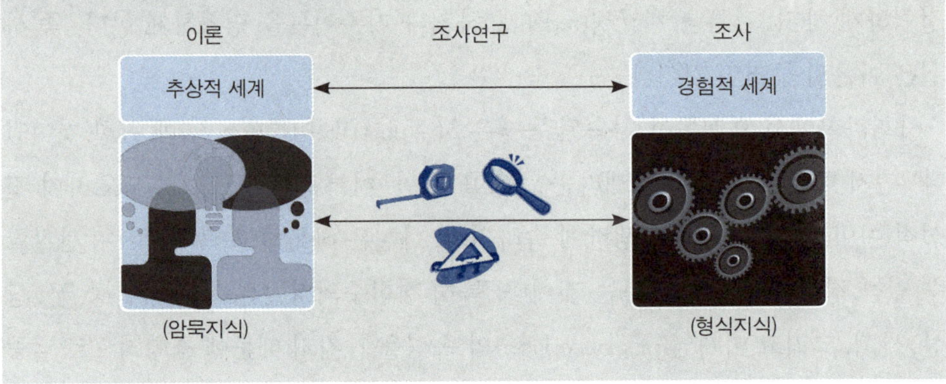

3) 기타 이론과 관련된 개념

(1) 모형

모형(model)이란 어떤 이론이나 현상들을 조합하여 압축한 것으로, 이론이나 현상의 실체에 대한 중요한 특성을 나타내면서 우리에게 그 실체를 질서 있고 간결하게 보여 준다(representation of reality).

이론이나 현상의 속성들을 일일이 나열하고 설명하기란 쉬운 일이 아니다. 사회과학 분야의 연구개발이나 지식생성의 작업은 이론가 및 전문가만의 전유물이 아니라 그것을 일반 세계에 적용하고 그와 관련된 사람들에게 알기 쉽게 설명하고 이해될 수 있도록 하는 데 의의가 있다. 이를 위한 방법 중의 하나는 복잡한 현상을 나열하거나 이론 및 지식을 설명하기보다 간단한 모형을 이해관계자들에게 보여 줌으로써 이해를 도울 수 있다. 좋은 이론과 지식은 복잡한 수식이나 설명을 필요로 하는 것이 아니라 간단하고 쉽게 이해할 수 있어야 한다.

모형은 다음과 같은 속성을 가진다.

① 현실세계의 일부를 간결하게 묘사한다.
② 측면들의 중요관계를 명백히 한다.
③ 관계들에 대한 검증이 가능한 가설을 형성하게 한다.
④ 검증 뒤 실제 상황에 대한 이해를 증진하게 한다.
⑤ 모형은 실물도 있지만 기호(symbol)로 나타내기도 한다.
⑥ 현실세계의 부분적 특성을 가지나 모든 속성을 다 나타내지는 못한다.
⑦ 모형은 실체(reality)의 일부만 갖기 때문에 하나의 실체에 대하여 각각 다른 관점을 갖는 여러 가지 다른 모형이 있을 수 있다.

하지만 연구자가 모형에 지나치게 집착하는 경우 다음과 같은 유의사항도 고려해야 한다(이관우, 1986: 439).

① 지나친 단순화
② 지나친 상징적 기호 사용
③ 현실과 너무 거리가 먼 지나친 형식 강조
④ 특정 상황에 대한 지나친 정밀성 강조

(2) 패러다임

패러다임(paradigm)이란 미국의 과학철학자 Thomas Kuhn이 그의 책 《과학 혁명의 구조(The Structure of Scientific Revolutions, 1962)》에서 제시한 개념으로, 어떤 한 시대 사람들의 견해나 사고를 지배하고 있는 이론적 틀이나 개념의 집합체를 말한다. 연구조사방법론에서 패러다임의 의미는 특정 학문(과학)공동체의 구성원들이 공유하는 세계관, 신념 및 연구과정의 체계로서 개념적, 이론적, 방법론적, 도구적 체계를 지칭한다.

Thomas Kuhn의 '과학적 패러다임'에는 다음과 같은 함의가 담겨 있다.

① 무엇을 관찰하고 조사하여야 하는가?
② 질문들을 어떻게 구조화할 수 있는가?
③ 연구결과를 어떻게 해석하여야 하는가?
④ 주제(대상)와 관련하여 어떻게 질문하고 대답하여야 하는가?

패러다임은 특정 학문(과학)공동체에서 문제선정, 자료평가, 이론개발 등의 지침이 되지만, 패러다임 자체가 직접 경험적 연구의 지침이 될 수는 없다. 이에 반하여 이론은 경험적 연구의 방향과 지침을 제공한다는 점에서 차이가 있다.

(3) 명제

명제(proposition)는 실세계에 대한 거짓과 진실을 판단할 수 있는 하나의 진술을 말하는데, 경험적 근거가 확인된 진술이라고 할 수 있다. 명제는 항상 둘 또는 둘 이상의 개념을 포함하는 것으로 개념 간의 관계에 따라 실세계를 나타낼 수 있어야 한다. 이러한 명제는 옳고 그름을 판단할 수 있게 하며(예: 고래는 포유동물이다) 또한 관찰 가능한 현상에 속한 것이 무엇인지를 알려 줄 수 있어야 한다. 이러한 명제가 몇 개 묶여 있는 것이 이론(theory)이다(김해동, 1996: 62).

【그림 6-3】 개념, 명제, 모델, 이론, 학문의 관계

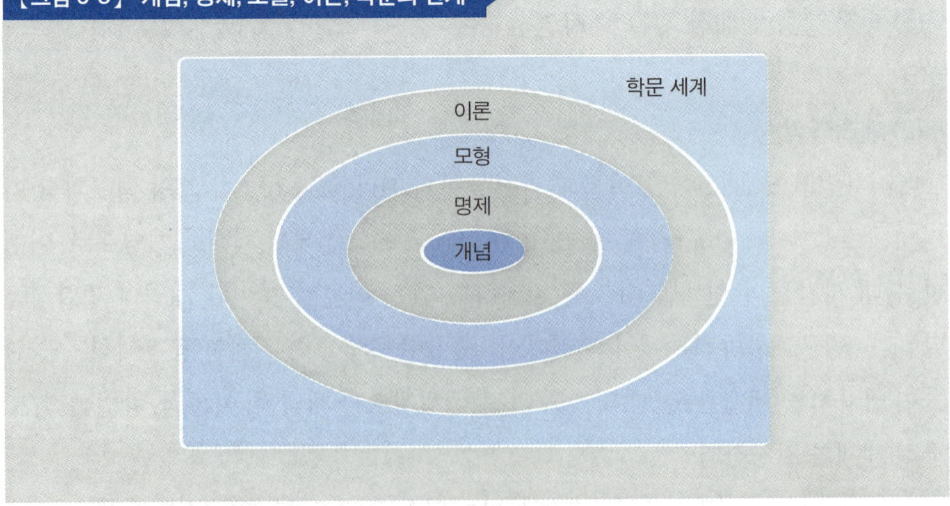

(4) 법칙

법칙(law)은 본래 시간과 공간의 제약을 받지 않고 진실로 인식되는 보편화된 관계 또는 규칙이다(Kaplan, 1964: 91: 이관우, 1986: 417). 따라서 법칙은 모든 사물과 현상의 원인과 결과 사이에 내재하며 보편적·필연적 불변성을 가진다.

제2절 문헌고찰

연구자는 연구주제의 결정 및 연구문제의 선정뿐만 아니라 가설설정과 변수의 조작화 등 연구설계(조사설계)의 전 과정에 관한 이론을 탐구해야 한다. 이론탐구는 문헌을 중심으로 선행연구를 고찰하는 것이다. 이 절에서는 문헌고찰의 의의와 방법에 대해서 살펴본다(Neuman & Wiegand, 2000: 87-98).

1. 문헌고찰의 의의

1) 문헌고찰의 개념

연구의 출발은 물론 문제현상에 대한 정의를 내리고자 하는 경우 가장 먼저 해야 할 작업은 문헌고찰(literature review)이다. 모든 연구에서는 연구설계나 수행에 있어서 초기에 연구주제, 연구질문, 방법론과 관련된 선행연구에 대한 조사가 필요하다. 문헌고찰은 관심 분야와 관련된 선행연구 및 이론에 대한 광범위한 참조로(Ridley, 2008: 2), 수행하고자 하는 연구와 관련된 문헌을 체계적으로 검토하는 것이다.

우리는 어떤 연구문제에 대해서 아무런 사전 검토 없이 새로운 연구를 수행할 수도 있다. 그러나 이러한 상태로 연구를 시작하는 것은 여러 가지 면에서 위험을 감수해야 할지 모른다. 먼저 이미 그 연구분야에서 많은 연구가 진행되었고, 구체적으로 연구자가 연구하고자 하는 연구문제에 대해서 답이나 해결책이 나와 있다면, 그러한 사실을 모르고 연구를 진행하는 것은 시간적, 인적, 물적 낭비가 될 수 있다. 따라서 그 분야에 어떤 연구가 진행되었고, 어떤 답이나 해결책이 제시되었는지 먼저 살펴보는 것은 실수를 줄이는 방안이 될 수 있다.

연구자는 연구질문에 대한 해답을 찾고자 연구를 수행하게 되는데, 문헌연구를 통해 관련 문헌을 찾고 정리하여 나름대로 결론을 도출해 보면 연구자가 제시한 연구질문에 대한 잠정적인 답이나 방향 또는 지침을 얻을 수 있다. 예를 들어, 학위논문(박사나 석사학위 논문)의 연구체계에서 "이론적 논의(또는 고찰)"라는 소제목을 볼 수 있다. 이것은 바로 문헌연구의 접근법으로 수행하였다는 의미이다. 수행하고자 하는 연구분야와 관련된 문헌들로 어떤 것들이 있는지, 다루고 있는 주제와 대상, 접근방법, 결과, 쟁점, 한계를 비교 검토함으로써 연구자는 자신이 수행하고자 하는 논문의 독창성 및 차별성을 위한 정보를 얻게 된다.

문헌고찰 또는 문헌검토는 연구의 전반적인 설계와 실행의 틀을 축적된 이론과 지식에 토대를 두고자 그 근거를 검토하는 것이다.[1] 사회과학 분야의 연구는 선행연구의 성과물을 무시하고 혼자만의 외길을 걷는 은둔자와 같이 격리된 활동이 아니다. 사회과학 연구는 연구성과물을 서로 공유하며 지식을 추구하는 많은 연구자 간의 협동적 노력의 산물이다. 비록 어떤 연구가 특별히 중요할 수도 있고 개인에게는 훌륭한 것일 수도 있으나, 특별한 연구프로젝트는 지식을 창출하는 전체 과정의 일부분에 해당된다. 현재 추진하려는 연구는 과거의 연구성과를 기반으로 구축하는 것이며, 미래의 연구방향을 제안하기도 한다. 과거의 연구성과를 기반으로 현재 연구를 설계하고 방향을 설정하여야 하므로 과거 선행연구의 성과를 살펴보아야 한다. 선행연구의 성과는 문헌으로 수록되어 있기 때문에 선행연구의 검토는 곧 문헌검토를 의미한다.

문헌고찰은 연구자, 학자, 실무자들이 생산한 기록 결과물의 실체를 확인, 평가, 해석하는 접근방법이다. 여기서 말하는 문헌(literature)은 어떤 특정분야에서 전문가들이나 연구자들이 주로 발표한 여러 가지 형태의 글을 가리킨다. 흔히 참고문헌에는 연구보고서, 학술지의 논문, 학술대회 발표 자료, 책, 신문, 어느 기관

1) 문헌을 체계적으로 검토하는 데에는 문헌고찰(literature review), 연구고찰(research review), 체계적 고찰(systematic review), 연구통합(research synthesis), 그리고 메타분석(meta-analysis) 등의 다양한 용어들이 상호 교호적으로 사용되고 있다. 이 책에서는 문헌고찰, 문헌검토, 문헌연구, 선행연구 고찰(검토) 등은 같은 의미로 사용한다.

의 팸플릿 등 다양한 기록이 포함될 수 있다. 나름대로 엄격한 기준을 가지고 신뢰성을 갖추고 있다고 판단되는 연구에 필요한 자료들을 문헌이라고 부른다. 문헌고찰은 어떤 특정분야에서 그동안 이루어진 연구들을 모아서(collect), 분류 정리하고(classify), 비판적(critically)으로 평가하고(evaluate), 종합함으로써(synthesize) 알고자 했던 그 분야에 어떤 잠정적인 결론(temporary conclusions)을 도출하는 일련의 체계적인 지적 과정이라고 할 수 있다. 문헌고찰의 과정에서 비판적 글 읽기와 요약하기 그리고 종합하고 평가하는 연구자의 능력이 요구된다.

2) 문헌고찰의 목적

문헌고찰은 (a) 다른 사람이 수행한 결과물이나 말한 것을 통합하려는 경우나 (b) 선행연구 결과를 비평하기 위하여, (c) 관련된 주제 간의 연계를 구축하기 위하여, (d) 연구분야의 핵심 이슈를 확인하기 위하여 수행한다. 연구자가 문헌을 고찰하는 것은 다음과 같은 목적을 가지기 때문이다.

첫째, 지식의 실체(body)에 다가가서 신빙성을 확립하기 위해서이다. 문헌고찰을 통해 어떤 영역에서 연구가 있었는지 또 주요 이슈는 무엇인지 알게 된다. 좋은 문헌고찰은 선행연구자들의 전문 연구역량, 능력, 그리고 배경을 통해 연구자들에게 확신을 갖게 해 준다. 연구자가 연구분야에 대한 확실한 지식을 가지고 있는 경우도 있지만 그렇지 않은 경우도 있다. 후자의 경우에 연구자는 연구에 필요한 지식을 어떻게, 어디서 얻고, 어느 정도나 가지고 있어야 하는지 알아야 그 연구를 진행할 수 있다. 이런 경우에 선행연구의 검토를 통해 연구자가 수행하고자 하는 연구분야에 자신감을 얻게 된다.

둘째, 선행연구의 경향을 알고, 현재 수행하고자 하는 연구 및 프로젝트가 선행연구의 경향과 어떻게 연계되는가를 알게 하기 위해서이다. 문헌고찰은 질문 및 의문에 대한 연구의 윤곽을 잡게 하는 등 지식발전의 원천으로서 제공된다. 좋은 문헌고찰은 수행하고자 하는 연구프로젝트를 상황에 맞게 하며 지식의 실체와 연계시킴으로써 연구프로젝트의 관련성(relevance)을 설명해 준다.

셋째, 연구영역에서 알려진 지식을 통합하고 요약하기 위해서이다. 문헌고찰은 다른 결과들을 묶어 주고 종합화하게 한다. 좋은 문헌고찰은 수행하고자 하는 연구프로젝트가 선행연구와 어느 부분이 일치하고 일치하지 않는지, 그리고 어느 부분에서 주요 이슈가 있는지를 알게 한다. 선행연구는 그런 부분들이 시의적절하며 미래 연구에 도움을 줄 수 있다는 실마리를 제공한다.

넷째, 선행연구로부터 배우고 새로운 아이디어를 자극하기 위해서이다. 연구자는 선행연구자들의 노력과 결과물을 통해 연구를 쉽게 수행할 수 있는 정보와 새로운 아이디어를 얻을 수 있는 자극을 받게 된다. 좋은 문헌고찰은 체계성이 없고 맹목적인 연구프레임워크를 지적하고 확인하며 가설을 제시해 준다. 따라서 선행연구의 고찰은 연구자에게 발전적 가설과 새로운 관점을 얻도록 연구절차(procedures), 기법(techniques), 연구설계(research designs)를 안내해 준다.

문헌고찰의 목적을 정리하면 다음과 같다(Piantanida & Garman, 1999; Ridley, 2008: 16-17).

① 연구를 위한 역사적 배경을 제공한다. 문헌연구는 연구문제, 주요 이슈, 주제, 또는 문제와 관련된 구조에 대한 역사적 전개를 추적할 수 있다.
② 연구분야에서 제기되고 있는 현재의 논쟁, 이슈, 의문 등을 파악함으로써 현재 연구분야의 상황을 개략적으로 파악할 수 있다.
③ 연구에서 어떤 용어를 사용하여야 하는지를 분명하게 한다.
④ 관련된 연구를 파악할 수 있고, 수행하고자 하는 연구를 어떻게 확장하며, 어떤 과제를 안고 있는지, 그리고 기존 연구와 어떤 차이가 있는지를 보여준다.
⑤ 연구를 뒷받침하는 관련 이론과 개념을 파악할 수 있도록 하며, 연구문제를 개발하고 발전시키며, 다른 학문분야의 사고체계를 제공한다.
⑥ 연구자가 수행하고자 하는 연구의 실제적인 문제나 이슈를 지지하는 증거를 제공하며, 이를 통해 연구의 중요성을 뒷받침해 준다.
⑦ 학자, 실무자, 시민집단, 비영리조직, 기업 등 다른 집단들의 입장을 이해할 수 있도록 한다.
⑧ 문헌고찰은 반대되는 갈등적 견해를 확인하고 이를 극복할 수 있는 개념적 틀을 추적할 수 있게 한다.

2. 문헌고찰의 유형과 분류

1) 문헌고찰의 유형

(1) 연구배경과 맥락 고찰

문헌의 연구배경(background)과 맥락(context)의 고찰은 연구의 토대가 무엇이고 선행연구가 연구문제와 어떤 관련성이 있는지를 파악하게 된다. 그리고 이 프로젝트가 이 분야의 로드맵과 얼마나 조화되고 있는지, 지식발전을 위해 어떤 함의 및 시사점(implications)이 있는지를 알게 된다. 또한 현재 수행하고자 하는 연구를 어떻게 발전시킬 수 있는지, 선행연구와 어떤 부분에서 합치되고 불일치되고 있는지를 알게 된다.

(2) 역사적 고찰

역사적 고찰(historical review)은 어떤 사상(idea)의 발전과정을 추적하며, 특별한 이슈와 이론이 그동안 어떻게 전개되어 왔는가를 보게 된다.

(3) 이론적 고찰

이론적 고찰(theoretical review)은 동일 대상을 다르게 설명하는 이론의 특징을 파악하고, 그것을 통해 각 이론들을 평가하게 된다. 이론적 검토는 각 이론들이 주장하고 있는 가정(assumptions), 논리적 일관성(logical consistency), 그리고 설명의 관점 등을 비교하는 것이다. 이론적 고찰을 수행하는 연구자는 여러 이론들을 통합하고 그것을 통해 새로운 이슈를 개발하기 위한 이론으로 확장시킨다. 때로는 역사적 고찰과 이론적 고찰을 병행하기도 한다.

(4) 통합적 고찰

통합적 고찰(integrative review)은 현재의 지식상태를 나타내고 과거에 진행된 연구분야의 다른 지식들을 통합하는 것으로 연구통합이라고도 한다. 연구통합(research synthesis)은 경험적 연구(empirical studies)에 초점을 맞추고, 관련되거나 확인된 가설로 기술되어 있는 여러 연구에 대하여 종합적인 결론을 이끌어 냄으로써 과거 연구를 요약하는 것이다. 연구통합은 여전히 해결되지 않은 사항과 관련된 지식의 상태를 제시하거나 중요한 이슈를 강조하는 데 목적을 둔다.

(5) 방법론적 고찰

방법론적 고찰(methodological review)은 통합적 검토의 특수형태이다. 연구자는 과거 연구에 대한 방법론적 강도(strength)를 평가한다. 또한 과거 불일치된 연구결과들을 기술하고, 다른 연구들이 어떻게 설계되고 표본을 선정하였으며 측정하였는가를 보여 준다.

(6) 메타분석을 통한 고찰

메타분석(meta-analysis)은 통합적 고찰 또는 방법론적 고찰에서 특별하게 이용하는 방법으로, 연구자는 많은 연구결과물에 대한 상세한 내용들을 수집한다. 예를 들면, 표본크기, 발표연도, 변수의 영향정도 등을 조사하고 이들 정보를 통계적으로 분석하는 것이다.

2) 문헌고찰의 분류

문헌고찰은 포커스, 목적, 견해, 적용범위, 조직, 독자층 등 여러 가지 목적을 가지고 연구성과, 연구방법, 이론, 그리고 응용성 등을 살펴보게 되는데 그 분류기준은 **표 6-1** 과 같다.

표 6-1 문헌고찰의 분류 기준

특징	분류 기준
포커스 (focus)	• 연구결과 • 연구방법 • 이론 • 실제 또는 응용
목적 (goal)	• 여러 연구결과물 통합 – 일반화 – 갈등해결 – 언어학적 연결구축

특징	분류 기준
	• 선행연구 결과 비평 • 관련된 주제 간의 연계 구축 • 주요 이슈의 확인
견해 (perspective)	• 중립적 표현 • 옹호적 표현
적용범위 (coverage)	• 총망라 • 부분적인 것에서 전체 • 대표적 • 중요한 부분
조직 (organization)	• 역사적 • 개념적 • 방법론적
독자층 (audience)	• 전문 학자 • 일반적 학자 • 실무자 또는 정책결정자 • 일반대중

자료: Cooper(1988: 109); Cooper(2010: 5)

3. 문헌고찰 대상

연구자들은 연구결과물을 신문, 대중잡지, 라디오, 텔레비전 뉴스 등을 통해 접하게 되지만, 이들 매체들은 과학적 조사결과를 충실하게 보고하지는 않는다. 따라서 연구자들이 이들 매체들을 통해 선행연구의 내용과 지식을 획득하기란 어려운 일이다. 그러므로 연구자들은 연구결과물이 충실하고 빠짐없이 제시되어 있는 학술저널(scholarly journals), 책(books), 학위논문(dissertations), 정부문서(government document), 정책보고서(policy reports) 등을 검토하게 된다(Neuman, 2000: 448-454).

(1) 학술저널

학술저널(scholarly journals)은 해당 분야의 전문가 또는 연구집단 들로 구성된 학회에서 발행하는 것이 대부분이다. 각 분야의 전문가와 연구자 들이 본인의 연구성과물을 학술저널을 통해 게재, 발표하기 때문에 전문분야에 대한 자세한 내용을 볼 수 있다. 따라서 연구자는 학술저널을 통해 특정분야의 연구경향과 흐름을 알고 연구방향을 잡을 수 있다. 학술저널은 도서관의 학술검색도구를 이용하여 원하는 결과물을 온라인 및 오프라인 상태에서 볼 수 있다. 오늘날은 인터넷이 연결되어 있는 곳이면 어디에서든 대부분 검색과 출력이 가능하다.

(2) 책

책(books)은 많은 형태의 정보를 제공하고 생각을 깨우치며 마음을 즐겁게 한다. 시중에는 그림책, 교과서, 전문서적, 단편소설, 장편소설, 대중소설, 종교서적, 아동도서, 기타 많은 유형의 책들이 있다. 여기에서 연구자들이 관심을 가져야 하는 유형은 독창적인 연구내용을 담고 있거나 연구논문을 모아 놓은 도서이다. 여러 책에서 연구중심의 내용을 담고 있는지를 구별하기란 쉬운 일이 아니다. 이런 경우에는 전문가 및 학자의 자문을 받거나 추천을 받는 것도 하나의 방법이다.

(3) 학위논문

대학(대학원)을 졸업하는 학생은 독창성을 갖춘 연구성과물, 즉 학위논문을 제출하게 된다. 학위논문은 대학도서관에 비치되어 있기 때문에 도서관을 방문하여 검색, 열람해 볼 수 있고 인터넷 온라인상에서 해당 도서관 사이트에 접속하여 검색, 출력해 볼 수 있다.

(4) 정부문서

어느 국가를 막론하고 정부(중앙정부, 지방정부)에서는 연구보고서를 발표하게 된다. 대학도서관에서도 정부문서를 분류, 비치하고 있으므로 도서관 사서의 도움을 받을 수 있고, 인터넷 검색도구를 이용하여 검색, 열람해 볼 수 있으며, 해당 정부기관의 사이트에서도 검색, 출력해 볼 수 있다.

(5) 정책보고서

정책보고서는 특정 과제에 대하여 전문가들이 연구한 결과물이다. 정책보고서는 당장 현실을 개선하는 데 적용될 수 있는 실질적 활용방안을 담고 있다는 점에서 가장 최근의 실태를 반영한다고 하겠다.

이상과 같이 문헌고찰의 대상은 연구자의 연구분야와 연구목적, 연구프레임에 따라 달라지나 실제 연구에서는 특정 대상에 국한하지 않는 경우가 일반적이다.

4. 문헌고찰의 구조

문헌고찰의 구조는 고찰을 어떤 방식으로 할 것인가에 대한 틀을 의미하며, 크게 '검색', '읽기', 그리고 '쓰기' 영역으로 구분한다. 이들 세 영역은 상호 순환적 관계를 가진다. 읽기 영역에서는 무엇을 읽을 것인가를 위해 카테고리 및 주제를 개발하고 문헌고찰을 위한 제목과 세부 부분을 구체화한다. 이 과정에서 이론, 전문용어, 개념, 정책, 방법론 등을 확인한다. 쓰기 영역에서는 문헌고찰 결과를 쓰고 문헌의 원고를 다시 검토하며, 연구자 본인의 주장을 발전시킨다. 물론 주장 발전에서는 주장에 대한 각 단계를 지지할 수 있는 소스를 확인한다. 그리고 파악된 연구질문과 이슈도 설명한다. 검색 영역에서는 주제와 관련된 아이디

【그림 6-4】 문헌고찰의 구조

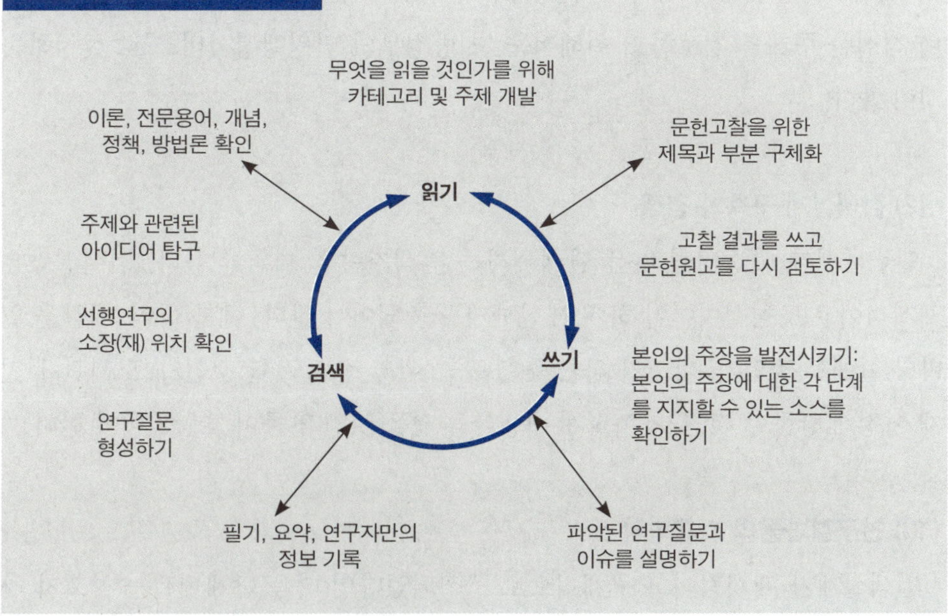

어를 탐구하고 선행연구가 어디에 소장되어 있는가를 확인하며 연구질문을 형성한다.

5. 문헌고찰 절차

1) 일반적 절차

문헌고찰의 절차는 공식적이고 확정적이지 않지만 연구가 원활하게 진행될 수 있고 체계화될 수 있도록 진행하여야 한다. 실제 문헌(선행연구)을 고찰하는 절차는 다음과 같다.

(1) 검토하는 주제의 정의와 명확화

연구를 시작하게 되면 연구자는 연구계획을 수립하고 주제(topic)와 연구문제(research question)를 명확히 해야 한다. 주제와 연구문제가 명확히 설정되어야 문헌검토를 일관되게 진행할 수 있고 체계적이고 경제적으로 수행할 수 있다. 검토하는 주제(review topic)가 연구문제와 맥락을 같이하고 초점이 맞추어져야 한다. 예를 들어, 정부의 행정서비스 수준을 알아보려는 주제를 고려하고 있다면 이런 주제로 조사연구를 수행하기에는 너무 광범위하다. 더욱 한정적이고 구체적이며 적절한 주제를 검토하기 위해서는 '지방정부의 민원행정서비스'로 한정하는 것이 좋다.

(2) 검색설계 구축과 검색

연구문제가 선정되면 다음 단계에서는 검색전략을 세워야 한다. 검색전략은 체계적이고 조직적이어야 하며 세심하게 구축되어야 한다. 예를 들어, 시간을 얼마나 할애할 것인가, 찾고자 하는 문헌 수는 어느 정도로 할 것인가, 도서관에 언제 어떻게 방문할 것인가, 어떻게 내용물을 얻을 것인가 등이 포함되어야 한다.

(3) 연구결과물의 소재파악

검색설계가 체계적이고 구체적으로 구성되었다면 다음 단계에서는 찾고자 하는 연구성과물이 어디에 있는가를 파악해야 한다. 찾고자 하는 문헌형태가 학술저널, 학술도서, 학위논문, 정부문서, 정책보고서인가를 확인한 후 이들 문헌들이 어디에 소장되고 비치되어 있으며 쉽게 접근가능한지를 살펴보아야 한다. 어떤 문헌은 집에서 또는 연구실에서 온라인으로 접근하여 얻을 수도 있지만 도서관에 직접 방문하여 열람하거나 복사 또는 대출해야 하는 문헌도 있다.

(4) 기록

문헌소스의 장소가 파악, 확인된 후 연구자는 참고사항(저자이름, 제목, 권·호, 페이지, 출판연도 등)을 자세하게 기록해야 한다. 색인카드 형태로 만들 수도 있고 컴퓨터 파일로 기록·정리할 수도 있다.

(5) 개요 및 요약물의 조직화

선행연구 내용의 개요와 요약물을 체계화해야 한다. 개요 및 요약은 접근방법, 가정, 방법, 결과, 시사점 등을 저자이름별, 주제어별, 출판연도별로 정리해야 한다. 어느 기준으로 정리할 것인가는 연구자의 편의에 따른다.

선행연구 결과는 다음과 같은 필수정보를 담고 있어야 한다.

① 기술되고 있는 현재의 문제를 언급한다.
② 연구의 주된 목적과 초점을 진술한다.
③ 표본, 모집단, 연구대상 등에 대한 정보를 간략히 기술한다.
④ 연구와 관련된 주요 결과들을 검토한다.
⑤ 연구에 사용되었던 기술의 방법론적 흐름을 지적한다.

(6) 결과 작성

문헌검토의 최종 단계에서 검토한 결과물을 작성한다. 검토사항을 작성할 때에는 연구목적을 명심하여 분명하게 식별하고 이해할 수 있도록 해야 한다.

McNabb(2002: 396)는 문헌고찰의 절차를 다음과 같이 9단계로 제시하였다.

① 연구문제와 관련된 모든 타당성 있는 자료의 원천을 조사한다.

② 문헌자료의 내용을 분류할 기준과 검토방법론을 선택한다.

③ 위와 같은 기준에 따라 문헌을 읽는다.

④ 자료를 코딩하고 범주화한다.

⑤ 범주화된 결과에 대한 자세한 분석을 수행한다.

⑥ 분석결과를 통해 주제와 경향을 기록한다.

⑦ 해석한 기록과 메모를 작성한다.

⑧ 근거 문서를 기록한다.

⑨ 결과를 보고한다.

【그림 6-5】 문헌고찰의 절차

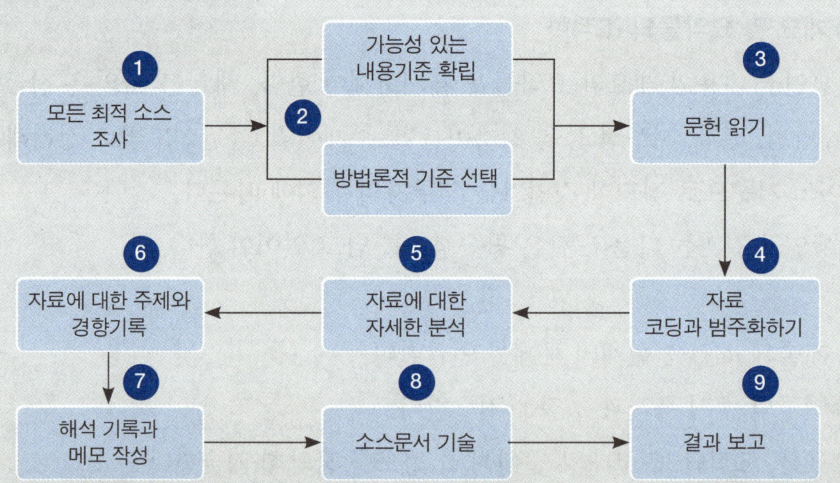

자료: McNabb(2002: 396)

2) 문헌통합의 절차

문헌고찰에 있어서 Cooper(2010: 12-17)는 문헌통합의 개념을 사용하면서 문헌통합의 절차를 다음과 같이 7단계로 제시하였다.

① 1단계: 문제형성

② 2단계: 문헌검색

표 6-2 저널논문 읽는 방법

1. 마음속으로 분명한 목적 또는 목표를 가지고 읽는다. 기본지식을 읽고 그것을 특별한 문제에 적용할 수 있는가를 살펴야 한다.
2. 논문주제, 요약문, 주요결과, 방법, 주요결론으로부터 배울 수 있는 것이 무엇인가를 생각해야 한다.
3. 연구자 자신이 지향하고 있는 것을 고려해야 한다. 주제, 방법, 출판사항 등에 관해 연구자 자신이 가지고 있는 선입견은 무엇인가를 고려해야 한다.
4. 표면으로 드러나는 지식을 정리해야 한다. 연구에 사용된 주제와 방법 등을 정리해야 한다.
5. 논문을 평가해야 한다. 현재 무엇이 잘못되었는가? 결과가 자료를 따르고 있는가? 내용이 당초 내세웠던 가정을 따르고 있는가?
6. 요약, 방법, 결과에 관한 정보를 요약해야 한다. 결과에 대한 실제 정확성을 사정한다.

자료: Katzer et al.(1991: 199-207); Neuman & Wiegand(2000: 87)에서 재인용

③ 3단계: 정보수집

④ 4단계: 연구 질 평가

⑤ 5단계: 연구결과의 분석과 통합

⑥ 6단계: 증거 해석

⑦ 7단계: 결과 제출

(1) 문제형성

연구에 있어서 첫 단계는 문제를 형성하는 것이다. 문제형성 단계에서는 질문에 포함되는 변수가 추상적으로 제시되기도 하고 구체적 정의로 제시되기도 한다. 예를 들면, "연구에서 내가 원하는 개념은 무엇인가?", "이들 개념의 조작화와 표현은 무엇인가?" 등이다. 질문에 대답하기 위하여 연구자는 문제나 가설과 관련될 수 있는 연구증거가 무엇인지 결정한다.

(2) 문헌검색

연구의 자료수집단계는 연구의 대상이 될 수 있는 모집단을 선택하는 활동이 포함된다. 사회과학 연구에서 연구대상은 전형적으로 개인이나 집단이다. 문헌통합에서, 연구대상의 모집단을 확인하는 것은 2가지 내용을 포함한다. 하나는 연구자가 연구문제에 관한 모든 선행연구의 결과를 반영하기 위하여 축적된 결과를 필요로 하는 것이고, 다른 하나는 수행하고자 하는 연구가 주제 영역의 핵

심이 되는 개인이나 집단에게 일반화될 수 있기를 희망하는 것이다.

(3) 정보수집

연구의 코딩 단계에서, 연구자는 연구단위를 기준으로 선행연구자가 수집한 정보가 무엇인가를 고려해야 한다. 주요 연구에서 자료수집 도구는 설문지, 행동관찰, 심리적 측정이 포함될 수 있다. 연구통합에서는 각 연구가 가진 정보가 중요한 자료가 되는데, 이들 정보는 이론적 질문으로부터 도출된 독립변수와 종속변수의 본질에 관한 특징뿐만 아니라 연구의 수행방법, 연구설계, 연구수행, 통계적 결과 등을 포함한다.

(4) 연구 질 평가

자료가 수집되었다면, 연구자는 자료의 질 또는 연구질문에 일치되는 자료인지를 판단해야 한다. 각 자료는 문제에 관련되는지 또는 관련되지 않는지를 판단할 수 있는 요인들을 담고 있어야 한다. 만약 수집된 자료가 나쁜 자료라면 신뢰성이 거의 없는 것이므로 폐기되어야 한다. 만약 자료수집 방법에 따라 수집된 자료가 의미가 없다면 자료수집 방법을 재고해야 한다.

(5) 연구결과의 분석과 통합

자료분석 과정에서, 수집된 각 자료를 요약하고 통일된 형식으로 통합해야 한다. 자료분석에서 연구자는 믹스 및 혼재되어 있는 자료들을 체계적인 자료 패턴으로 구분해야 한다. 일반적인 연구와 연구통합에서 이 과정은 전형적으로 통계적 절차를 활용하게 된다.

(6) 증거 해석

연구자는 축적된 증거를 해석하고 자료를 통해 보증되는 결론이 무엇인지를 결정한다. 연구자는 자료로 입증된 결론이 관심 문제와 어떻게 연계되는지 판단해야 하며, 일반화를 지지할 수 있는 근거로 제시하여야 한다.

(7) 결과 제출

연구수행의 결과는 공개적인 문서, 즉 보고서로 만들어진다. 보고서는 연구문제와 관련하여 독자들이 이해하기 쉬운 일련의 규칙에 따라 체계적으로 작성되어야 한다. 연구질문에 대답하기 위한 해결책이 제시되어 있는가를 살펴봐야 한다.

표 6-3 연구통합의 절차와 특징

통합 연구단계	단계별 연구질문	주요 기능
문제형성	연구문제 및 연구가설과 관련될 수 있는 연구증거는 무엇인가?	관련된 연구가 어떻게 구분되는가를 파악하기 위해 변수와 변수 간의 관련성 정도를 정의한다.
문헌검색	관련 연구를 찾기 위해 어떤 절차가 사용되어야 하는가?	소스(예, 참고문헌 데이터베이스, 저널)의 확인, 관련 연구를 찾기 위하여 사용되는 용어의 확인
정보수집	연구문제나 가설과 관련된 각 연구의 정보는 무엇인가?	신뢰할 수 있는 방식으로 연구에 대한 관련 정보를 수집한다.
연구 질 평가	연구방법의 적합성에 토대를 둘 때 어떤 연구가 통합에 포함되어야 하는가?	어떤 방식으로 연구가 수행되었는지를 파악하기 위한 기준을 확인하고 적용한다.
연구결과 분석과 통합	어떤 절차가 연구결과를 요약하고 조합하는 데 사용되어야 하는가?	연구결과의 횡적인 조합을 위해 그리고 연구결과의 차이를 검증하기 위하여 절차를 확인하고 적용한다.
증거 해석	축적된 연구증거에서 어떤 결론을 도출할 것인가?	연구증거의 강도, 일반성, 한계 등에 관하여 축적된 연구증거를 요약한다.
결과 제출	보고서에 포함되어야 하는 정보는 무엇인가?	편집 방침을 확인하고 적용한다. 독자들이 필요로 하는 정보를 구분 및 판단한다.

자료: Cooper(2010: 14-15)

6. 문헌고찰의 고려사항과 정리

1) 문헌고찰의 고려 및 확인사항

문헌고찰의 출발에 앞서 다음과 같은 사항을 고려해야 한다. 이 고려사항은 문헌고찰 수행을 위한 연구계획 수립에서 고려해야 할 사항과도 같다.

① 연구하고자 하는 주제, 연구문제, 또는 이슈가 무엇인가를 분명히 해야 한다.

② 고찰대상의 문헌 및 선행연구 결과물이 질적연구인지, 양적연구인지, 아니면 이 모두를 통합해서 살펴보려고 하는지를 파악해야 한다.

③ 어느 분야의 문헌들을 살펴볼 것인가를 정해야 한다. 정치, 경제, 사회, 문화, 교육, 심리, 철학, 역사 등 어느 부문에 한정할 것인가를 정해야 한다.

④ 연구자가 관련 정보를 어디에서 어떻게 찾을 것인가를 정해야 한다. 특히, 국내외 문헌을 찾을 것인가, 문헌의 종류(단행본, 학위논문, 각종 저널, 연구소의 결과물, 학회지, 웹 문서 등)는 어떤 것에 한정할 것인가를 정해야 하며, 시간적 범위도 고려해야 한다.

⑤ 관련 문헌들을 제대로 읽었는가, 읽은 후에 어떤 기준과 범주로 내용을 정리할 것인지 정했는가, 기준과 범주는 적절한가, 기준과 범주에 맞추어 체계적으로 적절하게 정리하였는가를 고려해야 한다. 문헌고찰은 단순히 문헌들을 읽고, 요약해서 나열한 것이라고 할 수 없다. 적어도 문헌에서 제시하는 주장과 쟁점, 그리고 이론이나 결과에 대한 비교, 즉 각각의 이론이나 연구결과가 제시하는 장점 및 단점에 대한 비판적 지적이 있어야 하며, 개선되어야 할 점이나 부족하거나 미흡한 점에 대한 자신의 견해, 전반적인 문헌고찰 결과에 대한 자신의 종합적인 결론 등이 담겨 있어야 한다.

⑥ 연구자의 견해와 상반되는 의견이나 결과까지 충실하게 반영 기술하고 있는가, 연구자의 해석과 판단이 선입견으로 치우쳐 있지는 않은가, 의도적으로 연구자의 주장을 내세우기 위해서 연구자의 주장과 상반되는 이론이나 결과들을 고의로 제외시키지는 않았는가를 검토해야 한다.

⑦ 문헌고찰을 통해서 독자에게 주는 시사점이나 의미 있는 새로운 정보가 있는가, 그 분야에 종사하는 사람들이 자신의 글을 읽는 독자에게 진정 무슨 메시지를 전해 주고 싶어 하는가, 즉 왜 이 문헌고찰을 했으며, 그 이유에 대한 연구자의 비판적이고 지적이며 객관적인 견해와 종합적인 의견 또는 판단이 담겨 있는가, 그것이 기존의 주장이나 견해와 어떤 차별성이 있는가, 과연 무엇을 새롭게 더하고 있는가도 고려해야 한다.

연구자가 문헌고찰 시 맨 먼저 수행해야 할 작업은 어떤 내용을 찾을지 정하는 것이다. 즉 문헌고찰을 통해 찾고자 하는 내용이 무엇인지를 정의해야 하는데, 그 정의하는 방법을 질문 및 확인사항 형태로 제시하면 다음과 같다.

표 6-4 문헌고찰을 위한 일반적 질문(확인사항)

구분	질문(확인사항)
시간/공간	1. 문헌이 생산된 날짜 2. 문헌의 생산 기간 3. 문헌내용의 시기 및 장소 4. 문헌생산 시기와 관련된 다른 주요 관련 사건
저자	1. 단독저자인가 공동저자인가? 2. 저자가 독자적으로 수행한 것인가? 아니면 기관/조직의 구성원으로서 수행한 것인가? 3. 다른 기관의 연구비 지원으로 수행한 것인가?
목적	1. 문헌의 목적 2. 목적달성을 위한 문헌의 구조 3. 문헌이 생산된 시기의 이유 4. 문헌이 목적을 성취하였는가?
독자	1. 누구를 위한 문서인가? 2. 독자층이 다양한가 또는 단일집단인가? 3. 문헌이 독자층에게 도달되었는가? 4. 독자들이 문헌에 대해 어떤 반응을 하는가?
다른 문헌과의 관계	1. 창작물인가, 편집물인가? 2. 선행문헌으로부터 출발한 것인가, 새로운 문헌인가? 3. 문헌이 다른 문헌과 관련되는가? 4. 문헌이 다른 문헌과 어떻게 비교하고 있는가? 또는 어떻게 관련되어 있는가?
핵심요인	1. 문헌의 핵심요인은? 2. 문헌이 기능/역할/상태에 어떤 변화를 반영하고 있는가?

자료: Gibson & Brown(2009: 71)의 내용을 필자가 수정 · 보완함

2) 문헌고찰의 정리 목록

이상과 같이 문헌고찰의 절차와 고려사항을 검토하여 연구와 관련된 문헌 내용에서 도출된 특징들을 **표 6-5**와 같은 목록표로 정리한다.

표 6-5 문헌고찰 정리사항

연구자(출판연도)	
출판물 서지사항(제목, 권 · 호, 페이지) 또는 웹사이트 주소(검색 년월일 표기)	
연구주제	
연구문제 및 연구질문	
연구목적	
연구범위 및 연구대상	
연구방법	
역사적 배경	
현대의 상황	
이론과 개념	
주요 변수 및 관련 전문용어	
선행연구 내용과 그 한계(차이)	
연구결과	
현재 이슈의 중요성	
기타 특이사항 및 차별성	
주요 참고문헌	

자료: Ridley(2008: 28)을 토대로 추가 정리

7. 인터넷 검색도구

어떤 문헌을 어떻게 검색할 것인지가 결정되었으면 실제 문헌을 검색한다. 오늘날의 문헌검색은 과거와 같이 물리적 공간의 도서관에서 검색하고 자료를 획득하기보다는 인터넷 검색도구를 이용하여 편리하고 신속하게 검색하고 자료를 온라인으로 획득할 수 있다.

국내의 일반적인 인터넷 검색도구는 대학 도서관(전자저널 웹사이트 포함)을 비롯하여, 한국교육학술정보원(www.riss.kr), 국회전자도서관, 국립중앙도서관, 구글학술검색 웹사이트 등을 이용할 수 있다.

【그림 6-6】 국회도서관검색 웹사이트

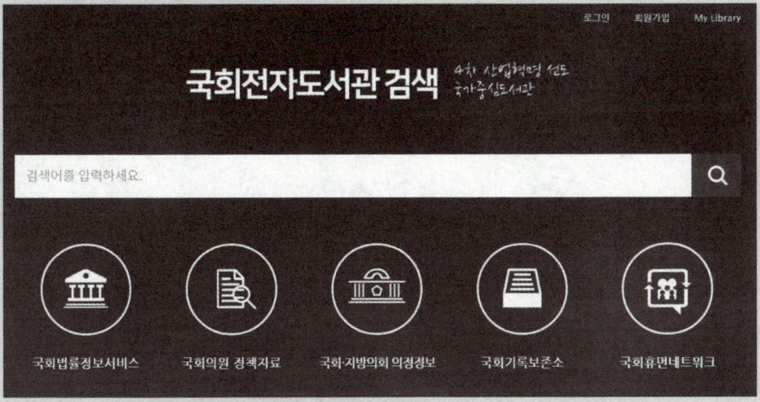

자료: http://dl.nanet.go.kr/index.do. (검색일: 2020. 3. 2).

【그림 6-7】 국립중앙도서관 웹사이트

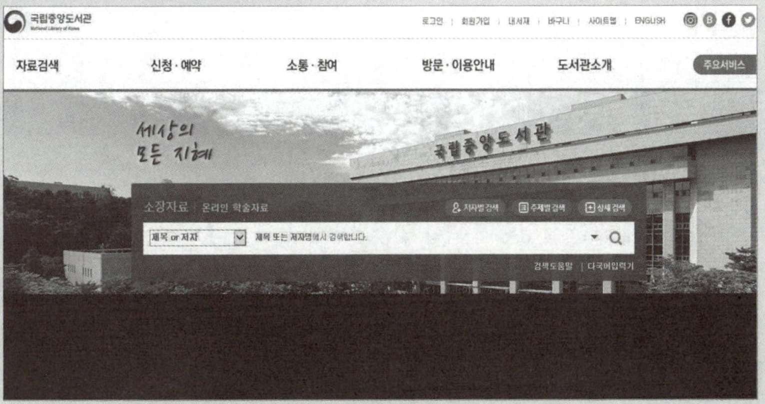

자료: http://www.nl.go.kr/nl/#. (검색일: 2020. 3. 2).

[그림 6-8] 구글학술검색 웹사이트

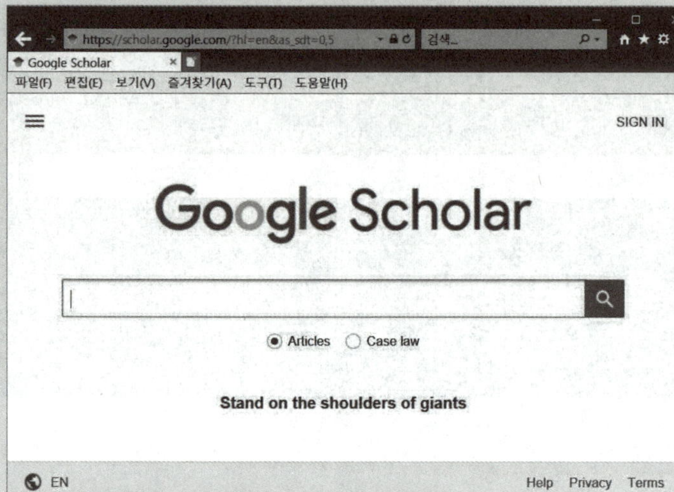

주 왼쪽 하단에서 검색언어를 선택할 수 있다.
자료: https://Scholar.Google.com. (검색일: 2020. 3. 2).

생각해 볼 문제

1. 개념, 명제, 모델, 이론의 관계를 설명하시오.
2. 이론이 실제를 잘 설명하기 위한 연구방법을 설명하시오.
3. 사회과학 연구조사에서 이론의 역할을 설명하시오.
4. 이론과 사실, 이론과 조사의 관계를 사례를 들어 설명하시오.
5. 문헌검색(인터넷 검색도구)을 통해 "지역발전"에 관한 주제나 연구문제를 검색하고 논문별로 조사연도, 연구목적, 연구범위, 연구방법, 연구대상, 적용된 이론, 연구모형, 가설을 요약 정리하시오.

제 7 장

개념과 변수

이 장의 개요

사회과학의 연구대상은 사회현상이다. 사회현상에는 다양하고 많은 속성들이 존재하고 있지만, 연구자는 그 속성들을 일일이 열거하면서 설명하기보다는 대표적 속성을 진술하는데 이를 개념이라고 한다. 사회과학에서 개념은 학문공동체뿐만 아니라 그 현상과 관련된 이해관계자에게 현상을 이해하는 도구이자 창구 역할을 한다. 연구자가 개념을 어떤 형식과 표현으로 진술하느냐에 따라 학문공동체 구성원들 및 이해관계자들 간 의사소통의 정도가 달라지기 때문에 연구에서 개념을 적절하게 표현하는 것은 매우 중요하다. 학문공동체에서나 이해관계자들이 더 쉽게 이해하기 위해서는 개념을 경험적 속성으로 나타내는 것이 필요하다. 추상적 속성으로 표현한 개념을 경험적 속성으로 나타내는 것이 변수이다. 이 장에서는 개념과 변수의 의미와 내용을 살펴본다.

제1절 개념

1. 개념의 의의

1) 개념의 정의

개념은 학자마다 그 정의를 조금씩 달리하지만 보편적인 정의를 정리하면 다음과 같다. 개념(concept)이란 일정한 현상들을 보다 일반화함으로써 그것들을 대표하는 추상화된 용어(이관우, 1986: 48) 또는 관심의 대상이 되는 경험세계에서의 사물, 사건 및 현상의 속성을 추상화시킨 표현을 말한다. 따라서 연구와 관련해 보면, 개념이란 '연구의 대상이 되는 경험세계에 관한 대표적인 현상의 속성을 추상적으로 표현한 것'으로 정의한다.

개념은 현상을 대상으로 실제 경험하는 것이 아니라 어떤 경험적인 현상을 대표하는 하나의 상징이다(김광웅, 1999: 192). 또는 개념을 연구분야 내에 있는 현상들을 분류하는 추상적 요소로 정의하기도 한다. 예를 들어, 청소년범죄이론에는 청소년과 범죄라는 개념이 포함되어 있고(소영일, 1996: 43), 직무만족과 직무성과에는 경험할 수 있는 현상을 지칭하는 직무만족과 직무성과라는 개념이 포함되어 있다.

연구문제가 선정되면 거기에 포함된 개념을 구체화해야만 현상의 속성이 전달될 수 있다. 물론 사회과학에서 사용하는 용어는 대부분 그 속성이 추상적이고 모호하여 다양한 해석이 가능할 수 있지만, 과학적 연구조사를 통해 문제를 명확히 하고 측정하기 위해서는 추상적 개념을 경험적 개념으로 바꾸어 주는 작업이 필요하다. 여기서 추상적 개념을 경험적 개념으로 전환하는 과정을 개념화(conceptualization)라고 부른다.

2) 개념의 기능

과학적 연구에서 연구자가 현상을 측정하기 위해 가장 먼저 수행해야 할 작업이 개념을 파악하는 일이다. 개념이 뚜렷하지 않고 여러 가지 개념을 혼합해서 사용하게 되면 무엇을 말하는지 또 앞으로 무엇을 측정하는지를 알 수 없다. 일반적으로 개념이 가지는 기능은 다음과 같다(Doby, 1967: 35-40; 이관우, 1986: 53-54에서 재인용; 김해동, 1986: 49-50; 김광웅, 1999: 199).

첫째, 의사전달과 사상의 기초가 된다. 개념에 대해서 상호의 동의가 없으면 간주관적(intersujective)으로 되어 의사소통이 불가능해진다. 예를 들어, 주민에게 제공되는 행정서비스 수준에 대해 불만족 상태에 있는 주민들에게 향상된 행정서비스를 제공하려는 경우 이러한 상태를 나타내는 개념이 존재해야 무엇이 얼마만큼 필요한지를 전달할 수 있다. 즉, '향상된 서비스 수준'이 무엇을 어느 정도로 의미하는지가 규정되어야 공공기관과 서비스를 제공받는 주민 간의 의사소통이 이루어질 수 있다.

둘째, 사회문제나 해결해야 할 대상을 인지하고 이해할 수 있도록 한다. 개념은 경험적인 사실에 대하여, 눈으로 직접 보거나 느낄 수 없는 정부, 주권, 자유, 사랑, 평화, 만족, 사기, 욕구, 갈등, 성취 등과 같은 현상을 인지하고 이해를 촉진하는 역할을 한다. 개념화 이전에는 결코 지각할 수 없었던 것에 대해 일정한 질서와 규칙을 갖고서 인식할 수 있게 된다. 이렇게 하기 위해서는 과학적 지식을 습득하고 개념이 가지고 있는 명확한 의미를 학습하는 것이 필요하다.

셋째, 개념은 지식을 축적하고 확장하게 해준다. 지식을 축적하는 단위는 언어나 기호이다. 개념은 언어나 기호로 표시될 수 있으므로 지식의 축적이나 확장을 가능하게 해준다.

넷째, 개념은 실제 연구에서 연구의 시발점과 방향을 제시해 준다. 과학적 연구에 포함된 주요 개념들은 그 연구의 출발점과 앞으로의 연구방향을 제시해 준다. 그렇기 때문에 과학적 연구의 출발점은 개념을 명확히 하는 것이고 이를 통해 연구의 방향을 명확히 하면 연구는 원활하게 진행될 것이다.

다섯째, 개념은 연구의 범위를 설정하게 한다. 개념의 조작화를 통해 연구문제에 대한 범위와 주요변수를 제시해 줌으로써 연구대상을 측정 가능하게 한다.

여섯째, 개념은 연역적 이론의 형성에 도움을 준다. 어떤 이론을 구성하고 있는 여러 개념 간의 관계는 과거의 사실에 대한 체계적인 이해를 가능하게 할 뿐만 아니라 미래의 사실에 대한 예측도 가능하게 한다.

2. 개념의 조건

개념이 현상에 대한 추상적 표현이라고 하더라도 과학적 연구에서 개념이 가져야 할 조건은 다음과 같다(Hempel, 1952: 9-10; 이관우, 1986: 52-53에서 재인용; 김해동, 1986: 48-49).

첫째, 개념은 한정적이고 명백해야 한다. 개념은 사실 또는 현상을 명백하고 한정적으로 나타내야 한다. 개념이 가지고 있는 의미가 현상의 특정한 측면을 제시하지 못하고 명백하지 않으면 모호하여 객관성을 상실하게 되며 해석의 이견(異見)을 가져올 수 있다. 예를 들어, '사랑'이라고 한다면 가족 전체의 사랑, 부부 간 사랑, 부모와 자식 간 사랑 등 그 범위를 한정해야 한다. 또 다른 예를 들면, 직장에서 '김 군' 하고 부르면 김 씨의 성을 가진 사람들이 모두 대답할 수 있다. 이런 경우 '김 군'이라는 개념은 너무 막연하여 별 가치가 없다. 이와 같은 개념의 한정성을 바꾸어 말하면 개념의 명료성이라고도 하겠다.

둘째, 개념은 통일성(uniformity)을 지녀야 한다. 개념의 의사소통상 문제로서, 일정한 현상을 나타내는 한 개념은 누구나 통일적으로 사용하는 것이어야 한다. 하나의 개념은 그 의미에 대해 누구나 동의를 해야 한다. 만약, 개념이 통일적이지 못하면 의미전달의 왜곡을 불러일으킬 수 있고 소통이 단절되는 현상을 가져올 수 있다.

셋째, 개념이 담고 있는 내용은 적절한 범위여야 한다. 한 개념이 가진 범위가 넓으면 넓을수록 실제의 사실이나 현상에서 멀어져 그에 대한 측정이 곤란하다.

넷째, 개념은 체계적 의미를 가져야 한다. 개념은 이론과 명제에서 분리되어 취급되어서는 안 된다. 개념이 이론 및 현상과 동떨어져 있으면 과학적 연구의 방향을 잡지 못하게 되고 체계적이고 일관성 있는 연구수행에 차질을 빚게 된다.

3. 개념 전달을 방해하는 요인

현상이나 사실을 표현하는 개념을 사용함에 있어서 연구자마다 그 의미를 달리 해석하는 경우가 많다. 그러한 개념의 의미전달을 방해하는 요인은 다음과 같다(김해동, 1986: 51-52).

첫째, 용어는 공통된 경험에 참여한 사람만이 알 수 있는 경우가 많다(예: 전문화된 용어). 현대의 전문화된 시대에 과학이 전문화·세분화되면서 심화되고 있는 경우에서 볼 수 있다. 예를 들어, '지능정보기술', '유비쿼터스'란 용어는 정보화 및 IT기술과 이와 관련된 융복합응용기술 분야에 종사하는 사람이라면 일상적이고 보편적인 개념으로 받아들이지만 그렇지 않은 분야에 종사하는 사람에게는 의미가 쉽게 전달되지 않는다.

둘째, 하나의 용어가 두 개 이상의 사실을 의미하는 경우가 많다. 예를 들어, '사람(생물학적 개념)이면 다 사람(윤리적인 개념)이냐'와 같이 전후에 사용되는 용어의 의미가 다른 경우이다.

셋째, 두 개 이상의 용어가 하나의 현상이나 사실을 지시하는 경우가 많다. 예를 들어, '사람이면 다 사람이냐, 사람이어야 사람이지'라는 말은 '참 사람이 되자'라는 의미를 나타낸다.

넷째, 용어에 대해 각 개인이 받아들이는 능력이나 관점이 다르다. 즉 자기의 지식이나 관심과 관련하여 수용하려는 경향이 있다. 사람이 어떤 현상을 받아들이고 이해하는 범위는 개인이 받아들일 수 있는 능력 범위와 같다. 어떤 용어에 대한 현상을 경험하지 않았거나 간접적으로 그런 용어를 들어보지 않은 사람은 무슨 말인지 이해하지 못한다.

다섯째, 용어의 뜻이 그것을 사용하는 사람이나 시간, 장소에 따라 변화하는 경우가 많다. 예를 들어, 과거에 '공갈'은 일반적으로 '협박' 개념으로 이해하고 받아들여졌으나 근래에는 '거짓말'이라는 뜻으로 사용되기도 한다. 또한 '내가 쏜다'라는 표현은 물건이나 음식 값을 혼자서 계산한다는 의미로 사용되기도 한다. 광고에서 상품 가격이 '싸다' '비싸다'의 표현 대신 '친절한 가격', '착한 가격'으로 사용해도 사람들은 '가격이 저렴하다'는 의미로 받아들인다.

여섯째, 개념은 직접 경험하거나 지각할 수 있는 일정한 형태와 성질을 갖추지 않은 경우가 많은데 이를 혼동하는 경우가 있다(예: 평화, 자아, 이성, 의리, 충성 등 추상명사).

일곱째, 사회과학의 용어는 아직 표준화되지 않은 것이 많다. 사회현상은 사람들의 인식수준과 생활양상을 반영하고, 한 나라의 교육, 경제, 문화 수준의 발전과 변화는 국민의 인식수준과 생활양상의 변화를 가져온다. 그로 인해 날로 변화하는 사회현상을 대표하는 사회과학 용어는 발생과 확산의 주기가 짧아져 표준화로 정착되지 않은 경우가 많다. 또한 사회현상이 복잡·다양한 만큼 그러한 속성을 하나의 대표 개념이나 용어로 나타내기 어렵다.

【그림 7-1】 사회현상의 대표 개념 곤란화

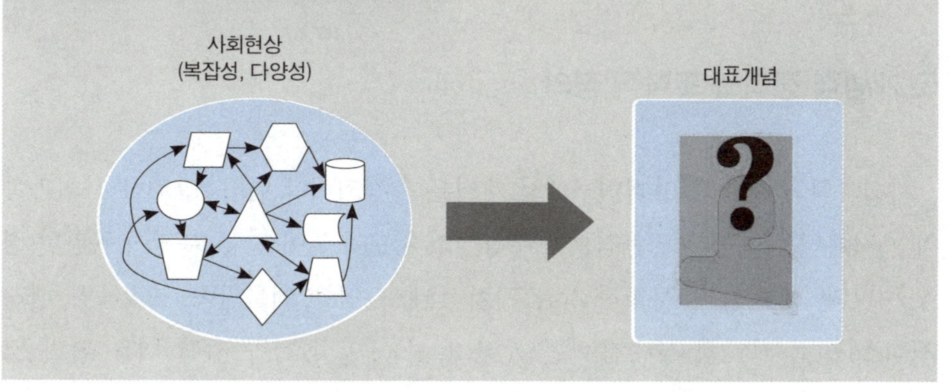

이상과 같은 개념 전달의 방해요인을 제거하기 위해서 개념에 대한 조작화가 필요하다.

4. 개념화

추상적 개념을 경험적 개념으로 전환하는 과정을 개념화(conceptualization)라고 하였다. 개념화보다 더 구체적이고 명백히 재규정하는 것을 재개념화(respecification)라고 한다. 개념은 특정 현상을 일반화한 추상적 표현이기 때문에 그 자체로는 실제조사에서 사용할 수 없다. 따라서 재개념화는 추상적으로 표현된 개념을 보다 구체적이고 정밀하게 파악하는 일련의 과정으로, 후술하게 될 개념적 정의와 조작적 정의가 여기에 해당된다.

재개념화의 필요성은 (a) 연구자에게 개념의 한정성을 높여 관찰·측정이 가능하게 하고, (b) 어떤 개념적 요소가 주된 것인가를 명시적으로 알게 하며, (c) 개념의 정밀성과 명백성을 확보하게 하는 데 있으며 조사의 객관적인 신뢰성을 높여 주기 위함이다.

이렇게 개념을 구체적이고 명확히 하기 위하여 노력하지만 (a) 재개념화를 통해 인간의 주관적·심리적 현상에 대해 개념의 정확성과 명확성을 확보하는 데는 한계가 있고, (b) 재개념화에 치중하다 보면 원래 개념이 가지고 있는 이론적 의미 또는 유의성이 상실될 우려가 있다는 점이 재개념화의 한계이자 고려사항이다.

5. 개념적 정의와 조작적 정의

사회과학의 실증적·양적연구에서 개념은 측정되어야 한다. 그러나 사회과학에서 사용하는 개념은 일반적으로 추상성의 정도가 높아 관찰, 측정이 곤란한 경우가 많다. 예를 들어, 사회적 지위, 정치적 태도, 역할, 직무만족, 조직몰입, 행정서비스, 권력, 관료제, 상대적 박탈감, 사기, 지능, 인식, 학습, 사랑, 미움, 편견, 소외, 자아존중감, 자아실현 등의 개념은 너무 추상적이어서 관찰, 측정하기 곤란하다. 이들 개념을 측정하기 위해서는 측정가능한 지표로 전환하는 작업이 필요하다.

1) 정의

개념이 그 기능을 다하기 위해서는 명료(clear)하고 정교(precise)하며 서로 합의된 것이어야 하는데, 개념은 정의를 통하여 명백하고 정교해질 수 있다. 개념은 실질적으로 용어(term)나 기호(symbol)로 나타내는데, 이때 그 용어에 의미를 부여하는 과정을 정의라고 한다.

정의(definition)란 '어떤 용어를 다른 용어로 대치시킨 것 또는 용어를 다른 일련의 동의어로써 그 내용을 밝힌 것'이라고 할 수 있다. 여기에서 정의되는 용어와 정의하는 용어는 상호 대체될 수 있어야 함은 물론이다(Kaplan, 1964: 72; 이관우, 1968: 75에서 재인용). 예를 들어 '만족'이라는 개념의 사전적 정의가 '마음이 흡족함'이라면 이를 '마음이 만족함'이라고 표현하면 잘못된 정의이다.

과학적 연구에서 정의는 두 가지로 구분된다. 개념적 정의(conceptual definition)로 제시하는 과정을 개념화(conceptualization)라고 하며, 개념을 현실세계에서 측정하기 위한 조작적 정의(operational definition)를 조작화(operationalization)라고 한다.

【그림 7-2】 개념적 정의와 조작적 정의 관계

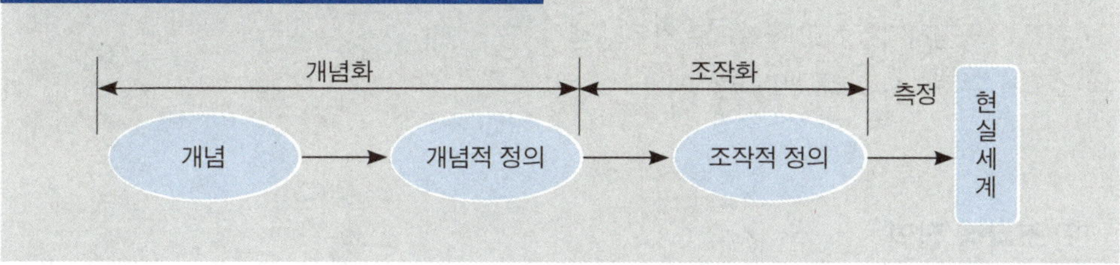

표 7-1 개념의 조작화

개념 A	개념 B
• 조작적 정의 1 = 설문문항 1 • 조작적 정의 2 = 설문문항 2 • 조작적 정의 3 = 설문문항 3 • 조작적 정의 4 = 설문문항 4	• 조작적 정의 1 = 설문문항 1 • 조작적 정의 2 = 설문문항 2 • 조작적 정의 3 = 설문문항 3 • 조작적 정의 4 = 설문문항 4

(1) 개념적 정의

개념적 정의(conceptual definition)는 어떤 개념을 보다 명확하고 정확하게 표현하기 위하여 다른 개념을 사용하여 정의하는 것으로, 사전적 정의(辭典的 定義)라고도 한다. 개념적 정의는 거짓과 진실을 밝히기 위함은 아니며, 의사소통을 가능하게 하는 상징이다.

개념적 정의는 원시어(primitive terms)와 파생어(derived terms)로 구성된다. 원시어는 그 말뜻에 대하여 일반적으로 공유하고 상호 주관적 합의가 있으며, 다른 말로 그 뜻을 별도로 정의할 수 없거나 그럴 필요성이 없다고 보는 용어를 말한다(예: 색깔, 소리, 냄새, 맛 등). 한편 파생어는 원시어를 사용하여 그 뜻을 새로 규정하여 만든 용어이다.

개념에 대한 개념적 정의 예

- 무게 → 물체의 중량
- 불안 → 주관화된 공포
- 지능 → 추상적 사고능력 또는 문제해결능력
- 학업성취도 → 듣기, 말하기, 읽기, 쓰기
- 증오 → 몹시 미워함
- 편견 → 공정하지 못하고 한쪽으로 치우친 생각
- 소외 → 주위에서 꺼리며 멀리함

(2) 조작적 정의

개념으로 표현된 현상이나 사건은 직접 관찰이 불가능할 수도 있다. 이때는 그 개념의 경험적 속성(empirical property)을 추론할 수밖에 없다. 이때 쓰이는 것이 조작적 정의(operational definition)이다. 조작적 정의란 어떤 개념을 가시적으로 측정하기 위하여 측정하고자 하는 그 개념이 갖는 특성을 빠짐없이 대표할 수 있는 경험적 지표를 가리킨다. 연구자가 개념을 측정하거나 또는 실험변수를 조작할 수 있는 형태로 표현해 놓은 것으로, 측정을 위한 조작적 정의는 변수를 어떻게 측정할 것인가를 기술한다.

'결혼만족'에 대한 조작적 정의 예

(각 척도항목에 점수를 매기고, 점수를 합하여 총계점수를 구한다)

1. 얼마나 자주 배우자와 함께 있기를 원하는지
2. 얼마나 자주 배우자를 자랑스러워하는지
3. 얼마나 자주 배우자에 의해 조종받고 있다고 느끼는지
4. 얼마나 자주 배우자를 원망하는지
5. 얼마나 자주 배우자가 성가시다고 여기는지
6. 얼마나 자주 배우자와 재미있는 시간을 보내는지
7. 얼마나 자주 배우자에게 의지할 수 있다고 느끼는지

연구수행에 있어서 현실세계를 측정하기 위한 조작화가 그리 쉽지만은 않다. 개

념적 세계의 특징으로 현실세계를 측정할 수 있는 도구를 개발하는 것이 완전할 수 있을까 하는 궁금증을 갖게 된다. 그러므로 연구자는 개념에 대한 조작적 정의를 하는 데 있어서 다음과 같은 문제를 잊고 있지는 않은지 되돌아볼 필요가 있다.

첫째, 개념적 정의와 조작적 정의가 일치하는가의 문제이다. 예를 들어, 부부간의 사랑 개념을 측정하려는데 조작적 정의에서는 가정의 사랑 개념(예: 부모-자식 간, 부부 간 등)을 측정하는 문제를 제시하고 있지 않은지, 직장생활의 만족도 개념을 측정하려는데 조작적 정의에서는 사회생활의 적응도를 측정하는 문항이 있지 않은지를 살펴보아야 한다.

둘째, 원시어와 같이 근본적으로 조작적 정의가 불가능한데도 불구하고 조작화해야 한다는 데 몰입한 나머지 엉뚱한 다른 개념으로 대체시키고 있지 않은가를 살펴보아야 하다.

셋째, 조작적 정의의 속성상 현상의 일부만을 설명해야 하는데 전체인 것처럼 설명하고 있지 않은지 검토해야 한다. 예를 들어, 학교생활의 만족도를 측정하려는데 '수업에 관한 문항'만을 측정하는 경우이다. 학교생활의 만족도에는 수업의 질, 교수의 학습법, 강의실 환경, 학교의 각종 시설물, 학교의 전통과 문화, 선후배 및 동급생과의 관계, 동아리활동, 대외적 활동 등 여러 구성요소가 포함될 수 있다.

조작적 정의(측정문항) 개발 시 유의사항

1. 개념적 정의를 기억하라. 즉, 조작적 정의는 개념적 정의와 일치해야 한다.
2. 마음을 열어라. 어느 하나의 측정에 몰두하지 않아야 한다. 더 좋은 측정을 위해 끊임없이 창의적으로 고민해야 한다.
3. 선행연구자들이 개발한 측정을 활용할 수도 있어야 한다. 다른 연구자들이 개발한 측정을 빌려오는 데 두려워해서는 안 된다. 측정을 위한 좋은 아이디어는 다른 연구결과에서 찾을 수 있고 그것을 수정해 가는 것이다.
4. 분석단위를 잊지 말아야 한다. 측정은 연구의 분석단위에 적합해야 하며 관심사를 불러일으킬 수 있어야 한다.

자료: Neuman & Wiegand(2000: 130)

2) 개념화와 조작화의 관계

사회과학에서는 사회현상 및 사회문제에 대한 추상적 개념을 구체적 속성으로 측정함으로써 경험적 검증을 통한 인과적 설명을 확보하게 된다. 그림 7-3은 이론(theory)과 가설(hypothesis)의 관계를 연계시키는 2개 변수(독립변수와 종속변수)의 측정과정을 보여 준다.

측정화 과정은 개념적(conceptual), 조작적(operational), 그리고 경험적(empirical) 수준으로 생각할 수 있다. 연구자는 대부분 추상적 수준에서 2개 개념의 인과적 관계 혹은 개념적 가설에 관심을 갖게 된다. 다음으로 조작적 정의 수준에서는 지표들 간의 관련성 정도를 결정하는 경험적 가설을 검증하는 데 관심을 갖게 된다. 그리고 세 번째 수준에서는 경험적 세계를 구체화하는 데 관심을 갖게 된다. 만약 변수의 조작적 지표(예, 설문지)가 개념과 논리적으로 연계된다면 경험적 세계에서 일어나는 현상을 정확히 획득할 수 있다.

실제 세계에서 측정과정은 이 3가지 수준이 함께 연결되는 것이고, 추상적 개념으로부터 구체적인 지표를 통해 조사, 검증되는 과정이 연역적으로 진행된다. 연구자는 변수를 개념화하고, 그다음에 분명한 개념적 정의를 내린 다음, 그것에 대한 조작적 정의 또는 지표를 개발하는 조작화 과정으로 진행한다. 마지막으로, 연구자는 개발된 지표들을 경험적 세계에 적용하여 조사하게 된다. 추상적 개념

【그림 7-3】 개념의 조작화 과정

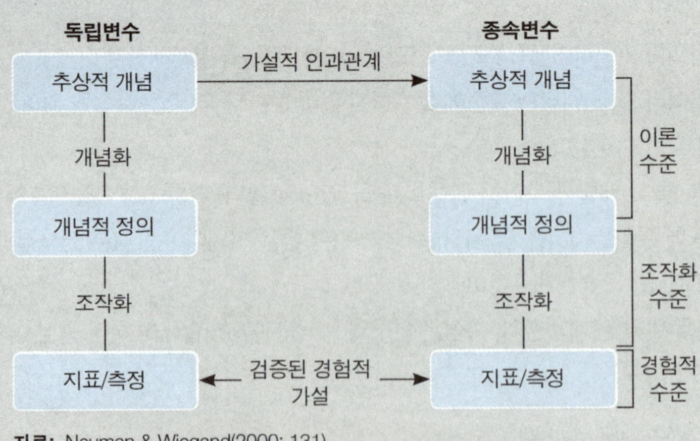

자료: Neuman & Wiegand(2000: 131)

으로부터 경험적 사실로의 연결은 연구자에게 경험적 가설을 검증하도록 한다.

위 조작화 과정에 대하여, '조직의 공정성과 직무만족의 관계'를 경험적으로 연구로 수행하는 경우, 개념적 정의와 조작적 정의(측정지표)를 예시하면 다음 표 7-2와 같다.

표 7-2 개념의 조작화 과정 예시

구분	독립변수	종속변수
추상적 개념	조직 공정성	직무만족
개념적 정의	조직구성원들을 공정(일관성)하게 대우하는 것	직무로부터 얻는 즐거움의 정도
조작적 정의 (측정지표)	1. 같은 조건이면 우리 조직은 모든 사람을 동일하게 취급한다. 2. 우리 조직은 일관된 기준으로 승진이 결정된다. 3. 우리 조직은 일관된 기준으로 성과급이 결정된다. 4. 우리 조직은 일관된 기준으로 역할이 결정된다. 5. 우리 조직은 일관된 기준으로 담당직무가 결정된다. 6. 우리 조직은 공정한 기준으로 승진이 결정된다. 7. 우리 조직은 공정한 기준으로 성과급이 결정된다. 8. 우리 조직은 공정한 기준으로 역할이 결정된다. 9. 우리 조직은 공정한 기준으로 담당직무가 결정된다.	1. 나는 맡은 일에 만족한다. 2. 나는 맡은 일이 즐겁다. 3. 나는 맡은 일을 좋아한다. 4. 나는 맡은 일이 즐겁지 않다. (R) 5. 나는 맡은 일을 좋아하지 않는다. (R)

제2절 변수

연구문제와 연구질문에 의하여 가설이 도출되었으면 이를 검증해야 한다. 가설을 검증한다는 것은 둘 이상의 변수와 변수 간의 관계를 규명하는 것으로, 변수의 관계를 규명하기 위해서는 변수의 시간적 우선순위와 방향성이 설정되어야 하고 변수가 담고 있는 속성이 무엇이며 속성을 어떻게 나타내야 하는지가 파악되어야 한다. 이 절에서는 변수의 종류와 변수 간의 관계에 대해 살펴본다.

1. 변수의 정의

변수(variable)는 양적연구(quantitative research)에 있어서 중심개념이다. 우리는 일상생활 및 사회생활에서 결정요인에 대하여 '어떤 요인이 변수로 작용하였다'라는 말을 듣는다. 변수는 수학에서 빌려온 개념으로 말 그대로 해석하면 '변하는 수'를 의미하고 이와 반대되는 개념으로 '변하지 않는' 상수(constant)가 있다.

사회과학에서 사용하는 변수는 '둘 이상 또는 그 이상의 값 또는 가치(value)를 취하는 경험적 속성을 나타내는 것으로, 그 속성에 수치를 부여할 수 있는 개념 또는 경험적으로 측정가능한 개념'을 의미한다. 개념이 이론의 영역 내에 있는 데 반해 변수는 관찰과 측정의 문제에 속한다(소영일, 1996: 111). 변수는 사람, 물건, 사건, 현상 등의 특성과 속성을 의미하는 것으로, 그 속성이 하나의 값 또는 가치를 가졌거나 항상 일정한 값을 취하는 양(量)일 때 상수(constant, 常數)라고 하며 그 속성은 변하지 않는다.

여기에서 개념은 특정대상의 속성을 추상화하여 이론세계에서 의미를 부여한 것이므로 그 자체를 직접 측정할 수 없다. 그러나 변수는 특정대상의 속성을 나타낸다는 의미에서 개념과 같으나 경험적 세계의 속성을 나타내며 측정가능하다는 점에서 개념과 구분된다. 경험적 속성이란 우리의 감각기관을 통해 지각될 수 있는 현상을 의미한다.

예를 들어, 성별(남자 혹은 여자라는 2개의 속성)은 변수이나 여자(하나의 속성)는 변수가 아니다. 자동차 종류(대형, 중형, 소형)는 변수이나 소형자동차라는 개념

【그림 7-4】 개념과 변수의 관계

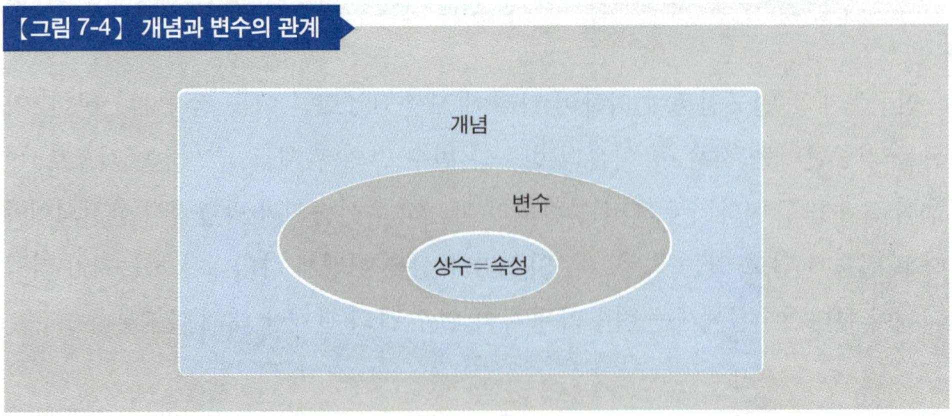

은 변수가 아니다. 색상(빨강, 노랑, 초록 등)은 변수이나 검은색은 변수가 아니다. '한국의 여성은 남성보다 평균수명이 길다'라고 했을 때 한국, 여성, 남성은 변하지 않기 때문에 상수이고 평균수명은 변하기 때문에 변수에 해당된다.

표 7-3 변수의 속성

변수	속성=상수
연령	10대, 20대, 30대, 40대, 50대……
성별	남자, 여자
직업	회사원, 군인, 공무원, 자영업……
사회적 계층	상, 중, 하
학력	고졸, 대졸, 대학원졸
소득수준	150만 원 이하, 200만 원 이하, 250만 원 이하, 300만 원 이상

2. 변수의 종류

1) 독립변수와 종속변수

독립변수(independent variable)란 다른 변수에 영향을 주는 변수로 원인이나 행위를 발생시키며, 시간적으로 영향을 받는 변수보다 먼저 발생한다. 또한 실험설계에 있어서는 연구자에 의하여 조작되는 변수이다. 독립변수는 종속변수의 원인, 설명, 예측하는 변수로 원인변수(causal variable), 설명변수(explaining variable), 예측변수(predictor variable)라고도 불린다.

종속변수(dependent variable)는 다른 변수의 영향을 받아 결과를 나타내는 변수이다. 실험설계에서는 독립변수의 변이 또는 조작에 따라 변화결과를 나타내는 변수로 결과변수(effect variable), 피설명변수(explained variable), 피예측변수(predicted variable)라고도 불린다.

【그림 7-5】 독립변수와 종속변수의 관계

예를 들어, 가설로 'IQ가 학업성적에 영향을 미친다'라고 할 때 IQ가 독립변수, 학업성적은 종속변수가 된다. '흡연은 폐암을 유발한다'라고 한다면 흡연이 독립변수, 폐암발생이 종속변수가 된다. '부모의 감독은 청소년 비행에 영향을 미친다'라고 할 때 부모의 감독이 독립변수, 청소년 비행이 종속변수가 된다.

2) 매개변수

매개변수(mediating or intervening variable)는 독립변수와 종속변수의 관계를 설명하는 데 개입되는 변수로, 어떤 변수의 영향을 받아 다른 변수에 그 영향을 전달하는 매개역할을 한다. 매개변수는 독립변수의 결과인 동시에 종속변수의 원인이 되는 변수이다. 독립변수와 종속변수 사이에 매개변수가 개입되어 있을 때 이를 고려하지 못하면 독립변수와 종속변수 사이의 관계가 왜곡될 수 있다. 그 이유는 매개변수가 독립변수와 종속변수 사이에 개입되지 않으면 독립변수의 영향이 종속변수에 전달될 수 없기 때문이다.

【그림 7-6】 독립변수, 매개변수, 종속변수의 관계

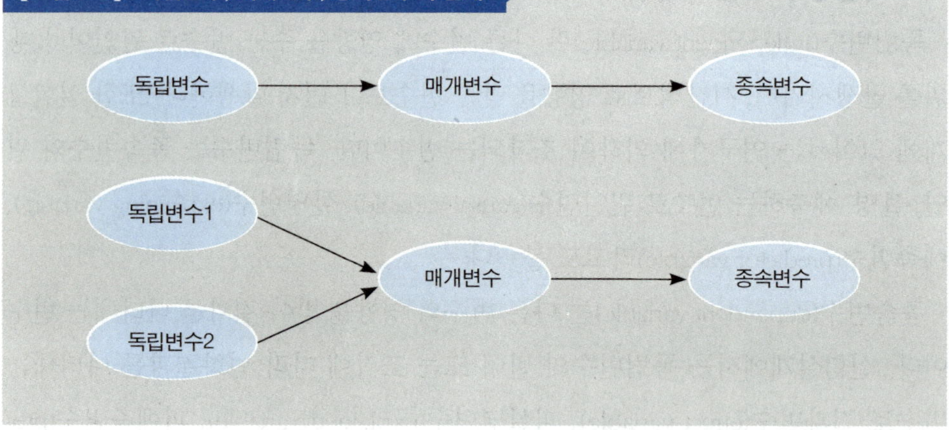

다음 예시에서 사회활동은 자아효율성에 영향을 미치고 자아효율성은 우울증 수준에 영향을 미치는 관계이다. 또한 부부싸움이나 가정폭력의 매개변수를 제거해 버리면 경제적 지위가 낮아서 이혼율이 높다고 말할 수 없을 것이다.

- 인간의 사회활동 → 자아효율성 → 우울증수준
- 수능성적/고교성적 → 대학 4년간의 성적 → 취업률/고시합격률
- 경제적 지위(↓) → 부부싸움(가정폭력) → 이혼율
- 동료근로자의 신뢰/협력 → 직장만족으로 이직예방 → 근로자의 장기근속

3) 조절변수

조절변수(moderating variable)는 독립변수와 종속변수의 관계를 체계적으로 변화시키는 원인변수(독립변수와 종속변수 간의 관계의 크기를 조절하는 역할)라 할 수 있는데, 주로 상황을 나타내는 경우가 많아 상황변수라고도 한다.

예를 들면, 성취욕구가 학업성적에 영향을 미친다고 하는 경우 학습지원 및 학습환경에 따라서 성취욕구와 학업성적 간의 관계가 변할 수 있다. 또한 취업프로그램이 취업률에 영향을 미친다고 한다면 성취욕구에 따라 취업률이 달라질 수 있다. 입시 위주의 학교교육으로 인한 스트레스가 청소년비행에 영향을 미친다고 하는 경우 스트레스 대처방법에 따라 그 영향관계가 변화될 수 있을 것이다.

조절변수와 매개변수의 차이점은 매개변수는 독립변수가 없으면 존재하지 않

【그림 7-7】 독립변수, 조절변수, 종속변수의 관계

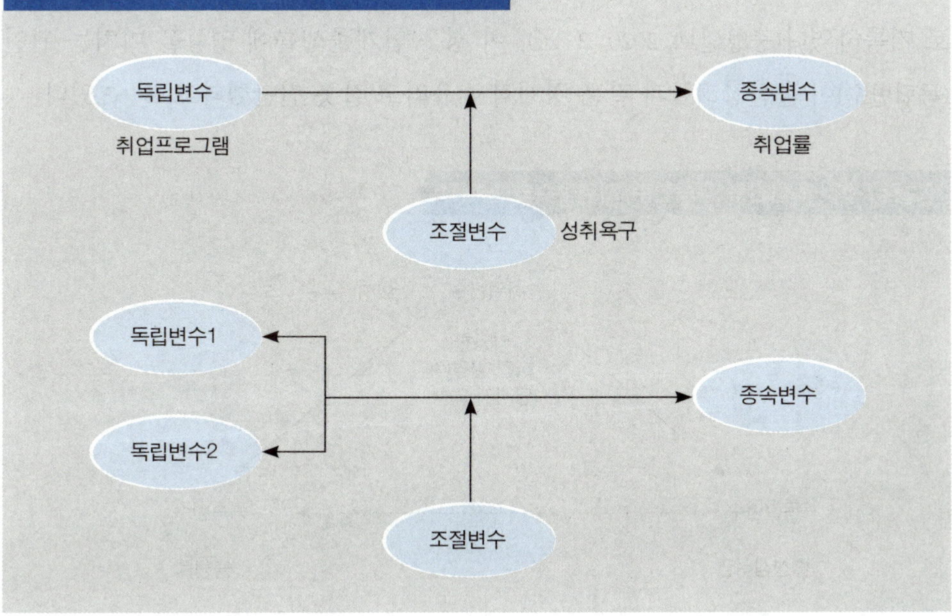

으나 조절변수는 독립변수가 없어도 존재가 가능하다는 점이다. 특정변수가 독립변수인지 아니면 조절변수가 될지는 가설설정에 달려 있다.

4) 외생변수(허위변수)

외생변수(extraneous variable) 또는 허위변수(spurious factors)란 독립변수와 종속변수의 관계가 표면적으로 인과적 관계에 있는 것처럼 보이는 경우에도 실제로는 두 변수가 우연히 어떤 변수와 연결됨으로써 관계가 있는 것처럼 보이게 하는 제3의 변수를 말한다. 외생변수를 제거해 버리면 독립변수와 종속변수의 관계는 사라져 버린다. 독립변수와 종속변수의 관계에서 허위변수가 개입되는 것으로 착오를 하는 경우, 즉 종속변수에 영향을 미치는 변수를 잘못 설정한 경우 독립변수를 개입(처치)하더라도 종속변수에는 아무런 변화를 기대할 수 없게 된다.

예를 들어, 정부가 출산장려금 등의 인구정책을 통해 합계출산율을 높이겠다고 한 경우를 보자. 이때 정책적 의도는 경제적 지원정책이 합계출산율을 높이는데 영향을 미치는 요인으로 진단하고, 이를 위해 국가나 지방자치단체가 출산장려금과 같은 인구정책에 많은 예산을 지출하였다. 그러나 통계청이 2020년 2월 26일 발표한 '2019년 인구동향조사 출생·사망통계 잠정 결과'에 따르면 2019년 한국의 합계 출산율은 0.92명을 기록했으며, 출생통계 작성(1970년) 이래 최저치로 기록하였다(중앙일보, 2020. 2. 26). 이 경우 합계출생률에 영향을 미치는 원인(독립변수)이 출산장려금과 같은 경제적 이유라고 잘못 진단했다고 볼 수 있다.

【그림 7-8】 독립변수, 종속변수, 허위변수의 관계(1)

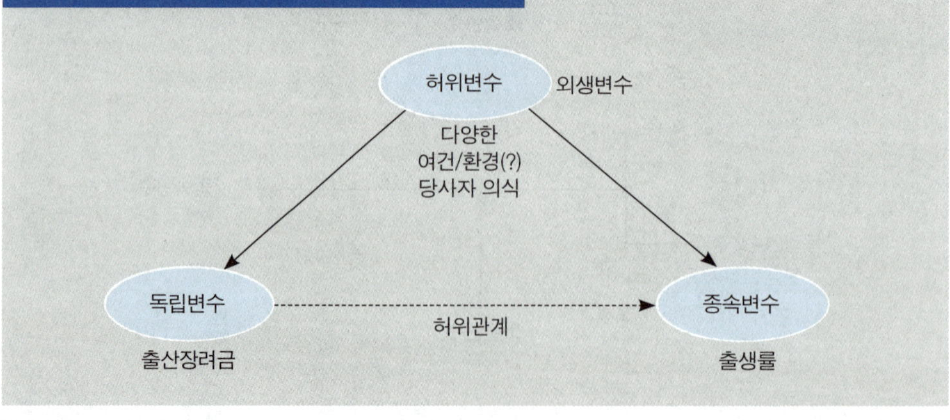

그림 7-9 에서 공무원 수가 행정서비스 품질에 영향을 미친다고 잘못 이해할 수도 있다. 실제로는 공무원의 행정처리 역량이 공무원의 수와 행정서비스 품질 모두에 영향을 미치고 있기 때문에 공무원 수가 행정서비스 품질에 영향을 미치는 것으로 보일 뿐이고, 공무원 수가 많으면 행정서비스 품질이 높아질 것으로 예측/설명할 수 있다. 이 경우 공무원의 역량을 제거하면 공무원 수와 행정서비스 품질은 아무런 관계가 성립되지 않지만, 눈에 보이지 않는 공무원의 역량이 공무원 수와 행정서비스 품질에 영향을 미치고 있기 때문에 공무원 수가 행정서비스 품질에 영향을 미치고 있는 것으로 착오를 일으킨다는 것이다.

【그림 7-9】 독립변수, 종속변수, 허위변수의 관계(2)

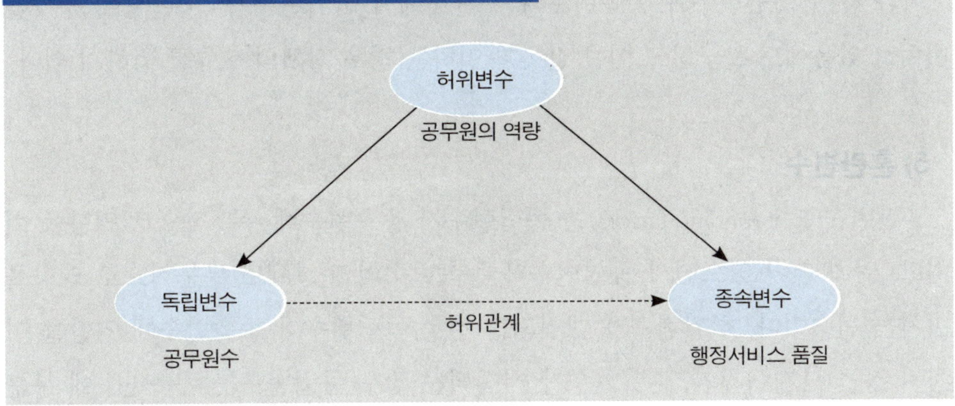

그림 7-10 의 예를 보면, 취업프로그램을 소득에 영향을 미치는 독립변수로 오해하고 설명하기 쉽다. 이로써 정부는 실직자의 소득증대를 위하여 취업프로그램과 같은 정책에 많은 예산을 투입하지만 실직자의 소득은 증대되지 않고 있는 것으로 확인되었다면, 취업프로그램과 소득은 허위관계이다. 허위변수인 실직자의 성취동기는 취업프로그램에 적극적이고 성실하게 임하도록 하는 데 영향을 미치고, 또한 경제적 기반을 다지겠다는 강한 소득에도 영향을 미치고 있다는 것이다. 반대로 성취동기를 제거하면 취업프로그램과 소득은 전혀 관계가 없는 것으로 이해한다. 즉, 보이지 않는 성취동기가 취업프로그램과 소득에 영향을 미치고 있기 때문에 취업프로그램이 소득에 영향을 미치고 있는 것으로 착오를 일으킨다는 것이다.

【그림 7-10】 독립변수, 종속변수, 허위변수의 관계(3)

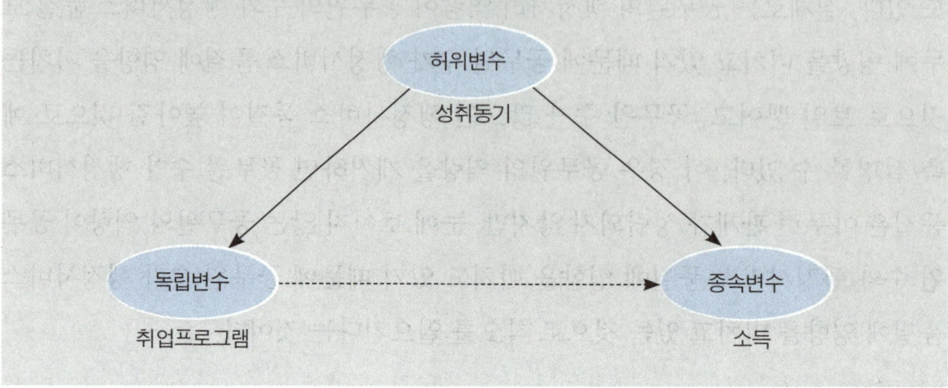

이와 같이 독립변수와 종속변수와의 관계에서 허위변수가 두 변수에 영향을 미치고 있음에도 불구하고 이를 잘못 확인하는 경우 정책의 오류를 범하기 쉽다.

5) 혼란변수

혼란변수(confounding factors)는 독립변수가 종속변수에 부분적으로 영향을 미치고, 뒤에 숨어 있으면서 독립변수와 종속변수의 변화에도 부분적으로 영향을 미치는 변수이다. 허위변수가 개입되는 경우 독립변수가 종속변수에 영향을 미치지 않는 관계이지만, 혼란변수가 개입되는 경우 독립변수는 종속변수에 부분적으로 영향을 미친다는 것이 차이점이다. 즉 혼란변수가 개입되는 경우와 개입

【그림 7-11】 독립변수, 종속변수, 혼란변수의 관계(1)

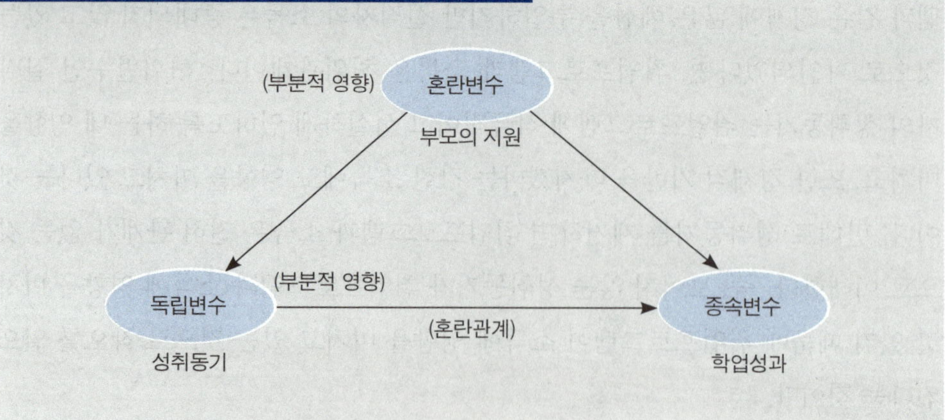

되는 않는 경우 독립변수가 종속변수에 영향을 미치는 정도에 차이가 난다는 의미이다.

그림 7-11의 경우 성취동기가 학업성과에 부분적 영향을 미치고, 혼란변수인 부모의 지원이 성취동기와 학업성과에 부분적으로 영향을 미치고 있는 경우, 부모의 지원이 있는 경우와 없는 경우 성취동기와 학업성과는 차이가 난다.

그림 7-12의 경우 환율이 휘발유값과 경상수지에 부분적으로 영향을 미치고 있고, 휘발유값이 경상수지에 부분적으로 영향을 미치고 있는 관계이다. 이 경우는 환율에 따라 휘발유값이 경상수지에 미치는 영향관계에 차이가 있다.

【그림 7-12】 독립변수, 종속변수, 혼란변수의 관계(2)

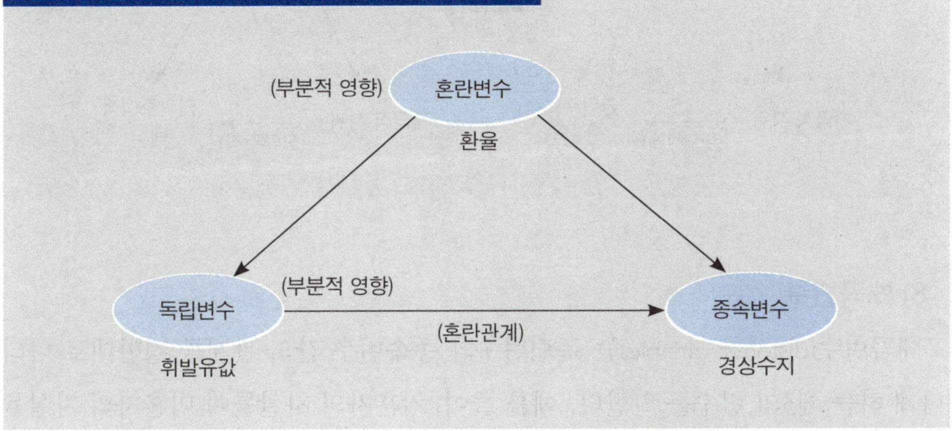

6) 구성변수

구성변수(component variable)는 여러 하위요소를 포함하는 포괄적 개념을 말하며, 포괄적 개념에서 구성변수를 식별하기 위한 재개념화 등의 과정이 요구된다. 예를 들면, 사회계층이라는 포괄개념의 하위요소인 교육수준, 직업, 소득 등이 구성요소를 가진다.

7) 억제변수

억제변수(suppressor variable)는 두 변수 X, Y가 서로 관계가 있는데도 관계가 없는 것으로 나타나게 하는 제3의 변수를 말한다. 즉 사실관계가 있는데도 사실

관계가 없는 것처럼 보이게 하는 변수로 허위변수와 반대이다. 억제변수는 독립변수와 종속변수 간의 사실적 관계를 약화시키거나 아예 소멸시켜 버린다. 예를 들어, 교육수준에 상관없이 계급적 지위는 권위주의적 태도에 영향을 미치고 있음에도 불구하고, 교육수준이 높으면 계급적 지위는 권위주의적인 태도에 영향을 미치지 않는 것으로 설명하는 경우로 이때 교육수준이 억제변수가 된다.

【그림 7-13】 독립변수, 종속변수, 억제변수의 관계

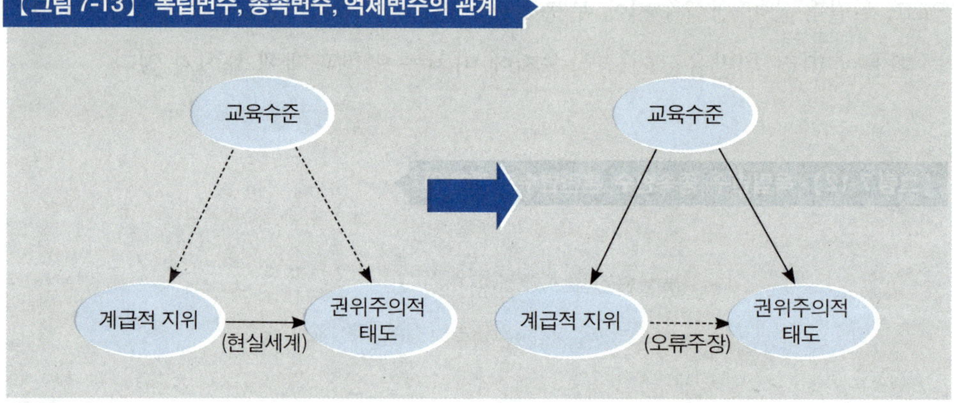

8) 왜곡변수

왜곡변수(distorter variable)는 독립변수와 종속변수 간의 관계를 정반대로 나타나게 하는 제3의 변수를 말한다. 예를 들어, 기혼자의 자살률이 미혼자의 자살률보다 높다는 주장이 있다. 이때 연령이라는 변수를 통제해 보니 실제로는 그 반

【그림 7-14】 독립변수, 종속변수, 왜곡변수의 관계

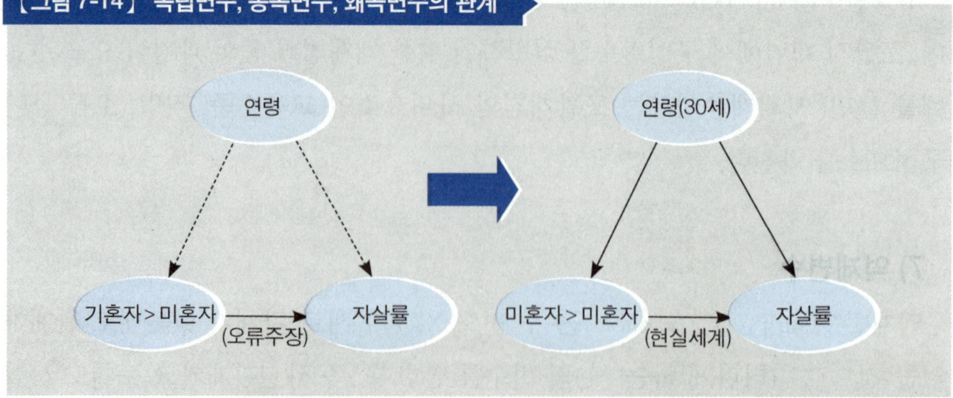

대로 나타났다. 즉 같은 연령층이라면 미혼자들의 자살률이 기혼자들의 자살률보다 높다는 것이다. 이때 연령은 실제 관계가 표면적으로 나타난 관계와는 정반대임을 밝혀 주는 왜곡변수가 된다.

9) 이산변수와 연속변수

이산변수와 연속변수는 측정된 척도에 따라 구분된다. 이산변수(discrete variable)는 사물의 속성을 분류할 목적으로 기호나 숫자를 부여하는 명목척도(nominal scale)로 측정된 변수(성별, 종교, 지역, 학교, 국가 등)와, 사물의 속성을 크기나 정도에 따라 순서를 비교하는 서열척도(ordinal scale)로 측정된 변수(석차, 학력, 수능등급 등)가 해당된다. 이산이란 각 값의 사이가 떨어져 있다는 의미이며, 떨어진 값의 차이 값은 아무런 의미를 갖지 않는다는 말이다. 예를 들어, 성별에 대하여 남성=1, 여성=2로 값을 부여했을 때 1과 2 사이의 값은 존재할 수 없으며 아무런 의미가 없다. 지역에 대하여 서울=1, 경기=2, 충청=3, 강원=4로 부여하는 경우 숫자는 아무런 의미가 없으며 구분하는 것에 불과하다. 예를 들어, 경기=2와 충청=3에 덧셈, 뺄셈, 곱셈, 나눗셈 등의 결과는 아무런 의미를 부여할 수 없다. 이산변수는 다양한 범주를 갖는 범주적 변수(categorical variable)로 되어 있다.

연속변수(continuous variable)는 변수가 연속적인 모든 값의 의미를 가진다. 척도 간의 간격이 동일하여 수치에 가감(+, −)이 가능한 등간척도(interval scale)로 측정된 변수(IQ, 직무만족도 등)와, 수치 간에 가감승제(+, −, ×, ÷)가 가능하고 절대 영(0)이 존재하는 비율척도(ratio scale)로 측정된 변수(소득, 실업률, 이혼율, 출산율, 연령 등)가 해당된다.

3. 변수 간의 관계

1) 정의 관계와 부의 관계

정(+)의 관계(positive relationship) 또는 긍정적 관계란 두 변수가 같은 방향으로 변하는 것을 말하며, 부(−)의 관계(negative relationship) 또는 부정적 관계란 두 변수가 각각 다른 방향으로 변하는 것을 말한다.

독립변수와 종속변수가 정의 관계를 가지고 있다면 독립변수가 증가(감소)할 때 종속변수도 증가(감소)한다. 하지만 부의 관계를 가지고 있다면 독립변수가 증가(감소)할 때 종속변수는 다른 방향으로 감소(증가)한다. 여기에서 유의할 점은 (+)나 (−)는 단지 두 변수가 변화하는 방향이 서로 다를 뿐이지 (+)가 (−)보다 관계의 정도가 강하거나 약하다는 것을 의미하지는 않는다.

그림 7-15 에서 정(+)의 관계는 공동체에서 신뢰가 증진되면 협력이 증대되거나, 조직에서 공정성 인식이 높을수록 종업원들 간 신뢰가 증진되는 관계이다. 부(−)의 관계는 직무스트레스가 증가하면 직무만족이 낮아지거나, 자녀에 대한 부모의 관심이 높을수록 청소년비행이 줄어드는 관계이다.

【그림 7-15】 변수의 정(+)의 관계와 부(−)의 관계

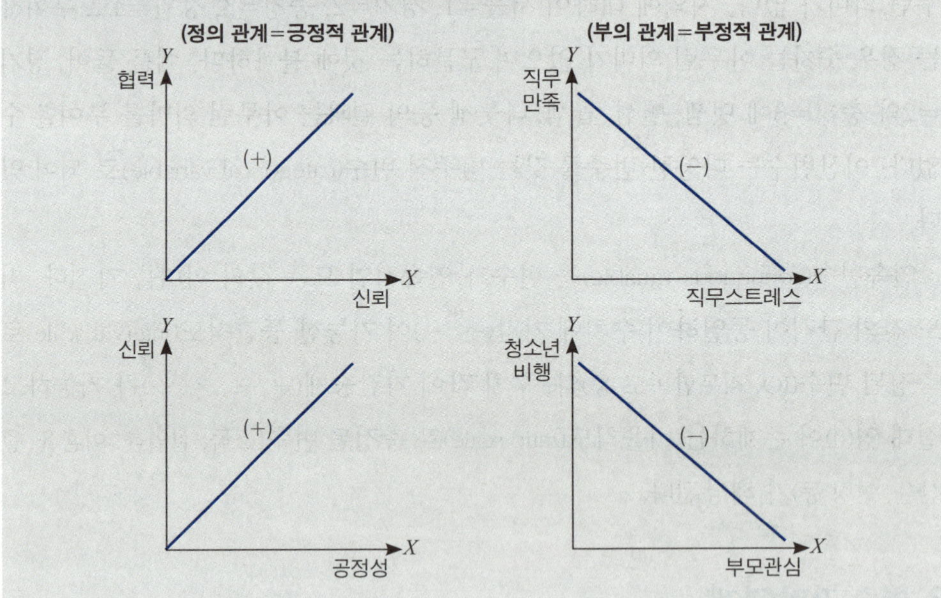

2) 선형관계와 비선형관계

선형관계(linear relationship)는 두 변수가 일정한 비율로 증가 또는 감소하는 것을 말하며, 비선형관계(nonlinear relationship)는 두 변수의 증감(변화)비율이 일정

하지 않거나 다른 것을 말한다. 선형관계는 독립변수가 1단위 증가(감소)할 때 종속변수도 1단위 증가(감소)하는데 두 변수의 결과값을 연결하면 직선의 모양을 형성한다는 의미이다. 비선형관계는 독립변수가 1단위 증가(감소)할 때 종속변수는 3단위 또는 7단위로 증가(감소)하게 되는데 두 변수의 결과값을 연결하는 경우 직선이 아닌 곡선의 모양을 형성한다는 것이다.

선형에서는 *X*가 변할 때 *Y*가 일관성 있게 같은 비율로 변하는 반면, 비선형에서는 *X*가 변할 때마다 *Y*의 변화율이 다르다. 또한 비선형에서는 *X*와 *Y*가 같이 증가하다가 어느 극대점에 도달하면 *X*가 변해도 *Y*의 변화율은 0이 되고, 그 이후부터는 *X*가 증가해도 *Y*가 감소되어 마이너스(−)값을 가지는 경우도 있다. 예를 들어, 연령이 높을수록 소득은 증가하지만 정년 연령에 도달하면 소득은 오히려 감소하는 경우가 있다.

【그림 7-16】 선형관계와 비선형관계

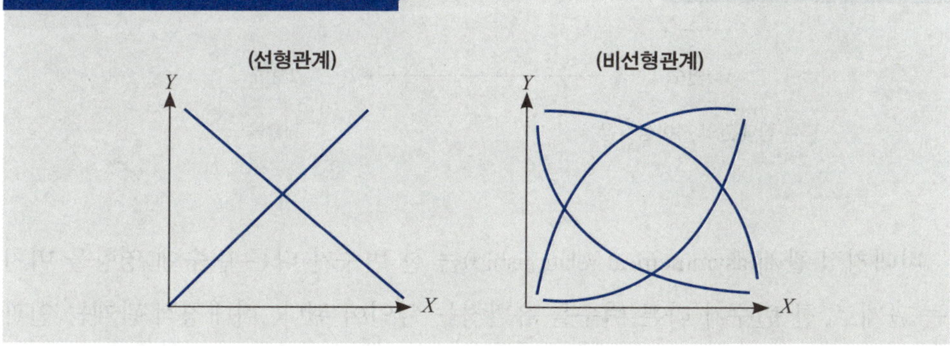

3) 상관관계와 인과관계

상관관계(correlation)란 *X*, *Y* 두 변수가 '서로' 영향을 주고받는 것을 의미하는 반면, 인과관계(causal relationship)는 원인이 되는 한 변수가 다른 한 변수에 '일방적'으로 영향을 주는 것을 의미한다. 인과관계가 성립되기 위해서는 상관관계가 있어야 한다.

예를 들어, 키와 가슴둘레는 밀접한 관계가 있으나 키가 클수록 가슴둘레가 크다고 말할 수 없으며 역시 가슴둘레가 클수록 키가 크다고 말할 수는 없는 경우에 이를 상관관계라고 한다. 두 연속변수의 관계 정도, 즉 크기를 나타내는 척도를 상관계수라고 하는데, 만약 한 변수(X)가 다른 변수(Y)와 정확히 동일하게 변화하는 선형관계에 있으면 상관계수는 '+1 ~ −1'이 된다.

4) 대칭적 관계와 비대칭적 관계

대칭적 관계(symmetrical relationship)는 변수 간의 관계에서 어떤 변수도 다른 변수의 원인이 아닌 경우이다. 보통 두 변수 간에 상관관계 또는 공동변화만 확인할 수 있고 인과관계의 방향은 알 수 없을 때 대칭적 관계가 있다고 말하며, 기호로는 $A \leftrightarrow B$와 같이 양방향의 화살표로 표현한다. 대칭적 관계는 A변수가 변화하면 B변수도 변화하고 B변수가 변화하면 A변수도 변화하는 경우이다. 예를 들어, 장애인의 자아성취감이 높으면 재활속도가 빨라지고, 재활속도가 빨라지면 장애인의 자아성취감이 높아지는 경우이다.

【그림 7-17】 대칭적 관계

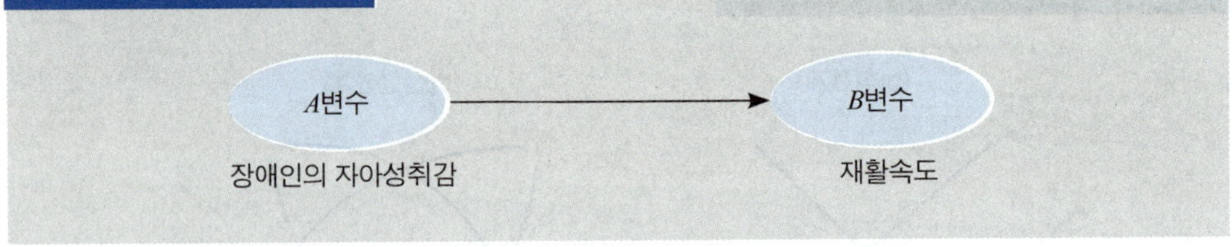

비대칭적 관계(asymmetrical relationship)는 한 변수가 다른 변수에 영향을 미치는 관계로, 한 변수가 다른 변수를 유발하는 원인이 된다. 비대칭적 관계는 인과모형을 나타내며 과학적인 설명과 예측, 그리고 통제의 기초가 된다. 기호로는 $X \rightarrow Y$와 같이 한쪽 방향의 화살표로 표현한다. 비대칭적 관계는 X가 변하면 Y도 변화하지만, Y가 변화한다고 하여 X가 변화하는 것은 아니다. 예를 들어, 인터넷 중독과 대인관계에서 인터넷 중독은 대인관계에 부정적 영향을 미치는 경우가

【그림 7-18】 비대칭적 관계

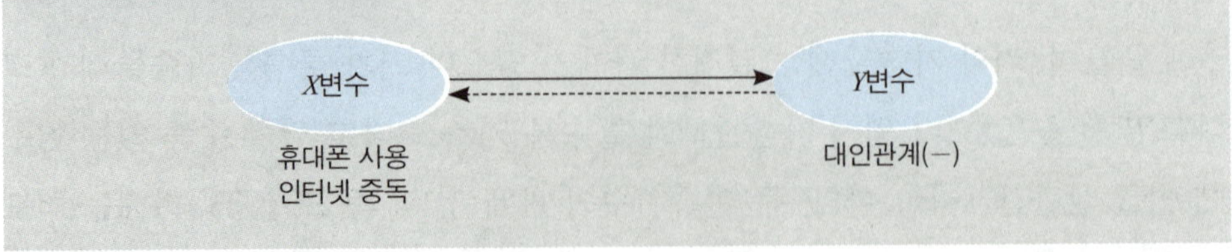

해당된다.

5) 상호 인과적 관계

상호 인과적 관계(reciprocal relationship)는 두 변수가 서로 영향을 미치는 관계를 말한다. 이 경우는 두 변수가 서로 다른 변수의 원인이 되므로 상호 인과적 관계라고 말하며 기호로는 $X \rightleftarrows Y$와 같이 다른 방향의 화살표 두 개를 그려서 표현한다. 예를 들어, 직무만족은 직무성과에 영향을 미치는 변수이지만, 한편으로는 직무성과가 직무만족에도 영향을 미치는 변수가 되는 경우이다.

【그림 7-19】 상호 인과적 관계

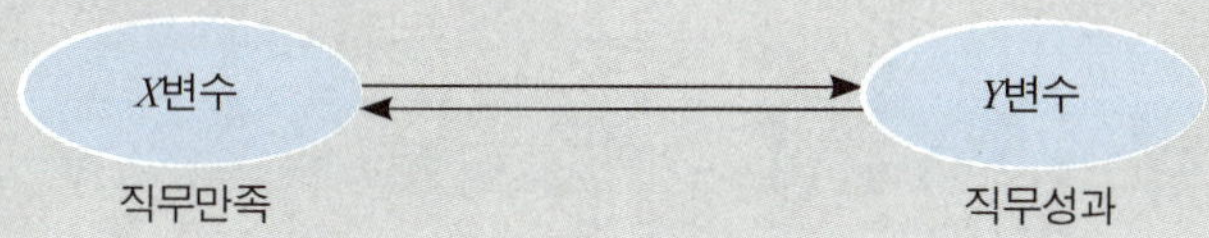

생각해 볼 문제

1. 개념과 변수의 관계를 설명하시오.
2. 개념 전달을 방해하는 요인을 설명하시오.
3. 주변의 경험적 현상을 개념, 개념적 정의, 조작적 정의로 제시하시오.
4. 매개변수와 조절변수의 차이를 설명하시오.
5. 허위변수와 혼란변수의 특징과 차이를 예시를 들어 설명하시오.
6. 일상에서 일어나는 사회현상 중에서 정의 관계와 부의 관계를 갖는 사례를 제시하고 그 근거를 설명하시오.
7. 일상에서 일어나는 사회현상 중에서 선형관계와 비선형관계를 갖는 사례를 제시하고 그 근거를 설명하시오.
8. 일상에서 일어나는 사회현상 중에서 대칭적 관계와 비대칭적 관계를 갖는 사례를 제시하고 그 근거를 설명하시오.
9. 일상에서 일어나는 사회현상 중에서 상호 인과적 관계를 갖는 사례를 제시하고 그 근거를 설명하시오.

제8장

측정과 척도

이 장의 개요

양적연구는 현상을 개념화하고, 개념을 구성하고 있는 변수를 조작화하여 측정함으로써 현상에 내재된 속성을 파악하여 설명하고자 한다. 연구자는 측정에 앞서 개념을 구성하고 있는 변수를 어떻게 조작화하여야 할 것인지를 결정하여야 한다. 이 장에서는 변수를 어떻게 조작화할 것인지와 관련하여 양적연구의 측정수준과 척도에 대하여 살펴본다.

제1절 측정

누가 '빨리' 달린다고 할 때 '빨리'라는 개념에 숫자를 부여하고, 숫자가 의미하는 속성을 통해 판단한다. 즉 달리는 시간을 숫자로 측정하여 숫자의 높고 낮음을 통해 '빨리'라는 개념으로 인식하는 것이다. 이처럼 인간이 경험하는 많은 사회현상의 개념을 명확히 인식하기 위해서는 숫자로 변환하는 작업이 요구되는데 명확한 인식의 수단이 숫자이고, 숫자로 나타내는 과정을 측정이라고 한다.

1. 측정의 의의

1) 측정의 개념

측정(measurement)이란 양적연구에 있어서 추상적·이론적 세계와 경험적 세계를 연결시키는 수단이라고 할 수 있다. 측정은 개념 또는 변수를 현실세계에서 관찰가능한 자료와 연결시키는 과정이자, 질적 속성을 양적 속성으로 전환하는 작업이다. 측정은 측정 대상자나 대상물 자체를 측정하는 것이 아니라 측정대상이 지니고 있는 속성에 수치를 부여하는 것이다(남궁근, 1998: 290-291; 채서일, 2005: 146). 예를 들면, 사람의 키와 몸무게를 측정한다는 것은 사람의 키와 몸무게라는 속성에 수치를 부여하는 것이다. 이를 측정하기 위해서는 측정도구인 자와 저울이 필요하다. 또한 IQ(지능지수)를 측정한다는 것은 문제해결능력을 측정하는 것이지 IQ점수 자체에 의미를 부여하지는 않는다.

측정은 변수의 개념적 속성을 경험적인 관찰가능한 속성으로 바꿔 줌으로써 객관성과 검증가능성 그리고 재생가능성을 확보하게 한다. 예를 들어, "부모의 무관심은 청소년비행에 영향을 미친다"라는 가설을 검증하려 할 때 부모의 무관심이라는 독립변수와 청소년비행이라는 종속변수를 관찰 가능한 속성으로 전환하기 위해 숫자를 부여할 수 있다. 즉, 부모무관심 수준을 경험 및 지각 속성으로 바꾸어 '1=전혀 관심이 없다, 2=관심이 약간 있다, 3=그저 그렇다, 4=약간 관심 있다, 5=매우 관심이 있다'로 측정할 수 있고, 청소년비행은 과거 1년 동안의 비행건수로 나타낼 수 있을 것이다. 이렇게 숫자로 나타내면 부모무관심과 청소년비행을 경험적으로 검증할 수 있다.

2) 사회과학에서 측정의 한계

사회현상을 과학적으로 조사하고 검증하기 위해서는 정밀한 측정이 필요하지만 모든 사회현상을 정밀하게 측정하는 데는 다음과 같은 한계가 있다.

(1) 강한 가치지향적인 요소

사회과학의 관심분야는 사실보다는 가치배분이나 가치지향적인 요소가 강하기 때문에 정밀하게 측정하기가 쉽지 않다. 경험적 연구를 위해서 사회현상 및 인간행동을 구성하고 있는 제 요소들의 추상적인 개념을 양적인 속성으로 변환해야 하지만 모든 추상적 개념을 양적인 속성으로 변환하기란 쉬운 일이 아니다. 예를 들어, 자유와 평등, 진리, 박애, 만족, 관계 등의 개념은 가치중립적이라기보다 가치배분적인 속성을 가지기 때문에 이들 개념의 속성에 대해 모든 사람이 동의하고 합의할 수 있는 측정지표를 개발하기가 쉽지 않다.

(2) 개념들 간의 복합성

측정대상인 개념의 범위가 명확하게 구분되어야 측정의 정확성을 기할 수 있고 속성을 파악할 수 있음에도 불구하고 사회현상을 나타내는 개념은 복잡하고 다양한 요소들이 서로 얽혀 있는 경우가 많다. 따라서 개념을 명확히 범주화하기 어려울수록 개념을 구성하고 있는 속성을 명확히 구분하고 측정하기도 어렵다.

2. 측정의 수준

1) 명목측정

명목측정(nominal measurement)은 측정대상의 속성을 분류하거나 범주를 확인할 목적으로 부호나 수치를 부여하는 것을 말한다. 명목측정을 수행하는 측정도구를 명목척도(nominal scale)라고 하며, 명목척도에 의하여 측정되는 변수를 명목변수(nominal variable)라고 부른다. 명목측정에 의한 각각의 수치는 이름 대신 붙인 것으로 숫자의 산술적 의미는 없다. 어떠한 수치를 부여하느냐는 연구자가 임의로 결정한다.

명목측정은 다음과 같은 조건을 충족시켜야 한다.

첫째, 범주분류는 모든 대상을 총망라(exhaustive)해야 한다. 예를 들어, 거주지를 분류할 때 대도시와 중소도시만 분류하고 농촌을 제외한 경우이다.

둘째, 범주분류는 상호 배타적(mutually exclusive)이어야 한다. 하나의 대상이 두 개 이상의 범주에 속하지 않도록 해야 한다. 예를 들면, 빈곤선 이하의 가구와 이상의 가구로 분류할 경우 모든 가구는 빈곤선 이상이나 이하의 범주에 속해야 하며 두 범주에 모두 속할 수 없다.

- 성별: 남자 = 1, 여자 = 2, 또는 남자 = 100, 여자 = 101
- 직업분류, 대학분류, 학과분류, 전공분류, 지역분류, 해외파견희망국가 분류,
- 공무원시험과목 분류, 도서분류, 종교, 정당, 거주지(대도시, 중소도시, 농촌),
- 운동선수 등번호, 전화번호, 학번, 주민등록번호, 결혼 여부 등

2) 서열측정

서열측정(ordinal measurement)이란 측정대상을 그 속성에 따라 서열이나 순위(rank or order)를 매길 수 있도록 수치를 부여하는 것을 말한다. 서열측정을 수행하는 측정도구를 서열척도(ordinal scale)라고 한다. 서열측정은 측정대상을 분류한 다음 범주 간에 서열이 가능하다. 그러나 수치 자체가 어떤 절대적인 수나 양, 크기 등을 나타내지 않으므로 분류된 범주 간의 거리나 간격에 관한 정보를 알 수 없다. 수치는 단지 상징적으로 높고 낮음만 알려줄 뿐이다.

서열측정은 명목측정의 속성을 포함하고 있으면서 속성 간의 상대적 순위를 나타낸다. 예를 들어, "석차를 1, 2, 3, ..."으로 나타내는 것은 단지 순서적 관계이며, '1등이 3등보다 2단계 높다'라는 표현은 잘못된 것이다. 서열측정은 순위(서열)에 관심을 가질 뿐이지 순위 간 차이 정도에 관심을 갖는 것이 아니다.

- 석차(1등~100등)
- 교육수준(초졸=1, 중졸=2, 고졸=3, 대졸=4)
- 생활수준(상=1, 중=2, 하=3)
- 산재장애등급, 공무원계급(1급, 2급, 3급, 4급, 5급, 6급, 7급, 8급, 9급)
- 직장만족도(매우만족=1, 만족=2, 보통=3, 불만족=4, 매우불만족=5)
- ○○에 대한 태도(전적으로 찬성=1, 찬성=2, 그저 그렇다=3, 반대=4, 전적으로 반대=5)

3) 등간측정

등간측정(interval measurement)은 측정대상을 속성에 따라 구분, 서열화하는 것은 물론 서열 간의 간격이 동일(equal interval)하도록 수치를 부여하는 것을 말하며, 등간측정을 수행하는 측정도구를 등간척도(interval scale)라고 한다. 등간측정은 명목과 순위의 조건하에서 각 관찰값 또는 속성 간의 간격을 알 수 있으며, 그 간격이 일정한 경우이다. 예를 들어, 온도를 측정하는 온도계의 눈금을 보면 1, 2, 3도의 눈금이 똑같은 간격으로 표시되어 있음을 알 수 있다. 그러나 온도계가 0을 나타낸다고 하여 열이 전혀 존재하지 않는다고 말하기 어렵다. 또 다른 예를 들어, 어떤 학생의 사회과학방법론 시험성적이 0점이었다. 그렇다고 하여 그 학생이 사회과학방법론에 관한 지식이 전혀 없다고 말할 수 없다. 또한 100점을 받은 학생은 50점을 받은 학생보다 두 배로 지식이 많다고 하면 잘못된 표현이다. 그러나 100점을 받은 학생의 점수는 50점을 받은 학생보다 50점이 높다(또는 많다)는 표현은 옳다. 이렇게 등간척도는 양적 표현이 가능하다.

사회과학 연구에서 등간척도로 공인된 것은 거의 없다. 실제 연구에서 엄밀한 의미에서의 서열척도를 등간척도로 간주하여 사용하는 경우가 많은데 이것은 연구자들 개개인의 판단에 따른다. 흔히 일반적으로 많이 사용하는 '대단히, 매우, 상당히, 정말, 전혀, 조금, 약간, 잘' 등과 같은 의미는 속성간격을 정확히 측정하기가 어렵다.

- 지능지수(IQ): .....100, ..., 110, ..., 120, ...
- 시험성적: .....30, ..50, ..80, ..100
- 온도: ....0, ...10, ...20
- 주가지수: ....500, ...600, ...785, ...885
- 물가지수, 생산성지수, 사회지표
- 자아존중감검사, 성격검사, 적성검사

4) 비율측정

비율측정(ratio measurement)은 절대적인 영 또는 자연적인 영(absolute, natural zero point)을 가진 척도를 가지고 측정대상의 속성에 수치를 부여하는 것을 말한다. 비율측정은 명목, 서열, 등간 측정의 특징을 다 가지면서 반드시 또는 언제나 0이 존재하는 것이다. 비율측정은 절대적인 영이 존재하기 때문에 더하기, 빼기, 곱하기, 나누기도 의미 있게 할 수 있다. 예를 들어, 온도의 경우 온도계가 0도라고 하면 온도가 전혀 없다는 의미는 아니다. 따라서 절대적인 0이 존재하지 않기 때문에 온도는 비율척도가 아니라 등간척도에 해당된다. 그러나 "소득이 0이다"라고 하면 소득이 절대적으로 전혀 없다는 것을 의미한다. 또한 "합계출생률이 0이다"라고 하면 출생이 한 명도 없었다는 것을 의미한다.

연령, 출생률, 사망률, 소득, 교육연수, 결혼기간, 거주기간, 동거기간, 자녀수, 범죄율, 투표율, 시청률, 신문의 구독률, 가격, 저축액, 생산원가, 투자액

이상과 같은 측정종류별 특징을 비교하면 **표 8-1**과 같이 요약할 수 있다.

표 8-1 측정별 특징 비교[1)]

측정	비교	상호 배타성/포괄성	서열 비교	표준 측정 단위	자연적 "O" 존재	특징	평균의 측정	적용가능 분석방법
명목	확인, 분류	○				숫자 부여	최빈값	빈도분석, 교차분석, 비모수통계

1) • 최빈값: 빈도수(도수)가 가장 많은 관측치를 말한다.
- 중앙값: 자료를 크기 순으로 배열하였을 때 중앙에 위치하는 관측치를 말한다.
- 산술평균: 측정된 각 자료의 값들을 모두 합하여 그 자료의 총수로 나눈다.
- 기하평균: n개의 양수가 있을 때, 이들 수의 곱의 n제곱근의 값을 뜻한다.
- 조화평균: n개의 양수에 대하여 그 역수들을 산술평균한 것의 역수를 뜻한다.
- 빈도분석: 변수값에 속한 표본의 수를 파악하는 과정이다.
- 비모수통계: 분포의 유형이 알려져 있지 않을 때 가설검증을 하기 위한 통계분석기법이다.
- 모수통계: 분포의 유형(정규분포)을 가정하고 가설검증을 하는 통계분석기법이다.

측정	비교	상호 배타성/ 포괄성	서열 비교	표준 측정 단위	자연적 "O" 존재	특징	평균의 측정	적용가능 분석방법
서열	순위 비교	○	○			명목+순서	중앙값	서열상관관계 비모수통계
등간	간격 비교	○	○	○		서열+등간	산술평균	모수통계
비율	절대적 크기 비교	○	○	○	○	등간+절대영점	기하평균 조화평균	모수통계

【그림 8-1】 측정의 수준

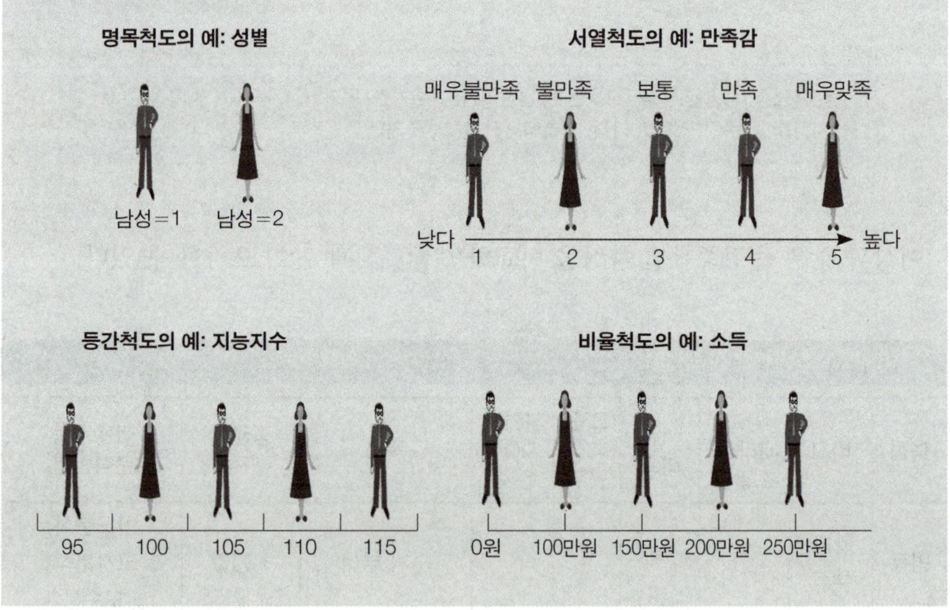

제2절 척도

1. 척도의 의의

척도(scales)란 논리적으로 또는 경험적으로 서로 연관되어 있는 여러 개의 문항 또는 지표로 이루어진 복합적 측정도구를 말한다. 사회과학분야의 경험적 조사연구에서 그 개념이 다의적이고 추상적이므로 단일문항(지표)으로 구성된 간단한 측정도구로는 신뢰도와 타당성을 확보할 수 없다. 측정하고자 하는 현상이나 대상의 속성을 모두 포괄할 수 있는 문항 및 지표로 구성되어야 하는데, 그 문항 및 지표가 완전하게 갖추어지지 않으면 결국 측정도구의 신뢰성과 타당성에 문제가 생겨 연구의 객관성과 적용가능성에 영향을 미치게 된다.

척도란 논리적으로 또는 경험적으로 서로 연관되어 있는 여러 개의 문항들로 이루어진 복합적 측정도구를 가리키는데, 사회과학 분야에서 여러 문항을 통한 척도를 구성해야 할 필요성은 다음과 같다(홍두승, 2000: 131-132; 김경동 외, 1998: 368-370; 남궁근, 1998: 297).

① 하나의 문장이나 지표로는 제대로 측정하기 어려운 복합적인 개념을 측정할 수 있다.
② 여러 개의 지표(문항)를 하나의 점수로 나타냄으로써 자료의 복합성을 줄일 수 있다.
③ 척도의 단일차원성(척도를 구성하는 문항은 공통적인 특성을 나타내야 함)을 검증해 볼 수 있다.
④ 복수의 지표로 구성된 척도를 사용하면 단일문항을 사용하는 경우보다 측정의 오류를 줄일 수 있고, 측정의 타당성과 신뢰성을 높일 수 있다.

2. 척도구성 방법

1) 평정척도

평정척도(rating scale)는 측정대상 또는 피조사자의 어떤 속성을 단일연속선상에 배열하고 일정기준에 입각하여 대상의 속성에 일정수치를 부여하거나 또는 몇 개의 카테고리로 구분하여 각 구분점에 일정수치를 부여하는 척도이다. 대표적인 예로 학생의 성적을 'A, B, C, D'나 '수, 우, 미, 양, 가' 등급으로 평가하는 것과 같아 등급척도라고도 한다.

평정척도는 척도를 만들기 쉽고, 사용이 간편하며, 비용·시간 면에서 경제적이고 적용범위가 넓다는 점이 장점이나, 평가자의 주관적 판단에 의존하므로 평가자의 성격과 태도 및 심리적 편향에 좌우된다는 단점이 있다.

평정척도의 예시

① 도표형 평정척도

선과 언어를 합하여 구성한 것으로, 선을 긋고 사이사이에 숫자 해설을 붙여서 평가자가 대상의 위치 또는 태도를 기호로 표시하도록 한다.

1	2	3	4	5
매우 만족	만족	보통	불만족	매우 불만족

② 범주형 평정척도

어떤 속성을 나타내는 문장이나 항목을 범주별로 제시하고 가장 적합한 것을 고르게 하는 방법이다.

매우 만족	(　　)
만족	(　　)
보통	(　　)
불만족	(　　)
매우 불만족	(　　)

③ 숫자 - 언어식 평정척도

측정대상의 속성에 따라 평가자가 일정한 숫자나 언어를 부여하는 방식이다.

1) 매우 만족
2) 만족
3) 보통
4) 불만족
5) 매우 불만족

④ 점수부여식 평정척도

조사대상의 속성이나 특성에 평가자가 그의 의견이나 태도를 수치로 평정하게 한다. 평정의 양극은 0점에서 100점으로 지정되어 있으나 이 사이에는 아무런 구분이 명시되지 않는다.

0 ―――――――――――――――――――――――――――――― 100

2) 리커트 척도

리커트 척도(Likert scale)는 여러 개의 문항으로 태도를 측정하고 해당항목에 대한 측정치를 합산하여 평가대상자의 태도 점수를 얻어내는 척도로 총합평정척도(summated rating scale)라고도 한다. 즉, 복수의 평정척도의 합산하여 평균값으로 제시한다.

리커트 척도는 1928년에 개발된 서스톤 척도를 더욱 단순화하고 용이하게 활용할 수 있도록 미국 사회심리학자인 리커트(Rensis Likert)가 1932년에 제시하였다. 리커트 척도는 인간의 태도를 연구하고 측정하는 효과적인 방법으로 오늘날 인식, 태도 및 의견을 측정하는 가장 인기 있고 신뢰할 수 있는 방법 중 하나로 이용되고 있다.

총합평정척도는 어떤 심리적 특성이나 태도를 나타내는 한 변수의 연속성을 가정하여, 한 변수에 대한 심리적 특성을 나타내는 여러 개의 진술문이나 문항을 나열하고 그 응답결과를 통합하여 평균을 계산함으로써 응답자의 태도 점수를 결정하는 척도법이다(박도순, 2006: 41).

총합평정척도는 평정척도를 변형한 것으로 그 구성은 일정한 태도문항으로 이루어진다. 이때 모든 문항은 척도에 포함된 태도변수를 바르게 표시하고, 이것이 타당한 문항이라면 척도 내의 다른 문항과 높은 관련성을 가지고 각 개별문항은 전체문항과 높은 상관관계가 있어야 한다는 것을 전제로 한다. 그리고 하나의 개념을 측정하기 위해서 여러 개의 문항을 이용하는 척도이므로 문항 간의 내적일관성이 높아야 한다. 따라서 내적일관성 검증을 통하여 신뢰도가 낮은 문장은 삭제할 필요가 있다. 문항분석의 결과 기술적으로 내적일관성이 확보되었더라도 그것이 반드시 이론적 타당성을 담보하지는 못한다.

Likert는 5점 척도(5점: 가장 찬성한다, 4점: 찬성한다, 3점: 보통이다, 2점: 반대한다, 1점: 적극 반대한다)를 사용하면서, 5점 척도상의 응답유형이 대체로 정규분포체계와 비슷하다고 가정하고, 서로 다른 진술문을 합쳐서 하나의 척도로 사용할 수 있음을 제시하였다. 이렇게 서로 다른 진술들을 총합하여 하나의 척도를 구성하는 방법은 지능지수(IQ)를 테스트할 때 사용된다. 5점 척도 외에 7점 척도도 많이 사용되는데 진술문의 성질에 따라 결정된다(박도순, 2006: 42).

총합평정척도의 장점은 (a) 평가를 필요로 하지 않아 척도 구성이 간단하고 편리하며, (b) 평가자의 주관개입을 배제할 수 있으며, (c) 항목에 대한 응답의 범위에 따라 측정의 정밀성을 확보할 수 있는 것이다. 각각의 질문항목이 모두 응답되어야 하며 이때 각 문항에 대한 응답치를 5개에서 7, 9, 11개로 늘려 가면 그 항목에 대한 응답의 정밀성을 높일 수 있다.

그러나 다음과 같은 단점이 있다. (a) 각 항목에 대한 응답자 태도의 강도가 정확히 일치하기가 힘들어 엄격한 의미의 등간척도가 되기는 어렵고, (b) 총점이 뜻

표 8-2 리커트 척도의 개발단계

- 특정자극이나 관심사에 대한 태도를 표시하는 문항들을 만들며, 이 문항들은 확실하게 동의적이거나 비동의적인 표현을 담고 있어야 한다.
- 각 문항은 3~10개 정도의 측정항목 구분이 있어야 하고 각 척도항목에 수치를 부여한다. 가장 많이 쓰이는 것이 5점 또는 7점 척도이다.
- 조사하려는 집단의 일부 사람들에게 사전조사를 실시한다.
- 표본으로 뽑힌 사람들을 대상으로 각 문항에 대하여 응답을 하고 이 응답점수를 개인별로 합하여 총점을 계산한다.
- 항목들 중에서 개인별 총점과 각 항목점수 간에 상관관계가 높은 문항을 선택한다.

하는 바가 개념적으로 분명하지 못하다. 점수의 단순한 합계에는 각 항목이 표현한 응답자 태도의 강도가 드러나지 않기 때문이다. (c) 문항분석의 결과 기술적으로 내적일관성이 확보되었다 하더라도 그것이 반드시 이론적 타당성을 담보하지는 못한다.

표 8-3 학교생활의 질적인 만족 정도를 나타내는 질문

※ 각 문항별로 만족하는 정도에 ∨표를 하십시오.

번호	질문	전혀 그렇지 않다	그렇지 않다	보통이다	그렇다	매우 그렇다
1	학교에서 나는 외톨이 같다는 느낌을 가질 때가 많다.	①	②	③	④	⑤
2	학교에 있으면 어색한 느낌이 들고 내가 있을 자리가 아닌 것 같다.	①	②	③	④	⑤
3	학교에 있으면 외롭다.	①	②	③	④	⑤
4	학교에 다니고 싶지 않다.	①	②	③	④	⑤
5	학교생활이 따분하다.	①	②	③	④	⑤
6	학교에서 쉽게 친구를 사귈 수 있다.	①	②	③	④	⑤
7	학교에 대해 소속감을 느낀다.	①	②	③	④	⑤
8	학생들 사이에 인기가 있다.	①	②	③	④	⑤
9	선생님들은 나를 좋은 학생으로 생각하신다.	①	②	③	④	⑤
10	학교생활 문제에 대하여 선생님에게 의지하고 도움을 받을 수 있다.	①	②	③	④	⑤
11	나는 학교에 다니는 것이 즐겁다.	①	②	③	④	⑤
12	학교의 친구들은 나를 존중하고 배려한다.	①	②	③	④	⑤
13	나는 학교생활 중 어려운 문제가 있으면 찾아가서 의논할 선생님이 있다.	①	②	③	④	⑤
14	나에게 어려운 문제가 있을 때 도움이 되는 친구가 있다.	①	②	③	④	⑤
15	이 학교에 계속 다니는 것이 괴롭다.	①	②	③	④	⑤
16	선생님은 나에게 관심이 없는 것 같다.	①	②	③	④	⑤

번호	질문	전혀 그렇지 않다	그렇지 않다	보통 이다	그렇다	매우 그렇다
17	이 학교는 나의 미래에 관심이 없다.	①	②	③	④	⑤
18	선생님들은 다른 학생들보다 나에게 더 엄하게 하신다.	①	②	③	④	⑤
19	학교는 나의 기초능력(각 교과서에서 기본이 되는 능력)을 잘 길러 주고 있다.	①	②	③	④	⑤
20	학교는 나의 창의력을 잘 길러 주고 있다.	①	②	③	④	⑤
21	우리 학교 선생님들은 나의 수준에 맞게 잘 가르쳐 준다.	①	②	③	④	⑤
22	학교에서 내주는 숙제는 나에게 도움이 된다.	①	②	③	④	⑤

자료: 김양분 외(2003); 박도순(2006: 54에서 재인용)

표 8-4 일반인 대상 자아존중감 척도

※ 각 문항별로 자기 자신을 가장 잘 나타낸다고 생각되는 번호에 ∨표를 하십시오.

척도문항	전혀 아니다 (1)	아니다 (2)	보통 (3)	그렇다 (4)	매우 그렇다 (5)
1. 나는 내가 다른 사람들처럼 가치 있는 사람이라고 생각한다.					
2. 나는 좋은 성품을 가졌다고 생각한다.					
3. 나는 대체로 실패한 사람이라는 느낌이 든다.					
4. 나는 대부분의 사람들처럼 일을 잘할 수 있다.					
5. 나는 자랑할 것이 별로 없다.					
6. 나는 내 자신에 대하여 긍정적인 태도를 가지고 있다.					
7. 나는 내 자신에 대하여 대체로 만족한다.					
8. 나는 내 자신을 좀 더 존경할 수 있으면 좋겠다.					
9. 나는 가끔 내 자신이 쓸모없는 사람이라는 느낌이 든다.					
10. 나는 때때로 내가 좋지 않은 사람이라고 생각한다.					

표 8-5 학생 대상 자아존중감 척도

※ 각 문항별로 자기 자신을 가장 잘 나타낸다고 생각되는 번호에 ∨표를 하십시오.

질문	전혀 그렇지 않다	그렇지 않다	보통 이다	그렇다	매우 그렇다
1. 나는 내 자신이 자랑스럽다.	①	②	③	④	⑤
2. 나는 자신을 소중하게 생각한다.	①	②	③	④	⑤
3. 나는 학급 임원(반장, 부반장)이 될 자격이 있다고 생각한다.	①	②	③	④	⑤
4. 나는 앞으로 훌륭한 사람이 될 것이다.	①	②	③	④	⑤
5. 나는 자존심이 상하면 참지 못한다.	①	②	③	④	⑤
6. 나는 옳다고 생각하면 굽히지 않는다.	①	②	③	④	⑤
7. 나는 스스로 부끄러운 짓을 하지 않는다.	①	②	③	④	⑤
8. 나는 남보다 뒤떨어지는 것을 못 참는다.	①	②	③	④	⑤
9. 나를 따르고 부러워하는 아이들이 많다.	①	②	③	④	⑤
10. 나보다 잘난 아이들이 많은 것 같다.	①	②	③	④	⑤
11. 나는 남보다 뛰어난 것이 별로 없다.	①	②	③	④	⑤
12. 나는 남에게 자랑할 만한 것이 별로 없다.	①	②	③	④	⑤
13. 나를 무시하고 얕보는 아이들이 많은 것 같다.	①	②	③	④	⑤
14. 부모님이 나를 못마땅하게 여기시는 때가 많다.	①	②	③	④	⑤
15. 선생님은 나를 대수롭지 않게 생각하신다.	①	②	③	④	⑤

자료: 김양분 외(2003); 박도순(2006: 55에서 재인용)

표 8-6 온라인 및 오프라인의 사회자본 형성수준을 측정하는 문항

※ 각 문항별로 자기 자신을 가장 잘 나타낸다고 생각되는 번호에 ∨표를 하십시오.

변수명	문항
온라인 활동	1. 인터넷 사용은 일상생활의 한 부분이다. 2. 모바일기기 사용은 일상생활의 한 부분이다. 3. 인터넷으로 정보(대화)를 주고받는 것이 즐겁다. 4. 인터넷으로 정보(대화)를 주고받는 것이 편안하다. 5. 모바일기기로 정보(대화)를 주고받는 것이 즐겁다. 6. 모바일기기로 정보(대화)를 주고받는 것이 편안하다. 7. 인터넷을 하고 있으면 네티즌의 일원이라는 공동체의식이 든다.

변수명	문항
온라인 유대자본	1. 나의 문제를 해결하는 데 도움을 줄 수 있다고 확신하는 사람이 온라인상에 있다. 2. 매우 중요한 결정에 관해 조언을 해줄 수 있는 사람이 온라인상에 있다. 3. 개인 문제에 대하여 편안하게 얘기할 사람이 온라인에 있다. 4. 내가 외로울 때 온라인에서 얘기할 사람이 있다. 5. 급하게 돈이 필요할 때 나에게 빌려줄 수 있는 사람이 온라인에 있다. 6. 온라인에서 만나는 사람은 나와 비슷한 평판을 가지고 있을 것이다. 7. 온라인에서 만나는 사람은 나를 위해 좋은 일자리에 대한 정보를 줄 것이다. 8. 온라인에서 만나는 사람은 나를 위해 마지막 남은 돈도 기꺼이 쓸 수 있을 것이다. 9. 나에게 아주 호의적인 사람을 온라인상에서 알고 있다. 10. 온라인에서 만나는 사람은 내가 곤경에 처해 있을 때 도와줄 것이다.
오프라인 유대자본	1. 나의 문제를 해결하는 데 도움을 줄 수 있다고 확신하는 사람이 오프라인에 있다. 2. 매우 중요한 결정에 관해 조언을 해줄 수 있는 사람이 오프라인에 있다. 3. 개인 문제에 대하여 편안하게 얘기할 사람이 오프라인에 있다. 4. 내가 외로울 때 오프라인에서 얘기할 사람이 있다. 5. 급하게 돈이 필요할 때 빌려줄 수 있는 사람이 오프라인에 있다. 6. 오프라인에서 만나는 사람은 나와 비슷한 평판을 가지고 있을 것이다. 7. 오프라인에서 만나는 사람은 나를 위해 좋은 일자리 정보를 줄 것이다. 8. 오프라인에서 만나는 사람은 나를 위해 마지막 남은 돈도 기꺼이 쓸 수 있을 것이다. 9. 나에게 아주 호의적인 사람을 오프라인에서 알고 있다. 10. 오프라인에서 만나는 사람은 내가 곤경에 처해 있을 때 도와줄 것이다.
온라인 교류자본	1. 온라인에서 만나는 사람은 우리 동네(마을/지역) 밖에서 일어나는 일에 관심이 많다. 2. 온라인에서 만나는 사람을 통해 새로운 일에 도전할 수 있는 용기를 얻는다. 3. 온라인에서 만나는 사람을 통해 나와 생각이 다른 사람에게도 관심을 가지게 되었다. 4. 온라인에서 사람들과의 대화는 다른 세상에 호기심을 갖도록 만든다. 5. 온라인에서 만나는 사람들이 나를 거대한 공동체의 부분으로 느끼도록 만든다. 6. 온라인에서 사람을 만나는 것은 넓은 세상과 연결되어 있는 느낌이다. 7. 온라인에서 사람을 만나는 것은 세상의 모든 사람과 연결되어 있는 기분이다. 8. 나는 온라인 공동체(인터넷 공동체) 활동에 기꺼이 시간을 투자하겠다. 9. 온라인에서 사람을 만나는 것은 새로운 사람과 대화할 수 있는 좋은 기회이다. 10. 온라인상에서 항상 새로운 사람들과 관계를 맺는다.
오프라인 교류자본	1. 오프라인에서 만나는 사람은 우리 동네(마을/지역) 밖에서 일어나는 일에 관심이 많다. 2. 오프라인에서 만나는 사람을 통해 새로운 일에 도전할 수 있는 용기를 얻는다. 3. 오프라인에서 만나는 사람을 통해 나와 생각이 다른 사람에게도 관심을 가지게 되었다. 4. 오프라인에서 사람들과의 대화는 다른 세상에 호기심을 갖도록 만든다. 5. 오프라인에서 만나는 사람들이 나를 거대한 공동체의 부분으로 느끼도록 만든다. 6. 오프라인에서 사람들을 만나는 것은 넓은 세상과 연결되어 있는 느낌이다. 7. 오프라인에서 사람을 만나는 것은 세상의 모든 사람과 연결되어 있는 기분이다. 8. 나는 오프라인 공동체(지리적 공동체) 활동에 기꺼이 시간을 투자하겠다. 9. 오프라인에서 사람을 만나는 것은 새로운 사람과 대화할 수 있는 좋은 기회이다. 10. 오프라인에서 항상 새로운 사람들과 관계를 맺는다.

자료: 김구(2010: 42-43)

표 8-7 경찰의 사회적 자본과 직무성과를 측정하는 문항

변수명	문항
신뢰	1. 나는 평소 우리 부서의 상사를 신뢰한다. 2. 나는 평소 우리 부서의 동료를 신뢰한다. 3. 나는 평소 우리 부서의 부하를 신뢰한다. 4. 나는 평소 우리 조직의 최고관리자를 신뢰한다.
협력적 교환	1. 나는 평소 업무에 도움이 되는 정보를 동료로부터 받는 편이다. 2. 나는 평소 업무에 도움이 되는 정보를 상사로부터 받는 편이다. 3. 나는 평소 업무에 도움이 되는 정보를 부하로부터 받는 편이다. 4. 나는 평소 다른 동료에게 도움이 되는 정보를 주는 편이다. 5. 나는 평소 상사에게 도움이 되는 정보를 주는 편이다. 6. 나는 평소 부하에게 도움이 되는 정보를 주는 편이다.
집단결속	1. 나는 평소 결근을 하지 않는 편이다. 2. 나는 평소 근무시간에 자리를 비우지 않는 편이다. 3. 나는 평소 조직(부서)의 각종 행사에 가능한 참여하는 편이다. 4. 나는 평소 맡은 일에 열성적이다. 5. 나는 조직(부서)이 하는 일에 적극적으로 동참하는 편이다.
상사의 지지	1. 상사는 나의 일처리에 대해 나를 확실히 신뢰한다. 2. 상사는 내가 성과를 향상시키는 데 유용한 조언을 해주는 편이다. 3. 상사는 나의 경력발전에 도움이 되는 정보를 알려 준다. 4. 상사는 나의 경력이 발전할 수 있도록 많은 지지를 보낸다. 5. 상사는 나의 경력발전에 도움이 되는 여러 가지 조언을 해주는 편이다.
동료의 지지	1. 조직(부서)의 동료들은 내가 직무를 쉽게 할 수 있는 방법을 알려주는 편이다. 2. 조직(부서) 안에서 나는 동료들과 쉽게 이야기하는 편이다. 3. 조직(부서) 안에서 힘들고 곤란한 업무에 직면한 경우 도움을 청할 동료가 있다. 4. 조직(부서) 안에서 개인적 문제를 기꺼이 들어 줄 동료가 있다.
조직공정성	1. 같은 조건이면 우리 조직은 모든 사람을 동일하게 취급한다. 2. 우리 조직은 일관된 기준으로 승진이 결정된다. 3. 우리 조직은 일관된 기준으로 성과급이 결정된다. 4. 우리 조직은 일관된 기준으로 역할이 결정된다. 5. 우리 조직은 일관된 기준으로 담당직무가 결정된다. 6. 우리 조직은 공정한 기준으로 승진이 결정된다. 7. 우리 조직은 공정한 기준으로 성과급이 결정된다. 8. 우리 조직은 공정한 기준으로 역할이 결정된다. 9. 우리 조직은 공정한 기준으로 담당직무가 결정된다.

변수명	문항
업무스트레스	1. 평소 직장에서 일할 때 긴장되는 순간이 많다. 2. 평소 직장에서 일할 때 초조한 느낌이 자주 든다. 3. 평소 직장에서 일 때문에 화를 자주 내는 편이다. 4. 평소 직장에서 일 때문에 짜증을 자주 내는 편이다. 5. 평소 직장에서 일 때문에 고민을 자주 하는 편이다. 6. 평소 직장에서 일 때문에 걱정을 많이 하는 편이다. 7. 평소 직장에서 일 때문에 불안한 순간이 많다. 8. 평소 직장에서 일할 때 침착하지 않고 급하게 서두르는 편이다 9. 평소 직장에서 일 때문에 압박을 많이 받는다. 10. 담당업무는 골치 아프다.
직무만족	1. 나는 맡은 일에 만족한다. 2. 나는 맡은 일이 즐겁다. 3. 나는 맡은 일을 좋아한다. 4. 나는 맡은 일이 즐겁지 않다. (R) 5. 나는 맡은 일을 좋아하지 않는다. (R)
조직몰입	1. 나는 진정으로 조직의 문제를 내 문제로 생각한다. 2. 나의 가치와 조직의 가치가 서로 비슷하다. 3. 다른 사람들에게 내가 조직의 일원이라고 말하는 것이 자랑스럽다. 4. 우리 조직은 내가 직무수행을 할 때 최고의 능력을 발휘할 수 있도록 해 준다. 5. 나는 다른 조직에서 일하는 것을 생각해 본 적이 없다.

자료: 김구 외(2012: 150-151)

3) 서스톤 척도

1928년 서스톤(Louis Leon Thurstone)이 개발한 서스톤 척도는 주로 태도의 속성을 측정할 때 사용한다. 척도 개발 당시에는 종교에 대한 태도를 측정하는 데 사용되었지만 후에 사회학 및 심리학에서도 적용하게 되었다. 서스톤 척도는 특정 문제에 대한 일련의 진술로 구성하며, 각 문제의 진술은 우호적(긍정적=찬성)인 태도와 비우호적(부정적=반대)인 태도를 측정하도록 구성한다. 진술의 나열은 가장 낮은 숫자의 비우호적인 것으로부터 가장 높은 숫자의 우호적인 것으로 배열한 후 측정 결과값에 대하여 평균점수를 계산하여 현상이나 문제에 태도를 나타내는 것으로 해석한다.

서스톤 척도에 의한 설문조사는 특정 문제에 대한 사람들의 태도를 측정·분석·비교하는 데 주로 사용되지만 고객 또는 직원 만족도를 측정하고자 하는 경우에도 사용될 수 있다. 서스톤 척도로 태도를 측정하려는 경우 효과적인 결과를 얻으려면 단일 문제로 초점을 좁혀야 하며, 기본적으로 설문조사는 응답자가 동의하거나 동의하지 않을 이분법 진술로 구성하여야 한다. 연구자는 각 진술에 점수를 직접 지정할 수는 있지만 설문에 편견이 생길 위험이 있어, 신뢰할 수 있는 측정 결과를 얻으려면 편견을 피하기 위하여 문제와 관련된 전문가집단이나 패널의 의견을 고려하는 것이 좋다.

서스톤 척도는 리커트 척도에 비하여 척도를 만드는 과정에서 복잡한 질문 목록을 작성하는 등 시간이 많이 걸리고, 자칫 평정자들의 편견이 개입될 소지를

태도(의견)을 묻는 서스톤 척도의 간단한 예

조직에서 다양성 채용 정책에 대한 사람들의 태도를 파악하고자 할 때 다음과 같은 진술문이 포함될 수 있다.

동의 여부	진술문(항목)	척도값
	1. 다양성 채용 정책은 절대 용인할 수 없다.	1
	2. 다양성 채용 정책이 잘못되었다.	2
	3. 다양성 채용은 공정성 정책에 위배된다.	3
	4. 다양성 채용은 일관성 정책에 위배된다.	4
	5. 다양성 채용은 자격을 갖춘 후보자의 일자리 기회를 박탈한다.	5
	6. 역량이 있고 조직에 도움이 된다면 고려할 만하다.	6
✓	7. 다양성 채용은 새로운 지식을 흡수하여 조직에 활력소가 된다.	7
✓	8. 다양성 채용은 팀(부서)에게 다른 관점을 제공한다.	8
✓	9. 다양성 채용은 지역사회에서 베스트를 이끌어낸다.	9
✓	10. 다양성 채용은 조직의 명성을 높이는 데 도움이 된다.	10
	11. 다양성 채용 정책을 적극 지지한다.	11

위와 같은 조사조대상자는 7, 8, 9, 10번 문항에 동의한다고 응답하였고, 이를 통해 응답자의 태도 결과값은 (7+8+9+10)÷4이므로 8.5로, 중위수가 6점임을 감안하면 위 응답자는 다양성 채용 정책에 긍정적인 태도를 보이는 것으로 평가된다.

안고 있으며, 답변의 선택에서 '동의'와 '부동의' 등과 같이 두 가지만 있어 선택 옵션이 부족하다는 한계를 가지고 있다.

4) 거트만 척도

거트만 척도(Guttman scale)는 척도를 구성하는 과정에서 문항들의 단일차원성이 경험적으로 검증되도록 설계된 척도이다. 단일차원의 척도는 한 개의 변수만을 측정하며, 문항과 개인의 총평점 간의 누적적인 관계가 성립되므로 이를 누적척도(cumulative scale)라고도 한다(이관우, 1986: 194). 여기서 단일차원적이란 문항이 하나의 잠재적인 차원에 일차원적으로 배열되는 것을 말하고, 누적적이란 강한 태도에 대한 문항에 대하여 긍정적인 태도를 가지게 된다는 논리를 적용하여 문항을 배열하는 것을 의미한다. 일반적으로 부정적인 정도에서부터 긍정적인 정도로 문항을 배열하게 된다.

거트만 척도는 한 태도변수에 대한 여러 개의 문항을 설정하여 대상자에게 물을 수 있으나 그 배열은 일정한 순위에 따라야 하므로 결과의 분석에 있어서도 자연 순위적인 양상을 띤다. 그러므로 대상자들은 척도에 대한 응답에 따른 점수에 의하여 순위적인 배열이 되는 것이다(이관우, 1986: 195).

거트만 척도에서는 연구자가 만든 척도가 완벽한 거트만 척도와 일치하는 정도, 즉 단일차원성과 누적성의 가정에 얼마나 부합하는가를 검증하기 위해서 재생계수(coefficient of reproducibility)를 통하여 그 정도를 파악해야 하는데, 재생계수가 1일 때 완벽한 척도구성가능성(scalability)을 가지며 보통 재생계수가 최소한 0.90은 되어야 바람직한 거트만 척도라고 본다. 예컨대, 1,000명 중 100명 이상의 오차가 생기면 곤란하다.

$$CR = 1 - \frac{\text{응답의 오차수}}{\text{문항수} \times \text{응답자수}}$$

이상과 같이 거트만 척도에는 재생계수를 이용하여 선택할 문항과 제외시킬 문항을 결정할 수 있고 문항을 다시 배열할 수 있다는 장점이 있으나, 하나의 다차원척도를 구성하는 여러 개별 문항들에 대해 단일차원성을 가정하는 것은 비

현실적일 뿐만 아니라 복합적인 현상을 단일차원으로 가정해서 측정하기 어렵다는 문제점도 있다.

표 8-8 거트만 척도구성(이웃주민에 대한 태도)

반응자 \ 문항	이웃에 거주하는 것을 허용	사교클럽 가입을 허용	자녀와 결혼을 허용	누적 총점
A	찬성(1)	찬성(1)	찬성(1)	3
B	찬성(1)	찬성(1)	반대(0)	2
C	찬성(1)	반대(0)	반대(0)	1
D	반대(0)	반대(0)	반대(0)	0
계				6

5) 보가더스 척도

보가더스 척도(Bagadous scale)는 보가더스가 인종적 편견의 강도를 측정하기 위하여 고안한 것으로 사회적 거리척도라고도 한다. 보가더스 척도는 개인, 집단, 인종 등과 같은 일정한 대상에 대하여 느끼는 친밀감, 무관심, 혐오감, 갈등상태 등을 측정하는 데 사용된다. 보가더스 척도는 사회집단 간의 거리측정에 이용되고, 소시오메트리는 보가더스 척도와는 달리 개인을 중심으로 집단 내 친근관계에 이용된다.

보가더스 척도의 구성은 먼저 사회적 거리를 표시하는 많은 의견(문장)을 조사

표 8-9 보가더스 척도의 예

문항	영국인	스위스인	네덜란드	한국인	기타
1. 결혼하여 가족으로 받아들임					
2. 개인적 친구로 모임에 받아들임					
3. 이웃하여 같이 지냄					
4. 같은 직장에서 일함					
5. 우리나라 국민으로 받아들임					
6. 우리나라 방문객으로 받아들임					
7. 우리나라에서 추방함					

한 후 응답자(평가자)에게 사회적 거리가 가장 먼 것부터 가까운 순서대로 배열시킨다. 척도는 가능하면 같은 간격을 갖는 항목을 선정하여야 한다.

표 8-9에서 보는 바와 같이 각 인종별로 선호하는 거리척도로 1에서 6까지는 어느 정도 같은 양태의 수용성을 보지만 문항 7은 전혀 부정적인 것을 알 수 있다. 그러므로 7에 답한 사람은 결코 1에서 6까지의 문항에 긍정적인 반응을 보일 수 없다고 보아야 한다.

사회적 거리척도의 예

- 연구자는 대학 신입생에게 멕시코와 폴란드 두 나라에서 온 불법 이민자에게 느끼는 감정(사회적 거리감)을 조사하고자 한다.
- 다음 질문에 어느 나라 사람이 편안한 느낌을 주는지 나라 이름을 말하시오.

  (　　) 한 주일 동안 귀하 대학에 방문하는 것
  (　　) 귀하 대학에 등록하여 풀타임 학생이 되는 것
  (　　) 같은 반이 되어서 이야기할 수 있는 것
  (　　) 함께 시험공부하고 시험시간에 내 뒷자리에 앉는 것
  (　　) 기숙사 같은 층에서 몇 개의 문을 사이에 두고 생활하는 것
  (　　) 기숙사의 같은 방에서 동성의 룸메이트가 되는 것
  (　　) 데이트할 수 있는 이성이 되는 것

- 가정적 결과

	멕시코	폴란드
방문자	100%	100%
풀타임학생	98%	100%
같은 반	95%	98%
함께 공부	82%	88%
같은 기숙사	71%	83%
룸메이트	50%	76%
데이트	42%	64%

자료: Neuman & Wiegand(2000: 158)

6) 소시오메트리

소시오메트리(sociometry)는 집단 내 개인의 선택, 커뮤니케이션 및 상호작용 형태에 관한 자료를 수집하고 분석하는 많은 방법을 지칭하는 포괄적인 용어이다. 일반적으로 소시오메트리는 사회적 선택에 대한 연구와 측정이라고 말하며, 집단 내 구성원 간의 거리를 측정하는 방법이라는 점에서 집단 간의 거리를 측정하는 보가더스 척도와 구별된다.

연구자가 어떤 사람에게 한 가지 이상의 기준에 따라 한 사람 이상을 선택하도록 하고 '당신은 누구와 함께 일하고 싶습니까?', '당신은 누구와 함께 놀이를 하고 싶습니까?' 질문했을 때 그 사람은 자신이 속한 집단구성원을 선택하거나 다른 집단의 구성원 가운데서 하나, 둘, 셋 또는 그 이상을 선택할 수 있다.

소시오메트리는 소집단 내에서 최소한 두 사람 이상의 사이에 맺어지는 인간관계를 측정할 때 사용되는 방법으로, 집단결속력의 정도를 측정한다. 소시오메트리는 뒤에서 설명할 Q-분류분석과 마찬가지로 조사대상인원이 소수일 때만 적용될 수 있는 문제점이 있다.

$$\text{집단결속력}(GC) = \frac{\text{실제로 서로 환영하고 있는 숫자}(n)}{\text{집단구성원이 2명씩 짝을 지을 수 있는 숫자}(N)}$$

$$GC = 1\text{일 때 집단의 결속이 가장 강하다}$$

7) 어의차 척도

어의차 척도(semantic differential scale)는 일직선으로 도표화된 척도의 양극단에 서로 상반되는 형용사를 배열하여 양극단 사이에서 해당 속성에 대하여 평가하는 척도이다. 이 척도는 일반적으로 의견이나 태도를 몇 개의 차원에 따라 측정함으로써 그 차이를 좀 더 명확히 하고자 하는 의미를 지닌다.

어의차 척도 예시

■ 아래 좌우 쌍을 읽어 보시고, 느끼는 감정이나 느낌을 해당란에 체크해 주시기 바랍니다. 옳거나 틀린 답이 있는 것은 아닙니다.

○○○에 대해 느끼는 감정이 어떻습니까?

나쁨	___	×	___	___	___	___	___	___	___	좋음
신중한	___	___	___	___	___	___	___	×	___	천박한
약한	___	___	×	___	___	___	___	___	___	강한
공평한	___	___	___	___	___	___	___	×	___	불공평한
조용한	___	___	___	___	___	___	___	___	×	시끄러운
현대적	___	×	___	___	___	___	___	___	___	전통적
단순한	___	___	___	___	___	___	×	___	___	복잡한
빠른	___	×	___	___	___	___	___	___	___	느린
더러운	___	×	___	___	___	___	___	___	___	깨끗한
분명한	___	×	___	___	___	___	___	___	___	혼란스러운
완전한	___	×	___	___	___	___	___	___	___	불완전한
사실적인	___	×	___	___	___	___	___	___	___	가짜의
가치 있는	___	×	___	___	___	___	___	___	___	쓸모없는

자료: Neuman(2000: 190)

【그림 8-10】 어의차 척도의 예

즐겁다	①	②	③	④	⑤	⑥	⑦	비참하다
절망적이다	①	②	③	④	⑤	⑥	⑦	희망적이다
좋다	①	②	③	④	⑤	⑥	⑦	나쁘다
밝다	①	②	③	④	⑤	⑥	⑦	어둡다
아름답다	①	②	③	④	⑤	⑥	⑦	추하다
강하다	①	②	③	④	⑤	⑥	⑦	약하다
대범하다	①	②	③	④	⑤	⑥	⑦	비겁하다
무겁다	①	②	③	④	⑤	⑥	⑦	가볍다
편하다	①	②	③	④	⑤	⑥	⑦	불편하다

표 8-11 어의차 척도의 예

○○○에 대한 느낌을 체크해 주시기 바랍니다.								
친근감	①	②	③	④	⑤	⑥	⑦	거부감
공손한	①	②	③	④	⑤	⑥	⑦	경솔한
가벼운	①	②	③	④	⑤	⑥	⑦	무거운
단순한	①	②	③	④	⑤	⑥	⑦	복잡한
좋다	①	②	③	④	⑤	⑥	⑦	나쁘다

3. 척도구성을 위한 특별한 방법

변수의 구성개념이나 척도 및 지수들을 평가하는 정교한 통계기법을 설명하면 다음과 같다.

1) 척도와 지수의 차이

일반적으로 사람들은 지수(index)와 척도(scale)를 교환적으로 사용하기 때문에 혼동하는 경우가 있다. 척도와 지수는 변수에 대한 더 많은 정보를 얻기 위한 것이고 측정의 품질을 평가하는 데 이용된다. 지수와 척도는 변수의 종합적인 측정도구들로, 두 개 이상의 지표항목들에 근거한다. 어떤 사람의 IQ점수는 많은 수의 시험질문에 대한 대답들에 근거하고 있다. 따라서 지수는 개별적인 속성들에 배정되어 있는 점수들을 단순히 누적하여 구축(작성)되고, 척도는 속성들의 패턴에 점수들을 배정함으로써 구축된다. 즉, 척도는 속성들 간에 존재하는 어떤 강도구조를 이용한다(소영일, 1996: 197).

또한 척도 및 지수와 유사한 개념이 지표이다. 지표(indicator)란 연구하는 개념이 존재하거나 또는 존재하지 않는다는 것을 나타내는 하나의 징표(고성호 외, 2007: 174) 또는 변수 속성의 표상으로, 사회경제학적지수(Socioeconomic Status, SES)를 측정할 때에는 흔히 학력, 직업, 소득 등의 지표를 사용한다(김경동 외, 1998: 337). 또 다른 예를 들면, 크리스마스에 아동병원을 방문하는 것이 '동정심'을 나타내는 하나의 지표라고 할 수 있다(고성호 외, 2007: 174). 그러나 지표와 지수는 글자도 비슷하고 개념도 유사하여 많은 혼동을 일으킨다.

여기에서 지표와 지수의 개념적 차이를 살펴보면, 지표(indicator)는 하나의 변수(variable)에서 추출된 하나의 숫자를 의미하고, 지수(index)는 2개 이상 여러 개의 지표에서 가공한 하나의 숫자를 의미한다. 따라서 지표와 지수의 기본적인 차이점은, 단 한 개의 변수에서 나온 값이냐 아니면 2개 이상의 변수에서 나온 값이냐 하는 것이다(Ott, 1978).[2)]

척도와 지수의 근본적 차이점은 표 8-12 와 같다.

표 8-12 척도와 지수의 차이

척도	연구자가 변수의 개념에 대한 강도, 방향, 수준, 잠재력을 획득하기 위한 측정이다. 이와 같은 속성은 연속체선상에서 응답자 혹은 관찰자를 배열시킨다. 척도는 하나의 지수 혹은 여러 가지 지수를 사용할 수 있다. 그리고 대부분 순서수준의 측정을 갖는다.
지수	지수는 어떤 개념의 지표들을 하나의 점수로 나타내고자 한다. 합계점수는 여러 지표들의 단순 합이다. 지표는 내용타당성과 수렴타당성에 사용된다. 지수는 대부분 등간 혹은 비율수준의 측정을 갖는다.
비고	연구자는 변수를 측정하는 데 있어서 척도와 지수를 결합한다. 연구자는 보통 척도를 포함하는 몇 개의 지수를 가지는 것이 일반적이다.

2) 요인분석

요인분석(factor analysis)은 연구자에게 지표의 구성과 척도의 단일차원성을 검증하고 지표 문항에 대한 가중치를 할당하게 하여 통계적으로 많은 지표들을 작게 축소시키는 데 도움을 준다. 요인분석의 기본 논리는 비관찰요인(unobserved factor) 혹은 가설적 구성개념(hypothetical construct) 사이의 경험적 관계(empirical relationships)를 통계적으로 조작한다는 것에 토대를 두고 있다.

요인분석을 수행하는 경우, 연구자는 하나의 구성개념을 측정하는 것이라고 생각하는 많은 문항을 가지고 시작한다. 요인분석에서 측정수준은 순서, 등간, 비율척도를 이용하는 것이 좋다. 요인분석은 질문문항들이나 변수들 사이의 상

2) http://anyang.river.or.kr/Menu6/n_6_2_2_1.aspx. (검색일: 2008. 8. 5).

호 관계를 분석해서 이러한 질문문항들이나 변수들 사이에 어떠한 관계가 존재하고 있는지, 즉 질문문항들이나 변수들 사이의 상관관계를 바탕으로 서로 유사한 특징을 지닌 것들끼리 하나의 집단으로 묶는다. 그러면 집단 내부에 존재하는 분석대상자들은 서로 동질적인 군집을 만들 수 있고 집단 간은 당연히 서로 이질적이 된다. 어떠한 유사점이 존재하고 있는지를 파악하여 유사한 변수들끼리 묶어 줌으로써 비교적 관련이 적은 변수집단을 분석하게 되어 자료해석을 좀 더 용이하게 할 수 있다. 따라서 요인분석은 변수의 감축을 통해 변수가 종속변수인지 독립변수인지를 구분하는 것이 아니라, 모든 변수 간의 상호 종속적인 관계를 밝히는 것이다. 즉, 원래 변수들 간의 일대일 상관관계의 행렬을 검토함으로써 가장 상관관계가 높은 요인을 잘 나타낼 수 있는 방법이다. 요인분석은 각 요인 내에 있는 변수들을 상관관계가 큰 것끼리 모이도록 하여 다른 요인에 포함된 변수들과의 상관관계를 낮추는 방법이다.

요인분석의 가장 중요한 특성은 원래 변수들이 가지고 있었던 정보 손실을 최소화하면서 상관관계가 높은 원래 변수들을 묶어 대표할 수 있는 새로운 요인을 찾아내는 것이라 할 수 있으며, 그러한 방법에는 R-type 요인분석과 Q-type 요인분석이 있다. 요인분석에 관한 자세한 내용은 《사회과학 계량분석(통계분석)》 서적을 참고하기 바란다.

3) Q-방법론

일반적으로 사용되는 요인분석 또는 R-기법이 여러 가지 현상을 집약하여 하나의 현상으로 나타내려는 방법인 데 반해, Q-방법론(Q-methodology)은 한 가지 현상을 설명하기 위해서 단일현상을 여러 가지 현상으로 세분화하는 방법이다. Q-방법론은 대상이나 현상에 대한 생각이나 태도, 가치관을 서술한 진술문인 Q문항에 대한 사람들의 응답을 통해 사람들 간의 유사성, 즉 사람들 간의 상관관계를 살펴보고, 유사한 사람들을 묶어서 몇 개의 집단이나 공통인자를 발견하는 방법을 의미한다. Q-방법론은 개인에 관한 연구에 정향(定向)을 둔 일련의 철학적, 심리학적, 통계학적 및 심리측정학적 아이디어를 특징짓기 위하여 사용한 일반적인 이름으로 불린다.

이와 혼용되는 개념으로 Q-소트기법(혹은 Q기법)은 Q-방법론을 위한 자료의 수집과 분석의 절차로, 응답자의 특정대상에 대한 태도와 의견을 표명하는 일련의 카드들을 분류(소트)하는 데 초점을 두며 응답자 간 상관분석의 과정들을 포함한다. 그러나 보통 Q-소트기법은 자료수집 방법에 치우친 개념으로, Q-방법론은 이렇게 수집된 자료의 처리, 즉 Q상관의 요인분석까지 포괄하는 넓은 의미로 이해되고 있다

Q-방법론을 제대로 사용하기 위해서는 무엇보다 먼저 사람들 간의 상관관계계수가 인과관계 때문에 생긴 것이 아니라, 공통인자 때문에 나온 것이라고 전제해야 한다. Q-방법론에 관해서도 근래 많은 전문서적이 출간되었으니 참고하기 바란다.

표 8-13 Q-방법과 R-방법의 요구조건 비교

구분	Q-방법	R-방법
모집단	일련의 진술문	일련의 사람
변인	일련의 모든 진술문에 반응하는 것	사람의 어떤 특성
변인의 상호작용	상호작용한다.	상호작용하지 않는다.
전제조건	개인 내 차	개인 간 차
점수분포	준정상분포 이룸	정상 또는 준정상분포 이루지 않음

4) 군집분석

군집분석(cluster analysis)은 요인분석과는 달리 분석대상들을 상호 관련성에 따라 서로 동질적인 집단으로 묶어 주는 방법이다. 즉, 연구자가 분석하고자 하는 변수나 질문문항을 가지고 서로 유사한 특징을 지닌 혹은 유사한 답변을 한 대상들을 하나의 집단으로 묶는다. 그러면 집단에 속하게 된 분석대상자들을 서로 동질적인 군집으로 만들 수 있고 집단 간은 당연히 서로 이질적이 된다.

군집분석에서 분석대상을 분류기준 변수에 근거하여 군집화하는 것은 유사성 혹은 거리를 이용한 방법을 가지고 구하게 된다. 유사성이라 함은 분류하고자 하는 변수에 따라 분석대상 사이의 비슷한 정도를 평가하는 것이다. 거리를 이용한 방법은 분석대상 사이의 거리를 측정하여 이러한 거리의 측정치를 이용하는 방

법이다. 분석대상 사이의 거리를 재는 방법으로는 유클리드 거리, 가중 유클리드 거리, 제곱된 유클리드 거리, 맨하탄 거리 등 여러 가지가 있다. 군집분석에 관한 자세한 내용은《사회과학 계량분석(통계분석)》서적을 참고하기 바란다.

4. 척도법 선택 시 고려사항

연구자는 연구목적을 달성하기 위해서 적용해야 할 분석기법과 자료의 획득성, 용이성 그리고 경제성 등을 고려하여 측정수준과 척도를 판단, 결정해야 한다. 즉 해당 척도가 지니는 특성과 연구목적이 적합성을 이뤄야 하는데 척도법 선택 시 고려사항은 다음과 같다(채서일, 2005: 167-168).

측정수준과 척도의 형태가 선택된 다음에는 척도구성을 하여야 하는데, 이때 고려해야 할 사항은 척도점의 수와 척도점의 기준점이다. 척도점의 수가 너무 적으면 분석 시 응답자의 태도 정도(수준)를 정확히 밝힐 수 없으며 분석상의 어려움이 따른다. 척도점의 수가 많으면 조사자가 각 척도에 적합한 설명을 붙이기 어려워지며 이를 이용하여 응답자들의 평가에 어려움은 있으나, 측정하고자 하는 속성의 기준을 보다 정확히 반영할 수 있고 분석이 용이해진다.

척도 기준점에서는 중립점을 두는 경우와 중립점을 두지 않는 경우가 있다. 중립점을 두게 되면 생각 없이 중립점에 표시해 버리는 중립화 경향이 있을 수 있고, 중립점을 두지 않으면 실제로 중립적인 태도를 가지는 사람들을 강제로 어느 한쪽으로 유도할 수 있다. 그러므로 중립점에 관한 문제는 질문 항목의 특성에 따라서 달리해야 한다. 그리고 측정척도에 설명을 붙인 경우와 안 붙인 경우가 있는데 대부분 설명이 붙은 측정으로 응답표시가 몰리는 경향이 있다.

생각해 볼 문제

1. 척도와 지수의 차이점을 설명하시오.
2. 척도법 선택 시 고려사항을 설명하시오.
3. 사회과학 연구에서 측정의 특성과, 사회조사에서 측정의 어려움에 대해 설명하시오.
4. 명목측정, 서열측정, 등간측정, 비율측정의 특징과 차이점을 비교 설명하시오.
5. 리커트 척도과 서스톤 척도의 특징을 설명하고 각각의 장단점을 비교 설명하시오.
6. 경험하고 있는 사회문제 하나를 선택하여 이에 대한 서스톤 척도의 진술문(문항)을 개발하시오.

제9장

설문지 작성법

이 장의 개요

사회과학에서 다루는 사회현상은 많은 영역과 부문이 추상적인 특성을 지니고 있다. 사회과학 연구의 목적 중 하나가 사회현상을 개선하는 데 있지만, 개선되어야 한다는 연구결과의 주장에 대해 많은 사람이 공감하고 동의해야만 개선의 효과가 있다. 그리고 개선되어야 한다는 주장의 설득력은 그것을 뒷받침하는 논리가 체계적이고 경험적인 특성을 어느 정도 가지고 있느냐에 달려 있다. 추상적인 특성을 경험적 특성으로 전환하여 측정될 수 있도록 나타낸 결과물이 설문문항이다. 설문문항은 이론 및 선행연구의 탐구 결과를 빌려오기도 하지만 궁극적으로는 연구목적과 연구문제 그리고 가설을 검증할 수 있는 측정지표여야 한다. 이 장에서는 설문문항 및 설문지를 어떻게 구성하는지에 대하여 살펴봄으로써 사회현상을 측정하는 객관적이고 합리적인 도구를 도출해 내는 방법을 학습한다.

제1절 설문지 작성 시 고려사항

1. 설문지 작성의 기본사항

사회현상은 인간행동의 결과로 나타나기 때문에 사회과학 연구조사에서 설문을 통한 접근은 곧 인간행동을 측정하는 것과 같다. 인간행동은 신념과 태도를 결과로 나타나는 것이기 때문에 내면적인 속성을 어떻게 측정할 것인지가 연구의 타당성을 확보하는 중요한 척도가 된다. 인간의 내면적인 신념과 태도 그리고 행동에 관한 측정도구는 객관성·명확성·정확성·체계성·이해성 등을 갖추어야 하는데 이를 위해서는 측정도구의 신뢰도 및 타당도가 확보되어야 한다.

사회과학 연구조사에서 설문을 통해 측정도구의 신뢰도와 타당도를 확보하고 설문내용이 체계적이고 의미 있게 구성되도록 다음 사항들을 고려해야 한다(채서일, 2005: 195-196).

(1) 응답자에 대한 협조사항

조사의 응답률을 높이고 보다 쉽고 빠르게 응답을 얻어 내기 위해서는 응답의 협조가 있어야 한다. 사전에 표본추출을 어떻게 하느냐에 따라 응답자의 성실한 답변도 달라질 수 있다. 그런데 응답자의 협조를 쉽게 구하기 위하여 접촉하기 쉬운 장소나 응답받기 쉬운 사람만을 표본으로 추출한다면 표본의 대표성이 문제가 된다는 점을 유념해야 한다.

(2) 식별자료

식별자료(identification data)란 각 설문지를 구분하기 위한 일련의 번호, 추후의 확인조사를 위한 응답자의 이름이나 조사를 실시한 면접자의 이름, 면접 일시를 기록하는 부분으로 설문지의 첫 장 맨 오른쪽 상단에 표시한다.

(3) 지시사항

응답방법이나 응답의 순서 등 응답자가 설문지의 모든 항목을 어려움 없이 완성하고 이를 조사기관이 회수하기까지의 모든 조사과정에 대한 상세한 설명이 각 항목마다 제시되어야 한다.

(4) 필요한 정보의 획득을 위한 문항

연구목적에 필요한 대부분의 자료가 수집되는 부분을 말한다. 연구목적과 관련 없는 문항이 있으면 응답자가 혼란을 초래하여 무성의한 답변을 낼 수 있기 때문에 불필요하거나 연구목적 및 연구문제와 관련이 없는 질문은 제외하고 꼭 필요로 하는 질문만을 포함해야 한다.

(5) 응답자의 분류를 위한 자료

응답자의 특성을 파악하기 위한 자료들로 주로 응답자의 인구사회통계학적 변수들을 조사한다. 이 경우에는 응답자의 인격이나 프라이버시가 침해되지 않도록 연구목적에 꼭 필요한 항목만 질문해야 한다. 그리고 응답자가 민감하게 받아들일 수 있는 항목은 꼭 필요한 항목인지 다시 한 번 생각하고 확인할 필요가 있다.

2. 질문지 작성 시 유의점

질문지 작성상의 유의점은 다음과 같이 정리할 수 있다(Gall et al., 1996; 김종서, 1997; 김병서, 1996; 박도순, 2004: 42-44에서 재인용; 백욱현, 2006: 85-86; 박도순, 2000: 109-117).

① 질문은 연구문제가 정확하게 반영되도록 한다.
② 질문은 명료하게 그리고 한 문장에 하나의 질문만 간결하게 한다.
③ 응답자가 이해할 수 없는 복잡하고 기술적인 용어는 가급적 피한다.
④ 응답자의 마음을 상하게 하거나 책임추궁식의 질문을 가능한 한 피하고, 홍

미를 갖고 편한 마음으로 응답할 수 있는 것으로 구성한다.

⑤ 질문은 논리적인 순서로 조직한다. 만일 새로운 주제로 전환할 때에는 응답자가 사고의 연속을 멈추도록 전환시키는 문장이나 지시문을 포함한다.

⑥ 응답자가 연구의 적절성을 이해하도록 문항에 이론적 근거를 제공한다.

⑦ 이해하기 어렵거나 혼란스러운 문항에는 응답하는 방법의 예를 포함한다.

⑧ 정확한 의미가 없는 용어(여러 개, 대다수, 보통 등)는 가급적 피한다.

⑨ 부정적으로 진술된 문장은 응답자가 오판할 수 있기 때문에 피한다. 부정적 단어는 응답자가 못 보고 지나칠 수 있으며, 또한 자신이 실제로 답할 의견과 반대되는 답을 하는 실수를 할 수 있다. 부득이 부정문장을 사용할 경우 '아니', '반대', '않는', '틀린', '못한'이란 부정어 밑에 밑줄을 긋거나 고딕체로 표시해 주어야 한다.

⑩ 일반적인 질문과 구체적인 질문을 함께 할 때에는, 일반적인 질문을 먼저 하는 것이 좋다. 만일 구체적인 질문을 먼저 제시하면 응답자는 뒤에 오는 일반적인 질문에는 집중을 덜 하기 때문이다.

⑪ 편향적이며 답을 유도하는 문항은 피한다. 질문지에 선호하는 답의 힌트가 주어지면 응답자는 그 응답에 표시하는 경향이 있다.

⑫ 응답양식이나 측정수준 및 척도의 선택은 자료분석방법을 고려하여 결정한다.

⑬ 문항 수는 최소로 한다. 질문 수가 많으면 응답자가 힘이 들고 자료분석에 시간과 경비가 많이 든다.

⑭ 문항을 배치할 때, 앞에는 간단하고 흥미 있는 문항을, 끝부분에는 어렵거나 복잡한 문항을 제시한다.

⑮ 질문지 끝부분에는 중요한 문항을 넣지 않는다.

⑯ 지시문은 간결하고 명확하게 하며 다른 형태의 문자로 인쇄한다.

⑰ 질문지 앞부분에 표제(연구목적, 결과의 사용범위, 비밀보장, 협조에 대한 사의)를 제시한다.

⑱ 디자인은 아름답고 선명하게 하여 질문지가 매력적으로 보이게 한다.

⑲ 질문지는 예비검증을 통해 조정한다. 특히, 폐쇄형 질문은 개방형 질문지로

사전조사를 한 후 작성한다.

⑳ 각각의 질문은 바로 앞의 질문 및 바로 뒤의 질문과 내용상으로 무리 없이 매끄럽게 잘 연결될 수 있어야 한다.

㉑ 연구대상 모집단의 특성(예: 교육수준, 성별, 경제수준 등)을 고려하여 응답자가 이해하기 쉽도록 해야 한다.

㉒ 문항의 진술에 지나치게 자극적이거나 선동적인 단어나 문구는 가급적 사용하지 않는다(예: 급진 좌경세력, 여성차별주의자, 성 착취).

㉓ 일부 집단에서 은밀히 사용되는 은어, 속어, 구어체 표현 등은 사용을 삼가야 한다.

㉔ 질문은 쉬운 용어로 간결하고 분명하게 해야 한다. 예를 들어, '○○○적', '○○○주의' 등 불명료한 표현을 삼가야 한다.

㉕ 질적인 표현보다 정확한 수량적 표현방법을 사용해야 한다. 예를 들어, '대부분', '대다수', '거의', '약간', '많다', '적다', '멀다', '가깝다', '좀' 등의 표현은 의미와 해석이 다르므로 오해를 불러오기 쉽다. 대부분의 형용사, 부사는 양적이라기보다 질적인 표현이므로 가능한 한 사용하지 않는 것이 좋다.

㉖ '일반화'를 강조하는 말이나 '절대적인' 뜻을 함축한 말을 사용하지 않는다. 예를 들어, '항상', '전혀', '모두', '절대적으로', '때때로', '일반적으로', '대체로', '가끔', '흔히', '○○○하는 경향이 있다', '○○○일 것이다', '○○○만', '○○○뿐', '아무것도', '반드시', '언제나', '결코' 등의 수식어는 사용하지 않는 것이 좋다.

제2절 설문지 작성방법과 조사과정

1. 설문지 작성과정

설문지는 선행연구자의 결과물을 기반으로 연구목적, 연구내용, 분석방법 등이 반영될 수 있도록 작성하며, 반복적인 경험의 축적과 시행착오를 통해서 완성된다. 설문지를 작성하는 일반적인 과정은 정확한 규칙 및 절차는 없으나 일반적인 작성과정은 그림 9-1과 같다.[1)]

【그림 9-1】 설문지 작성의 일반적인 과정

1. 수집되어야 하는 정보 결정
2. 적절한 자료수집방법 결정
3. 수집자료의 분석절차 결정
4. 질문유형 선택 및 질문구조 결정
5. 개별질문을 위한 적정 단어/어휘 선택
6. 질문을 논리적 순서로 조직화하기
7. 설문지 사전조사/필요시 수정

자료: McNabb(2002: 127)

1) 필요한 정보의 결정(질문내용의 범위선정)

설문조사를 통하여 얻어야 할 정보의 종류를 정하고, 그 정보를 어느 정도까지 자세하게 측정하여야 연구목적을 달성할 수 있을지를 파악해야 한다. 즉 불필요하고 복잡한 질문은 피해야 한다. 또한 설문지 조사를 통해서 얻고자 하는 것(내용)이 무엇인지를 확실하게 하고, 설문지를 어디에서 어떻게 조사할 것인지를 미리 결정하여야 한다.

2) 자료수집방법의 결정(설문지 적용방법)

어떤 자료수집방법을 선택하느냐에 따라 시간·비용이 결정되며, 이로써 조사

1) 설문지 작성의 일반적 내용의 틀은 채서일(2005: 197-213)의 내용을 수정 정리하였음.

할 수 있는 정보의 양과 내용 그리고 질문방식이 달라질 수 있다. 자료수집방법은 연구목적, 연구내용, 연구대상, 연구상황 등 제반 여건을 고려하여 결정해야 한다.

3) 개별항목의 내용결정

(1) 사실이나 특징에 관한 질문

응답자의 배경, 환경, 습관 등 객관적인 정보를 얻기 위한 질문으로, 성별·연령·결혼상태·가구구성 등 인구통계학적 질문과 교육수준·직업·경력·종교 등 사회경제적 질문, 부모의 학력·직업·소득 등 사회경제적 배경에 관한 질문으로 구성한다.

【예】 귀하의 거주지는? ① 서울 ② 부산 ③ 대구 ④ 인천 ...
귀하의 주택형태는? ① 단독 ② 아파트 ③ 연립 ④ 기타
귀하의 최종학력은? ① 고졸 ② 대졸 ③ 대학원졸 이상
귀하의 직업은? ① 자영업 ② 회사원 ③ 공무원 ④ 프리랜서

(2) 행동에 관한 질문

일반적인 것보다 구체적인 행동을 특정한 상황이나 시간적 맥락에서 물어보는 것이 좋다.

【예】 거리에서 폭행을 당하고 있는 사람을 보면 어떻게 하시겠습니까?
① 경찰에 신고한다 ② 나서서 물리적으로 막는다 ③ 모르는 체한다

【예】 지난해 사회복지공동모금에 기부한 적이 있습니까?
① 예 ② 아니오 ③ 모르겠다

(3) 태도/신념/의견에 관한 질문

태도·신념은 특정한 주제에 관한 개인의 성향·편견·이념 등으로 5~12개 정도

의 항목으로 구성한다. 의견은 태도·신념을 말로 표현하는 것으로 하나의 항목에 대한 찬성이나 반대 정도로 측정한다.

【예】 집에 귀가할 때 안전하다고 생각하십니까?
① 예 ② 아니오 ③ 모르겠다

【예】 공직의 블라인드 채용방식에 대한 귀하의 의견은?
① 채용에 공정성을 기대할 수 있다 ② 다양한 재능인 채용을 어렵게 한다
③ 모르겠다

【예】 학교폭력 대처방안으로 귀하의 의견은?
① 학교경찰(school police)을 상주시켜야 한다.
② 선생님의 교권을 확립하여 엄격하게 지도하도록 한다.
③ 인성교육을 강화해야 한다.
④ 교육환경을 개선해야 한다.
⑤ 기타 ( )

(4) 지식에 관한 질문

응답자가 특정한 주제에 대해 가지고 있는 지식과 그 정도·정확성 등을 결정하기 위해 사용되는 질문이다. 주어진 이슈에 대해 알지 못하는 응답자를 걸러 내는 기능을 한다.

【예】 공직의 지역인재채용에 대해 얼마나 알고 있습니까?
① 전혀 모른다 ② 모른다 ③ 보통 ④ 약간 안다 ⑤ 매우 잘 안다

【예】 사회적 자본(social capital)에 대해 얼마나 알고 있습니까?
① 전혀 모른다 ② 모른다 ③ 보통 ④ 약간 안다 ⑤ 매우 잘 안다

【예】 귀하는 근로장려금제도에 대해 알고 계십니까?
① 전혀 모른다 ② 모른다 ③ 보통 ④ 약간 안다 ⑤ 매우 잘 안다

(5) 기대/의도에 관한 질문

응답자가 미래에 어떤 계획이나 의도를 가지고 있는지를 묻는 질문이다.

【예】 출산장려금을 인상하면 자녀를 출산할 계획이 있습니까?

① 예　　② 아니오　　③ 모르겠다

【예】 자녀양육비를 정부가 전적으로 부담한다면 출산할 계획이 있습니까?

① 예　　② 아니오　　③ 모르겠다

【예】 출산장려금을 가장 많이 주는 지역으로 주소를 이전할 계획이 있습니까?

① 예　　② 아니오　　③ 모르겠다

표 9-1 질문유형의 분류

구분	질문유형	획득 정보
인식단계	사실 지식	• 사람이나 사물에 대한 사실적 정보 • 사람들이 사물에 대해 무엇을 알고 있는가
영향단계	의견 태도 동기	• 사람들이 사물에 대해 무엇을 말하는가 • 사람들이 믿고 있는 것이 무엇인가 • 사람들이 왜 그런 행동을 하였는가
행동단계	행동	• 사람들이 행동을 어떻게 하였는가 • 사람들이 무슨 행동을 하였는가 • 사람들이 어떤 자극에 어떻게 반응할 것인가

4) 질문형태의 결정

(1) 개방형 질문과 폐쇄형 질문

개방형 질문(open-ended question)과 폐쇄형 질문(closed question)은 질문에 대하여 자유롭게 응답할 수 있는가의 여부에 따른 질문형식이다.

표 9-2 폐쇄형 질문의 장단점

폐쇄형 질문의 장점	폐쇄형 질문의 단점
• 응답자들이 쉽고 빠르게 응답할 수 있다. • 다른 응답자의 응답과 비교하기가 쉽다. • 응답결과를 코딩하기 쉬우며 통계적으로 분석하기 쉽다. • 응답질문의 의미를 명확하게 할 수 있다. • 질문에 대한 답이 혼란스럽지 않다. • 응답자들의 조작이 덜하며, 박식할 필요가 없다.	• 응답자들이 관심을 가지고 있지 않은데도 불구하고 생각을 제시할 수 있다. • 의견이나 지식이 없는 사람이 다른 생각을 가지고 응답할 수 있다. • 응답자들이 바라는 답이 없을 경우에 포기해 버린다. • 많은 질문이 제시되면 혼란스러워한다. • 질문을 잘못 이해하는 경우에도 계속 진행할 수 있다. • 응답자들의 응답 차이가 흐릿해질 수 있다. • 오기나 잘못 표시할 가능성이 있다. • 복잡한 이슈를 간단한 응답으로 강요한다. • 현실세계에서는 그렇지 않은데도 선택을 강요한다.

자료: Neuman & Wiegand(2000: 133)

표 9-3 개방형 질문의 장단점

개방형 질문의 장점	개방형 질문의 단점
• 가능성 있는 모든 응답을 제시할 수 있다. • 자세하게 응답할 수 있다. • 예상하지 않던 점을 발견할 수 있다. • 복잡한 이슈에 대해서도 적절한 응답을 제시할 수 있다. • 창의성, 자기표현, 풍부한 표현을 허용한다. • 응답자의 논리, 사고과정, 관련된 사항을 나타내게 한다.	• 응답자들마다 다른 응답을 제시한다. • 응답이 질문과 관련 없을 수 있고 쓸모없는 것일 수 있다. • 비교하거나 통계분석이 곤란하다. • 응답결과를 코딩하기가 곤란하다. • 질문이 너무 일반적이면 응답자들이 방향을 잃을 수 있다. • 응답시간이 많이 소요되고, 깊은 생각과 많은 노력이 필요하다. • 응답자들이 질문에 현혹될 수 있다. • 대답할 수 있는 한 많은 지면을 차지한다.

자료: Neuman & Wiegand(2000: 133)

(2) 직접질문과 간접질문

직접질문은 사실에 대한 응답자의 태도나 의견 등을 직접적으로 질문하는 것이고, 간접질문은 질문이 응답자의 반감을 일으켜 정확한 응답을 회피할 경우에 사용되는 것으로 유사한 다른 질문을 하여 그에 대한 반응으로 필요한 정보를 획득하는 방식이다.

간접질문의 종류는 다음과 같다.

① 투사법

투사법(projective method)은 정확한 응답에 대한 장애요인을 피하여 응답자에게 자극(stimulus)을 줌으로써 우회적으로 응답을 얻어 내는 방법이다. 이 같은 질문은 응답자를 통하여 다른 사람의 의견을 묻는 형식이나 실제로 응답자 자신의 의견을 반영하여 응답한다는 것을 가정하고 있다.

【예】 '남편을 사랑합니까?'라는 질문 대신에 다음과 같이 묻는다.

↓

남편이 아름다운 여인과 밤에 거리를 거닐었다면 어떻게 하시겠습니까?

① 절대 용서 못 한다 ② 그럴 수도 있다 ③ 생각해 본 적이 없다

【예】 귀하의 친구들은 출세에 가장 중요한 요소를 무엇이라고 생각하고 있습니까?

① 용모 ② 돈 ③ 실력 ④ 사교술 ⑤ 가정배경 ⑥ 성실성

② 오진선택법

오진선택법(error-choice method)은 어떤 질문에 대한 답을 여러 개 써 놓고 그중에서 선택하게 함으로써 응답자의 태도를 살펴보는 것이다.

【예】 귀하의 친구들은 어떤 사람을 친구로 사귀고 싶어 합니까?

① 돈이 많은 사람 ② 성실한 사람 ③ 남을 배려하는 사람

④ 잘생긴(예쁜) 사람 ⑤ 집안이 좋은 사람 ⑥ 기타(　　　)

③ 정보검사법

정보검사법(information test)은 어떤 주제에 대해 가지고 있는 정보의 양과 종류가 개인의 태도를 결정한다고 보고, 개인이 가지고 있는 정보를 파악하여 응답자의 태도를 찾아내는 방법이다.

【예】 유비쿼터스(Ubiquitous)는 무슨 의미입니까?

■ 이것을 알고 있는 사람은 정보통신기술에 관심이 많은 것으로 판단한다.

④ 토의완성법

토의완성법(argument completion)은 응답자에게 두 사람의 토의를 적은 카드를 주고 그 토의를 완성하게 하는 방법이다.

【예】 언제나 그녀와 함께 일을 하는 것이 나를 (   )하게 만든다.
나는 친구들과 함께 숙제를 하는 것이 (   )하다.
나는 동료들과 같이 일하는 것이 (   )하다.

⑤ 단어연상법

단어연상법(word association)은 어떤 문제에 대하여 찬성 또는 반대를 표시하는 단어라든지, 어떤 자극을 주었을 때 무엇이든 가장 먼저 연상되는 것을 응답으로 표현하게 하는 방법이다.

【예】 다음 단어로 연상되는 것을 보기에서 고르시오.
〈보기〉 ① 보수적 ② 진취적
부부동반(   ), 댄스파티(   ), 제사(   ), 삼강오륜(   )

【예】 정치인의 탈당으로 연상되는 것을 보기에서 고르시오.
① 배신감 ② 도덕성 결여 ③ 철새

(3) 찬부식 질문

찬부식 질문(dichotomous question)은 보통 "그렇다, 아니다", "찬성, 반대", "좋다, 나쁘다", "공평, 불공평" 식의 대답을 구하는 방식으로, 때로는 중간 형태의 응답이 필요(모른다, 같다, 차이가 없다 등)하다.

【예】 기업의 블라인드 채용방식에 대한 귀하의 의견은?
① 찬성 ② 반대 ③ 모르겠다

(4) 체크리스트

체크리스트(check list)는 일종의 다항선택식 질문으로 여러 개의 응답내용 중 응답자가 원하는 사항에 체크하게 하는 문장형태를 말한다.

【예】 다음 중 사회적 신망이 높다고 생각하는 사람을 한 가지만 체크해 주십시오.

① 대학교수 ② 판검사 ③ 정치가 ④ 연예인 ⑤ 과학자
⑥ 외교관 ⑦ 공무원 ⑧ 부모님 ⑨ 회사원 ⑩ 스포츠선수
⑪ 사회사업가 ⑫ 종교지도자 ⑬ 기타(　　)

【예】 정부가 공공서비스 개선을 위해 가장 우선적으로 추진해야 할 것은 무엇입니까?

① 업무프로세스(일하는 방식) 개선
② 업무량 감축을 위한 정보화 추진
③ 민간위탁 및 민영화 추진
④ 지방이양
⑤ 유사기능 통폐합 추진
⑥ 기타(　　　　　　　　)

(5) 다항선택식 질문

다항선택식 질문(multiple choice questions)은 체크리스트 방식과 비슷하다. 체크리스트는 주로 주어진 질문에 대해 하나를 선택하게 하지만 다항선택식은 주어진 질문에 대해 두 개 또는 해당되는 모든 사항을 선택하게 한다.

【예】 다음 중 행복한 가정을 위해 중요하다고 생각하는 것 세 가지만 골라 체크해 주십시오.

_____ ① 가족 간 자주 대화하기
_____ ② 가족이 함께 밥 먹기
_____ ③ 가족이 함께 운동하기
_____ ④ 가족이 함께 컴퓨터하기
_____ ⑤ 가족들이 집안일 거들기
_____ ⑥ 가족이 함께 외식하기
_____ ⑦ 가족이 함께 영화보기
_____ ⑧ 기타 (　　　　)

【예】 일요일에는 보통 어떻게 보내십니까? 해당되는 사항은 모두 체크해 주십시오.
① 설거지 ② TV 보기 ③ 청소하기 ④ 빨래하기 ⑤ 산책하기
⑥ 운동하기 ⑦ 독서 및 모자라는 공부 보충 ⑧ 자녀들과 놀아 주기 ⑨ 여행하기

【예】 귀하는 다음의 정부 기능 중에서 향후 환경변화에 대비하여 공무원이 보강되어야 할 분야는 어디라고 생각하는지 세 개만 선택하여 주십시오.
(1순위: 2순위: 3순위:)
① 통일외교 ⑥ 보건식품 · 안전
② 국방 ⑦ 사회복지
③ 공공질서 · 안전 ⑧ 문화
④ 경제산업 ⑨ 교육
⑤ 환경 ⑩ 국정운영보좌 및 정부관리지원

(6) 서열식 질문

서열식 질문(ranking questions)은 어떠한 문제에 대해 가능한 대답을 모두 열거한 뒤 중요한 순서, 좋아하는 순서 등으로 번호를 쓰라고 하는 경우이다.

【예】 배우자를 선택할 때 가장 중요하다고 생각하는 것을 순서대로 번호를 기입해 주십시오.
집안( ) 직업( ) 학력( ) 궁합( ) 외모( ) 성격( ) 나이( )
부모의 경제력( ) 미래가능성( )

【예】 공무원 사기에 영향을 미친다고 생각하는 것으로 중요 순서대로 번호를 기입해 주세요.
보수수준( ) 승진기회( ) 신분보장( ) 근무환경( ) 적성고려( )

(7) 평정식 질문

평정식 질문(rating questions)은 어떠한 질문에 대하여 대답의 강도(intensity)를 요구하는 질문이다.

【예】 맡은 일에 만족하십니까?
① 매우 만족 ② 만족 ③ 보통 ④ 불만 ⑤ 매우 불만

【예】 하는 일에 비해 받는 보수는 만족하다고 생각하십니까?
① 매우 만족 ② 만족 ③ 보통 ④ 불만 ⑤ 매우 불만

【예】 관할구역 내 자치경찰제 시행에 대해 어떻게 생각하십니까?
① 매우 찬성 ② 다소 찬성 ③ 보통 ④ 다소 반대 ⑤ 적극 반대

【예】 현재 우리나라 전체 공무원 수는 약 97만 명입니다. 귀하는 우리나라 전체 공무원 수가 적정하다고 생각하십니까?
① 매우 과다 ② 과다 ③ 적당 ④ 부족 ⑤ 매우 부족

(8) 자유응답형 질문

자유응답형 질문은 개방형 질문으로, 응답에 조건과 제약이 따르지 않고 응답자가 자유롭게 의견을 표현할 수 있게 하는 방법이다.

【예】 맡은 일에 만족한 이유는 무엇입니까?
( )

【예】 맡은 일에 불만족한 이유는 무엇입니까?
( )

5) 개별항목의 완성

설문지의 개별문항은 모호한 의미전달을 없애고 분명하고 명확한 용어를 사용함으로써 응답자들이 이해하기 쉽도록 해야 한다. 그리고 조사대상이 다양한 직업·교육수준·소득수준·지역 등 각계각층에 분포되어 있다면 가장 낮은 학력을 가진 사람도 이해할 수 있도록 일상적이고 쉬운 용어를 선택해야 한다. 또한 전문용어나 여러 가지 의미로 해석될 수 있는 용어는 구체적 의미를 밝히거나 용어 의미를 명확히 한정시킨다. 개별항목의 어구구성(question wording)은 다음과 같은 점들을 고려하여 작성해야 한다.

(1) 필요한 사실의 구체적인 파악

설문지에 구체적인 답을 원하면서도 질문은 일반적으로 하여 질문 자체의 오

류를 범해서는 안 된다. 질문 자체가 포괄적이면 응답자가 무엇을 알고 싶어 하는지 이해하지 못하고 응답자마다 의미와 이해를 달리하기 때문에 오류를 범할 수밖에 없다.

【예】 서울시의 행정서비스에 대해 어떻게 생각하십니까?
→ 이 질문의 경우 행정서비스 범주가 너무 포괄적이고,
'어떻게'가 무엇을 의미하는지 분명하지 않다.
→ 서비스 종류와 범위를 분명하게 정의하여 제시하여야 한다.

(2) 보편적이며 쉬운 언어 사용

질문은 응답자가 그 내용을 정확하게 파악할 수 있도록 보편적이며 쉬운 언어를 사용해야 한다. 전문용어나 기술적 용어는 가급적 피하는 것이 좋으나 사용할 경우에는 응답자들이 그런 용어와 지식을 알고 있는가를 파악한 다음에 사용해야 한다. 응답자에 모든 계층이 분포되어 있다면 전문용어나 기술적 용어 등 특정 집단이나 계층이 사용하는 용어를 사용해서는 안 된다.

【예】 스마트시티 서비스에 대해 얼마나 알고 계십니까?
① 전혀 모른다 ② 모른다 ③ 보통 ④ 조금 안다 ⑤ 매우 잘 안다

【예】 우리 사회의 싱글맘 실태에 대해 얼마나 알고 계십니까?
① 전혀 모른다 ② 모른다 ③ 보통 ④ 조금 안다 ⑤ 매우 잘 안다

【예】 우리 사회의 싱글대디 실태에 대해 얼마나 알고 계십니까?
① 전혀 모른다 ② 모른다 ③ 보통 ④ 조금 안다 ⑤ 매우 잘 안다

(3) 가급적 간단 명료한 질문

질문으로 제시되는 문장이 너무 길면 응답자가 혼란스러워하는 것은 물론 지루하다고 느껴 무성의한 응답을 하게 된다. 또한 응답자마다 해석을 달리하여 오류를 범할 수 있으므로 질문은 가급적 간단하여야 한다.

【예】 복지국가시대를 맞이하여 국민에 대한 복지의 책임이 궁극적으로 누구에게 있다고 생각하십니까?
↓
복지의 최종 책임은 누구에게 있습니까?

(4) 모든 응답자에게 동일한 의미로 사용

동일한 용어를 사용하더라도 응답자마다 다른 의미로 해석할 수 있다. 그렇기 때문에 용어의 한계를 명확히 하여 모든 응답자가 동일한 의미로 이해하고 응답할 수 있도록 해야 한다.

【예】 귀하의 수입은 얼마입니까?
↓
귀하의 연평균 수입은 얼마입니까?
귀하의 월총수령액은 얼마입니까?
귀하의 월평균 수입은 얼마입니까?

(5) 객관적이고 가치중립적인 질문

질문에 조사자의 주관이 개입되거나 어느 한 방향으로 치우쳐서는 안 되며, 또한 질문에 어떠한 유도나 가정의 암시가 있어서도 안 된다. 질문은 객관적이고 가치중립적이어야 한다.

【예】 ○○정부에서는 망국병인 부동산 투기를 뿌리 뽑았다고 합니다.
귀하의 의견은?

(6) 가능한 모든 응답 제시

이는 명목척도의 포괄성 조건을 충족시키는 것으로 응답자들이 생각할 수 있는 모든 응답을 제시해 주어야 한다. 예를 들어, "절대빈곤을 타파하기 위한 책임은 누구에게 있다고 생각하십니까?"라는 질문에 어떤 응답자는 어느 한 기관(사람)이 아니라 여러 기관(사람)이 공동으로 책임이 있다고 생각할 수도 있고, 또 어떤 응답자들은 전혀 관심을 갖지 않을 수도 있다. 이런 경우 선택 가능한 모든 응답을 제시하고 다항선택식으로 질문하는 것이 좋다.

> **[예]** 절대빈곤을 타파하기 위한 책임은 누구에게 있다고 생각하십니까?
> 해당되는 사항은 모두 표기해 주십시오.
> ① 정부 ② 지역사회 ③ 개인 ④ 기업 ⑤ 모르겠다

(7) 응답선택수 균형

질문에 대한 응답선택의 수가 균형이 잡히도록 해야 한다. 찬성 응답이 두 개일 경우 반대응답도 두 개이어야 하며, 응답자가 정확한 대답을 할 수 없을 경우를 고려하여 중간값을 선택하도록 구성하는 것이 좋다.

> **[예]** 나는 취업을 준비하기 위해 대학에 진학하였다.
> ① 매우 그렇다 ② 그렇다 ③ 모르겠다
> ④ 그렇지 않다 ⑤ 전혀 그렇지 않다

(8) 중복되지 않는 내용

이는 명목척도에서 항목들이 상호 배타적이어야 한다는 조건을 갖추는 것으로 응답항목들 간의 내용이 상호 중복되어서는 안 된다. 다음 예의 경우 '여가활동' 항목은 다른 항목을 포함하는 포괄적 의미이고, '시간 보내기'도 다른 항목과 중복된다.

> **[예]** 현재 복지관을 이용하는 이유는 무엇입니까?
> ① 사회교육프로그램 참여 ② 경로식당 이용 ③ 물리치료실 이용
> ④ 친구 사귀기 ⑤ 시간 보내기 ⑥ 여가활동
> ⑦ 오락(화투나 장기놀이) ⑧ 게이트볼하기

(9) 질문에는 단일 내용

질문에 두 가지 내용이 포함되어서는 안 된다. 두 가지 내용이 포함되는 경우 둘 모두에 동의하는 응답자가 있을 수도 있지만 어느 하나에는 동의하고 다른 하나에는 동의하지 않는 응답자가 있을 수도 있다. 단어와 단어 그리고 문장과 문장을 연결해 주는 접속사 '그리고, 와, 과, 또는'의 사용은 피해야 한다.

【예】 ○○시청 민원봉사실 서비스의 신속성과 친절성에 만족하십니까?

↓

○○시청 민원봉사실 서비스의 신속성에 만족하십니까?

○○시청 민원봉사실 서비스의 친절성에 만족하십니까?

【다양한 예】

우리 사회의 싱글맘 실태에 대해 얼마나 알고 계십니까?

- 도서관 이용이 편리하고 환경이 쾌적하다.
- 식당, 매점, 카페 등에 전반적으로 만족한다.
- 우리 대학은 장학금 혜택이 많고 배분이 공정하다.
- 우리 대학은 학생 관련 업무를 신속하고 정확하게 처리한다.
- 우리 대학의 교수는 우수한 교육능력을 갖추고 열성적으로 가르친다.
- 학생들의 학업과 자치활동을 위한 여건(공간 등)이 잘 조성되어 있다.
- 전공교육과정은 다양하게 개설되어 있고 전공지식을 쌓는 데 도움을 준다.
- 강의실(실험실 포함)은 적합한 시설과 기자재를 갖추고 있으며 잘 관리되고 있다.
- 우리 대학은 다양한 창업 및 취업(취·창업 설명회 및 상담, 인턴십 등) 프로그램을 제공한다.

(10) 지나치게 자세한 응답 요구는 삼가

조사는 정확한 자료를 얻을 수 있도록 해야 하지만 지나치게 구체적이고 자세한 응답을 요구하면 응답자가 개인생활을 공개하는 것으로 인식하기 때문에 응답을 회피하게 된다. 다음과 같은 경우 한 가정의 가계비 지출내역을 상세히 알고자 하는 듯한 내용이기 때문에 이런 질문에 응답해 줄 사람은 없을 것이다.

【예】 귀하 가정의 월수입은 어떻게 지출되고 있습니까?

① 주식비	(　　　)원	② 부식비	(　　　)원
③ 외식비	(　　　)원	④ 자녀공교육비	(　　　)원
⑤ 자녀사교육비	(　　　)원	⑥ 각종 공과금	(　　　)원
⑦ 서적비	(　　　)원	⑧ 신문잡지비	(　　　)원
⑨ 영화연극관람	(　　　)원	⑩ 여행비	(　　　)원
⑪ 기타	(　　　)원	⑫ 옷 구입비	(　　　)원

(11) 직접 응답을 요구하는 질문 삼가

응답자가 응답하기 곤란한 질문은 투사법으로 제시하고 직접적으로 묻지 않도록 한다. 다음 예시에서 인터넷에서 불법음란물을 보는 행위나 배우자를 때리는 행동은 보편적 사회행동으로 받아들일 수 없음을 응답자 본인이 알기 때문에, "예"라고 응답하면 자신의 반사회적 행동을 스스로 드러낸다고 생각하여 "아니오"에 응답할 것이다. 이런 경우 질문을 우회적으로 제시하여도 응답자는 자신의 행동을 기준으로 하여 타인의 행동으로 표현하기 때문에 결국은 응답자 본인의 행동을 표현하는 것이 된다.

【예】 평소 귀하는 인터넷에서 불법 음란물을 자주 보십니까?
↓
귀하는 인터넷에서 불법 음란물 시청에 대하여 어떻게 생각하십니까?

【예】 평소 귀하는 배우자를 때리십니까?
↓
귀하는 배우자 간 폭행에 대하여 어떻게 생각하십니까?

6) 질문순서의 결정

질문항목이 결정되었으면 질문순서를 결정해야 한다. 설문지의 질문들은 최대한 논리적으로 연관성이 있는 동시에 심리적으로 일관되어 전체적으로 하나의 통일성을 이루도록 배열한다. 이때 다음과 같은 사항을 고려한다.

첫째, 첫 질문은 간단하고 흥미를 불러일으키는 것이 좋으며, 응답자의 경험이나 지식 범위 안에서 쉽게 대답할 수 있는 것이 좋다. 첫 질문부터 무겁고 골치 아픈 질문을 나열하게 되면 응답자는 금방 짜증을 내거나 응답을 포기하려 할 것이다. 예를 들어, '이곳에 사신 지는 얼마나 되셨습니까', '교통은 편리합니까' 등 누구나 가볍게 대답할 수 있는 일상적이고 보편적인 질문이어야 한다.

둘째, 앞에 있는 질문의 내용이 뒤에 올 질문의 응답에 연상작용을 주는 경우는 피해야 한다. 이러한 경우는 질문들의 간격을 멀리 떨어뜨려 놓아야 한다.

셋째, 응답자가 응답을 할 때 피로를 느끼지 않게 하여야 한다. 심각하고 골치 아픈 질문은 분산시켜야 한다. 예를 들어, "현 정부의 여성복지정책에 대해 어떻게 생각하십니까?", "대학은 지역사회발전에 어떤 역할을 해야 한다고 생각하십니까?" 등의 질문은 모호할뿐더러 피로와 식상함을 갖게 하기 때문에 주의해야 한다.

넷째, 응답자의 인적사항에 대한 질문은 가능한 한 맨 마지막에 하여야 한다. 예를 들어, 첫 질문부터 성, 연령, 소득, 학력, 직업을 묻는 질문을 제시하게 되면 소득, 학력, 직업에 대해 평소 불만족스러운 응답자는 나머지 문항에 대해 응답하지 않을 수도 있고 무성의하게 대답하게 된다. 왜냐하면 응답자 자신이 평소 내세우고 싶지 않거나 감추고 싶은 사항을 설문지가 다시 한 번 상기시키기 때문에 짜증을 내거나 전체 설문내용에 부정적 응답을 할 수 있다.

다섯째, 질문 내용의 범위가 점차 좁아지도록 질문문항을 배열하는 것이 좋다. 예를 들어, 우리나라 복지정책 전반에 관련된 것을 묻고 세부적인 복지서비스에 대해 묻도록 한다.

7) 설문지의 외형 결정

설문항목이 배열되었으면 최종 설문지의 외형을 결정해야 한다. 설문지 외형은 응답자로 하여금 시각적 이미지를 통해 조사자가 수집하고자 하는 정보를 획득하는 것이기 때문에 세심하게 신경을 써야 한다.

첫째, 첫 장에서 조사를 실시하는 기관 및 조사자의 이름과 연락처 그리고 조사의 취지를 밝히도록 한다.

둘째, 응답자들이 중요성을 느낄 수 있도록 설문지의 종이 질과 인쇄에 신경을 쓴다. 가능한 한 종이는 미색을 사용하며 글씨는 너무 작지 않도록 한다. 종이 색깔이 흰색이거나 글씨가 작으면 응답자가 눈의 피로를 느끼고 산만해지므로 성실한 답변을 이끌어내는 데 방해가 될 수 있다.

셋째, 설문지는 일반적으로 16절지 크기의 용지가 사람들에게 익숙하고 관리에도 용이하다.

넷째, 시각적인 효과를 고려하여 여백을 많이 두는 것이 좋다.

8) 시험조사

본조사(main test)에 들어가기 전에 본조사와 같은 절차와 방법으로 조사표가 잘 구성되어 있는지 시험조사(pre-test)를 해 보아야 한다. 즉 설문지를 만들어 전체 응답자에게 물어보기 전에 일단 20~50명에게 물어보고 그들의 응답결과를 토대로 하여 보완, 수정한 후 최종 인쇄를 한다.

시험조사를 사전조사라고도 하는데, 사전조사와 유사한 용어로 예비조사가 있다. 예비조사(pilot-test)는 측정에 들어가기에 앞서 연구주제에 관한 사전지식을 얻기 위한 현지조사로, 아이디어를 얻고자 하는 탐색적 조사의 성격을 띤 현지조사이다. 예비조사가 설문지를 작성하기 전에 이루어지는 데 반하여 사전조사는 질문순서가 결정되어 설문지의 초안이 만들어진 후에 설문지를 시범적으로 체크해 보는 단계에서 이루어진다. 사전조사는 본조사와 같은 설문형식과 절차를 거친다.

사전조사에서 검토해야 할 사항은 (a) 질문과 응답의 내용이 일관성이 있는지, (b) 응답하기 곤란하고 내용과 용어가 불명확한지, (c) 중복되거나 '모른다'라는 응답이 많은지, (d) 응답시간이 오래 걸리는지 등 응답의 신뢰도와 타당도를 고려하여 검토해야 한다.

설문지의 예시[2)]

설문지

먼저 업무에 바쁘신데도 불구하고 이렇게 불쑥 설문을 내밀게 되어 죄송합니다.

본 설문은 「공공기관의 창의성에 영향을 미치는 조직문화」를 조사함으로써 조직의 창의성 계발을 위한 정책적 시사점을 찾는 데 목적을 두고 있습니다. 본 설문은 학술적 연구 목적 달성을 위한 통계적 자료로만 이용되며 어떠한 용도로도 사용되지 않을 것입니다.

부디 한 문항도 빠짐없이 끝까지 답변해 주시기를 부탁드립니다.

2007. 7. .

강릉대학교 자치행정학과 교수 김구 배상

연락처: ○○○-○○○○-○○○○

※ 응답요령 :

각 문항에 대하여 귀하의 생각이나 느낌을 가장 잘 나타내고 있는 곳에 체크(V) 또는 공표(○)하여 주십시오.

【설문문항은 총 3쪽입니다】

"조직의 혁신전략" 문항	전혀 그렇지 않다	그렇지 않다	그저 그렇다	그렇다	정말 그렇다
1. 우리기관은 혁신을 위한 비전이 마련되어 있다.	1	2	3	4	5
2. 우리기관은 혁신을 위한 임무가 마련되어 있다.	1	2	3	4	5
3. 우리기관 직원들은 혁신을 위한 비전을 이해하고 있다.	1	2	3	4	5
4. 우리기관 직원들은 혁신을 위한 임무를 이해하고 있다.	1	2	3	4	5

"조직의 표준화" 문항	전혀 그렇지 않다	그렇지 않다	그저 그렇다	그렇다	정말 그렇다
1. 우리기관의 업무처리는 통일적인 기준에 의한다.	1	2	3	4	5
2. 우리기관의 업무처리는 틀에 박힌 형식에 따른다.	1	2	3	4	5
3. 우리기관의 업무처리는 정해진 방식에 따른다.	1	2	3	4	5

2) 본 설문지는 필자가 한국행정연구(행정행정연구원), (2008), 17(1): 61-101에 기고한 〈공공조직에서 조직풍토가 조직 창의성에 미치는 영향〉이라는 실증연구에 사용된 설문지 원형이다.

"조직 내 커뮤니케이션" 문항	전혀 그렇지 않다	그렇지 않다	그저 그렇다	그렇다	정말 그렇다
1. 우리기관 직원들은 의견교환을 공개적으로 한다.	1	2	3	4	5
2. 우리기관 직원들은 의견교환을 솔직하게 한다.	1	2	3	4	5
3. 우리기관 직원들은 신뢰를 바탕으로 의견을 교환한다.	1	2	3	4	5
4. 우리기관 직원들은 새로운 제안에 진지하게 경청한다.	1	2	3	4	5

"조직의 지원장치" 문항	전혀 그렇지 않다	그렇지 않다	그저 그렇다	그렇다	정말 그렇다
1. 우리기관은 새로운 아이디어가 채택되는 경우 보상한다.	1	2	3	4	5
2. 우리기관은 새로운 아이디어를 창안할 수 있도록 시간적 여유를 주는 편이다.	1	2	3	4	5
3. 우리기관은 새로운 혁신성과를 내는 사람을 우대한다.	1	2	3	4	5
4. 우리기관은 창의성을 갖춘 사람을 선발한다.	1	2	3	4	5

"조직의 위험감수용인" 문항	전혀 그렇지 않다	그렇지 않다	그저 그렇다	그렇다	정말 그렇다
1. 우리기관은 새로운 개선을 위해서라면 어느 정도 위험감수를 용인하는 편이다.	1	2	3	4	5
2. 우리기관은 새로운 개선을 위해서라면 어느 정도 실험행동을 용인하는 편이다.	1	2	3	4	5

"조직의 자율성" 문항	전혀 그렇지 않다	그렇지 않다	그저 그렇다	그렇다	정말 그렇다
1. 우리기관의 업무수행은 통제중심이다(R).	1	2	3	4	5
2. 우리기관의 결재체계는 여러 단계를 거친다(R).	1	2	3	4	5
3. 우리기관의 보고체계는 여러 단계를 거친다(R).	1	2	3	4	5
4. 우리기관의 업무처리는 어떠한 일(상황)이 있어도 기존의 방식, 규칙, 절차 등에 따른다(R).	1	2	3	4	5

"조직의 혁신 장려행동" 문항	전혀 그렇지 않다	그렇지 않다	그저 그렇다	그렇다	정말 그렇다
1. 우리기관은 새로운 아이디어 제안을 장려한다.	1	2	3	4	5
2. 우리기관은 제안된 아이디어를 공평하게 평가한다.	1	2	3	4	5
3. 우리기관은 직원들의 지속적인 학습활동을 장려한다.	1	2	3	4	5

"혁신주도" 문항	전혀 그렇지 않다	그렇지 않다	그저 그렇다	그렇다	정말 그렇다
1. 우리기관은 경쟁력 강화를 선도하고 지원하는 혁신부서가 마련되어 있다.	1	2	3	4	5
2. 우리기관은 항상 새로운 업무처리 개선 방식을 찾고 있다.	1	2	3	4	5
3. 우리기관은 새로운 것을 찾는 데 적극적이다.	1	2	3	4	5
4. 우리기관은 각자 다른 아이디어와 의견을 수용하는 편이다.	1	2	3	4	5
5. 우리기관은 각자 다른 아이디어와 의견을 조정하는 편이다.	1	2	3	4	5

"내재적 동기" 문항	전혀 그렇지 않다	그렇지 않다	그저 그렇다	그렇다	정말 그렇다
1. 나는 복잡한 문제에 대한 해결방안을 찾는 데 관심이 많다.	1	2	3	4	5
2. 나는 서비스 개선을 위한 새로운 아이디어를 제안하는 것이 즐겁다.	1	2	3	4	5
3. 나는 일하는 방식 개선을 위한 새로운 아이디어를 제안하는 것이 즐겁다.	1	2	3	4	5
4. 나는 분석적 사고에 몰입하는 것이 즐겁다.	1	2	3	4	5
5. 나는 평소 새로운 것에 관심이 많다.	1	2	3	4	5

"조직 내 협력" 문항	전혀 그렇지 않다	그렇지 않다	그저 그렇다	그렇다	정말 그렇다
1. 우리부서 직원들은 부서의 일 추진에 서로 돕는다.	1	2	3	4	5
2. 우리부서 직원들은 부서 일을 기꺼이 돕는다.	1	2	3	4	5

"조직 내 협력" 문항	전혀 그렇지 않다	그렇지 않다	그저 그렇다	그렇다	정말 그렇다
3. 우리부서 직원은 부서의 어려운 일이 있어도 모르는 척한다(R).	1	2	3	4	5

"조직의 창의성" 측정문항	전혀 그렇지 않다	그렇지 않다	그저 그렇다	그렇다	정말 그렇다
1. 우리기관은 일하는 방식에 새로운 방법을 찾고 있다.	1	2	3	4	5
2. 우리기관은 서비스 개선에 새로운 방법을 찾고 있다.	1	2	3	4	5
3. 우리기관은 새로운 상황에 대해 새로운 방법으로 접근한다.	1	2	3	4	5
4. 우리직원들의 새로운 생각이 서비스 개선에 도움이 될 때가 많다.	1	2	3	4	5
5. 우리직원들의 새로운 생각으로 일하는 방식이 개선되었다.	1	2	3	4	5
6. 우리기관은 평소 고객이 바라는 문제해결에 초점을 맞춘다.	1	2	3	4	5
7. 우리기관은 서비스 개선을 위한 새로운 아이디어를 채택하고 있다.	1	2	3	4	5

○ 마지막으로 귀하에 대한 몇 가지 질문입니다.

1. 성　　별: □ 남　　□ 여
2. 연　　령: □ 30세 미만　□ 30세~39세　□ 40세~49세　□ 50세 이상
3. 직　　급: □ 9급　□ 8급　□ 7급　□ 6급　□ 5급　□ 4급 이상
4. 교육수준: □ 고졸　□ 대졸(재학 및 전문대졸 포함)　□ 대학원졸(재학 포함)
5. 근무기간: □ 5년 미만　□ 5년~9년　□ 10년~14년　□ 15년~19년　□ 20년 이상

지금까지 응답해 주셔서 대단히 감사합니다.
완성된 설문지는 배포하신 분에게 되돌려 주시기 바랍니다.

2. 설문조사과정

설문지를 통한 일반적 조사과정은 그림 9-2 와 같이 수행된다.

【그림 9-2】 설문조사 단계

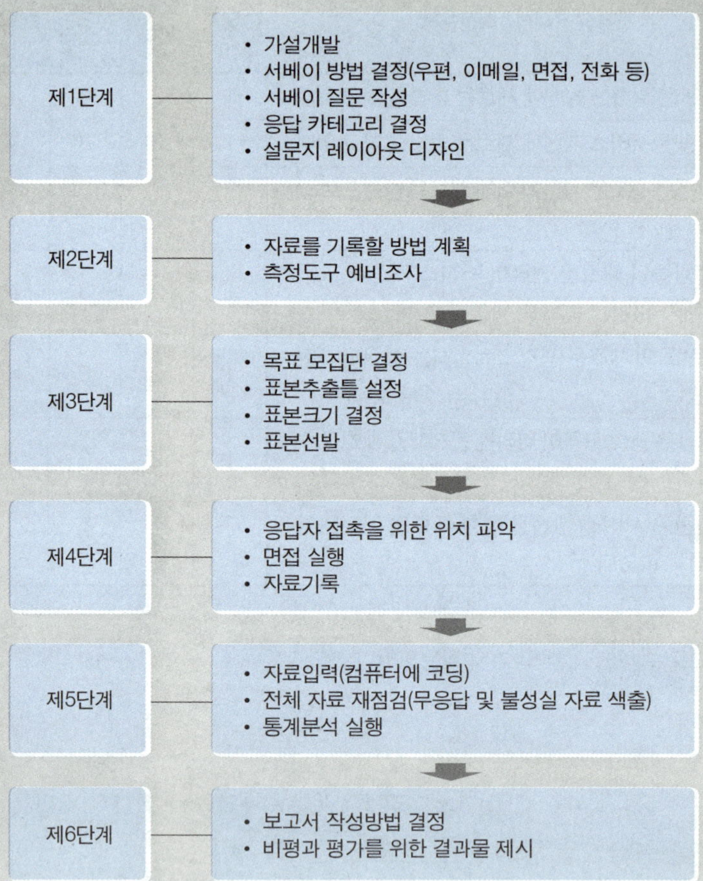

자료: Neuman(2000: 251)

생각해 볼 문제

1. 설문작성의 고려사항을 설명하시오.
2. 개방형질문과 폐쇄형질문의 특징을 비교 설명하시오.
3. 간접질문의 투사법에 해당되는 임의의 문항을 제시하시오.
4. 시험조사와 예비조사의 특징 및 차이점을 비교 설명하시오.
5. 최근 사회문제에 관련된 연구문제와 가설을 제시하고, 양적방법으로 가설을 검증할 수 있도록 리커트식 설문지를 개발하시오.

제 10 장

자료수집방법

이 장의 개요

사회과학 연구를 수행하기 위해서는 기본적으로 논리전개를 위한 자료가 확보되어야 한다. 자료를 확보하는 자료수집방법은 크게 관찰, 면접, 설문 등으로 구분하는데 각 방법별 특징과 장단점을 살펴봄으로써 연구의 수월성을 확보할 수 있다.

제1절 자료수집 종류

1. 자료의 종류

자료(data)란 연구에서 경험적으로 검증하는 데 이용될 수 있도록 직접적 또는 간접적으로 제공되는 일체의 정보(information)를 말한다. 연구자가 변수의 인과관계를 경험적으로 검증하기 위해서는 문제의 원인이 되는 변수의 속성을 파악하여야 하는데, 측정도구를 통해 파악된 속성들의 집합이 자료로 제시된다. 자료는 그 성격에 따라 크게 1차자료와 2차자료로 분류된다.

1) 1차자료

1차자료(primary data or original data)는 연구자가 직접 수집·작성하는 자료를 말한다. 1차자료는 연구자가 직접 수집하는 자료이기 때문에 연구목적에 맞는 정보를 최대한 포함시킬 수 있고, 자료의 신뢰도와 타당도를 구체적으로 평가할 수 있다. 그러나 1차자료의 수집에는 비용, 인력, 시간이 많이 소요되므로 1차자료를 수집하기 전에 연구목적에 적합한 2차자료가 존재하는가의 여부와 사용가능한지의 여부를 확인하고 2차자료가 없을 경우에 1차자료를 수집해야 한다. 면접, 관찰, 질문지 등이 1차자료에 해당된다.

2) 2차자료

2차자료(secondary data)는 연구목적에 도움을 줄 수 있는 기존의 모든 자료로, 연구자가 현재의 연구목적을 위하여 직접 자료를 수집하거나 작성한 1차자료를 제외한 모든 자료를 말한다. 2차자료는 다른 사람이 다른 목적을 위하여 수집한 자료를 조사자의 연구목적에 맞게 재정리하여 이용하게 되는 것이다. 2차자료는 대부분 공공기관이나 연구기관에서 정기적으로 월별, 분기별, 연도별 발간되는 자료이기 때문에 시계열자료의 수집이 가능하고 1차자료에 비해 수집비용이 저렴하다는 장점이 있다. 그러나 기존 연구의 연구설계와 분석단위, 그리고 조작적 정의가 다른 경우에는 사용하기가 곤란하다는 단점이 있다. 2차자료는 다른 연구자가 학술연구를 위하여 수집한 자료에서부터 기업체, 정부기관, 각종 조사기관의 간행물, 그리고 학술지에 발표된 논문 및 석·박사학위논문에 이르기까지 다양하다.

표 10-1 자료 원천의 분류

Ⅰ. 질적자료 원천

A. 2차자료(각종 문서)
1. 책, 정기간행물, 출판보고서, 국내외 기타 자료
2. 지방정부 및 국가가 발행한 문서
3. 연구기관, 학회, 협회에서 발간한 논문 및 보고서
4. 대학의 문서(논문)
5. 데이터베이스
6. 기타 자료

B. 1차자료
1. 면접
2. 생활사
3. 사례분석

Ⅱ. 양적자료 원천

A. 1차자료: 서베이(대인, 우편, 전화)
1. 설문지
2. 태도 및 생활양식 조사, 사이코그래픽스[1)]

B. 1차자료: 실험과 현지조사
1. 실험실 실험
2. 현지실험
3. 관찰연구
4. 면접

C. 2차자료
1. 회사나 조직에서 발간하는 연보/백서
2. 회사나 조직의 보고서
3. 생산 및 서비스 기록
4. 인적자원 기록
5. 각종 통계자료
6. 지방정부 및 국가가 발행한 문서
7. 연구기관, 학회, 협회에서 발간한 논문 및 보고서
8. 대학의 문서(논문)
9. 데이터베이스

자료: McNabb(2002: 57)

1) psychographics: 시장을 분류할 때 쓰이는 소비자의 생활양식 측정 기술

2. 1차자료 수집방법

1차자료의 수집방법은 시간과 비용에 따라 조사할 수 있는 정보의 양과 내용 그리고 질문방식이 달라질 수 있다. 따라서 1차자료의 수집방법은 연구목적과 연구상황 그리고 분석방법 등 제반 조건을 고려하여 결정해야 한다.

1) 대인면접법

대인면접법(face-to-face interview)은 면접자가 응답자를 1대 1로 직접 만나서 질문서에 따라 질문을 하고 응답을 기록하는 방법이다. 대인면접법은 후술할 우편조사법이나 전화면접법 등과 비교할 때, (a) 다양한 조사내용을 비교적 긴 시간에 걸쳐서 상세하게 조사할 수 있고, (b) 면접자가 직접 응답자를 만나서 실시하므로 응답률이 높고 오차를 줄일 수 있으며, (c) 질문서에 포함된 내용 외에 연구에 필요한 기타 정보도 얻을 수 있고, (d) 응답자에 따라 설명의 신축성을 부여할 수 있어 응답자를 잘 이해시킬 수 있다는 장점이 있다.

그러나 대인면접은 (a) 면접원이 많이 필요하고 훈련이 필요하기 때문에 시간과 비용이 많이 들며, (b) 면접원에 따라 면접오차가 발생할 수 있고, (c) 면접원이 상상해서 기입할 수 있으며, (d) 응답자의 생각을 면접원의 주관과 편견에 의하여 판단할 수 있고, (e) 응답자 본인을 만나기 위해 재방문의 횟수가 많아지는 (특수층의 사람을 만나기가 어렵다) 등의 단점이 있다.

2) 전화면접법

전화면접법(telephone interview)은 급하게 조사를 실시하거나 질문내용이 짧을 때 면접원이 전화를 이용하여 질문하고 응답을 기록하는 방식으로, 표준화된 질문지를 이용하는 것이 보통이다. 전화면접법은 우편조사에서 추적조사의 수단으로 활용되기도 한다.

전화면접법은 (a) 조사가 신속하고 비용이 절감되며, (b) 조사하기 어려운 사람에게 접근하기 쉽고, (c) 전화번호부를 이용해 비교적 쉽고 정확하게 무작위표출이 가능하며, (d) 면접자의 외모나 차림새 등에 따른 응답자의 선입견에 의한 응답의 오류를 배제할 수 있다는 장점이 있다.

그러나 전화면접법은 (a) 전화로 하기 때문에 시간적 제약이 따르고, (b) 상세한 정보를 얻기 힘들고 응답자가 응답을 거부할 경우 정확한 내용을 얻을 수 없으며, (c) 많은 내용의 자료를 얻기 곤란하고, (d) 피조사자를 확인할 수 없어 응답자가 선정된 표본인지를 확인할 수 없다는 단점이 있다.

3) 우편조사법

우편조사법(mailed questionnaire)은 설문지를 우편으로 발송하여 응답자로 하여금 이를 기록하게 하고 동봉한 반송용 봉투에 담아 조사자에게 반송하게 하는 방법이다.

우편조사법은 (a) 대인면접법에 비해 비용이 적게 들고, (b) 지리적으로 광범위하게 분포되어 있는 조사대상자들에 대한 조사에서 조사비용이 절감되며, (c) 현지조사원을 고용할 필요가 없고, (d) 면접자의 편견이 개입될 우려가 없으며, (e) 응답자가 충분한 시간을 가지고 솔직하게 대답할 수 있다는 장점이 있다.

그러나 우편조사법은 (a) 대체로 회수율이 낮고, (b) 응답내용이 모호한 경우 확인할 방법이 없으며, (c) 응답자 본인의 진위 여부를 확인할 수가 없다는 단점이 있다.

우편조사에서 응답률을 높이기 위해서는 다음과 같은 방법을 검토해야 한다.

① 특수한 사람들에게 설문지를 보낸다.
② 편지지 맨 위에 응답자의 협력, 비밀보장, 설문목적을 설명하고 연구자의 이름과 전화번호를 기입한다.
③ 반송봉투를 동봉한다.
④ 설문지는 깔끔하고, 흥미를 끌 수 있는 레이아웃과 적당한 매수여야 한다.
⑤ 설문지는 읽어 보기 쉽게 선명하게 인쇄되어야 한다.
⑥ 응답이 없을 경우 계속해서 기억하도록 하는 두 번째 편지를 보낸다.
 – 첫 번째 편지가 도달되고 1주일 후에 보낸다.
 – 두 번째 편지에서도 다시 정중하게 협력을 구한다.

⑦ 국경일이나 휴일에는 설문지를 보내지 않는다.

⑧ 뒷면에는 질문을 하지 않는다. 대신에 빈 공간으로 남겨 두고 일반적인 코멘트를 요구한다.

⑨ 응답률을 높이기 위해 정부기관, 대학, 대기업 등과 같은 스폰서를 활용한다.

⑩ 가능한 작은 금전적 유인을 제공한다.

4) 집단조사법

집단조사법은 일정한 장소에 피조사자를 모아 놓고 설문지를 배포하여 응답자가 기재하는 방법이다. 주로 조직체를 대상으로 그 구성원으로부터 자료를 얻고자 하는 것이므로 그 조직체의 적절한 협력을 얻는 것이 급선무이다.

집단조사법은 (a) 비용과 시간을 절약하고, (b) 응답자들과 동시에 직접 대화할 수 있는 기회가 있기 때문에 질문에 대한 오해를 줄일 수 있는 장점이 있는 반면, (a) 집단상황이 응답을 왜곡시킬 가능성이 있으며, (b) 응답자들을 한 곳에 모이게 하는 것 자체가 어렵고, (c) 장소를 승인해 준 조직체에 의해 조사결과가 이용될 것이라고 인식하여 왜곡된 응답이 나올 가능성이 있다는 단점이 있다.

5) 배포조사법

배포조사법은 직장 또는 가정에 설문지를 전달하고 응답자가 직접 기입하게 한 다음 나중에 설문지를 회수하는 방법이다. 직장인과 같이 조사대상이 한정된 집단인 경우에 활용되는 방법으로 현실적으로 가장 많이 활용되고 있다. 이 방법은 자유로운 분위기에서 시간적 여유를 가지고 응답자의 솔직한 의견을 수집할 수 있다는 장점이 있는 데 반해, 피조사자 본인의 진정한 의견인지 다른 사람의 영향을 받았는지를 확인할 수 없다는 단점이 있다.

6) 인터넷조사법

정보통신기술(ICT)을 기반으로 한 인터넷과 웹의 발전은 사회 전반에 가상공간의 공동문화 형성, 협업과 소통을 촉진시키는 데 기여하고 있다. 특히 인터넷의 등장은 사회 전반에 많은 변화를 가져왔고, 또한 앞으로도 기존의 생각과 생활패턴, 국가 및 정부운영방식, 경제 등에 다양한 형태로 변화를 가져올 것이다. 인터넷의 가장 큰 장점은 무엇보다 시공간을 초월하여 언제 어디에서든지 다양한 기기를 통해 쌍방향으로 정보를 교류하고 상호작용을 할 수 있는 의사소통의 수단이라는 점이다. 따라서 인터넷은 사회의 여러 현상과 변화를 연구하고 검증하고자 하는 사회과학 조사방법에 있어서도 기존 방법의 한계를 벗어날 수 있는 가능성을 열어 주고 있다(명승환·최영훈, 2002: 333).

인터넷조사란 인터넷 사용자들을 대상으로 웹이나 전자메일을 이용하여 설문을 진행하고 응답하는 일련의 행위를 말한다(박용치, 2005: 1). 인터넷조사법은 우편조사의 특수한 형태로서 인터넷을 통해 설문내용에 응답하는 방식으로, 인터넷 이용이 일상생활에서 보편화되면서 우편조사를 대체할 조사방법으로 활용되고 있다. 인터넷조사는 차세대 유망한 조사수단으로 인정되고 있으며, 특히 정보통신기술의 발전과 각종 모바일기기의 보급 및 일상화로 모바일을 통한 인터넷조사가 널리 활용되고 있다. 우리나라 통계청에서 5년마다 실시하는 센서스(인구주택총조사)의 경우 그동안 면접원의 방문면접조사방법을 시행하였으며 2005년부터 인터넷조사방법을 최초 도입한 이후 점차 확대하여 2020년 조사에서는 방문면접과 인터넷조사법(PC, 모바일)을 병행하였다.

(1) 인터넷조사의 장단점

인터넷조사방법은 전통적 조사방법(대인면접, 전화면접, 우편조사, 집단조사법, 배포조사법 등)과 비교하여 인터넷의 기술적 특성을 조사에 반영할 수 있는데 다음과 같은 장점을 가진다.

① 조사의 정확성을 높인다. 온라인을 기반으로 하는 인터넷조사에서는 응답자가 PC에서 마우스로 쉽게 클릭하거나 모바일기기(스마트폰 및 태블릿PC)에서 버튼을 누르면 응답이 등록되므로 신속히 조사가 이루어지고, 응답자가 선택한 값이 집계과정에서 누락 없이 정확히 포함되므로 오차가 줄어든다. 대인면접방법의 경우 사람의 간섭이나 응답 시 주변 환경에 민감하게 반응할 수 있기 때문에 오차를 10% 증가시킨다고 알려져 있다.[2)]

② 쉽고 빠른 분석이 가능하다. 인터넷조사는 모든 응답이 온라인으로 등록되고 집계되므로 데이터를 실시간으로 매우 쉽고 빠르게 분석할 수 있다. 또한 추론을 도출하고 결과를 공유하는 것도 빠르게 이루어진다. 전통적 조사방법에서는 응답결과를 사람이 직접 코딩하여 분석에 이용함으로써 응답결과의 집계과정과 코딩과정에서 많은 시간이 소요되며, 집계 및 코딩과정에서 오류가 나올 수 있다.

③ 지구상의 모든 국가나 지역의 사람들을 대상으로 실시할 수 있다. 인터넷에 접근할 수 있는 사람을 대상으로 조사하기 때문에 인터넷을 통해 쉽게 참여할 수 있고, 지리적·물리적 한계를 초월하여 세계 모든 국가 및 지역의 사람들을 대상으로 조사가 가능하다. 또한 응답자가 적절한 시간과 장소를 선택할 수 있으므로 참여의 용이성이 크게 증가한다.

④ 전문가 및 특정집단에 대한 설문이 가능하다. 대인면접은 특수층을 만나기가 어렵다는 한계를 가지고 있으나 인터넷조사법은 대인면접을 꺼리는 사람이나 전문가에 대해서도 인터넷을 통해 조사가 가능하다.

⑤ 비용이 저렴하다. 인터넷조사법은 전통적 조사방법에 비하여 상대적으로 저렴한 비용으로 조사를 수행할 수 있다. 대인면접법은 조사자(면접원)가 직접 방문하여 조사하기 때문에 조사자가 이동하는 데 시간과 비용이 수반될 수밖에 없고, 또한 응답자에게 시간적 허락을 받아야 하는 등 직·간접적 또는 무형적·유형적 비용이 수반된다.

⑥ 조사기간이 단축된다. 대인면접은 방문시간이 필요하고, 우편조사도 우편송달시간이 필요하지만 인터넷조사는 실시간으로 인터넷에 접속하여 응답할 수 있기 때문에 짧은 시간에 조사를 완료할 수 있다.

⑦ 언제, 어디에서든 조사가 가능하다. 인터넷조사는 시공간의 제약 없이 어떤 방법으로든 인터넷에 접근할 수만 있으면 조사가 가능하다. 전통적 조사방법이 물리적 및 지리적 환경을 기반으로 조사자와 응답자 간의 관계에서 이루어지는 데 반하여 인터넷조사는 온라인공간에서 이루어지기 때문에 응답

2) https://www.questionpro.com/blog/surveys. (Retrieved on March 7, 2020).

자가 편리한 시간과 장소에서 어떤 IT기기로든 응답할 수 있다.

위와 같은 장점이 있는 반면에 단점은 다음과 같다.

① 무응답 처리문제이다. 우편조사와 마찬가지로 표본으로 선정된 사람이 응답을 하지 않을 경우 조사에 응할 수 있도록 전화를 이용하여 다시 촉구할 수도 있지만 응답대상자가 반드시 조사에 응한다는 보장을 할 수 없다.
② 편의표집에 쏠릴 우려가 있다. 인터넷조사는 웹사이트 방문자를 대상으로 할 수도 있지만 고객이나 전문가집단을 대상으로 그들의 휴대전화번호와 이메일과 같은 연락처를 이용하는 경우가 많다. 이런 경우 조사자는 표본추출에 있어서 자신이 확보하는 리스트 중에서 평소 알고 지내는 사람이나 쉽게 응답해 줄 수 있을 것 같은 사람만 응답자로 선정할 수 있다.
③ 익명성 확보가 곤란하다. 인터넷조사는 누가 응답했는지 알 수 있는 근거가 데이터베이스에 남는다. 특히 민감한 정보를 획득하는 경우 조사자나 플랫폼관리자가 수집된 데이터를 소홀히 취급하면 데이터가 해킹당하거나 유출될 가능성이 존재하기 때문에 보안과 안전성 확보에 많은 신경을 써야 한다. 인터넷조사는 무엇보다도 응답한 데이터를 조사목적으로 건전하고 학술적인 용도로만 사용할 것이라는 조사자와 응답자 간의 신뢰구축에서 비롯한다.

표 10-2 기존 조사방법과 인터넷조사방법의 차이

구분	기존 조사방법	인터넷조사방법
비용	표본수의 증가에 비례	상대적으로 적은 비용
조사기간	2-5주	1-10일
구조화 설문	가능	가능
설문형식	문자 중심	문자 및 멀티미디어 병행
실시간 분석	불가	가능
응답자 접근성	물리적 환경 기반으로 제한적	온라인 환경으로 시간/공간적 제약 없음
조사의 연속성	어려움	가능

자료: 박용치(2005: 2)의 내용을 토대로 재구성

④ 스팸메일 등으로 인한 불법 및 윤리적 문제가 뒤따른다. 인터넷조사는 온라인공간에서 비면대면으로 불특정다수에게 무작위로 이루어질 수도 있다. 인터넷의 온라인공간을 통하여 학술적 또는 공익적 조사를 빙자한 상업적 조사나 스팸메일과 같이 무차별적으로 배포되는 조사가 이루어지는 경우 인터넷조사의 응답률과 신뢰는 떨어질 수밖에 없다.

(2) 인터넷조사의 유형

인터넷조사는 조사환경에 따라 다양하게 제시될 수 있지만 일반적으로 표본추출틀의 특성과 인터넷 및 컴퓨터 환경에 따라 다음과 같이 구분할 수 있다(박용치, 2005: 4-5).

① 표본추출틀의 특성에 따른 유형

조사대상자에 대한 목록을 어떻게 확보할 수 있는가에 따라 회원조사, 방문자조사, 전자우편조사, 그리고 전자설문조사로 구분할 수 있다.

표 10-3 표본추출틀의 특성에 따른 유형

구분	표본추출틀	통지방법	질문길이	응답경향	연결망
회원조사	회원 DB	전자우편(전화)	20분	보통	인터넷(인트라넷)
방문자조사	포털사이트 방문자	게시(전자우편)	10분	높음	인터넷
전자우편조사	e-mail 리스트	전자우편	30분	중간	인터넷
전자설문조사	가입자 DB	전자우편(우편)	20분	보통	인트라넷

자료: 박용치(2005: 4)

회원조사(member survey)는 사전에 확보된 가입자 및 회원들의 정보 리스트를 사용하여 전자우편이나 우편(전화) 등으로 조사참여를 안내하고, 질문의 형식은 웹문서를 이용한다.

방문자조사(visitor survey)는 인터넷상에 특정 사이트를 개설하고 설문지를 게시하여 인터넷광고나 신문광고를 통해 방문자들을 모집하며, 자발적으로 설문지 사이트에 방문한 사람을 대상으로 조사하는 방식이다.

전자우편조사(e-mail survey)는 설문지를 텍스트파일 형식으로 작성하여 확보된 이메일 주소록의 대상자들에게 전자우편의 형태(첨부파일 첨부)로 송신하고 응답 내용을 수신하는 형식이다.

전자설문조사(electronic survey)는 회원조사와 방문자조사의 중간 형식으로 가입자 회원의 DB에 있는 사람을 대상으로 설문지를 송신하는 방식을 취한다.

이상과 같은 인터넷 조사의 공통점은 방문자조사를 제외하고는 조사대상자들의 리스트가 확보되어야 한다는 전제를 충족해야 하기 때문에 이런 리스트를 어떻게 확보하느냐가 표본의 대표성을 확보하는 데 영향을 미친다.

표 10-4 우편조사, 전화면접, 대인면접 방법의 비교

기준	우편설문	전화면접	대인면접
• 관리 측면			
1. 비용	적게 듦	보통	많이 듦
2. 속도(소요시간)	아주 느림	아주 빠름	보통
3. 질문 길이	보통	짧음	아주 김
4. 응답률	아주 낮음	보통	아주 높음
• 조사통제			
1. 특수한 응답자	아니오	예	예
2. 질문의 연속성(후속질문)	아니오	예	예
3. 시각적 관찰	아니오	아니오	예
• 질문의 성공수준			
1. 시각적 도움	제한적	불가능	예
2. 개방형 질문	제한적	제한적	예
3. 편의적(임의적) 질문	제한적	예	예
4. 복잡성 질문	제한적	제한적	예
5. 민감성 질문	약간	약간	약간
• 편견의 소스			
1. 사회적 바람직함	아니오	약간	있음
2. 면접자의 편견	아니오	약간	있음
3. 응답자의 독해기술	예	아니오	아니오
• 자료의 양과 질			
1. 방대한 양의 자료수집 여부	좋음	보통	아주 좋음
2. 얻은 자료의 정확성	좋음	보통	보통

자료: Neuman & Wiegand(2000: 244)

② 인터넷과 컴퓨터 환경에 따른 유형

인터넷조사방법은 무엇보다도 컴퓨터와 인터넷을 기반으로 하기 때문에 컴퓨터와 인터넷의 환경수준에 따라 다음과 같이 Flat, Interactive, On-line Chat 등으로 구분할 수 있다(박용치, 2005: 5).

Flat 파일 형식은 현재 각 신문사, 인터넷 회사, 공공기관들이 활용하는 형식으로, 웹페이지에 설문지를 게재하고 방문자를 대상으로 이메일을 이용해 정보를 수집하는 방식이다. 이 형식은 프로그램 개발과 유지비용이 적고 네티즌들에게 익숙한 방식이다.

【그림 10-1】 Flat 형식[3)]

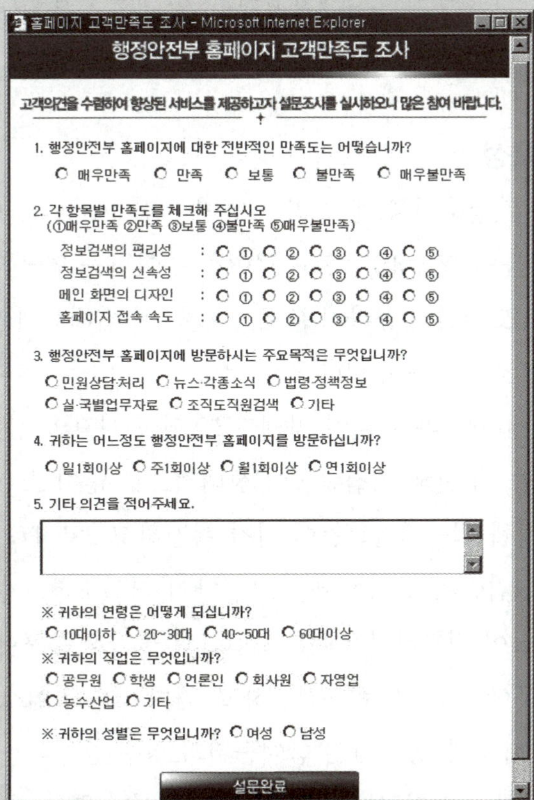

홈페이지 고객만족도 조사 - Microsoft Internet Explorer

행정안전부 홈페이지 고객만족도 조사

고객의견을 수렴하여 향상된 서비스를 제공하고자 설문조사를 실시하오니 많은 참여 바랍니다.

1. 행정안전부 홈페이지에 대한 전반적인 만족도는 어떻습니까?

○ 매우만족 ○ 만족 ○ 보통 ○ 불만족 ○ 매우불만족

2. 각 항목별 만족도를 체크해 주십시오
(①매우만족 ②만족 ③보통 ④불만족 ⑤매우불만족)

정보검색의 편리성 : ○ ① ○ ② ○ ③ ○ ④ ○ ⑤
정보검색의 신속성 : ○ ① ○ ② ○ ③ ○ ④ ○ ⑤
메인 화면의 디자인 : ○ ① ○ ② ○ ③ ○ ④ ○ ⑤
홈페이지 접속 속도 : ○ ① ○ ② ○ ③ ○ ④ ○ ⑤

3. 행정안전부 홈페이지에 방문하시는 주요목적은 무엇입니까?

○ 민원상담·처리 ○ 뉴스·각종소식 ○ 법령·정책정보
○ 실·국별업무자료 ○ 조직도직원검색 ○ 기타

4. 귀하는 어느정도 행정안전부 홈페이지를 방문하십니까?

○ 일1회이상 ○ 주1회이상 ○ 월1회이상 ○ 연1회이상

5. 기타 의견을 적어주세요.

※ 귀하의 연령은 어떻게 되십니까?
○ 10대이하 ○ 20~30대 ○ 40~50대 ○ 60대이상
※ 귀하의 직업은 무엇입니까?
○ 공무원 ○ 학생 ○ 언론인 ○ 회사원 ○ 자영업
○ 농수산업 ○ 기타
※ 귀하의 성별은 무엇입니까? ○ 여성 ○ 남성

설문완료

3) 행정안전부 홈페이지, http://www.mopas.go.kr/gpms/index.jsp. (검색일: 2008. 7. 2).

Interactive 형식은 Flat 파일과 유사하지만 서버 사용자와 인터렉티브 프로그램으로 연결된 대상자들 간의 조사에 이용되는 방식으로, 앞에서 응답한 내용을 참조하여 뒤에 오는 질문에 대답한다는 특징이 있다. 이 형식은 전용서버에 소프트웨어를 설치하게 된다.

On-Line Chat 형식은 네트워크로 연결된 컴퓨터를 이용하여 개인 간에 메시지를 상호 교환하면서 대화방식으로 조사를 수행하는 방식이다.

3. 자료수집방법의 선택기준

연구자는 자신의 연구목적을 해결하는 데 필요한 방법을 선택해야 한다. 자료수집방법을 선택하기 위해서는 현지상황의 특성, 자료수집방법의 타당성과 신뢰성 그리고 자료수집비용 등을 고려해야 한다.

1) 현지상황의 특성

자료수집방법을 결정하기 위해 고려할 현지상황(field condition)의 특성은 (a) 자료수집에 소요되는 시간, (b) 자료수집이 이루어지는 연구현황의 복잡성, (c) 모집단의 크기, (d) 모집단의 공간적 분포, (e) 자료수집대상의 참여동기, (f) 자료수집대상의 자료제공능력 등이 있다.

그림 10-2 에서 제시한 바와 같이 첫째, 소요되는 시간의 경우에는 2차자료가 가장 적게 소요되는 데 반해 직접관찰이 상대적으로 많이 소요된다. 둘째, 자료수집현황의 복잡성에서는 직접관찰이 가장 복잡하고 2차자료가 상대적으로 덜 복잡하다. 셋째, 모집단의 크기에서는 모집단이 커질수록 2차자료가 적합하고 적을 때는 직접관찰이 적합하다. 넷째, 모집단의 공간적 분포에서는 광범위하게 분포되어 있을 경우에는 2차자료가 적합하고, 범위가 좁고 협소할 경우에는 직접관찰이 적합하다. 다섯째, 응답자의 참여동기의 경우 참여의욕이 크고 거부감이 없을 경우에는 2차자료가 가장 적합하다. 통계청이나 한국은행 등 공신력이 있고 권위 있는 정부기관 등에서 실시하기 때문에 자료수집에 기꺼이 응하게 되기 때문이다. 그러므로 공공기관이 수집한 자료를 사용하게 되면 적합하다. 반대로

참여동기가 낮은 경우에는 직접 관찰하는 것이 좋다. 여섯째, 응답자의 자료제공능력에서도 참여동기와 같이 공공기관의 요청에 의하여 개인이 기입하여 제출한 2차자료는 자료제공자가 가장 높은 정보제공능력을 가지고 있는 것을 전제로 한다.

그러나 이상의 자료수집방법도 어떤 상황에서는 가장 적합한 방법이 다른 상황에서는 거의 적합하지 않을 수 있다는 점에 유의해야 한다. 예를 들어, 연구상황이 복잡하다면 직접관찰이 좋지만 시간적 여유가 없을 경우에는 2차자료를 사용할 수밖에 없을 것이다. 또한 조사대상이 넓게 분포되어 있다면 2차자료가 적합하나 응답자의 응답동기가 낮은 경우 직접관찰이나 면접이 더 적합할 것이다. 그러므로 이와 같은 관계는 연구자의 연구목적과 연구일정 등 제반 사항을 종합적으로 고려하여 판단해야 할 문제이다.

【그림 10-2】 현지상황의 특성에 대한 자료수집방법

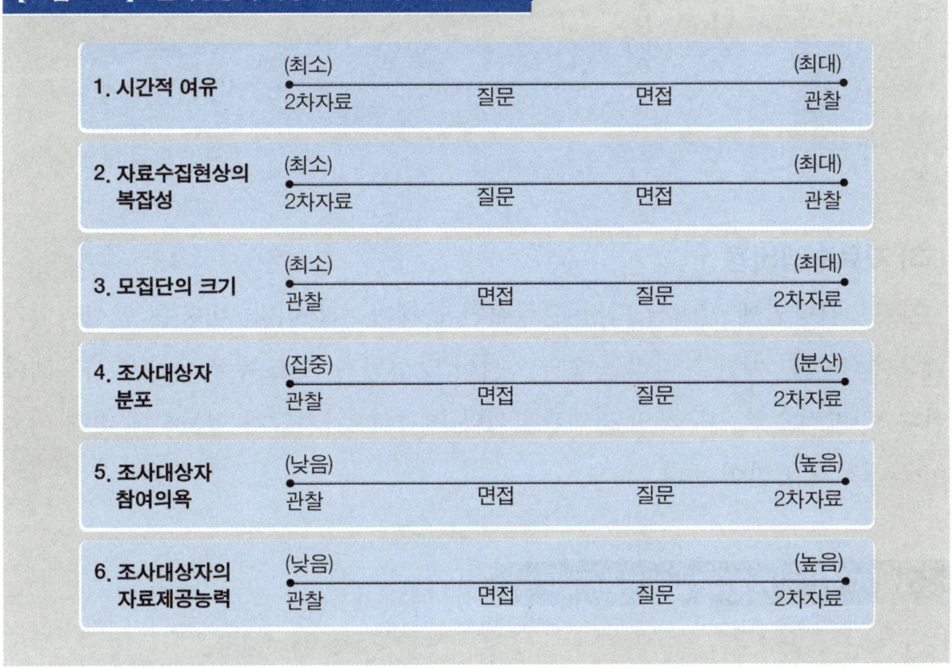

2) 자료수집방법의 타당성과 신뢰성

자료수집방법의 타당성이란 어떤 기법이나 도구에 의해 수집된 자료가 연구자가 원래 얻고자 했던 자료와 일치되는 정도를 말하고, 신뢰성이란 동일한 절차를 동일한 조건에서 적용했을 때 동일한 자료를 얻는 정도를 말한다. 일반적으로 자료수집방법에서 타당성이 높은 자료는 신뢰성이 낮고(비구조화된 방법), 신뢰성이 높은 자료는 타당성이 낮다(구조화된 방법). 따라서 비구조화된 직접참여관찰이나 면접은 2차자료와 질문서에 비해 타당성이 높은 반면 신뢰성이 낮다. 반대로 구조화된 방법인 2차자료와 질문서는 신뢰성이 높다.

【그림 10-3】 자료수집방법의 타당성과 신뢰성

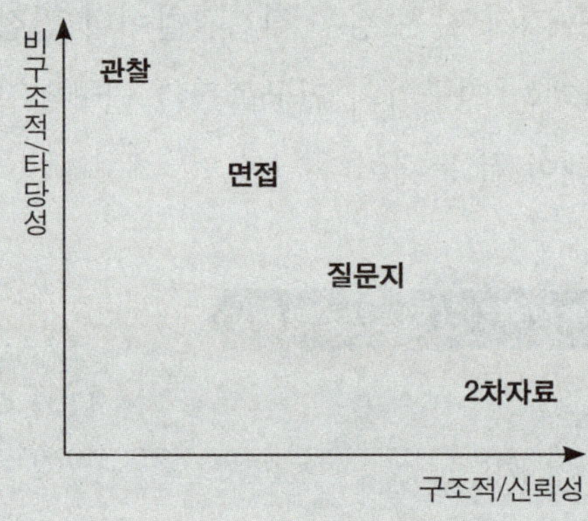

3) 자료수집비용

자료수집방법에 있어서 가장 현실적인 문제가 비용이다. 비용은 한정적이기 때문에 정해진 예산을 바라는 연구목적이 달성될 수 있도록 적절하게 사용해야 한다. 일반적으로 연구자의 직접관찰이나 면접이 2차자료나 질문서에 비해 비용이 상대적으로 많이 든다.

【그림 10-4】 자료수집방법과 자료수집비용

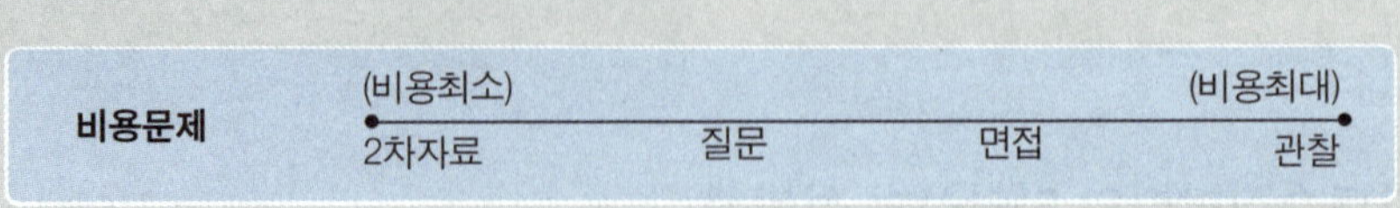

제2절 관찰

1. 관찰의 의의

관찰(observation)은 넓은 의미로 '자료수집의 일체'를 말하나, 좁은 의미로 과학적 연구에서 필요로 하는 사실이나 자료를 연구대상의 응답에 의하지 않고 직접 보거나 들어서 얻는 방법을 말한다. 면접이나 설문조사 등은 자료수집이 전적으로 응답자에 의해 결정되나 관찰은 관찰자의 관찰 행태나 자세에 달려 있다. 관찰은 감각기관을 통해서 자료의 근거가 되는 조사대상의 특성, 언어적·비언어적 행위 등의 자료를 수집하는 방법이다.

관찰의 특징은 연구대상자에게 물어볼 필요가 없이 어느 행위가 일어날 때 즉시 자료를 수집하여 연구가 가능하다는 직접성과 자연적 상황(natural setting)에서 이루어지기 때문에 인위적 조작의 개입가능성이 적다는 것이다.

2. 관찰의 장단점

1) 관찰의 장점

자료수집에 있어서 관찰은 다음과 같은 장점을 가지고 있다.

첫째, 현장성·직접성·즉시성이다. 관찰은 조사하려는 사회적 행위를 현장에서 포착할 수 있다. 그러나 이것은 다른 한편으로 단점이기도 한데, 그 일이 일어나기 전까지는 관찰이 불가능하기 때문이다.

둘째, 유아나 동물 등 표현능력이 부족한 조사대상에게 적합하다. 설문조사나 면접의 경우는 조사대상자에게 정상적 인지능력, 언어능력, 지식이 있어야 자료수집이 가능하나 관찰은 이러한 능력이 없는 유아, 동물 등은 물론이고 언어표현이나 문자해독능력이 없는 대상자의 자료수집에 적합한 조사방법이다.

셋째, 행동을 관찰하므로 질문지법이나 면접법보다 오차가 적다. 관찰은 응답자의 태도나 선호정도, 협력하는 정도 등이 자료수집에 영향을 주지 않고 행동으로 나타난 것을 관찰하기 때문에 응답과정의 오류를 줄일 수 있다. 특히 조사대상이 면접을 거부하거나 비협조적인 경우에 관찰을 통해 자료를 수집할 수 있다.

넷째, 일상적이어서 피조사자가 느끼지 못하는 행위까지도 조사할 수 있다. 관찰은 응답자의 일상적이며 무의식적으로 이루어지는 행동에 대한 측정을 하고자 하는 경우 매우 유용하다.

2) 관찰의 단점

이와 같은 장점에도 불구하고 관찰은 다음과 같은 단점을 안고 있다.

첫째, 행위 발생까지 기다려야 한다. 관찰은 자연적 상황에서 이루어지는 행동을 측정하기 때문에 관찰하고자 하는 행위가 발생할 때까지 기다려야 하는 문제가 있다. 그러므로 행위가 발생하지 않으면 관찰할 수 없다는 말이 된다.

둘째, 응답자가 본인이 관찰 대상임을 알고 있을 경우에 평소와 다른 행동을 하게 되면 조사방법의 타당성이 저해된다. 예를 들어, TV방송사에서 시민들이 길거리에서 전단지를 받았을 때 어떻게 처리하는가에 대한 행태를 관찰한다고 하자. 시민들은 전단지를 받았을 때 길거리에 그냥 버리거나, 호주머니나 가방 등에 넣거나, 가까운 쓰레기통에 넣거나, 아니면 받지 않고 그냥 가버릴 수 있는데 이때 그 사람이 처한 상황이 태도에 영향을 주고 태도가 행동에 변화를 줄 수 있다는 점을 간과해서는 안 된다. TV방송사에서 리포팅하고 있다는 것을 알게 되면 이를 의식해 평소와 다른 행동을 취할 수 있다.

셋째, 관찰대상 전체를 관찰하는 것이 불가능하여 관찰자가 선택적으로 관찰하는 경우에 선택 자체의 문제점이 있다. 사람은 알고 있는 것만 볼 수 있으며 관찰자 또한 사람이기에 관찰자가 알고 있는 범주에서 선택적으로 관찰함으로써 궁극적으로 관찰하려는 개념 전체의 속성을 빠뜨리게 된다. 그렇게 되면 측정의 타당성에 문제가 발생한다.

넷째, 관찰자의 시간적·공간적 한계, 지적능력의 한계 때문에 관찰대상 전부를 동시에 관찰하기 어렵다.

다섯째, 관찰자가 대상을 보고 해석하는 데 있어서 주관적인 편견이 개입되고 관찰자마다 다른 해석을 내릴 수 있어 신뢰도와 타당도가 떨어진다. 이때 객관적인 척도를 사용하는 다른 자료수집방법과 병행하면 신뢰도와 타당도를 어느 정도 높일 수 있다.

여섯째, 사적인 행동 및 사회적으로 밝혀지기를 원하지 않는 행동일 경우에 현장진입이 어려워 관찰이 불가능하다.

일곱째, 익명성 확보가 곤란한 경우가 문제이다. 이는 곧 조사윤리문제와 관련되는 것으로 피조사자의 프라이버시 보호문제이기도 하다.

여덟째, 자연적 환경에서 관찰하기 때문에 외생변수를 거의 통제하기 어렵다. 관찰대상자의 행동은 여러 가지 요인이 복합적으로 영향을 미쳐 나타난 결과이고 주변환경적 요인과 상시적으로 상호작용하는 관계이다. 여러 외생변수가 상시 영향을 미치기 때문에 특정행동의 원인을 명확히 규명하는 조사에는 적용하기 곤란하다.

그 밖에 (a) 주어진 자연환경 속에서 진행되는 모든 잡음들과 관찰해야 하는 대상의 행동들을 동시에 모두 기록할 수 없기 때문에 편파적일 수 있고, (b) 사람들은 첫인상에 크게 영향을 받는 경향이 있는데, 첫인상이 후에 진행되는 추론이나 해석을 주도할 수 있다. 또한 (c) 자료수집의 용이성이 결론에 영향을 미치며, (d) 누락된 정보는 추론을 할 때 관찰자가 예측할 수 없는 방향으로 채워 넣는 경우가 많고, (e) 너무 적은 수의 관찰대상에게서 나온 자료를 일반화하는 문제가 있으며, (f) 동시에 발생했다고 해서 하나가 다른 하나의 원인이라고 단정 지을 수 없는 한계가 있다(김아영, 2000: 75-76).

3. 관찰의 종류

1) 공개적 관찰과 비공개적 관찰

피관찰자들이 사전에 관찰한다는 사실을 인지하고 있는지의 여부를 기준으로 공개적 관찰과 비공개적 관찰로 나눈다. 공개적 관찰은 피관찰자들 스스로 관찰되고 있다는 사실을 의식하기 때문에 평상시와 다른 인위적이고 부자연스러운 행동을 할 수 있다는 문제가 있다. 비공개적 관찰은 '몰래카메라'나 변장한 조사원을 통하기 때문에 자연스러운 행동을 관찰하기는 좋으나 사생활 침해와 같은 연구의 윤리문제가 있다.

2) 참여관찰과 비참여관찰

관찰자가 피관찰자 집단에 직접 참여하는가를 기준으로 참여관찰과 비참여관찰로 나눈다. 참여관찰은 관찰자가 관찰대상집단의 내부에 직접 들어가 그 구성원의 일부가 되어 공동생활에 참여하면서 하는 관찰이다. 참여관찰로 관찰하면 (a) 외부로 나타나지 않는 사실까지 파악할 수 있고, (b) 관찰대상을 자연적인 상황에서 파악한다는 장점이 있는 데 반해, (a) 구성원으로 가장하기 어려울 수 있고 (b) 업무수행에 따른 관찰활동에 제약을 받을 수 있으며 (c) 관찰대상이 되는 집단 및 조직에 융화되어 객관성을 상실할 우려가 있고 (d) 비구조적이어서 자료를 표준화하는 데 어려움이 있는 단점이 있다.

3) 준참여관찰

준참여관찰은 관찰대상집단 생활의 일부에만 참여하는 방법으로 피관찰자 자신이 관찰을 받고 있음을 알고 있는 방법이다. 준참여관찰에서 관찰자는 집단 내에서 행동하는 방법을 배우고 피관찰자들이 관찰자에게 어떻게 행동할 것인가를 가르쳐 준다. 그런 다음에 관찰자는 집단의 특정분야의 구성원으로서 받아들여진다. 이때 친밀관계(rapport)가 형성되고 관찰의 동의를 받게 됨으로써 정보제공자는 기꺼이 정보를 제공하게 될 것이다. 교생실습이 준참여관찰의 대표적인 예이다.

4) 통제관찰과 비통제관찰

사전에 계획된 절차에 따라 관찰조건을 표준화하는가의 여부에 따라서 통제관찰과 비통제관찰로 구분된다. 관찰상황이 구조적이고 표준적이면 통제관찰이고 그렇지 않으면 비통제관찰이다. 여기에서 구조적이란 관찰내용과 방법·시기·시간을 사전에 정해 놓는 방식으로 실험설계에 의한 관찰이 대표적인 예이다. 표 10-5는 비구조화된 관찰의 핵심으로 주요 및 세부 질문 사항을 담고 있다.

표 10-5 비구조화된 관찰의 핵심 사항

주요 질문	세부 질문
주요 관찰대상 행동은 무엇인가?	• 관찰자가 주목해야 할 것은 무엇인가? • 관찰대상 행동이 왜 흥미로운가? • 관찰대상 행동이 다른 상황과 어떻게 관련되는가?
이해할 수 없는 관찰대상 행동이 있는가?	• 이해할 수 없는 관찰대상 행동을 이해하는 데 도움을 받을 수 있는가? • 관찰자가 이해할 수 없는 관찰대상 행동을 설명할 수 있는 사람은 누구인가?
관찰기록을 가지고 있다면, 관찰 결과를 주변 사람에게 보여 주었을 때 일어날 수 있는 일은?	• 관찰자가 보지 못한 것을 다른 사람은 보고 있는가? • 다른 사람이 보지 못한 것을 관찰자는 보고 있는가? • 다른 사람은 관찰자의 관찰 결과에 동의하는가? 만약, 동의하지 않는다면 그 이유는 무엇인가?
관찰 결과를 어떻게 비교할 것인가?	• 자료가 비슷하거나 다른가? • 다른 사람들도 관찰자와 같은 상상/의견/설명을 하고 있는가?

자료: Gibson & Brown(2009: 102)

4. 자연관찰의 연구절차

자연관찰의 연구절차는 첫째, 무엇을 위해 관찰을 하려고 하는지 연구목적을 분명히 설정하고, 둘째, 누구를 관찰자로 할 것인지를 결정하고, 셋째, 어떤 내용을 관찰할 것인지를 결정해야 하며, 넷째, 누구를 대상으로 관찰할 것인지를 결정해야 한다. 다섯째, 관찰시기와 관찰장소를 결정해야 하며, 여섯째, 관찰방법과 관찰된 결과를 어떻게 기록할 것인가를 결정해야 한다(김아영, 2000: 17-19).

5. 관찰자 선정과 훈련

1) 관찰자 선정

관찰자의 선정은 가장 신뢰성 있는 자료를 획득하는 능력을 가진 사람, 즉 언어능력이 우수하고 명랑한 사람, 분석적인 사람, 공정한 사람, 동기수준이 높은 사람들이 고려되어야 한다. 또한 자료를 기록하고 부호화하는 능력뿐 아니라 외

【그림 10-5】 자연관찰의 연구절차

단계	연구전략
1단계 (연구목적 설정)	• 무엇을 알아보기 위해 관찰하는가를 결정한다.
2단계 (관찰자 결정)	• 연구자가 직접 관찰할 것인가, 훈련받은 다른 사람을 관찰자로 할 것인가를 결정한다. • 관찰자료의 신뢰성을 확보하기 위해 복수의 관찰자를 두는 문제도 고려해야 한다.
3단계 (관찰내용 결정)	• 어떤 내용을 관찰할 것인가를 결정한다.
4단계 (관찰대상)	• 누구를 관찰할 것인가를 결정해야 한다. • 연령, 성별, 지역, 소득, 학력 등 인구특성을 고려해야 한다.
5단계 (관찰시기, 장소 결정)	• 언제, 어디서 관찰할 것인가를 결정한다.
6단계 (관찰방법 및 기록방법 결정)	• 관찰방법(직접 현장관찰, 비디오카메라, 녹음기 등) • 행동 내용은 필기도구로 기록할 것인지를 결정해야 한다.

자료: 김아영(2000: 17-19)

모나 눈치 빠름, 지위 등이 피관찰자의 반응성과 관련이 있다(Reid, 1982; 김아영, 2000에서 재인용).

2) 관찰자 훈련

숙련된 관찰자가 되기 위한 훈련과 준비사항은 다음과 같다(Patton, 1984; 김아영, 2000에서 재인용).

첫째, 서술적으로 기록하는 방법, 현장노트(field note)를 기록하는 훈련, 세부사항들과 하찮은 것을 구분할 수 있는 방법, 관찰결과를 타당화하는 엄격한 방법을 사용하는 훈련이 훈련내용에 포함되어야 한다.

둘째, 세밀한 관찰준비를 해야 한다. 준비는 지적, 육체적, 심리적, 물질적 차원을 포함한다. 관찰자가 마음의 준비를 한다는 것은 관찰할 때 집중하는 방법을 배우는 것이다. 관찰자를 훈련시키는 중요한 목적 중의 하나는 관찰기록의 신뢰성을 확보하는 것이다. 즉, 관찰 기록된 행동이 정말 나타났느냐 하는 것이다. 관찰기록의 신뢰성을 확보하는 방법으로 복수의 관찰자를 이용해서 독립적으로 관찰하고 기록하도록 하여 결과를 비교해 일치하는 정도를 알아보는 방법이다. 이를 위해 관찰자들은 어떤 행동들을 관찰하고 어떻게 분류하고 기록하며 얼마나 자주 기록해야 하는가를 훈련받아야 한다. 관찰자들을 여러 번에 걸친 모의 관찰 훈련에 참가하도록 하고 훈련 내용을 녹화해서 분석해 가며 논의하는 등 관찰자들 간의 일치도를 증진시키는 노력이 필요하다.

6. 관찰오류

관찰과정에서 제일 문제가 되는 것이 관찰자의 주관이나 편견 등에 의한 오류이다. 오류의 근거는 대체로 지각과정과 인식과정의 두 관찰과정과 관련이 있다. 지각이란 감각기관을 통해 대상의 성질, 형태, 관계 따위를 의식하는 작용을 말하며, 인식이란 대상을 감지하고 분별·판단하는 작용을 말한다.

1) 지각과정에서 나타나는 오류와 감소방법

먼저 지각과정에서 나타나는 오류는 신뢰도와 관련된 문제로 (a) 관찰자마다 똑같은 현상에 대한 느낌이 다르고, (b) 관찰자마다 제각기 다른 자극에 반응하며, (c) 관찰대상이 많은 경우 관찰대상에 의하여 관찰자가 압도될 수 있다. 또한 (d) 관찰자 자신의 환상이나 상상이 지각과정에 작용하며, (e) 이질적이고 혼합된 관찰대상의 경우에 나타나는 현상 자체가 복잡하여 관찰 자체를 방해할 수 있다.

이에 대한 감소 방안으로 (a) 객관적인 관찰도구, 즉 카메라, 캠코더, 시계 등을 사용하고, (b) 보다 큰 단위의 관찰을 한다(예: 피관찰자가 어떠한 정서상태에 있는가 하는 관찰보다는 그가 어떤 정서의 방해를 받고 있는가 하는 관찰이 단위가 크다). 또한 (c) 가능한 한 관찰단위를 분명히 하며(이 경우 그럴 만한 이론적 근거가 있어야 한다), (d) 혼란을 초래하는 영향이나 자극은 가급적 통제한다. 이는 관찰대상이 아닌 관찰자 자신의 문제이다. 그리고 (e) 감각기관 중 가장 예민한 것을 사용하고(예: 코보다는 귀, 귀보다는 눈), (f) 관찰기간을 짧게 하여 관찰자의 상상이나 환상이 개입되지 않도록 한다.

2) 인식과정에서 나타나는 오류와 감소방법

인식(또는 추리)과정에 나타나는 오류는 타당성과 관련된 문제로 (a) 관찰자마다 과거의 경험이 다르고 인식을 다루는 지적능력과 추리능력이 다르며, (b) 관찰자마다 각자의 인식과 추리에 독특한 양식이 있다. 즉 경험이나 지적능력 이외에도 여러 요인이 작용한다. 이는 관찰자들이 사실을 인식하는 준거의 틀(frame of reference)이 다르기 때문에 발생한다.

이에 대한 감소방안으로는 (a) 이론적 개념을 분명히 하고 조사 시 필요한 개념을 경험적으로 정의하며, (b) 개념 간의 관계를 한정하여 사고의 규칙이 주어지도록 하고, (c) 관찰과 기록 사이의 시간을 짧게 한다. 그리고 (d) 관찰된 것과 관찰자 사이에 생기는 장애를 제거해야 하며, (e) 관찰자의 지적 자기인식을 강화시키고, (f) 관찰기간을 짧게 하여 관찰자의 상상이나 환상의 개입을 감소시킨다.

제3절 면접

1. 면접의 의의

면접(interview)은 연구문제에 대한 적절한 대답을 구하고자 면접자가 응답자와 대면하여 실시하는 언어적인 상호작용 또는 일정한 조건하에서 언어를 매개체로 질문하여 응답을 얻는 방법이다. 즉 언어적 상호작용과정을 통하여 피면접자의 주관화된 가치나 태도를 조사하는 방법이다.

대인면접은 다양한 상황에서 일어나는 정보를 수집하는 방법으로 이용된다. 채용면접, 입학면접, 환자에 대한 의사의 면접, 정신건강상담, 빈곤계층에 대한 사회복지사의 면접, 리포터의 정치가들과의 면담, 경찰관의 증인과 피해자들과의 면담, 토크쇼의 진행자와 유명인의 대화 등 다양한 상황에서 이루어진다.

2. 면접의 종류

면접방법은 여러 가지 유형으로 구분되지만 가장 일반적으로는 면접상황과 면접내용을 표준화·체계화·구조화시켰느냐를 기준으로 표준화, 비표준화, 반표준화 면접으로 구분한다.

1) 표준화 면접

표준화(standardized interview) 또는 구조화 면접은 사전에 면접자가 원하는 질문형식과 내용을 만들어 모든 응답자에게 같은 순서, 어조로 질문하는 방식이다.

표준화 면접에 의하면 (a) 정보가 비교가능하고, (b) 높은 신뢰성을 얻을 수 있으며, (c) 질문어구나 질문의 언어 구성에서 오는 오류를 감소시키고, (d) 반복연구가 가능하여 결과를 수량화(coding)하는 데 용이하다는 장점이 있다. 반면 단점은 (a) 새로운 사실인 아이디어를 발견할 가능성이 낮고, (b) 면접상황에 대한 적응도가 낮으며, (c) 융통성이 없고 타당성이 낮으며, (d) 특정 분야의 깊이 있는 측정을 도모할 수 없고, (e) 의미의 표준화가 어렵다는 것이다.

2) 비표준화 면접

비표준화 면접(unstandardized interview) 또는 비구조화 면접은 질문형식, 순서, 내용을 미리 정하지 않고 상황에 따라 적절하게 변경하는 비교적 자유로운 면접 방식이다. 비표준화 면접의 대표적인 예가 심층면접법(depth interview)이다. 심층면접법은 어떤 주제에 대해 응답자가 자신의 느낌과 믿음을 자유롭게 이야기하거나 묘사하면서 조사를 진행하는 비체계적인 개인면접법이다. 그리고 심층면접에서 깊이 있는 질문을 하는 것은 응답자의 숨겨진 의도를 파악하기 위함이다.

예를 들어, 정부가 시행하는 복지정책에 대한 태도를 파악하고자 하는 경우, "정부에 대해 어떠한 느낌을 가지고 있습니까?"라고 시작하는 질문으로부터 시작하여 면접자는 응답자가 자유로운 분위기에서 정부에 대한 개인적 견해를 표현할 수 있도록 유도하여야 한다. 즉 "정부의 교육정책에 더 이상 관심이 없다"라는 응답을 하였다면, 이러한 응답 결과와 관련하여 "왜 정부의 교육정책에 관심이 없습니까?"라는 질문이 이어져야 한다.

비표준화 면접은 (a) 융통성을 발휘할 수 있고, (b) 의미의 표준화가 가능하며, (c) 면접결과의 타당도가 높다는 장점이 있다. 반면 단점은 (a) 면접결과의 숫자화 또는 측정이 어렵고 (b) 신뢰도가 떨어진다는 것이다.

3) 반표준화 면접

반표준화 면접(semi-standardized interview)은 일정한 수의 질문은 표준화하고 그 밖의 질문은 비표준화하는 방식이다. 이 방법은 주제와 내용은 표준화하되 질문순서나 방법 등은 면접자가 어느 정도 재량을 가지고 상황에 따라서 적절하게 변경시킬 수 있는 방법이다.

표 10-6 구조화 면접 수준의 연속체

표준화 면접	반표준화 면접	비표준화 면접
• 공식적으로 가장 구조화되어 있다.	• 다소 구조화되어 있다.	• 완전하게 비구조화되어 있다.
• 질문은 일정한 순서가 있다.	• 면접과정에서 질문순서를 재조정할 수도 있다.	• 질문에 대한 순서가 없다.
• 각 질문의 단어는 일관되고 정해져 있다.	• 질문 단어는 상황에 따라 선택할 수도 있다.	• 질문에 대한 일정한 단어가 정해져 있지 않다.
• 언어는 일정한 수준을 유지한다.	• 언어수준은 조절될 수도 있다.	• 언어수준은 조절될 수 있다.
• 면접질문에 대한 설명이 필요 없다.	• 면접자가 설명을 추가할 수도 있다.	• 면접자는 설명을 추가할 수 있다.
• 추가질문이 주어지지 않는다.		• 면접자는 면접과정에서 질문을 추가할 수도 있고 삭제할 수도 있다.
• 정형화된 설문지 형태를 띤다.		

3. 면접형식

면접형식은 면대면, 실시간 온라인 채팅, 이메일 및 토론게시판, 전화 등으로 구분한다. 각 형식별 특징은 표 10-7과 같으며, 이들 형식의 선택은 다음과 같은 기준에 의한다(Gibson & Brown, 2009: 95).

① 면접자의 편리성
② 피면접자의 편리성
③ 말로 나타낼 수 있는지의 여부
④ 참여자가 대답하는 데 걸리는 시간
⑤ 면접할 수 있는 시간
⑥ 의사소통의 속도

표 10-7 면접형식과 특징

형식	장점	단점
면대면	• 참여자가 몸짓, 얼굴표정 등을 통해서도 이야기를 할 수 있기 때문에 풍부한 커뮤니케이션이 가능하다. • 시청각 장치로 자료 기록이 가능하다. • 문서나 사진과 같은 소재를 이용해 면접을 쉽게 할 수 있다.	• 많은 면접자나 피면접자가 필요하고, 이에 따라 많은 시간과 비용이 소요된다. • 피면접자들이 순간자극에 대답을 할 수 있고, 심려한 응답을 기대할 수 없다.
실시간 온라인 필담	• 연구자가 의사소통방식으로 소리, 시청각, 문자 등에서 선택할 수 있다. • 필담과정을 저장할 수 있다. • 먼 거리에 있는 사람과도 면접이 가능하다.	• 실시간으로 진행되기 때문에 정보의 중계가 지연될 수 있다. • 참여자가 숙고하여 대답할 수 있는 시간이 충분하지 않다. • 몸짓이나 표정을 느끼지 못하고 카메라에 보이는 부분이나 글로 나타낸 것만을 통해 정보가 전달된다.
이메일 및 토론 게시판	• 참여자들이 숙고하여 대답할 수 있는 충분한 시간이 주어진다. • 참여하는 시간을 융통성 있게 활용할 수 있기 때문에 피면접자에게 편리하다.	• 전화면접에 비해 의견교환이 느리다. • 대화의 흐름이 단절되기 때문에 주제나 쟁점사항에 집중하기 곤란하다.
전화	• 면대면 방식보다 면접수행을 신속하고 쉽게 할 수 있다.	• 말로 표현하기 힘든 비언어적인 상황을 파악하기 곤란하다. • 피면접자가 숙고하여 대답할 수 있는 기회가 적다.

자료: Gibson & Brown(2009: 94)

4. 면접기술

1) 면접자의 선정

면접자의 선정은 알아내려는 사실에 따라 또는 응답자에 따라 달라져야 한다. 예를 들어, 무허가 판자촌의 주민과 면접하는데 부유층 자녀 중에서 선정한다거나 여성의 사회참여에 대한 조사를 남성이 한다거나 지방색이 농후한 지역에서 타 지역사람이 조사하는 경우는 적절치 않을 수 있다.

면접자가 갖추어야 할 기본적인 성격과 자격은 대체로 (a) 어떤 사람과도 잘 이야기할 수 있는 사람, (b) 상황판단이 빠른 사람, (c) 끈기가 있는 사람, (d) 비위가 좋은 사람, (e) 어떤 문제든 열성과 관심을 가지는 사람, (f) 기억력이 좋은 사람, (g) 속기할 수 있는 사람, (h) 용모나 옷차림이 신뢰감을 줄 수 있는 사람, (i) 건강한 사람, (j) 가능하면 학력이 높은 사람 등의 조건을 갖춘 사람을 선발하는 것이 좋다.

2) 면접자의 훈련

면접자가 선발되고 면접에 들어가기 전에 면접자들을 집합시켜 조사의 규모, 목표, 방법 등 면접에 관한 사전지식을 부여해야 한다. 면접자들이 면접지침을 제대로 이해하고 있는지 간단한 테스트와 함께 감독자가 시범면접을 실시하고 실제로 면접을 시켜서(시험면접) 면접자의 장단점을 찾아내어 면접경험을 쌓게 한다.

3) 방문시간

면접자가 조사대상자들을 찾아가는 시간도 고려해야 한다. 조사대상자들과 사전에 약속을 해 두는 것이 가장 이상적이지만, 사전에 약속을 하기가 어렵기 때문에 보통 선정된 조사대상을 그냥 찾아가게 된다. 예를 들면, 도시의 근로자들을 대상으로 면접을 하려는 경우 일요일을 이용하는 것이 좋으며 평일에는 식사시간이나 저녁 늦은 시간을 피하는 것이 좋다. 그렇지 않으면 직장을 방문하여 양해를 구한 다음 휴식시간에 면접하는 것이 좋으며 이때는 사전에 전화로 약속을 하는 것이 좋다. 농촌을 방문하는 경우는 오후에 방문하는 것이 현실적이나 너무 늦게 방문하는 것은 실례이다. 농촌에서는 대부분 일찍 일어나서 일터에 나가고 저녁 일찍 잠자리에 들기 때문에 저녁 식사시간 전후에 방문하는 것이 좋다. 농촌지역을 조사대상자로 하여 전화면접을 하는 경우에도 마찬가지이다. 내용을 가능한 한 이해하기 쉽고 분명하게 전달해야 하며 짧게 통화하도록 한다.

4) 면접기술 향상을 위한 고려사항

전반적인 면접기술은 어느 한 국면에 집중하여 향상될 수 있는 것이 아니다. 면접은 사람을 대상으로 하기 때문에 사람의 특성에 적절한 면접기술이 요구된다.

표 10-8 면접기술 향상을 위한 고려사항

구분	고려사항
(1) 면접 시작 시	① 피면접자와 만나서 인사하기 ② 면접자 소개하기 ③ 피면접자를 편안하게 하기 ④ 면접목적을 설명해 주기
(2) 신체적 주의 기울이기	① 시선 접촉 ② 몸의 자세 ③ 간헐적인 긍정적 몸짓(gesture) ④ 적당히 긴장을 풀고 편안한가?
(3) 언어적 주의 기울이기	① 추가질문 ② 짧은 휴식시간 갖기 ③ 적절히 평이하게 바꾸어 말하기 ④ 피면접자에 대한 격려하기 ⑤ 자연스럽게 진심으로 말하기
(4) 피면접자의 문제를 탐색하기	① 개인의 사회이력 알아보기 ② 다양한 측면에서 문제를 조사하기 ③ 상황적 요인과 체계적 요인을 사정하기
(5) 질문하기와 심층탐색하기	① 질문을 명확하고 간결하게 하기 ② 고정관념이나 편견 없이 질문하기 ③ 개방형의 탐색적인 질문하기 ④ 개방형 질문과 폐쇄형 질문을 적절히 구사하기 ⑤ 중립적인 심층탐색으로 중요하고 구체적인 정보 얻기 ⑥ 지나치게 많은 질문을 퍼붓지 않기 ⑦ 논리의 순서에 따라 질문하기 ⑧ 사생활과 관련된 문제에 대한 민감성 유무

자료: 백욱현(2006: 120-121)

면접 유형별로 고려해야 할 사항은 다음과 같다(Gibson & Brown, 2009: 86-91).

(1) 표준화면접의 고려사항

① 모든 질문은 분명하고 애매모호하지 않아야 한다. 특히, 질문의 유용성 및 타당성을 높이기 위해서는 예비면접을 실시하거나, 면접에 들어가기 전에 주변 사람들에게 읽어보도록 한다.

② 주요 핵심을 질문할 수 있는 내용이어야 한다.

③ 질문하는 데 시간을 낭비하지 말아야 한다.

④ 질문의 순서가 적절해야 한다. 질문의 앞뒤 순서가 논리적으로 연계되어야 하고, 흥미롭게 쉬운 내용부터 질문해야 한다.

(2) 반표준화면접의 고려사항

① 필요로 하는 질문을 기억한다.

② 직절한 시간에 질문을 한다.

③ 자연스럽게 대화 흐름을 방해하지 않고 피면접자들이 흥미를 가질 수 있도록 대화를 유도한다.

④ 연구주제에서 벗어나지 않도록 한다.

⑤ 면접자는 피면접자들이 이야기하고 있는 내용이 주제와 연계될 수 있도록 도와준다.

(3) 비표준화면접의 고려사항

비표준화면접 시 고려사항은 표 10-9 와 같다.

표 10-9 비표준화면접 수행을 위한 질문 고려사항

행동	질문
주제 목록을 산출한다.	• 대화과정에서 피면접자들이 자세하게 말할 수 있도록 쟁점을 마련한다. • 면접과정에서 특히 강조해야 할 주제를 마련한다. • 기대하지 않았던 것이나 놀랄 만한 새로운 쟁점을 정리한다.

행동	질문
다른 사람의 면접 내용과 비교한다.	• 다른 피면접자가 말한 것과 중첩되는지 살펴본다. • 다른 피면접자가 말한 것과 중첩된다는 것을 설명할 수 있는가? • 다른 피면접자의 면접 내용과 차이는 무엇인가? • 다른 피면접자의 면접 내용과 왜 다르다고 생각하는가?
면접자의 역할 방식에 대해 생각한다.	• 주제에 대한 강한 열정을 보이고 있는가? • 면접 상황을 잘 파악한다.

자료: Gibson & Brown(2009: 91)

5) 면접에서 듣기기술

면접에서 조사자의 듣기기술은 매우 중요하다. 듣기기술은 기본적으로 듣는 사람 스스로 생각하는 과정이다. 면접에서 듣기기술은 다음과 같은 점에 유의해야 한다(조영달, 2005: 137-138).

① 되도록 피면담자에게 맞추라.
② 피면담자 태도의 특성을 파악하라.
③ 언급되는 용어의 차이에 주의하고 그 차이를 발견하라.
④ 감정적으로 빠지지 마라(냉정한 이성).
⑤ 피면담자의 의도된 의미는 추론을 통해 순화시켜라.
⑥ 표현의 의미를 부여하기 위해서는 맥락과 상황에서 그 실마리를 찾아라.
⑦ 생각의 순서와 언급, 코멘트 등을 기록하라.
⑧ 피면담자에게 영향을 끼칠 수 있는 면담자 자신의 언급을 삼가라.
⑨ 면담자 자신이 듣기를 비판적으로 분석하라.
⑩ 피면담자의 이야기에서 중심 줄거리를 빨리 파악하라.
⑪ 피면담자가 사용하는 보완적 또는 보충적 이야기를 파악하라.
⑫ 나쁜 조건에서도 듣는 방법을 배우라.
⑬ 새로운 이야기에 대해서는 그 정확성을 검토해 보라.
⑭ 적절한 정보는 가능한 한 오래 보유하라.
⑮ 피면담자의 유도질문이나 유도발언에 주의하라.
⑯ 피면담자의 상충적 표현이나 이야기 내용에 주의하라.

6) 면접에서 협력을 얻는 기술

면접원이 응답자와 대면하였을 때 면접이 원활하게 수행될 수 있도록 협력을 구하는 기술은 다음과 같다.

① 면접원 자신을 피면접자에게 공손하게 소개해야 한다.
② 면접의 목적을 이해하기 쉽게 설명해 주어야 한다.
③ 응답자가 어떻게 뽑혔는지를 쉽게 설명해 주어야 한다.
④ 응답자에게 인간으로서 진정한 관심을 표명해야 한다.
⑤ 응답자로 하여금 조사의 중요성 내지 가치를 깨닫게 해야 한다.
⑥ 응답자가 면접에 대해서 가지고 있는 심리적 장애를 극복해야 한다. 이를 위해서는 질문이 쉽고 재미있어야 하며, 조사질문에 대한 답은 옳고 틀린 것이 없으며 비밀이 보장된다는 것 등을 말하여 응답자의 자유로운 응답을 얻도록 해야 한다.
⑦ 응답자가 바쁘거나 부재 중일 경우에는 면접을 할 수 없거나 한다고 해도 불성실한 답변이 되기 쉽다. 이때에는 정말 응답자가 분주한지 아니면 면접을 피하기 위한 구실인지를 알아차려야 한다.
⑧ 응답자가 면접을 거절한 경우에는 친절한 태도로 조사의 목적이나 방법을 다시 한 번 설명하도록 한다.
⑨ 응답자가 거짓말을 할 경우가 있기 때문에 먼저 면접자가 진실하고 성실한 태도로 면접분위기를 조성할 필요가 있다.

7) 면접에서 질문의 체계와 내용

면접에서 육하원칙과 관련된 연구질문과 질문내용은 **표 10-10**과 같다.

4. 면접오류의 근거

1) 면접자로부터 발생하는 오류

면접자 자신이 피면접자에게 혐오감을 주어 발생하는 오류는 면접자의 외모나

표 10-10 면접에서 연구질문에 따른 질문내용

연구질문	질문내용
누구(Who)와 관련된 질문	• 그곳에 누가 있는가? • 어떤 유형의 얼마나 많은 사람들이 있는가? • 그곳은 또는 그 집단은 어떻게 형성되었으며, • 그 구성원이 되는 자격과 절차는 무엇인가?
무엇(What)과 관련된 질문	• 그곳에서는 무슨 일이 일어나고 있으며, • 사람들은 무엇을 하고 있고, • 서로 무엇을 이야기하며, • 어떻게(상호작용의 형식) 그 이야기를 하고 있는가?
어디(Where)와 관련된 질문	• 그곳은 어디에 있는가? • 주위의 사회적 · 자연적 환경은 어떠한가? • 자연자원의 부존상태는 어떠하며, • 어떠한 기술을 사용하고 있는가? • 그들은 자원과 공간을 어떻게 배분하고 있는가? • 무엇을 생상/소비하고 있으며 그 배분의 형태는 어떠한가? • 그곳의 상황에서 빛과 냄새와 기호와 조직과 구성은 어떠한가?
언제(When)와 관련된 질문	• 언제 사람들은 서로 만나 상호작용하는가? • 얼마나 자주, 얼마나 오랫동안 만나는가? • 그 집단은 시간을 어떻게 사용하고 어떻게 개념화하여 어떻게 배분하는가? • 참여자들은 과거와 현재와 미래에 대하여 어떤 견해를 가지고 있는가?
어떻게(How)와 관련된 질문	• 관찰자와 참여자의 견지에서 그곳의 또는 그 집단의 구성요소는 무엇인가? • 그들은 어떻게 연결되어 있는가? • 어떻게 집단은 안정을 유지하는가? • 변화는 어떻게 일어나며 어떻게 관리되는가? • 사회적 조직의 규칙과 규범은 어떠한가? • 집단 내의 권력관계는 어떠하며, • 권력을 어떻게 인식하고, • 또 권력은 어떻게 배분되는가? • 이 집단은 다른 집단이나 조직 또는 제도와 어떻게 연결되어 있는가?
왜(Why)와 관련된 질문	• 왜 그 집단은 그렇게 행동하는가? • 참여자들의 집단 내 기여는 무엇을 의미하는가? • 집단은 어떤 역사를 지니고 있는가? • 집단의 목적은 무엇이며, 어떻게 형성되었는가? • 그 집단은 어떤 상징과 전통과 가치와 세계관을 지니고 있는가?

자료: 조영달(2005: 144-146)

태도 등이다. 대체로 같은 응답자라도 면접자의 성별에 따라서 그리고 체격이나 음성, 복장 등에 따라서 오류가 발생할 수 있다. 그러므로 면접자의 선정에 세심한 주의가 요구된다. 또한 면접자가 어떠한 태도를 가지느냐에 따라 차이가 나는데 면접자는 중립적이고 진지하며 성실한 태도로 면접에 임하도록 해야 한다. 그리고 비표준화면접과 같은 자유응답식의 경우 표현능력이 부족한 응답자는 면접자가 응답자의 의견을 속단하여 응답하여 오류가 발생하게 된다.

2) 면접진행상 나타나는 오류

면접진행상 (a) 질문어구나 질문순서, (b) 탐색적 질문, (c) 면접기록 등으로 오류가 발생할 수 있다.

제4절 설문조사

1. 설문조사의 의의

실험연구에서 연구자는 한 개의 집단이나 두 개 또는 세 개의 집단을 대상으로 실험치를 조작하여 가설을 검증하고 가설검증 결과를 토대로 인과성을 판단하게 된다. 인과성(causality)은 실험치와 종속변수 간의 연관성을 관찰하거나 통제함으로써 나타나는 변화로 파악하게 된다.

반면에 설문조사는 같은 질문에 많은 응답자들로부터 대답을 얻을 수 있다. 설문조사를 수행하는 연구자는 많은 변수를 측정할 수 있고 다양한 가설을 검증할 수 있으며 질문을 통해 과거의 행동, 경험, 특징 등을 추측할 수 있다.

실험설계에서는 경쟁가설 또는 대안설명을 물리적인 방법으로 통제하지만, 설문조사에서는 대안설명(통제변수)을 제시하면서 변수들을 측정하고 대안설명의 효과를 통계적으로 검토한다.

2. 설문지의 의의

설문지(questionnaire)는 조사목적에 알맞은 유용한 자료를 수집하는 하나의 방법이다. 설문지는 1차자료를 이용한 실증조사의 핵심이 되는 만큼 치밀한 준비와 설계가 필요하다. 사회조사의 대부분은 설문지를 통하여 자료가 수집되므로 설문지를 어떻게 설계하느냐가 측정의 신뢰도와 타당도를 좌우하게 된다. 설문지는 사전에 작성된 질문항목에 따라 응답자가 직접 기록하는 것을 원칙으로 한다. 즉 필요한 사실을 알아낼 수 있는 양식을 만들어 그 양식에 따라 응답자가 기입하게 하여 그 결과를 자료화하는 것을 말한다.

면접과 비교하여 설문지는 (a) 시간, 노력, 비용이 절감되고, (b) 관찰자의 주관 개입을 최소화할 수 있으며, (c) 익명성을 보장할 수 있고, (d) 시간적 여유를 가질 수 있다. 그리고 (e) 모든 응답자에게 동일한 내용을 동일한 방식으로 질문하므로 측정도구의 변화에 따른 측정오류를 최소화할 수 있고, (f) 결과의 비교가능성도 높아지게 하는 특징을 가지고 있다.

그러나 설문지는 (a) 무응답률이 높으며, (b) 설문지에 대한 통제를 제대로 할 수 없고, (c) 응답해야 할 사람이 응답했는지를 알 수 없다는 것이 문제점으로 지적되고 있다.

3. 설문조사 진행을 위한 질문 체크리스트

설문조사 진행을 위해서는 사전계획을 수립하고 조사를 통해 달성하려는 목적과 방법, 그리고 시간과 장소 등을 고려해야 한다. 설문조사 진행을 위한 체크리스트는 **표 10-11**과 같다.

표 10-11 설문조사 진행을 위한 질문 체크리스트

1. 설문조사 설계를 시작하게 된 동기와 목적은?
2. 설계를 선택하게 된 이유는 무엇인가?
3. 설문조사의 본질(횡단면적/종단면적)은 무엇인가?
4. 모집단과 표본크기는?
5. 모집단을 계층화할 수 있는가? 할 수 있다면 어떻게 할 것인가?
6. 표본크기를 정하는 데 선입견은 개입되지 않았는가?
7. 응답자 선정절차(무작위, 작위적)는 무엇인가?
8. 설문조사에 사용되는 척도는 무엇인가? 누가 개발하였는가?
9. 예비조사 및 사전조사의 절차는 무엇인가?
10. 설문조사의 시기는?
11. 연구에서 변수는 무엇인가?
12. 연구질문에 적합한 조사문항을 어떻게 구성할 것인가?
13. 데이터분석에서 고려해야 할 사항
    - 결측치 확인
    - 응답자 편견 확인(불성실 응답 확인)
    - 기술적 분석 수행
    - 신뢰도 확인
    - 다변량통계분석 수행

자료: Creswll(1994: 118)

4. 설문조사를 통한 연구보고서

설문조사를 통한 연구를 수행하고 나면 그 내용을 보고해야 한다. 보고서 형식에는 논문형식 또는 프로젝트형식 등 연구목적과 용도에 따라 다르지만 공통적으로 포함되어야 할 사항은 다음과 같다.

① 설문조사에 사용된 표본추출프레임(예, 전화번호부, 학적부 등)
② 설문을 수행한 날짜
③ 표본을 대표하는 모집단
④ 표본의 크기
⑤ 표본추출 방법(예, 무작위방법)
⑥ 조사방법(예, 대인면접, 전화, 우편 등)

⑦ 설문 스폰서기관

⑧ 설문지 배포율과 회수율

⑨ 응답자들이 특별한 질문에 오류나 다른 반응을 나타낸 결과

생각해 볼 문제

1. 인터넷조사의 활용가치와 한계를 설명하시오.
2. 1차자료와 2차자료의 특징과 용도를 설명하시오.
3. 대인면접과 비교하여 인터넷조사의 장단점을 설명하시오.
4. 관찰의 장단점, 관찰의 오류요인과 감소방법을 설명하시오.
5. 우편조사, 전화조사, 대인조사의 특징과 한계를 설명하시오.
6. 청소년비행을 관찰하려고 한다. 어떤 관찰방법을 사용하면 좋을지 그 이유를 설명하시오.
7. 임의의 주제를 선정한 다음 연구목적, 연구방법, 연구범위, 그리고 조사대상을 선정하고 여기에 적합한 자료수집방법을 선택한 후 자료수집방법을 선택한 이유를 설명하시오.
8. 공무원을 채용하기 위해 면접을 하려고 한다. 표준화된 면접내용과 비표준화된 면접질문내용을 작성하시오.
9. 네이버(NAVER)나 구글(Google) 등 인터넷 플랫폼을 이용하여 임의 연구문제(연구질문)에 대한 간단한 인터넷조사의 템플릿을 설계하시오.

제 11 장

표본설계

제1절 표본추출의 설계

제2절 표본추출의 종류

이 장의 개요

자료수집방법이 결정되었으면 어디에서, 누구에게, 몇 명을 조사하며, 그들을 어떤 기준으로 선정할 것인지를 확정해야 한다. 이 장에서는 어떤 지역(집단)에서 누구를 대상으로 조사할 것인지에 관한 여러 기준과 방법을 살펴본다.

제1절 표본추출의 설계

1. 표본추출의 개념

연구문제, 연구모형, 연구설계를 거쳐 측정도구(설문문항)가 결정되었으면 누구를 대상으로 측정할 것인지를 생각해야 한다. 이때 어떤 집단, 누구를 대상으로 조사할 것인가와 관련된 부분이 표본추출(sampling)이다. 자료수집과정에서 연구대상에 포함된 사람 또는 집단의 전부를 대상으로 수집할 것인가 아니면 그 일부만을 대상으로 자료를 수집할 것인가를 결정하여야 한다. 이때 연구대상 전체로부터 선택된 일부가 표본(sample)이며, 이 표본을 선택하는 과정을 표본추출(sampling)이라 한다.

표본추출을 통해 표본을 대상으로 자료를 수집한 경우에도 처리결과에 있어서는 모집단을 대상으로 일반화할 수 있어야 한다. 그러므로 표본의 특성이 모집단 전체의 특성을 대표할 수 있도록 하는, 즉 표본의 대표성이 표본추출의 중요한 과제이다. 표본의 대표성이란 표본의 총체적인 특성이 모집단의 총체적인 특성에 거의 근접하는 것을 의미한다. 모집단으로부터 추출된 표본을 통해 분석을 실행하고 그 결과로 추정하고 일반화를 주장하는데, 모집단으로부터 표본이 잘못 추출되면 추정도 빗나가고 일반화하는 데 한계를 가지게 된다(Mctavish & Loether, 1999: 92).

예를 들어, 그림 11-1과 같이 모집단(예: A시청 전체 직원 1,200명)으로부터 무작위과정을 통해 뽑힌 사람(300명)이 표본이 된다. 또한 그림 11-2와 같이 실험설계에 의한 측정을 하려는 경우 무작위과정을 통해 통제집단과 실험집단으로 배정하는 것이 표본추출에 해당된다.

【그림 11-1】 무작위 표본추출

【그림 11-2】 실험설계에서 무작위배정

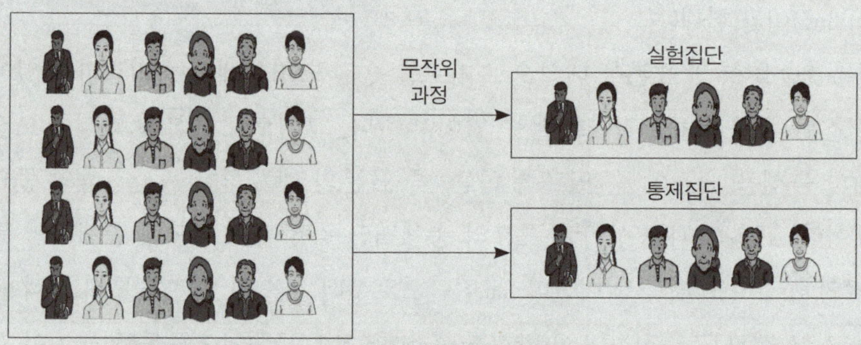

2. 표본조사와 전수조사

1) 표본조사와 전수조사의 의미

사회과학 연구조사의 일반적인 목적은 알고 싶은 모집단의 특성에 관한 정보를 얻는 데 있다. 연구자가 문제해결과 관련된 모든 정보를 특정 모집단으로부터 얻는다면 가장 이상적이다. 그러나 모집단 전체를 조사하는 전수조사(complete enumeration, 全數調査)는 많은 시간과 비용이 소요되기 때문에 이를 대신할 조사 방법을 찾게 되는데 이것이 표본조사(sampling survey, 標本調査)이다. 예를 들어,

선거결과를 미리 예측하기 위해 유권자 전체를 대상으로 조사한다는 것은 불가능한 일이다. 이때 유권자의 특성이나 성향을 잘 나타낸다고 생각하는 대표(표본)를 대상으로 조사하여 분석한 결과를 토대로 전체 유권자의 투표 결과를 예측하는 경우가 표본조사에 해당된다.

표본조사는 표본추출의 방법에 따라 전체 조사대상(모집단)에서 일부를 추출하여 모집단의 속성을 추측하는 조사를 말하고, 전수조사는 조사대상이라고 생각하는 모든 부분을 조사하는 것을 말한다(예: 5년마다 실시하는 인구주택총조사, 국세조사, 전사업소를 대상으로 하는 사업소조사, 학교에서 전학생을 대상으로 실시하는 신체검사, 징병대상자에 대한 징병검사). 따라서 전수조사에서는 모수(parameter)를 통해서 모집단의 속성을 설명하지만, 표본조사에서는 통계량(statistic)을 가지고 모집단의 속성을 설명한다. 여기에서 통계량이란 표본에서 어떤 변수가 가지고 있는 특성을 요약한 통계치를 말하고, 모수란 모집단에서 어떤 변수가 가지고 있는 특성을 의미한다. 대부분의 경우 모수는 정확히 알아내기 어렵기 때문에 표본조사를 통해 얻은 통계량을 바탕으로 추정하게 된다(홍두승, 2000: 70). 여기에서 모수와 통계량의 차이를 표본오차(sampling error)라 한다.

【그림 11-3】 전수조사와 표본조사의 관계

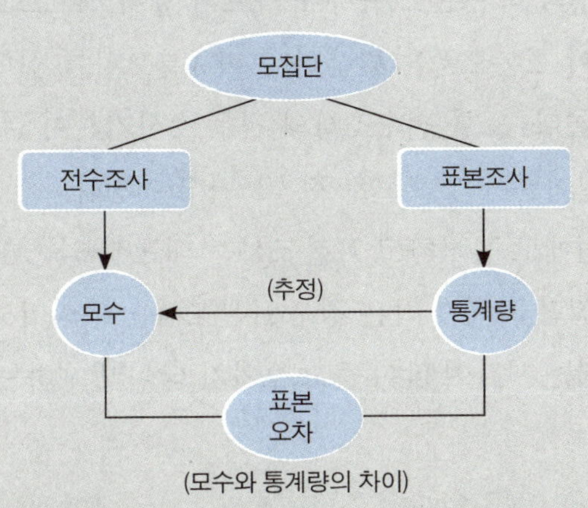

자료: 채서일(2005: 219)

2) 표본조사와 전수조사의 이점과 한계

(1) 표본조사의 이점과 한계

표본조사는 전수조사에 비해 다음과 같은 이점이 있다.

첫째, 전수조사에 비하여 표본(조사대상자)이 작기 때문에 조사·정리·집계 등에 있어서 비용·시간·인원이 절약되고 수집된 자료를 신속하게 분석할 수 있다.

둘째, 전수조사가 불가능한 경우에 표본조사가 유용하다. 모집단이 무한히 많고 모집단을 정확히 파악하고 정의하기 어려운 경우 또는 파괴적인 조사를 해야 할 경우(통조림위생조사, 자동차안전조사, 전구수명조사) 표본조사가 유용하다. 예를 들어, 전국에 유통되고 있는 모든 통조림을 수거하여 조사할 수 없고, 모든 전구를 시험해 볼 수 없으며, 모든 자동차에 대한 충돌시험을 할 수 없다.

셋째, 전수조사에 비해 표본이 작기 때문에 세밀하고 정밀한 조사를 할 수 있다. 전수조사를 하는 경우 표본이 크기 때문에 모든 특성을 세밀하게 조사하는 데 시간이 많이 걸리는 데 반해 표본조사는 상대적으로 표본크기가 작기 때문에 연구자가 조사하고자 하는 특성을 정밀하게 조사할 수 있다는 것이다.

다섯째, 정확도를 증가시킬 수 있다. 전수조사의 경우 조사대상자가 많고 자료의 양이 많으므로 조사과정과 집계과정에서 발생하는 비표본오차가 큰 반면, 표본조사의 경우 소수의 숙련된 조사자와 자료의 양이 적으므로 양질의 자료수집과 통제가 가능하여 표본오차는 발생하나 비표본오차를 상대적으로 많이 줄일 수 있어 정확도가 높다. 또한 전수조사의 경우 조사기간이 길어 그 기간 동안 조사대상에 변화가 일어날 수 있으므로 정확도가 떨어진다.

이상과 같은 이점에도 불구하고 표본조사는 대표성 있는 표본을 선정하는 데 어려움이 있고, 모집단 자체가 작은 경우 표본조사는 무의미하며, 복잡한 표본설계를 요하는 경우에는 시간이 많이 들고 오차가 많이 발생하는 한계가 있다.

비표본오차(non-sampling error)

표본선정이 잘못됨으로써 발생하는 표본오차(sampling error)에 대비되는 개념으로, 조사개념의 규정 및 조사표 설계 등의 잘못으로 발생하거나, 기입 등 실사(實査) 단계 또는 집계·정리 단계의 잘못으로 발생하는 오차를 말한다. 비표본오차는 확률적으로 추정할 수 있는 오차가 아님을 의미한다.

비표본오차의 원인은 (a) 개념정의 잘못, (b) 조사설계상의 오류, (c) 조사표 작성의 잘못, (d) 조사자의 오기나 착오, (e) 조사단위의 누락 또는 중복, (f) 에디팅이나 부호화의 오류 등이며, 표본조사는 조사과정을 잘 통제하면 비표본오차를 줄일 수 있다.

(2) 전수조사의 이점과 한계

표본조사가 경제성, 신속성, 정확성 등에서 전수조사보다 우수하지만 전수조사의 필요성이 전혀 고려되지 않는 것은 아니다. 전수조사의 이점은 다음과 같으며, 전수조사의 한계는 표본조사 이점의 반대가 된다.

첫째, 전수조사는 조사과정에서 시간이 많이 소요된다고 하더라도 전체 오차를 최소한도로 줄이려고 하는 경우에 유용하다. 물론 시간 소요와 전체 오차의 중요성 관계를 비교하여 어느 요소가 더 가치가 있는가를 따져 봐야 한다.

둘째, 조사결과의 다면적 이용이 필요한 경우 전수조사가 유리하다. 이는 전체 모든 국면을 조사하여 특정국면에 이용할 수 있기 때문이다. 반대로 특정목적을 위한 표본조사는 다른 목적으로 이용하고자 할 경우 정밀도가 떨어진다. 예를 들어, 5년마다 실시하는 '인구주택총조사'의 전수조사 결과를 토대로 인구예측에 따른 복지수요를 파악하거나 인구분포를 보고 교육정책의 수요를 파악하는 데 활용할 수 있다.

셋째, 전수조사는 조사원의 전문적 지식과 숙련성이 부족할 경우에 유리하다. 조사원들이 숙련성과 전문적 지식이 부족하면 비표본오차가 발생하나 표본조사에서처럼 표본오차는 발생하지 않는다.

넷째, 대상자 특성상 전수조사를 반드시 필요로 하는 경우가 있다. 예를 들어, 지역주민이나 직장인 전체를 대상으로 건강진단을 실시하거나 집단감염시설에 거주하는 대상자들을 검사하는 경우이다.[1] 이런 경우 검사대상자들은 개인마다 상태가 다르기 때문에 전수조사를 실시하여 개인별 상태를 확인하고 그에 맞는 처방을 내려야 한다. 이럼에도 불구하고 표본조사를 하게 되면 개인별 상태를 일일이 확인할 수 없게 된다.

(3) 인구주택총조사의 활용

우리나라에서 5년마다 실시하는 인구주택총조사의 결과는 각종 표본조사의 모집단, 국가주요정책의 기초자료 등 다음과 같이 다양한 부문에서 활용되고 있다.[2]

① 인구, 가구, 주택에 관한 종합적인 정보를 파악하여 국가 주요정책 수립을 위한 기초자료로 제공된다.

② 각종 표본조사의 모집단 및 표본틀로 활용된다. 인구주택총조사는 국민들의 사회적, 경제적 특성을 조사하여 가구 대상 표본조사를 위한 모집단 역할을 수행한다.

③ 총조사 자료를 활용한 2차 가공통계 작성에 활용된다. 인구주택총조사 자료를 활용하여 장래 인구 및 가구 추계에 활용하며(통계청), 추계 자료는 노동력 수급계획 수립(고용노동부), 보험료율 및 국민연금 재정 추계(보건복지부) 등에 활용된다. 또한 다양한 사회 및 주거 지표 작성을 위한 기초자료로 활용되는데 보건복지부의 '저출산노령화지수(인구구조 및 추계자료 활용)', 국토교통부의 '주택보급률(주택수, 가구수 활용)' 및 '최저주거기준미달가구지수(가구원수, 주거면적, 시설자료 활용)' 등을 들 수 있다.

④ 대학·연구기관의 연구 및 민간 기업체의 경영자료로 활용된다. 인구주택총조사 자료는 대학, 연구기관, 기업체 등의 연구 및 경영 기초자료로 제공되며 새로운 부가가치 창출 및 상품 기획 등에 활용된다.

1) 2019년 12월 발생한 신종 코로나바이러스 감염증(코로나19)의 전국적인 확산을 방지하기 위해서는 확진자가 집중적으로 발생한 특정 집단시설이나 지역 거주민에 대한 전수조사가 이루어져야 한다.

2) 통계청, 〈2020센서스(인구주택총조사)〉, https://www.census.go.kr. (검색일: 2020. 3. 7).

표 11-1 중앙행정기관 및 지방자치단체의 주요 활용 사례

주요 정책 및 사업	활용된 자료	활용기관
인구, 가구 구조변화에 따른 주택시장 정책 방향(2012)	인구 · 가구 구조	기획재정부
독거노인 종합지원대책(2012)	노인인구, 혼인상태	보건복지부
제4차 여성정책 기본계획(2013)	가구원, 가구주의 성 · 연령	여성가족부
주택종합계획(2012)	가구 및 주택항목	국토교통부
제3차 평생교육진흥 기본계획(2013)	연령별 교육정도	교육부
제3차 관광개발기본계획(2011)	인구 · 가구, 주택현황 등	문화체육관광부
제6차 전력수급 기본계획(2013)	가구 · 가구원, 주택	산업통상자원부
보통교부세 산정(매년)	가구수	행정자치부
지역경제활성화 계획수립(매년)	인구, 가구, 주택현황	17개 시도
경기도 종합계획(2012)	고령인구, 출생아, 인구이동	경기도
당뇨병 제로도시 만들기 사업(2011)	30세 이상 성인비율	광주광역시
주택정책 수립(매년)	가구, 주택항목	경기도

자료: 통계청, 「2020센서스(인구주택총조사)」, https://www.census.go.kr. (검색일: 2020. 3. 7).

3. 표본추출의 구성요소

1) 모집단

모집단(population)은 연구자가 표본을 통하여 찾아낸 사실들을 토대로 하여 일반화하려는 궁극적인 대상이다. 모집단은 연구의 대상이 되는 집단으로 연구자가 직접적인 방법이나 통계적 추정에 따라 정보를 얻으려는 대상집단을 의미한다. 연구목적에 적합한 자료를 얻기 위해서는 가능한 한 정확한 모집단의 규정이 필요한데 이를 위해서는 연구대상, 표본단위, 범위, 시간의 네 가지 요소를 명

표 11-2 모집단 규정의 예

연구목적	공무원의 직업만족도를 조사하려는 경우
연구대상	우리나라 공무원
표본단위	행정기관에서 근무하고 있는 공무원
범위	전국
시간	2020년 5월 1일~2020년 5월 31일

확히 해야 한다. 예를 들어, 공무원의 직업만족도를 조사하려는 경우 연구대상은 공무원이고 표본단위는 행정기관에 근무하고 있는 개별 공무원이 될 것이다.

2) 요소와 표본추출단위

요소(element)는 자료나 정보를 수집하는 기본단위로 분석의 기초가 되며, 요소들의 총합이 모집단이다. 요소는 모집단을 구성하는 개별단위로 모집단은 요소들의 총집합이 되는 셈이다. 예를 들어, 공무원의 직업만족도를 조사하려는 경우 요소는 공무원 개인이고 공무원 전체가 모집단이 된다. 사회조사에서 요소는 일반적으로 사람 또는 일정 유형의 사람이지만, 집단이나 조직, 지역 등과 같이 집단적인 단위도 요소가 될 수 있다. 예를 들어, 행정기관을 대상으로 조사하려는 경우 개별 행정기관이 요소가 되고 우리나라 전체 행정기관이 모집단이 된다.

【그림 11-4】 모집단과 구성요소의 관계

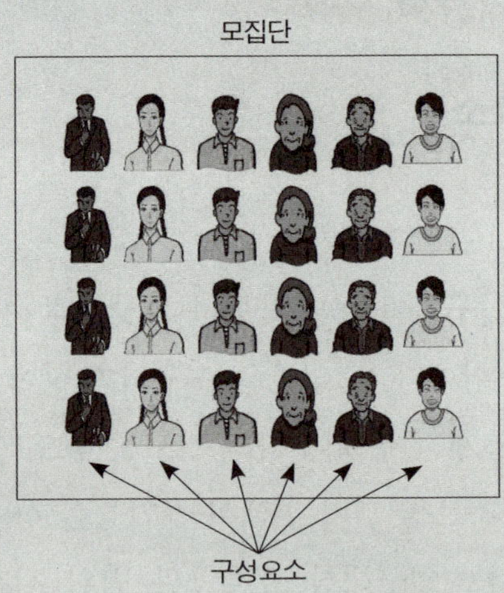

표본추출단위(sampling unit)는 표본이 추출되는 각 단계에서 표본으로 추출된 단위이다. 즉, 표본추출단위는 무엇을 기준으로 표본을 뽑을 것인가에 대한 기준을 의미한다. 일반적으로 1단계 표본추출에서는 표본추출단위와 요소가 일치하나, 다단계 표본추출과정에서는 각 단계마다 표본추출단위가 다를 수도 있다. 이

때도 마지막 단계에서는 표본추출단위와 요소가 일치한다.

예를 들어, 어느 대학교의 학생들을 표본으로 추출하려는 경우 표본추출단위와 요소는 다음과 같다.

- 1단계: 단과대학을 단위로 몇 개의 단과대학을 추출한다.
- 2단계: 추출된 단과대학에서 학과를 단위로 몇 개의 학과를 추출한다.
- 3단계: 추출된 학과에서 최종적으로 학생들을 추출한다.

위에서 단과대학, 학과, 학생은 각각 표본추출단위가 되며, 학생은 모집단의 구성요소가 된다. 따라서 마지막 단계에서는 표본추출단위와 요소가 일치한다. 이처럼 대학교의 전체 학생 중에서 어떤 기준으로 뽑을 것인가의 문제가 바로 표본추출단위이다.

3) 표본추출의 프레임

표본추출의 프레임(sampling frame)은 모집단의 구성요소나 표본추출단계별로 표본추출단위가 기록된 목록을 말한다. 예를 들어, 대학생들 중 일부를 표본으로 추출한다면 학생들의 학적부나 출석부 등이 표본추출의 프레임이 될 수 있다. 이상적인 표본추출프레임은 표본추출단위를 모두 포함하면서도 이중으로 포함되는 단위가 없어야 하며, 어떠한 경우에서든지 표본추출의 프레임은 모집단을 잘 대표할 수 있어야 한다.

4) 표본크기

표본의 크기(sample size)는 표본에 포함되는 표본단위의 수를 말한다. 표본크기는 (a) 모집단의 동질성(모집단의 성질이 같으면 크기가 작아도 된다), (b) 이론과 조사설계(좋으면 적은 수도 무방), (c) 표본추출방법(무작위보다는 층화표본추출이나 다단계표본추출을 사용하게 되면 각 층 또는 단계가 모집단의 특성을 잘 대표하기 때문에 표본의 크기를 줄이면서 신뢰수준은 유지할 수 있다), (d) 연구변수 및 분석범주의 수(수가 많을수록 커야 한다), (e) 연구의 목적, (f) 시간과 비용, (g) 척도의 종류, (h)

응답률 등을 고려하여 결정해야 할 것이다.

표본크기의 결정요인을 살펴보면 다음과 같다(김현철, 2000: 14-18).

(1) 척도의 종류

'예/아니오' 또는 '남자/여자' 등과 같이 명목척도 및 이산(이분)변수(dichotomous variable)를 사용하는 경우보다 연령, 소득, 무게 등과 같은 비율척도 및 연속변수(continuous variable)를 사용하는 경우에 표본의 크기가 더 커야 한다.

(2) 응답률

응답률이 저조할 것으로 예상될 경우에 표본의 크기가 커야 한다. 이때 표본의 크기를 조정하는 식은 다음과 같다.

$$Nadjust = \frac{N}{1 - C_r}$$

여기에서

Nadjust: 조정된 표본의 크기

N: 원래 의도했던 표본의 크기

C_r: 추정 무응답율

(3) 신뢰수준

신뢰수준이 95%인 경우보다 99%인 경우에 필요한 표본의 수는 증가되어야 한다.

(4) 오차한계

표본의 크기는 정확도 정도에 따라 결정된다. 오차한계란 표본의 표준편차(*S*)를 표본수의 제곱근으로 나눈 값에 조사의 신뢰수준의 *Z*값을 곱하여 결정된다. 즉, 유의수준이 0.05이고 오차한계를 2%, 즉 0.02로 하였다면 다음과 같은 관계식을 갖는다.

$$Z_{0.025} \times \frac{S}{\sqrt{n}} = 0.02$$

$Z_{0.025}=1.96$이므로 오차한계를 ±2%로 유지하려면

$$\frac{S}{\sqrt{n}} = \frac{0.02}{1.96} = \frac{1}{98}$$

의 관계를 만족하도록 표본크기(n)가 결정되어야 한다. 그러므로 오차한계가 작아지면 작아질수록 표본크기는 커진다.

(5) 자료의 표준편차

자료의 표준편차가 커지면 자료의 수 역시 증가해야 한다.

한편 표본크기에 대한 오해를 살펴보면 다음과 같다.

① 표본크기는 일정 비율(5%, 10%)이 되어야 한다는 생각이다. 즉 모집단이 대단히 큰 경우에는 5% 이하의 크기로도 충분할 것이며, 또 대단히 적은 경우에는 10% 이상이 되어야 할 것이다.

② 표본크기가 일정 수 이상(100, 200) 되어야 한다는 생각이다. 표본의 크기는 일정 수 이상 되어야 한다는 법칙이 있는 것이 아니라 표본크기의 범위가 매우 넓다고 할 수 있다.

③ 표본의 크기와 정확도는 비례한다는 생각이다. 표본이 크면 클수록 표본오차가 줄어들고 따라서 정확도가 높아지는 것은 사실이다. 그러나 정확도는 표본크기의 제곱근에 비례하기 때문에 표본크기를 2배로 하였다고 해서 표

【그림 11-5】 표본크기와 표본오차의 관계

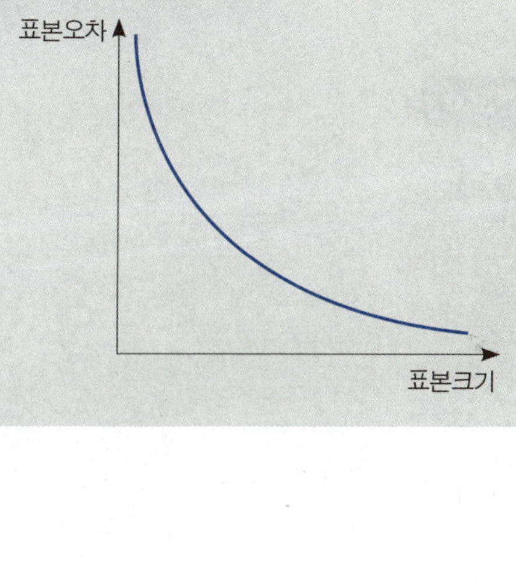

본오차가 2배로 감소하는 것은 아니다. **그림 11-5**는 이러한 표본크기와 표본오차의 관계를 나타낸다.

$$\sqrt{500} = 22.3 \quad \cdots\cdots \quad ①$$
$$\sqrt{1,000} = 31.6 \quad \cdots\cdots \quad ②$$
$$\sqrt{2,000} = 44.7 \quad \cdots\cdots \quad ③$$

위에서 제곱근 안에 있는 표본크기가 2배로 증가해도 정확도(답)가 2배로 증가하는 것은 아님을 알 수 있다.

5) 신뢰수준과 신뢰구간

신뢰구간이란 우리가 추정한 구간이 옳다는 데 대한 신뢰의 정도를 나타내는 구간으로, 표본평균($\overline{X}$)을 중심으로 모집단 평균(μ)이 포함되리라고 생각되는 범위이다. 신뢰수준은 신뢰구간 속에 모집단 평균이 포함될 확률을 의미한다. 사회과학에서 신뢰수준은 일반적으로 95%나 99%에서 선택한다. 예를 들어, 95% 신뢰수준이라는 것은 모집단 평균이 신뢰구간 내에 포함될 확률이 95%이고 포함되지 않을 확률이 5%라는 것이다. 여기에서 5%를 유의수준이라고 한다.

다음 **그림 11-6**의 경우를 보면, 표본으로 뽑힌 학생들의 신장에 대한 표본평균($\overline{X}$)=171cm이고, 표본오차=±4cm인 경우, 모집단 평균(μ)이 포함되리라고 생각되는 신뢰구간은 171cm±4cm=167~175cm가 된다. 신뢰수준이 95%라는 것은 167~175cm 구간 안에 모집단의 평균(μ)이 포함될 확률이 95%이며 나머지 5%는 포함되지 않고 구간을 벗어난다는 것이다.

【그림 11-6】 신뢰구간과 표본오차

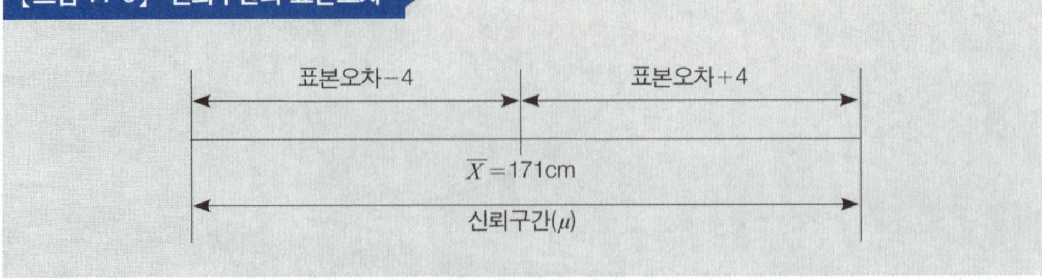

6) 표본오차

표본오차(sampling error)는 표본의 통계량과 모집단 모수 간의 차이를 말한다. 표본오차는 표본의 특성치(통계량)에서 모집단의 특성치(모수)를 추정하는 과정에서 발생하는 차이이기 때문에 표본조사에서 발생한다. 따라서 모집단 전체를 조사하여 통계량을 계산한다면 표본오차는 없어질 것이지만 사회조사에서 이런 경우는 현실적으로 거의 어렵다.

표준오차(standard error)

표본평균의 표준편차(standard deviation)를 말한다. 표준편차(S.D.)가 각 요소의 값이 평균으로부터 어느 정도 떨어져서 분포되어 있는지를 나타내는 수치라고 할 때, 표본평균의 표준편차(표준오차)는 추출된 표본들의 평균이 실제 평균과 어느 정도 떨어져서 분포되어 있는지를 나타내는 수치라고 할 수 있다. 따라서 표준오차는 표본오차와 같은 개념이라고 할 수 있다.

다음은 신뢰수준(90%, 95%, 99%)과 표본크기에 따라 표본오차를 구하는 식이다.

$$d = \pm Z\sqrt{\frac{P(1-P)}{n}}$$

d=표본오차(비율)

Z=신뢰수준의 근사치 표준점수

P=모집단에서 표본의 비율이 틀릴 확률

(95% 신뢰수준에서 0.05로 설정, 99%에서는 0.01로 설정)

n=표본의 크기

위 식에 의하여 어느 직장의 구성원들의 직업만족도를 조사하기 위하여 표본의 크기는 500명(n)이고 신뢰수준 95%에서 조사를 진행한다면 표본오차는 다음과 같다.

$$d = \pm 2\sqrt{\frac{0.5(1-0.5)}{500}} = \pm 0.045, \pm 4.5(\text{백분율환산})$$

단, 95%에서 Z값은 2이다(정규분포표에서 근사치는 1.96이다).

즉, 표본의 크기가 500명이면 표본오차가 '−4.5~+4.5%'의 범위에서 발생하며 이러한 결과는 95% 신뢰수준에서 믿을 수 있다는 의미이다. 일반적으로 정확한 여론조사(선거예측, 시장조사)를 요구하지 않는 경우에는 표본오차가 5% 범위 이내면 그 조사결과는 신뢰할 수 있다고 말한다.

또한 위 식에 의하여 표본크기도 다음과 같이 도출할 수 있다.

$$n = \frac{\pm Z^2 \times P(1-P)}{d^2}$$

예를 들어, 어느 지역의 시민을 대상으로 지방자치단체의 행정서비스 만족도를 조사하려고 한다. $P=0.5$ 수준을 가진 신뢰구간 95%에서 표본오차 ±2.5%로 조사를 진행한다면 표본크기는 얼마일까?

$$n = \frac{\pm 2^2 \times 0.5(1-0.5)}{(0.025)^2} = \frac{1}{0.000625} = 1{,}600\text{명}$$

즉 표본오차 ±2.5% 범위에서 모집단에 포함되는 표본의 크기는 1,600명이다.

어떤 정치후보자의 지지율

A라는 정치후보자의 지지율은 신뢰수준 95%에서 30% 지지율로 추정되었고 조사의 오차한계는 ±3%라고 한다면, 30%±3%이기 때문에 실제지지율은 '27~33%' 사이에 존재한다는 것을 의미하며, 신뢰수준이 95%라는 말은 지지율이 '27~33%'라는 진술을 100번 중 95번 정도는 믿을 수 있다는 의미이다. 즉 100번 중 5번 정도는 지지율이 '27~33%'라는 진술이 사실이 아닐 수 있다는 의미이다.

4. 표본추출의 과정

표본을 추출하는 방법은 연구목적, 연구상황 등 연구와 관련된 제반 특성을 고려할 수 있지만 일반적으로 표본을 추출하는 절차는 다음과 같이 진행된다(소영일, 1996: 265; 채서일, 2005: 219).

① **1단계**

연구관심의 대상이 되는 모집단을 정의한다. 모집단의 정의에는 원소, 표본추출단위, 범위, 시간 등이 고려되어야 한다.

② **2단계**

측정할 수 있는 표본추출틀(sampling frame)을 식별한다.

③ **3단계**

표본추출틀로부터 항목이나 사건을 선발하기 위해 표본추출 방법을 정한다.

④ **4단계**

표본크기를 정한다. 얼마나 많은 요소들을 표본 속에 포함시킬 것인지를 결정한다.

【그림 11-7】 표본추출 과정

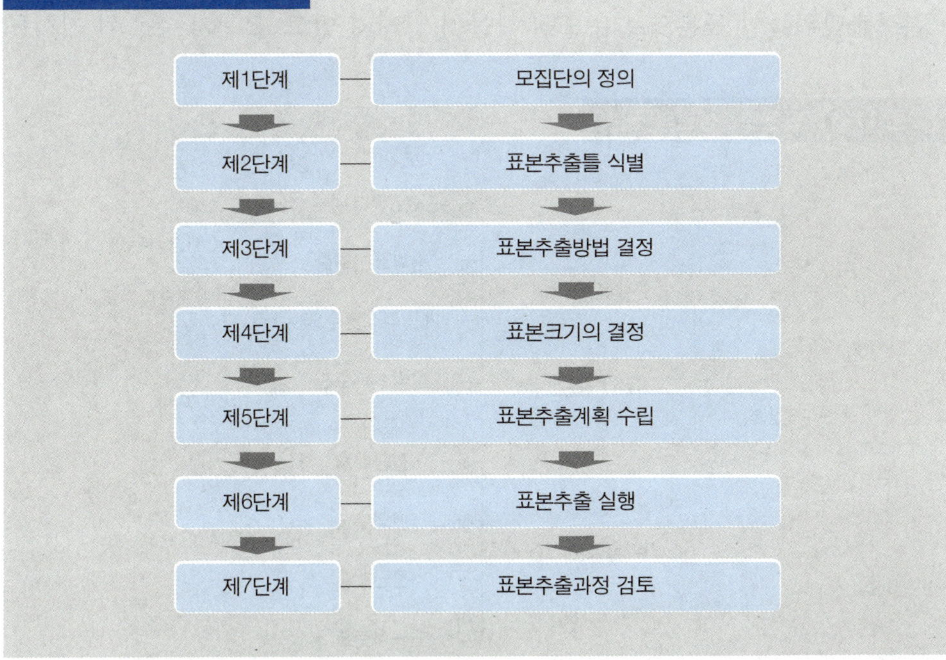

⑤ 5단계

표본추출의 계획을 수립한다.

⑥ 6단계

표본을 추출하고 자료를 수집한다.

⑦ 7단계

표본추출과정을 재검토한다.

제2절 표본추출의 종류

표본추출 이론에서는 확률표본추출(probability sampling)과 비확률표본추출(nonprobability sampling)로 구별한다. 확률표본추출은 표본추출프레임 내의 각 표본추출단위들이 표본으로 추출될 확률이 알려져 있고, 모두가 추출될 기회를

【그림 11-8】 표본추출방법의 구분

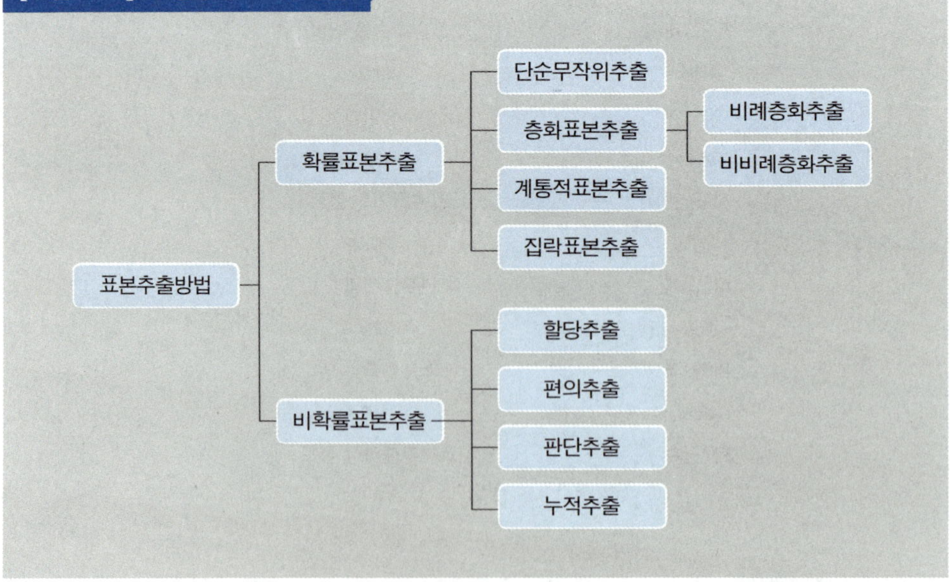

가지고 있으며, 각 단위들이 무작위로 추출되는 것을 말한다. 비확률표본추출은 이러한 특성을 갖지 못하는 추출을 말한다. 그림 11-8은 표본추출방법을 구분하고 있고 표 11-3은 확률표본추출과 비확률표본추출의 특징을 비교하였다.

표 11-3 표본추출방법

확률표본추출	비확률표본추출
• 연구대상이 표본으로 추출될 확률이 알려져 있을 때 • 무작위 표본추출 • 모수추정에 편견이 없음 • 표본분석결과의 일반화가 가능 • 표본오차의 추정가능 • 시간, 비용이 과다	• 연구대상이 표본으로 표출될 확률이 알려져 있지 않을 때 • 인위적 표본추출 • 모수추정에 편견이 개입 가능 • 일반화하는 데 제약이 따름 • 표본오차 추정불가능 • 시간, 비용이 적게 듦

1. 확률표본추출

확률표본추출(probability sampling)은 모집단의 각 표본추출단위가 표본에 포함될 확률을 알 수 있는 표본추출이다. 이때 모든 표출단위가 표본에 포함될 확률이 같을 수도 있고 같지 않을 수도 있다. 이 방법에 의해서만 표본의 통계량을 통한 모집단에 대한 추론이 가능하다. 즉 표본의 통계량과 모집단의 값의 차이가 어느 정도인가를 예측 가능하다.

1) 단순무작위추출

단순무작위추출(Simple Random Sampling, SRS)은 가장 기본적인 방법으로 모든 표본추출단위가 표본에 포함될 확률이 동일하고, 영(zero)이 아니라는 원칙이 적용된다. 즉 $P \neq 0$이다. 이때 모집단의 크기가 N이고 표본의 크기가 n일 때, 각 요소가 뽑힐 확률은 n/N이다.

단순무작위추출방법은 제비뽑기, 추첨, 난수표 등을 이용하는데, 어느 경우든 모든 표본추출단위에 고유번호가 새겨진 리스트가 필요하다(출석부, 전화번호도 가능).

단순무작위추출의 장점으로는 (a) 모집단의 모든 요소가 동일하고 또 독립적인 추출기회를 가지므로 적어도 이론적으로는 추출될 표본이 모집단을 잘 대표하게 된다. 따라서 편견(bias)이 들어갈 가능성이 희박하다. (b) 다른 표출방법에 비해 모집단에 대한 사전지식을 필요로 하지 않으며, (c) 표본오차의 계산이 용이하고, (d) 모집단의 모수나 특성을 잘못 분류함으로써 발생할 수 있는 오차를 줄일 수 있으며, 또한 (e) 리스트만 가지고 있으면 확률표출 중에서 가장 적용하기가 용이할 뿐만 아니라 다른 확률표출방법과 결합하여 사용할 수 있다.

그러나 단점으로는 (a) 조사자가 모집단에 대해 가지고 있는 지식을 충분히 활용할 수 없으며, (b) 보통 동일한 크기의 표본일 경우 층화표출보다 표본오차가 크다. 표본오차는 어느 정도 표본의 이질성에 의존하는데, 층화표출은 단순무작위표출보다 상대적으로 동질성을 나타낸다. 결과적으로 속성이나 성질이 같으면 같을수록 표본오차는 줄어든다. (c) 모집단에서 그 수가 적은 요소는 표본으로 추출될 보장이 없으며 따라서 비교적 표본의 규모가 커야 한다는 문제점이 있다.

단순무작위 추출의 기본적 예를 설명하면 다음과 같다. 상자에 5,000개의 빨간색과 흰색의 탁구공이 들어 있다. 5,000개의 탁구공은 모집단 또는 모수가 되는데, 상자 안에 빨간색 공이 몇 퍼센트를 차지하고 있는지를 알고 싶어 한다. 연구자는 100개의 공을 임의로 선정한다(물론 눈을 감고, 상자를 흔든 다음 100번 반복적으로 공을 뽑는다). 연구자는 뽑힌 표본에서 빨간색 공이 몇 개인지 셀 수 있으며, 모집단에서 빨간색 공과 흰색 공이 각각 몇 퍼센트를 차지하고 있는지를 알 수 있다.

2) 계통적 표본추출

계통적 표본추출(systematic sampling)은 모집단을 구성하고 있는 구성요소들이 자연적인 순서 또는 일정한 질서에 따라 배열된 목록에서 매 k번째의 구성요소를 추출하여 형성한 표본이다. 계통적 표본추출의 예를 들면, 100명에서 10명을 뽑을 때, 0번부터 9번까지 번호 중 하나를 무작위로 선정하여 그것에 10씩 추출간격을 더해 가면서 추출한다.

- 3번이 뽑혔다면 3, 13, 23, 33, 43, 53, 63, 73, 83, 93
- 추출간격(sampling interval): 각 표출단위 간 간격 → 10
- 추출비(sampling ration): 표본의 수/모집단의 수 → 10/100 = 1/10

이 방법은 단순무작위추출보다 간단하고 편리하나, 모집단이 체계적 양상(systematic pattern)을 보이면 순서(번호)를 바꿔야 한다. 예를 들어, IQ, 키, 나이, 순으로 배열했을 경우 특정한 특성이 3번, 13번, 23번에 포함될 수 있기 때문에 5번부터 시작하여 5번, 15번, 25번 순으로 추출해야 한다.

계통적 추출의 장점은 (a) 표본추출의 용이성이다. 이 방법은 비전문가라도 쉽게 이해하고 실시할 수 있다. (b) 보통 모집단 전체에 걸쳐 보다 공평하게 표본이 추출되므로 모집단을 보다 잘 대표할 가능성이 종종 있다.

그러나 단점으로는 (a) 모집단의 배열이 일정한 주기성과 특정경향성을 보일 때 편견이 개입되어 대표성이 문제되고, (b) 모집단의 구성배열에 지나치게 신경쓰면 층화표출과 같은 결과를 초래하여 오차의 개입가능성이 높아진다. 즉 체계적인 오차 개입가능성이 높아진다.

【그림 11-9】 계통적 표본추출

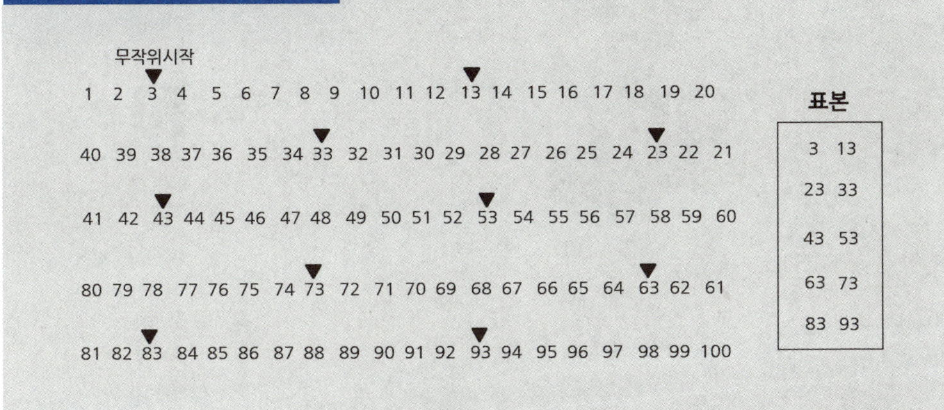

3) 층화표본추출

층화표본추출(stratified sampling)은 모집단을 일정한 기준에 따라 2개 이상의 동질적인 층(이때 각각의 층간은 이질적)으로 구분하고, 각 계층별로 단순무작위추출 또는 계통적추출을 이용하여 표본을 추출하는 방법이다. 층화표본추출은 모집단 내의 서로 다른 집단이 표본을 적절하게 대표하는 것을 보장하게 되나 모집단의 크기를 알고 있어야 한다. 그리고 모집단에 관한 사전지식이 필요하다.

예를 들어, 그림 11-10 과 같이 어느 대학교 각 학년은 500명씩 2,000명이다. 각 학년에서 50명씩 무작위추출을 하여 200명을 대상으로 조사하고자 한다. 이때 각 학년의 학생이 표본으로 뽑힐 확률은 10%이다. 그리고 출석부나 학적부를 보고 무작위추출을 하였기 때문에 조사자의 주관성을 배제할 수 있다.

【그림 11-10】 층화표본추출의 예시

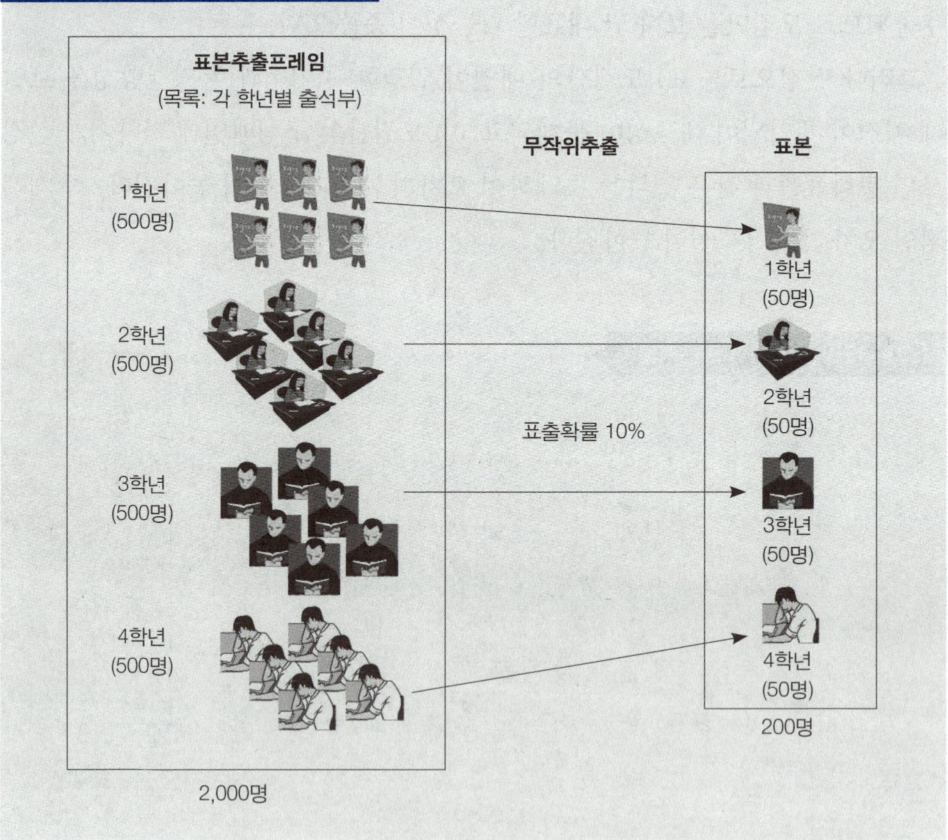

층화표출의 장점은 (a) 중요한 집단을 빼지 않고 표본에 포함시킬 수 있고, (b)

동질적 대상은 표본의 수를 줄이더라도 정확을 기할 수 있으며, (c) 단순무작위표출보다 지역적으로 더 좁은 지역에 조사를 집중시킬 수 있으므로 시간, 노력, 경비가 절약된다는 것이다.

그러나 단점은 (a) 층화 시 모집단에 대한 지식(모집단의 성격을 파악하고 있어야 한다는 것)이 요구되며 무엇에 초점을 두어 층을 나누는가 하는 문제가 제기되고, (b) 층화 시 근거가 되는 명부가 필요하며, (c) 모집단을 층화하여 가중하였을 경우 원형으로 복귀하기가 힘들고, (d) 비비례층화표출에서 모집단의 대표치를 구하려면 특별한 통계적 조작이 필요하다는 것이다.

층화표출의 예를 보면, 다음 예시와 같이 행정기관에서 전체 직원이 1,000명으로 구성되어 있다면 각 직급별 일정비율로 표본을 뽑는다. 만약, 단순무작위표출방법으로 했다면 직급에 관계없이 100명이 뽑힐 것이고, 어느 특정 직급이 과대 또는 과소로 뽑힐 수도 있다.

【예 1】 1,000명의 공무원 중에서 100명의 표본을 뽑기로 했을 경우

층		(표본의 크기)	(각 집단별 표본의 크기)
6급 이하	700명	100명	70명
5급	200명		20명
4급 이상	100명		10명
합계	1,000명	–	100명

【예 2】 종교별로 의견조사를 하는 경우

층		(표본의 크기)	(각 집단별 표본의 크기)
기독교도	2,000명	200명	100명
천주교도	400명		20명
불교도	1,500명		75명
대종교도	100명		5명
합계	4,000명	–	200명

【예 3】 공무원의 직렬별 직무만족도 조사를 하는 경우

층		(표본의 크기)	(각 집단별 표본의 크기)
일반행정직	400명	100명	40명
교정직	400명		40명
세무직	100명		10명
교육행정직	100명		10명
합계	1,000명	–	100명

층화표출방법으로 모집단을 분류하는 경우 유의해야 할 사항은 다음과 같다.

① 집단을 나누는 기준은 분석대상이 되는 변수와 밀접한 관련을 가져야 한다.
② 층화의 기준이 너무 많으면 곤란하다. 예를 들어, 서울시의 가구당 월평균수입을 조사하는데 직업 10개, 교육정도 4개, 나이 5개, 성별 2개 등이면 곤란하다.
③ 층화에 사용되는 기준에 대한 자료가 명확하고 이용 가능하여야 한다. 예를 들어, 지역을 기준으로 하는 경우 나누는 기준이 행정구획으로 분명히 구분해야 하며, 대학교 학과(전공)를 기준으로 하는 경우에도 나누는 기준이 서로 겹쳐서는 안 된다.

(1) 비례층화추출

비례층화추출(proportional stratified sampling)은 모집단에서 각 층이 점하는 비례에 따라서 각 층의 표본의 크기를 할당하여 추출하는 방법이다. 이 방법을 사용하는 목적은 전체의 대표치를 구하는 데 있으므로 모집단을 정당하게 대표하는 표본을 잡을 수 있으며, 모집단의 특성을 알기에 적합하다는 장점이 있다. 그러나 층이 여러 개면 비례적으로 뽑기가 어렵다는 단점이 있다.

(2) 비비례층화추출

비비례층화추출(disproportional stratified sampling)은 각 층의 크기와 관계없이

같은 수의 표본을 추출하는 방법이다. 이 방법은 각 층의 비교가 쉬우며 실험집단과 통제집단을 나눌 때 사용된다. 하지만 모집단의 특성을 어느 정도 파악하고 있어야 한다는 단점이 있다.

4) 집락표본추출

집락표본추출 또는 군집표본추출(cluster sampling)은 모집단으로부터 집락/군집(cluster) 또는 집단을 무작위로 선정한 뒤 이 집단에서 일정한 수의 요소를 표본으로 추출하는 방법이다. 여기서 집락(集落)은 학교, 병원, 도시 안의 블록일 수도 있으나 일반적으로 지역이 되는 경우가 대부분이다.

앞에서 설명한 층화표본추출은 모든 집단에서 표본이 선정되나, 집락표본추출에서는 추출된 부분에서만 표본이 선정된다는 점에서 구분된다. 그리고 집락표본추출의 특징은 집단이 동질적일수록 그 집락을 대표하는 필요한 요소의 수는

【그림 11-11】 다단계집락표본추출의 예

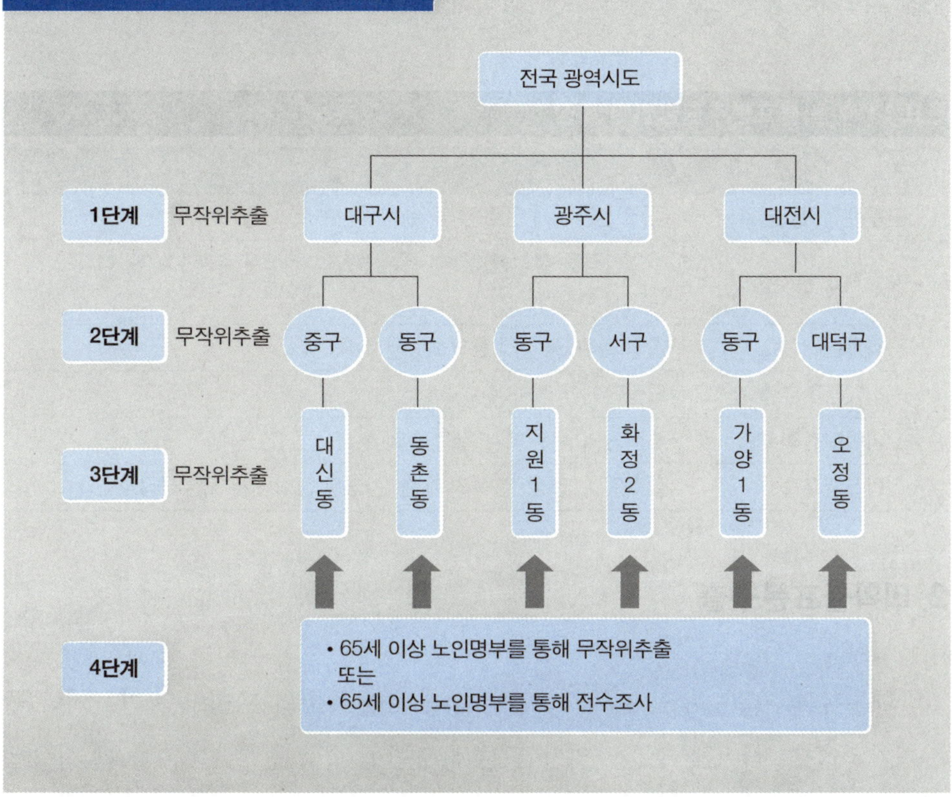

감소한다는 점이다.

집락표본추출에 의한 예를 들면, 도시노인의 생활실태를 조사하는 경우 특별시·광역시·도에서 무작위로 몇 개의 광역시도를 뽑고 그 광역시도에서 몇 개의 구(區)를 무작위로 선정한 다음 뽑힌 구에서 동(洞)을 무작위로 선정한다. 최종 선정된 동에서는 65세 이상 노인인구의 명부를 보고 무작위로 선발하거나 전수 조사를 실시한다. **그림 11-11**은 도시노인의 생활실태를 조사하기 위해 표본추출 과정으로 다단계집락표본추출(multistage cluster sampling)을 적용한 예이다.

집락표본추출의 장점은 (a) 시간과 비용을 절약할 수 있고, (b) 전체 모집단의 목록표를 작성하지 않아도 되며, (c) 선정된 각 집락은 다른 조사의 표본으로도 사용할 수 있다는 것이다. 그러나 단점은 (a) 집락이 동질적이면 오차의 개입가능성이 높으며, (b) 단순무작위추출보다 특정집단(집락)을 과대 또는 과소 표현할 위험이 많다는 것이다.

지금까지의 확률표본추출을 요약 정리하면 다음과 같다.

표 11-4 확률표본추출방법별 특징

추출방법	특징
• 단순무작위표본추출	각 표본단위에 번호 부여, 추첨 · 난수표 이용
• 계통적 표본추출	추출간격을 결정한 후, 첫 표본단위의 무작위 추출, 추출간격에 의해 나머지 추출
• 층화표본추출	층의 결정, 각각의 층으로부터 추출
– 비례층화추출	모집단에 비례하여 추출
– 비비례층화추출	모집단의 각 층에서 일정 수의 추출
• 집락표본추출	집락의 수 결정, 집락의 추출, 선정된 집락에서 표본선정

2. 비확률표본추출

비확률표본추출(non-probability sampling)은 표본추출의 프레임을 만들거나 구하기가 어렵고 각 표본추출단위가 표본에 포함될 확률을 알 수 없을 때 사용된다. 따라서 비확률표본추출은 통계처리가 어렵고 표본을 통해 도출된 사실을 모집단으로 일반화하기가 어렵다.

현실적으로 확률표본추출이 좋은 줄 알면서도 비확률표본추출을 많이 이용하는 이유로는 (a) 비용과 시간이 절약되며, (b) 모집단 자체를 정의하기 어려울 때(예: 노숙자의 경우 모집단을 알 수 없고 명부를 만들 수 없음), (c) 조사 성격상 표본을 의도적으로 구성하는 것이 좋다고 생각하는 경우(예: 진학률이 가장 높은 학교와 가장 낮은 학교를 선정하려는 경우 또는 부유층과 빈곤층을 비교하려는 경우), (d) 모집단의 일반화에 별로 관심이 없을 때, (e) 역사적 사건처럼 확률표본이 불가능한 경우 등이 있다.

1) 할당추출

할당추출(quota sampling)은 모집단을 대표할 수 있는 일정범주(category)로 나눈 뒤, 이들 범주에서 정해진 수를 작위적·인위적으로 추출하는 방법이다. 할당추출은 연구자가 모집단의 모든 차이가 표본에 포함될 수 있다는 확신을 가질 때 사용하며, 이 방법의 성공 여부는 전적으로 조사자의 능력과 성실성에 달려 있다. 예를 들어, 도시저소득층에 대한 조사를 하려는 경우 사전지식에 의해 연령, 교육수준, 주거형태, 소득 등이 중요한 변수라면 이들 범주별 표본의 수를 정하고 할당된 수만큼 대상자들을 조사하는 것이다.

할당추출의 장점은 (a) 같은 크기의 무작위표출보다 적은 비용으로 추출할 수 있고, (b) 조잡하나 신속한 결과를 원할 때 적절하며, (c) 어떤 형태의 대상자도 표본으로 포함시킬 수 있다. 즉 각 집단을 적절히 대표하게 하는 층화의 효과가 있다.

그러나 단점은 다음과 같다. (a) 무작위성을 보장하는 수단의 결여로 결과의 일반화에 문제가 있고, (b) 조사자가 친척이나 친구 등 접근하기 쉬운 사람들만 조사할 가능성이 많으며, (c) 분류방법이나 분류에 영향을 미치는 관련변수에 대한 지식이 부족하여 또는 분류의 작위성으로 인해 분류오차(classification error)가 개입할 가능성이 높다. 특히 모집단에 대한 지식이 부족하여 이론적으로 의미가 있는 관련변수를 통제하기가 곤란하다.

이러한 단점에도 불구하고 일반적인 여론조사의 경우에 가장 많이 사용되는 표본추출방법이다.

할당추출의 과정은 다음과 같다.

① 모집단의 제 속성, 특히 주요 속성을 대표할 수 있는 일정 수의 범주를 결정한다(예: 연령, 성, 교육수준, 지리적 조건 등).
② 각 범주를 대표하는 표본의 수, 즉 할당량을 결정하여 할당표를 작성한다.
③ 각 범주마다 할당된 수의 표본을 추출한다. 표본의 추출단계에서 조사원의 임의적 판단에 따라서 표본을 선택하며, 이때 조사원은 할당표에 따라서 각 범주의 구성비율만 유지한다.
④ 조사원의 판단에 따라 표본추출단위가 선택되므로 비무작위표본추출방법이다.

할당추출 시 조사자가 유의해야 할 사항은 다음과 같다.

① 의도적으로 특정인을 선택해서는 안 된다.
② 특정구역, 장소에서 응답자를 찾지 말아야 한다.
③ 친척 및 친구는 피해야 한다.
④ 무식하거나 어렵다고 피하지 말아야 한다.
⑤ 협조적인 사람만 취급하지 말아야 한다.
⑥ 다른 사람이 있는 곳에서 면접하지 말아야 한다.

2) 우연추출·임의추출·편의추출

우연추출·임의추출·편의추출(haphazard, accidental, convenience sampling)은 정해진 표본이 선정될 때까지 조사자가 닥치는 대로 요소를 추출하는 방법이다(김경동 외, 1998: 138). 예를 들어, 시민들의 인식수준을 파악하기 위한 표본을 선택하는 경우, 조사자가 길거리에 지나가는 사람 중 아무나 잡고 질문하는 경우이다.

이 방법은 기술적이나 설명적인 조사연구의 자료수집방법으로는 부적당하지만, 아이디어나 가설을 추출하기 위한 탐색적 조사연구나 설문지의 사전조사에 주로 이용된다. 그리고 시간, 비용절약, 편의성 등이 장점이나, 일반화의 가능성이 제약된다는 점이 단점이다.

3) 목적추출·판단추출

목적추출·판단추출(purposive, judgemental sampling)은 연구자가 주관적으로 판단하여, 모집단을 가장 잘 대표한다고 생각되는 사례들을 표본으로 선정한다. 연구자는 연구목적 달성에 도움이 될 수 있는 구성요소를 의도적으로 추출한다. 이는 연구자가 모집단 및 그 구성요소에 대한 풍부한 사전지식을 가지고 있을 때 유용하다.

목적 및 판단추출의 장점은 (a) 비용이 적게 들고 편리하며, (b) 할당표출보다 조사목적을 충족시키는 요소를 정밀하게 고려할 수 있고, (c) 조사설계에 관련이 있는 요소는 무조건 표본으로 선정할 수 있다는 것이다. 그러나 단점은 (a) 표본의 대표성을 확신할 방법이 없고, (b) 모집단에 대한 상당한 사전지식이 필요하며, (c) 표본오차의 산정이 곤란하다는 것이다(이관우, 1986: 132).

예를 들어, 지방선거에 출마한 A씨가 낙선한 경우, 다음 선거에서 당선가능성을 예측하고자 지난 선거에서 결정적으로 승패를 좌우한 선거구역에 대해서만 모든 유권자를 대상으로 투표성향을 조사하는 것이다. 또 다른 예를 들면, 노숙자를 조사하려는 경우 노숙자가 많이 이용하는 시설의 직원이나 전문가 등을 통해 노숙자를 잘 대표할 것으로 추정되는 사람들을 선정하도록 부탁하거나 지하철 역사나 공원에 가서 선정하는 경우가 판단추출에 해당된다.

4) 누적추출(snowball sampling)

누적추출(snowball sampling)은 첫 단계에서 연구자가 임의로 선정한 제한된 표본에 해당하는 사람으로부터 추천을 받아 다른 표본을 선정하는 과정을 되풀이하여 마치 눈덩이를 굴리듯이 표본을 누적해 가는 방법이다. 기본적으로 계량적 연구보다 질적인 조사연구에 적절하다. 예를 들어, 동성연애자, 마약중독자나 약물중독자와 같이 자신을 드러내는 것을 꺼리는 집단은 파악하기 힘들다. 이런 경우 그와 관련된 한 사람을 소개받은 뒤 면접을 하고 면접을 했던 그 사람에게 다른 사람을 소개받는 방식으로 진행한다. 따라서 누적추출은 양적인 조사보다는 탐색적이고 질적인 조사에서 유용하다.

생각해 볼 문제

1. 표본오차에 대해 설명하시오.
2. 표본추출의 과정을 설명하시오.
3. 확률표본추출과 비확률표본추출을 비교 설명하시오.
4. 전수조사와 표본조사의 특징을 비교 설명하시오.
5. 확률표본추출의 종류와 특징 그리고 장단점을 설명하시오.
6. 비확률표본추출의 종류와 특징 그리고 장단점을 설명하시오.

제 12 장

측정도구의 검증

이 장의 개요

사회과학 연구에서 양적방법의 성공 여부는 자료의 신뢰도와 타당도에 달려 있다. 이론 및 선행연구의 검토 그리고 연구집단의 심층적인 논의를 거쳐 생성한 자료가 정확성을 유지하지 못하고 연구내용의 타깃을 포획하지 못한다면, 결론의 신뢰성과 정당성 그리고 설명력은 약화될 뿐만 아니라 연구결과를 근거로 제시하는 주장에 오류가 포함된다. 이 장에서는 양적방법에서 자료의 신뢰도와 타당도의 검증방법과 이를 제고할 수 있는 방법을 살펴본다.

제1절 측정오차

사회과학 연구에서 측정은 추상적 세계를 경험적 세계로 변환하는 작업이다. 즉, 눈에 보이지 않고 만질 수 없는 개념을 눈에 보이는 것, 만질 수 있는 것으로 변환하는 과정이 측정이다. 따라서 추상적 개념과 경험적 자료 사이의 간극을 좁히는 것이 과학적 연구의 정확도를 높이는 길이기도 하다. 반대로 추상적 개념과 경험적 자료가 일치하지 않으면 힘들여 조사한 결과는 신뢰성과 일반화 가능성이 떨어진다. 이렇게 추상적 개념과 경험적 자료에서 차이가 나는 것을 측정오차라 한다.

1. 측정오차의 의의

1) 측정오차의 개념

측정오차(measurement error)란 연구자가 측정도구(예: 설문지)를 적용하여 측정대상의 속성을 측정한 결과 얻은 측정값과 측정대상의 속성이 갖는 참값 사이의 불일치 정도 또는 그 차이를 의미한다(김광웅, 1999: 302). 인간의 행동은 다양하고 복잡한 사회현상들이 복합적으로 영향을 미쳐 나타나게 되며, 이런 결과를 하나의 개념으로 제시하고 그 개념을 다시 경험적 자료로 측정하기란 쉬운 일이 아니다. 측정오차는 사회현상들이 복합적으로 작용하고 있는 추상적 개념을 경험적 속성으로 변환하는 과정에서 나타난다. 측정하고자 하는 현상이나 사건이 갖는 속성의 실제 값을 항상 정확하게 측정할 수 있는 것은 아니기 때문에 측정오차가 발생하는 것이다. 측정오차를 줄이고 최소화하기 위해서는 측정대상의 속성을 빠짐없이 정확하게 측정할 수 있는 측정도구의 개발이 필요하다.

【그림 12-1】 측정오차

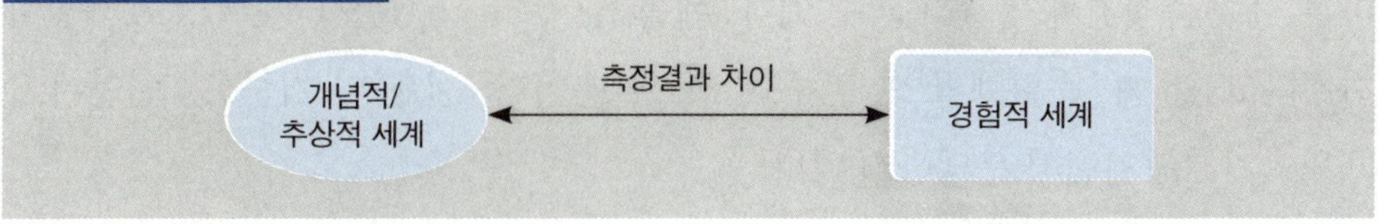

2) 측정오차의 발생원인

측정오차의 발생원인을 명확히 규명하기란 쉽지 않지만 일반적으로 다음과 같은 원인으로 오차가 발생한다(김광웅, 1999: 304; 채서일, 2005: 176).

(1) 다른 속성(개념)의 측정

사회현상에 대한 추상적 개념이 가진 속성을 측정하는 경우 그 속성을 측정하는 것이 아니라 다른 속성을 측정할 때 측정오차가 발생한다. 예를 들어, '자유'의 개념을 측정하려고 하면서 '평화'의 개념을 측정하는 경우이다. 이런 경우에는 측정도구의 명확화를 통해 측정오차를 줄일 수 있다.

(2) 응답자 개인의 독특한 특성

응답자 개인이 가지는 독특한 성향 때문에 측정오차가 발생할 수 있다. 응답자의 경험, 지식, 성격, 건강, 태도 등이 측정오차에 영향을 미칠 수 있다. 개인의 독특한 요인들은 똑같은 현상이나 사건에 대해서도 다른 인식 및 지각으로 반응하기 때문에 측정오차를 가져오게 된다.

(3) 상황적 요인

응답자는 응답상황에 따라서 응답을 달리할 수 있다. 예를 들어, 부부를 같은 장소에서 면접하는 경우와 따로 분리하여 면접하는 경우 측정오차가 발생하기도 한다. 또한 주변이 시끄럽고 주위에 사람이 있는 상황일 때와 주변이 조용하고 주변에 아무도 없는 경우 응답이 달라질 수 있다.

(4) 측정도구의 문제

사회과학에서는 측정도구로 대부분 설문지를 사용한다. 설문내용이 모호하거나 응답하기 어려운 경우 또는 잘 모르는 내용이 있는 경우 그리고 설문형식이 다른 경우 측정결과가 달라질 수 있다. 예를 들어, "문화생활을 어느 정도 하십니까?"라고 할 때 '문화생활'의 범주도 모호할뿐더러 '실행'의 기준도 1년인지, 1개월인지, 1주일인지 분명하지 않다.

(5) 측정방법상의 문제

개인면접, 전화면접, 우편설문, 인터넷설문 등 측정방식에 따라 결과가 다르게 나올 가능성이 있다. 개인면접은 직접 만나서 관찰하거나 면접하기 때문에 응답자 본인 여부를 확인할 수 있고 응답자의 표정이나 기분 또는 건강상태 등을 고려하면서 질의응답을 할 수 있으며 면접자가 친절하고 호의적으로 대하는 경우 성실한 응답을 얻을 수 있다. 반면에 전화면접, 우편설문, 인터넷설문 등은 면접자와 비면대면 관계에 있기 때문에 응답자가 질문에 성의 없이 대답하거나 다른 사람이 응답해도 모를 수 있다.

(6) 기타

응답자의 표기잘못과 분석과정상의 문제 등에서 측정오차가 발생한다. 설문응답에서 응답자가 설문지에 잘못 표기하는 경우 응답을 얻을 수 없고, 연구자가 분석과정에서 잘못 코딩하거나 해석을 잘못하는 경우 응답이 달라질 수 있다.

2. 측정오차의 종류

측정오차의 종류는 다음과 같이 체계적 오차와 비체계적 오차(또는 무작위 오차)로 구분된다(김광웅, 1999: 303-304; 남궁근, 1998; 315; 채서일, 2005: 177).

1) 체계적 오차

체계적 오차(systematic error)는 측정하고자 하는 변수 또는 측정대상에 일정하게 어떤 요소가 체계적으로 영향을 미침으로써 측정결과가 일정한 방향으로 나타나는 경향을 말한다. 따라서 체계적 오차가 개입하면 모든 측정값에 대하여 측정결과가 실제 값보다 높게 나오거나 낮게 나오는 경향이 있다.

체계적 오차의 유형에는 다음과 같은 2가지가 있다.

첫째, 인구사회통계학적 특성으로 인한 오차이다. 응답자의 성별, 학력, 소득, 종교, 직업, 사회적 지위, 문화 등과 같이 인구사회통계학적 특성으로 인해 일정한 방향으로 오차가 나타나는 경향이다. 예를 들어, 여성이 집에 머물고 사람들

앞에 나서지 않고 조용히 있는 것을 원하는 남성에게 "여성에 대한 동등한 권리를 지지하느냐?"는 질문을 하면 남성 중심적 사고를 가진 사람으로 보이는 것을 피하기 위해서 반대되는 응답을 할 것이다.

둘째, 개인적 성향으로 인한 오차이다. 개인적 가치관, 성향, 태도, 감정, 경험 등 때문에 어떤 특정 측정대상에 대해 무조건 긍정적이거나 부정적이거나 또는 중립적으로 응답함으로써 나타나는 오차이다. 이런 요인으로 (a) 무조건 긍정적인 응답을 하는 관대화 현상, (b) 긍정과 부정의 중립점에 응답하는 중앙집중화 현상, (c) 응답자 자신과 반대되는 것에 응답하는 대조의 현상, (d) 측정대상의 한 가지 속성에서 받은 강한 인상이 다른 전체 속성의 응답에 영향을 미치는 후광효과 등이 있다. 예를 들어, 엄격한 가정에서 훈육을 받은 청소년에게 "남녀청소년들이 밤에 함께 거리를 거니는 것에 대해 어떻게 생각하십니까?"라고 물으면 부정적으로 응답하는 경우이다.

2) 무작위 오차

무작위 오차(random error)는 체계적 오차와 같이 측정이 한쪽으로 치우치는 것이 아니라 측정할 때마다 측정결과가 일관되지 않는 것이다. 즉, 측정시기를 달리할 때마다 일시적인 사정으로 측정결과가 일치하지 않는 경우이다. 무작위 오차는 측정절차가 너무 귀찮고, 복잡하고, 지겹고, 또는 피곤해서 응답자들이 측정을 가능한 빨리 마치기 위해 아무렇게나 말하거나 행동하는 경우에서 나타난다. 예를 들어, 복잡한 질문으로 구성된 설문지를 절반 정도 마친 후, 응답자들은 질문에 지루함을 느끼고 질문이 정말로 의미하는 것이 무엇인지 또는 질문에 대해 자신이 진정으로 어떻게 느끼는지에 관해 생각하는 것을 그만둬 버린다. 예를 들면, 지능정보기술사회에서 지능정보기술을 통해 공공서비스를 제공하는 '지능정보기반 공공서비스'의 개념을 측정하려는 경우, 이 개념을 잘 모르는 시민들은 응답란에 아무렇게나 표시할 수도 있다.

제2절 신뢰도

1. 신뢰도의 개념

측정의 신뢰도(reliability)란 동일한 측정대상(변수)에 대하여 같거나 유사한 측정도구(설문지)를 사용하여 매번 반복 측정할 경우에 동일하거나 비슷한 결과를 얻을 수 있는 정도를 뜻한다. 측정도구를 통해 측정을 반복할 때 동일한 측정결과를 가져온다면 측정결과를 예측할 수 있기 때문에 안정성, 일관성, 예측가능성, 정확성이 높다고 할 수 있다. 예를 들어, A병원에서 우울증을 검사하는 D측정도구를 통해 우울증검사를 받았다. 그리고 또다시 B병원에서 동일하게 D측정도구를 통해 우울증검사를 받은 경우 A병원의 결과와 B병원의 결과가 동일하게 나왔다면 D측정도구는 신뢰도가 있다고 말할 수 있다. 반대로 A병원의 결과와 B병원의 결과가 다르게 나타났다면 D측정도구는 신뢰도가 있다고 말할 수 없다.

신뢰도는 무작위 오차와 관련이 있다. 측정도구에 신뢰도가 있을수록 무작위 오차는 감소되며 정확도는 높아진다. 하지만 신뢰도가 정확도를 보증하는 것은 아니다. 예를 들어, 복잡하고 모호하게 작성된 측정도구(설문지)를 통해 매번 측정을 하여 같은 결과가 나왔다고 하자. 이 경우 신뢰도는 있어 보이지만 매번 체계적 오차로 인해 정확도는 떨어지게 된다.

2. 신뢰도 측정방법

신뢰도를 측정하는 방법으로 검사-재검사법, 반분법, 유사양식법, 내적일관성분석 등이 있다(홍두승, 2000: 118-122; 채서일, 2005: 180-183; 남궁근, 1998: 328-331).

1) 검사-재검사법

검사-재검사법(test-retest-method)은 같은 상황에서 같은 측정도구를 같은 측정대상자에게 서로 다른 시간에 측정한 결과를 비교하는 방법이다. 검사-재검사법은 다른 시간에 측정한 결과의 상관계수가 신뢰도의 평가기준이 되며, 측정기간은 보통 2주 정도의 간격을 갖는 것이 좋다. 만약 측정결과의 상관계수가 0.8 이상 수준이면 그 측정도구는 신뢰도가 있다고 말할 수 있다.

검사-재검사법은 두 개의 측정이 동일한 조건하에서 이루어지는 것이 중요하고 검사와 재검사 사이의 시간경과가 첫 번째 검사에서 응답자들이 한 응답을 기억해 내지 못할 정도로 길어야 한다는 조건이 있다. 그리고 이 방법은 한 가지 도구만으로도 신뢰도를 평가할 수 있다는 장점이 있으나, 첫 번째 검사로 인한 기억력을 통제하기가 어렵다는 단점이 있다. 예를 들어, 첫 번째 검사와 두 번째 검사 사이에 실제로 사람이 변할 수도 있고, 상황이 다르다면 신뢰도 평가는 문제가 있다.

2) 반분법

반분법(split-half-method)은 측정도구를 절반으로 나누어 각각을 독립된 척도로 보고 이들의 측정결과를 비교해 보는 것으로, 이때 절반으로 나뉜 측정도구는 (a) 같은 개념을 측정한다는 것이 명백해야 하며, (b) 그 자체가 각각 완전한 척도를 이룰 수 있을 만큼 문항수가 충분해야 한다는 조건을 갖추어야 한다. 이러한 조건이 충족된 측정도구를 측정대상에 적용하여 측정값을 구한 다음 문항들을 짝수문항과 홀수문항(또는 1번부터 20번까지 문항과 21번부터 40번까지 문항)으로 구분하여 상관관계를 계산함으로써 신뢰도를 평가한다.

반분법은 절반으로 나뉜 측정도구를 통해 동시에 측정이 가능하기 때문에 검사-재검사방법의 단점을 보완할 수 있고, 서로 측정시간을 달리함으로써 개입될 수 있는 외생변수의 영향을 통제할 수 있으며, 같은 대상을 한 번만 측정함으로써 반복검사에서 나타나는 검사효과(첫 번째 측정의 기억력이 두 번째 측정에 영향을 미침)도 배제할 수 있다는 장점이 있다. 그러나 절반으로 나뉜 측정문항을 완전히 동등하게 만들기 어렵고, 측정문항이 적은 경우는 사용할 수 없다는 한계가 있다.

3) 유사양식법

유사양식법(parallel-forms technique)은 같은 개념을 측정하기 위해 내용이 비슷한 한두 개의 측정도구를 개발하여 하나는 사전측정에 사용하고 다른 하나는 사후측정에 사용하며, 이때 사용한 두 측정도구 간의 상관관계를 비교하여 상관계수가 높으면 신뢰도가 있다고 판정한다. 예를 들어, 유사한 두 개의 자아존중감 척도가 개발된 경우 하나는 사전측정에 사용하고, 자아존중감 향상 프로그램을 실시한 후 자아존중감 변화를 측정하기 위한 사후측정에는 다른 하나의 척도를 사용하여 두 측정값의 상관계수가 높으면 신뢰도가 있다고 평가한다. 이 방법은 서로 다른 측정도구를 개발함으로써 같은 도구를 사전사후에 사용했을 때보다 기억력을 통제하기 쉽다는 장점이 있다. 반면에 첫 번째 측정도구와 두 번째 측정도구가 동일한지를 확인하기 어렵다는 단점이 있다. 즉, 두 가지 측정도구가 동일한지 여부를 평가할 수 있는 객관적 방법이 없다.

4) 내적일관성 분석

동일한 개념을 측정하는 항목인 경우에 그 측정결과에 일관성이 있어야 한다는 것으로, 일관성이 없는 항목, 즉 신뢰도를 저해하는 항목을 찾아 제거하는 방법이다. 여기에서 신뢰도를 측정하는 계수는 크론바하 알파(Cronbach' alpha, α) 값이며 다음과 같이 계산한다. 사회과학에서 α값은 적어도 0.6 이상을 만족할 만한 수준으로 1에 가까울수록 좋은 측정도구라고 평가한다. 내적일관성 분석을 통한 신뢰고 검증은 실제에서 가장 많이 사용되고 있다(채서일, 2005: 182).

$$\alpha = \frac{N}{N-1}\left(1 - \Sigma\frac{\sigma_i^2}{\sigma_t^2}\right)$$

N =문항수

σ_i^2 =각 문항의 분산

σ_t^2 =총분산

3. 신뢰도 제고방안

사회조사에서 대부분의 측정도구는 설문지이다. 측정도구의 신뢰도는 결국 설문문항의 신뢰도를 말하는 것이다. 실제로 설문문항의 신뢰도를 확보하기 위해서는 다음과 같은 사항을 고려해야 한다(채서일, 2005: 182-183; 김광웅, 1999: 310).

첫째, 설문문항을 분명하게 작성하여야 하며 모호하게 작성된 문항은 제거시킨다. 설문문항의 내용이 모호하면 응답자마다 다르게 해석할 수 있기 때문에 측정오차가 커져 결국 신뢰도를 떨어뜨리게 된다.

둘째, 설문문항수를 늘린다. 설문문항이 많아지면 측정값들의 평균치가 측정하고자 하는 속성의 실제값에 가까워지기 때문이다. 이는 표본수를 늘리면 측정값이 평균을 중심으로 정규분포를 이루는 것과 같은 원리이다. 또한 추상적 개념은 복합적인 요소들로 구성되어 있기 때문에 문항수를 늘리면 복합적인 요소를 포함시킬 가능성이 높아지게 된다. 연구자가 원하는 신뢰도를 확보하기 위하여 필요로 하는 항목수를 결정하는 식은 다음과 같다.

$$k = \frac{t_1(1 - r_0)}{r_0(1 - r_1)}$$

k=필요한 측정항목수

r_1=원하는 신뢰도(0~1)

r_0=현재의 신뢰도(문항 간 상관관계의 평균값)

위 식에 의하여, 만약 연구자가 바라는 신뢰수준이 0.80이고 문항 간의 상관관계값의 평균이 0.40이라고 하면, 필요한 측정항목수 k=0.80×(1−0.4)/0.40×(1−0.8)=0.48/0.08=6개이다.

셋째, 조사과정에서 측정의 일관성을 보장해야 한다. 면접자가 조사과정의 일관성을 유지하지 못하면 동일한 문항에 대한 응답자의 반응이 달라져 측정오차가 발생한다. 연구자는 측정문항을 구성하기 이전에 선행연구를 통해서 신뢰도가 검증된 측정문항이 무엇인지 탐색해 보아야 한다. 만약 선행연구 탐색에서 신뢰도가 검증된 측정도구를 찾을 수 있으면 이 도구를 사용하는 것이 바람직하다.

넷째, 응답자가 잘 모르거나 전혀 관심이 없는 내용은 측정하지 않는 것이 좋다. 모르거나 관심이 없는 경우에는 무성의하게 답변하거나 전혀 다른 결과를 나타낼 가능성이 있기 때문이다.

다섯째, 동일한 질문이나 유사한 질문을 2회 이상 하는 방법이다. 2가지의 동일한 질문에 대한 응답을 조사하여 응답자의 일관성 있는 응답을 유도할 수 있다.

여섯째, 예비조사 및 사전조사를 실시한다. 측정지표(설문문항)가 작성되면 실제 조사에 들어가기 전에 우선 예비조사(pilot study)를 통하여 설문문항에 대한 사전조사(pretest)를 해 보아야 한다. 사전조사는 현지에 나가서 대체로 20~50명 정도의 응답자를 대상으로 하게 된다. 이 조사를 통하여 각 설문문항이 명확하게 서술되었는가, 설문문항의 해석상에 지역적 차이는 없는가, 어떤 설문문항들에 응답자가 대답하기 곤란해 하는가, 문항은 조사하기 편리한가 등의 문제를 파악하여 잘못된 점이나 개선할 점은 보완·수정해야 한다.

제3절 타당도

1. 타당도의 개념

타당도가 없는 측정은 아무런 의미가 없다. 측정의 타당도(measurement validity)는 측정도구를 통해 측정하고자 하는 것을 얼마나 실제에 가깝게 측정하고 있는가를 나타낸다. 예를 들어, 자아존중감 개념을 측정하려는 경우 개발된 설문문항이 자아존중감의 속성을 하나도 빠짐없이 측정할 수 있도록 개발되었느냐 하는 것을 말한다. 따라서 타당도는 측정도구가 측정하고자 하는 개념이나 속성을 얼마나 정확히 반영하느냐의 정도를 나타내므로 결국 측정개념에 대한 개념적 정의(conceptual definition)와 조작적 정의(operational definition)의 타당도를 의미한다.

측정 타당도의 핵심은 개념과 측정지표 간의 적합도 정도를 의미하며, 구성개념과 측정지표가 적합할수록 측정의 타당도는 높다. 측정의 타당도를 확보하는 것은 신뢰도를 확보하는 것보다 어렵다. 그 이유는 측정하려는 개념이 추상적 사상(ideas)을 가지기 때문이다. 또한 개념과 측정도구 간에 간극이 있는 것은 현상에 대한 정신적 묘사와 특정시간과 특정장소에서 인간이 행하는 특정행동 간에 차이가 있기 때문이다. 그렇기 때문에 측정의 타당도는 특정현상에 대한 측정에 의미가 부여되고 시간이 지나면서 그런 의미가 검증되고 축적되는 동태적인 과정이라고 볼 수 있다.

2. 타당도의 종류

측정의 타당도는 표면타당도, 내용타당도, 기준타당도, 그리고 구성개념타당도 등 4가지가 있다(홍두승, 2000: 123-130; 채서일, 2005: 184-187; 남궁근, 1998: 317-326; 김광웅, 1999; 311-314).

1) 표면타당도

표면타당도(face validity)란 측정문항이 개념을 측정하는 도구라고 전문가들이 판단하는 경우를 말한다. 표면타당도는 측정문항이 개념의 속성을 정확히 포함하고 있는가를 판단하기보다는 전문가들이 외견상으로 볼 때 어느 정도 타당성이 있다는 것에 합의 또는 일치할 때 타당도가 있다고 말하며, 가장 낮은 수준의 타당도이다. 예를 들어, 대학에서 공부할 수 있는 능력이 있는지를 측정하려고

【그림 12-2】 표면타당도

측정도구(시험문제)를 개발하였다면 개발된 시험문제가 수학능력을 판정할 수 있는 문제인지 전문가들에게 의뢰하여 그들이 합의 또는 일치를 보면 그 시험문제는 타당도가 있다고 말하게 되는 경우이다.

2) 내용타당도

내용타당도(content validity)는 표면타당도의 특수한 형태이다. 내용타당도란 수많은 질문문항을 통해서 과연 얼마만큼 모집단의 특성을 잘 대표하고 있는가를 의미한다. 내용타당도는 측정도구를 구성하는 측정문항이 측정하고자 하는 내용을 대표하고 있는가를 나타내는 측정도구의 대표성(representativeness) 또는 표본문항 추출의 적절성(sampling adequacy)을 의미한다.

내용타당도는 3가지 단계로 이루어진다. 첫째, 개념의 정의(definition)에 대한 내용을 상세히 기술한다. 둘째, 상세히 기술된 모든 영역의 정의를 단순화한다. 셋째, 정의에 대한 모든 다양한 부분이 포함될 수 있도록 문항을 개발한다.

내용타당도의 평가방법으로 측정대상과 기존지식이나 이론 등을 판단기준으로 하는 방법과 패널토의, 워크숍 등을 통하여 관계전문가들의 의견을 활용하는 방법이 제시되고 있다. 내용타당도는 본질적으로 검증이 어렵고, 연구자나 전문가들의 주관적 판단에 크게 의존할 수밖에 없다. 예를 들어, 사회과학 연구조사방법론 객관식 시험문제에서 내용타당도의 경우 시험문제의 모집단은 이론적으로만 존재할 뿐 실제에서는 존재하지 않는다. 그러므로 문항의 모집단에서 무작위 표본추출을 통하여 대표성 있는 시험문제를 구성하는 것은 불가능하다.

【그림 12-3】 내용타당도

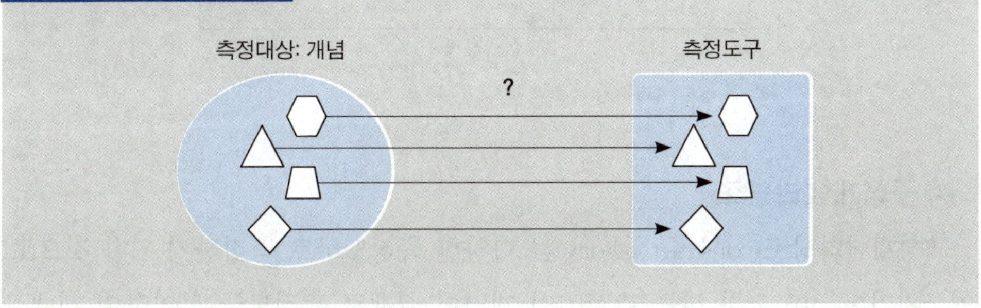

3) 기준타당도

기준타당도(criterion-related validity)란 하나의 측정도구를 사용하여 측정한 결과를 다른 기준을 적용하여 측정한 결과와 비교하여 나타난 관련성의 정도를 의미한다. 기준타당도는 이미 타당도가 있다고 알려진 다른 기준(criterion)과 비교한 측정도구의 타당도로, 이는 경험적으로 검증된 기준과 관련시켜서 타당도를 검토하기 때문에 경험적 타당도라고 부른다.

기준타당도의 평가방법은 측정도구를 적용하여 얻은 값과 기준변수를 적용하여 얻은 측정값에 대한 상관분석을 실시하여 평가하게 되는데, 상관계수값이 크면 기준타당도가 높다고 한다. 예를 들어, 대학에 입학한 신입생들을 대상으로 실시한 적성검사의 타당도를 평가하는 경우 적성검사의 성적과 졸업성적과의 상관관계가 높고 적성검사 성적이 우수하게 나왔다면 적성검사는 기준인 졸업성적에 비추어 볼 때 타당도가 높다고 한다(그림 12-4). 또한 직원채용시험의 타당도를 평가하는 경우 채용 후 근무성적을 기준으로 채용시험합격자의 시험성적과 채용 후 일정기간이 경과한 다음 근무성적 간에 상관관계가 높으면 채용시험의 기준타당도는 높다.

그러나 좋은 기준을 얻기가 어려우며, 기준으로 사용하는 속성을 정의하기가 어렵고, 측정에 드는 비용이 과다하다는 문제점이 있다.

【그림 12-4】 기준타당도

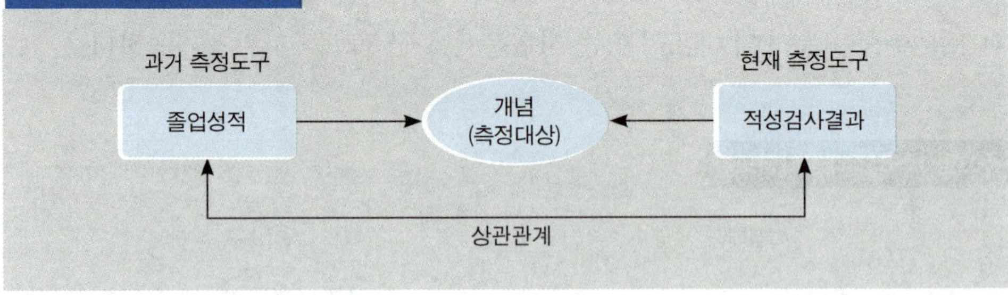

4) 구성개념타당도

구성개념타당도(construct validity)는 다양한 측정도구로 측정하기 위한 것으로, 연구자가 측정하고자 하는 추상적인 개념이 실제로 측정도구에 의하여 제대로 측정되었는지의 정도를 나타낸다. 구성개념타당도는 오늘날 사회과학 분야에서 가장 중요시되고 있는 유형으로 연구에 사용된 이론적 구성개념(theoretical construct)과 이를 측정하는 측정도구 또는 측정수단들 간의 일치의 정도를 나타내는 개념이다.

구성개념타당도는 수렴적 타당도(convergent validity)와 차별적 타당도(discriminant validity)로 구분된다. 수렴적 타당도(집중 타당도)는 같은 개념을 상이한 측정방법(또는 여러 가지 측정도구)으로 측정했을 때 그 측정값 사이의 상관관계의 정도를 나타낸 것으로, 같은 개념을 측정하는 여러 측정지표들 간에 상관관계가 높으면 그러한 측정지표는 타당도가 높다고 할 수 있다. 즉 이론적 구성개념과 이를 나타내는 복수의 측정방법에 의한 측정결과 간의 관계를 말한다. 예를 들어, 우수한 인재를 선발하기 위하여 시험이라는 측정도구와 면접시험이라는 측정도구의 결과 간의 상관관계를 알아보거나, 역시 우수한 학생을 선발하기 위해 대학원 필기시험이라는 측정도구와 상호 토론이라는 측정도구의 결과 간 상관관계를 통하여 그 측정결과들의 상관관계가 높을 때 수렴적 타당도가 높다.

차별적 타당도(판별 타당도)는 수렴적 타당도와 반대되는 의미로서, 서로 다른 이론적 구성개념을 나타내는 측정지표들 간의 관계를 나타낸 것이다. 즉 상이한 구성개념을 측정하는 측정지표들 간의 상관관계가 낮을 경우에 타당도가 높다고 할 수 있다. 예를 들면, 보수주의와 진보주의가 서로 다른 차원의 개념이라면 보수주의를 측정하는 측정지표와 진보주의를 측정하는 측정지표들 사이에는 그 차별성이 나타나야 한다. 따라서 다른 두 가지의 상관관계가 낮으면 타당도가 높다. 또 다른 예를 보면, 빈곤의 측정도구(공식 빈곤선에서 어린이가 차지하는 비율)는 미래희망의 측정도구와 부정적 관계를 가질 것이다. 이 두 가지 개념은 반대되거나 다른 개념을 가지는 것이다.

이상과 같은 구성개념타당도를 측정하는 방법으로 가장 널리 사용되고 있는 것은 요인분석(factor analysis)이다. 요인분석의 기본원리는 항목들 간의 상관관계가 높은 것끼리 묶어 공통요인을 추출하는 것이다. 하나의 요인으로 묶인 측정항목들은 동일한 개념을 측정하는 것으로 간주되어 결국 수렴적 타당도가 있는 것으로 판단한다. 반면 본래 다른 개념을 측정하는 것으로 생각되었던 지표들이 서로 다른 요인으로 묶였을 경우 차별적 타당도가 높은 것으로 평가한다.

다음은 어느 지역 중·고·대학생들을 대상으로 "학교생활적응" 수준을 살펴보기 위해 표 12-1과 같은 문항을 통해 설문조사를 실시하고 신뢰도분석과 요인분석 결과를 제시한 것이다. 요인분석 결과 당초 제시된 7개 문항 중 두 개 요인으

표 12-1 학교생활적응 구성문항 요인분석 결과

설문문항	요인1 (흥미)	요인2 (성실성)
1. 나는 전반적으로 학교생활이 즐겁다.	.921	.105
2. 나는 전반적으로 학교생활이 재미있다.	.936	.090
3. 나는 학교에 머물고 싶지 않다.(R)	.461	.263
4. 나는 지각을 자주하는 편이다.(R)	.090	.730
5. 나는 수업시간에 들어가고 싶지 않다.(R)	.275	.803
6. 나는 전반적으로 학교생활이 흥미롭다.	.889	.048
7. 나는 수업시간에 앉아 있으면 좀이 쑤신다.(R)	.001	.790
크론바하 알파값(α)	.791	.692
아이겐값 분산비율(%)	3.131 44.726	1.572 22.459

【그림 12-5】 구성개념타당도

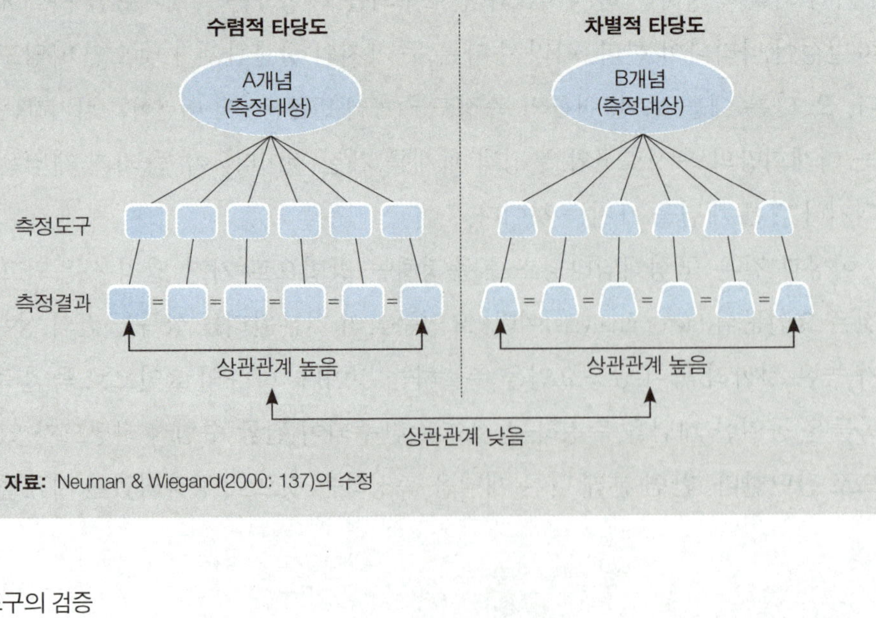

자료: Neuman & Wiegand(2000: 137)의 수정

로 분류되어 제1요인을 '흥미', 제2요인을 '성실성'으로 명명하였고 각 요인별 크론바하 알파값이 0.6 이상으로 나타났다.

제4절 신뢰도와 타당도의 관계

사회조사에서 대부분의 측정도구는 설문지를 사용한다. 사회조사에서 타당도와 신뢰도를 알아보는 것은 곧 설문지 문항의 대표성과 일관성에 관한 것이다. 조사연구자는 설문지 문항에 대한 응답자의 자료를 토대로 연구문제의 의문을 해결하기 위한 통계분석을 하게 되는데, 이 주요 통계분석을 하기 이전에 먼저 자료의 신뢰도와 타당도를 검토한 후 신뢰도와 타당도가 낮은 문항은 삭제하고 나머지 의미 있는 문항을 가지고 자료분석을 수행해야 한다. 그러면 측정도구의 검증을 위해 신뢰도와 타당도를 어떠한 관계에서 살펴봐야 하는가는 다음과 같은 조건 등을 고려해야 한다(채서일, 2005: 178-179).

① 타당도가 높은 측정은 항상 신뢰도가 높다.
② 타당도가 낮다고 해서 반드시 신뢰도가 낮은 것은 아니다.
③ 신뢰도가 높다고 해서 반드시 타당도가 높다는 것을 의미하지 않는다.
④ 신뢰도가 낮은 측정은 항상 타당도가 낮다.

이상의 조건을 종합해 보면, 신뢰도는 타당도를 확보하기 위한 기본조건이다. 신뢰도는 타당도를 확보하기 위한 필요조건이지 충분조건은 아니다. 그러므로 신뢰도가 낮은 측정에 대해 타당도를 말한다는 것은 의미가 없다. 이런 이유로 실제 조사연구에서는 신뢰도를 먼저 검토한 다음 의미 있는 문항을 가지고 타당도를 살펴봐야 한다.

그림 12-6은 타당도와 신뢰도를 설명하기 위하여 사격표적지를 비유한 것이다. 그림에서 점으로 표시된 것은 측정도구인 문항을 의미하고, 가운데 중심은

측정하고자 하는 측정내용을 의미한다. (a)의 그림은 신뢰도와 타당도가 높은 경우로, 같은 문항(같은 실탄)을 가지고 시간을 달리하여 질문했음에도 불구하고 같은 결과를 나타내고 있다. (b)의 그림은 신뢰도는 높으나 타당도가 낮은 경우로, 같은 문항을 가지고 시간을 달리하여 질문한 경우 시간적 차이에서는 같은 결과가 나왔지만 측정내용과는 거리가 먼 것으로 나타난 것이다. (c)의 그림은 시간을 달리할 때마다 다른 결과를 나타낸 것으로, 신뢰도와 타당도가 모두 낮은 경우이다(채서일, 2005: 178-179).

【그림 12-6】 신뢰도와 타당도의 관계

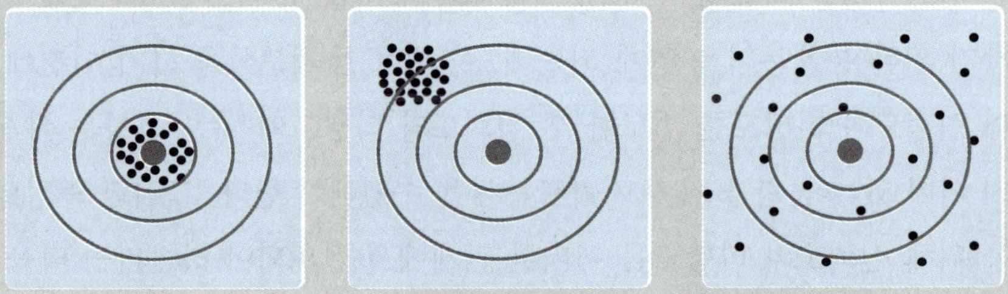

(a) 신뢰도와 타당도가 높은 경우 (b) 신뢰도는 높으나 타당도가 낮은 경우 (c) 신뢰도와 타당도가 낮은 경우

자료: Babbie(1992: 134)

생각해 볼 문제

1. 측정오차의 발생원인을 설명하시오.
2. 신뢰도를 높일 수 있는 방안을 설명하시오.
3. 구성개념타당도에 대해 설명하시오.
4. 신뢰도와 타당도의 관계를 설명하시오.

제 13 장

실험설계

이 장의 개요

사회문제에는 반드시 원인이 존재한다. 의사가 병을 앓고 있는 환자를 치료하기 위해서 가장 먼저 병의 원인을 진단하듯이, 사회문제의 해결에서도 그 문제를 일으키는 원인을 정확히 파악하여 그 원인을 제거하거나 촉진시킴으로써 문제가 해결된다. 또한 어떤 상황에서 문제가 발생하여 원인이 밝혀지고 원인을 통해 문제가 해결되었다면, 이 상황과 동일하거나 유사한 상황에 적용할 경우 역시 그 문제가 해결되어야 한다. 이 장에서는 인과관계를 밝히는 방법과 인과관계를 다른 지역과 집단에 적용하는 방법을 살펴본다.

제1절 실험설계의 의의

사회문제란 인간의 욕구불만족 상태를 의미한다. 사회과학은 응용과학으로서 인간의 욕구불만족 상태를 해결, 충족시켜 사회문제를 해결하는 데 의의를 두고 있다. 욕구불만족 상태를 해결하는 가장 기본적인 방법은 문제를 발생시키는 원인을 찾아 그 원인을 제거해 주거나 부족한 부분을 채워 주는 것이다. 마찬가지로 사회조사에서도 문제라고 생각되는 원인을 찾아 원인과 결과 간의 관계를 밝히고 원인을 조작함으로써 의도하는 결과를 예측(개선)할 수 있어야 한다. 이러한 인과관계를 규명하기 위해 사용되는 방법이 실험설계이다.

1. 실험설계의 개념

실험설계(experimental design)는 실험으로부터 기대되는 가장 합리적인 결과를 얻기 위하여 관계되는 여러 변수를 통제하여 서로 일정하게 관련시키는 계획구조의 전략이다. 실험설계는 연구자가 엄격한 외생변수의 통제하에서 독립변수를 조작하여 종속변수에 미치는 영향정도, 즉 인과관계를 밝히는 연구설계이다. 여기에서 독립변수의 조작이란 변수의 크기나 영향력 또는 강도를 연구자가 임의로 변화시키는 것을 말한다. 또한 연구자는 실험변수의 노출시기, 노출대상, 실험효과의 측정시기를 통제할 수 있다. 이를테면 실험설계는 과학적 연구의 전형적인 방법으로 통제된 연구(controlled inquiry)의 정신에 가장 충실하게 따르며, 엄격히 통제된 상황하에서 두 변수 사이의 인과관계를 검증하는 연구설계이다.

이러한 실험설계는 (a) 외생변수를 통제하여 순수독립변수의 효과만을 측정할 수 있고, (b) 조사대상의 무작위화를 통해 역시 외생변수를 통제할 수 있으며, (c) 동일한 조건만 주어지면 재현가능성이 높고 명확한 인과관계를 검증할 수 있다는 장점이 있다.

반면, 실험설계는 (a) 인위성·자연성이 높아 외적타당성(실제 적용가능성이 낮음)이 저해되고, (b) 윤리적인 문제로 실험이 불가능한 경우도 있으며, (c) 실제 세계에서는 많은 요인들이 작용하기 때문에 독립변수의 강도가 실제 세계에서만큼 크게 작용하지 못한다는 단점이 있다.

2. 실험설계의 조건과 구성요소

1) 실험설계의 조건

실험설계는 엄격한 실험환경의 통제와 실험조건을 갖추고 변수 간의 관계를 엄정한 방법으로 규명하는 연구설계이며, 완벽한 실험이 되기 위해서는 다음과 같은 세 가지 조건을 갖추어야 한다.

(1) 실험변수의 조작

실험변수의 조작이란 원인이 되는 독립변수를 인위적으로 조작함으로써 조작으로 인한 독립변수의 크기 및 영향 정도를 통해 종속변수의 변화결과를 관찰하는 것을 말한다. 예를 들어, 학생들에게 자기개발 및 시민성 교육프로그램의 효과를 알아보기 위해 실험집단과 통제집단으로 나누고 통제집단에게는 교육프로그램 접근을 통제하고 실험집단에게만 교육프로그램에 참여하도록 한 다음 실험집단에게서 자기개발 시민성 향상 효과가 나타났다면 그 원인을 교육프로그램에 두는 형태이다. 또 다른 예를 들면, 여가프로그램이 노인들의 생활만족도에 어떠한 영향을 미치는가를 알아보려고 A노인복지회관 노인들에게는 여가프로그램을 실시하지 않고 B노인복지회관 노인들에게만 여가프로그램을 실시한 후 A, B 노인복지회관 노인들의 여가프로그램의 성과를 살펴보려고 한다. 이때 여가프로그램은 독립변수가 되고, B노인복지회관 노인들에게만 여가프로그램을 개입시키는 것은 연구자의 인위적 조작이 된다.

(2) 외생변수의 통제

외생변수의 통제는 독립변수 이외에는 어떠한 요인도 종속변수에 영향을 미치지 못하도록 통제한다는 뜻이다. 독립변수 말고도 제3의 변수들이 종속변수에 영향을 미치고 있음에도 불구하고 이를 고려하지 못한 채 독립변수가 종속변수의 진정한 원인이라고 주장한다면 오류를 범하는 것이다. 따라서 독립변수가 종속변수에 영향을 미치는 순수한 원인이라고 주장하기 위해서는 외생변수가 엄격히 통제되어야 하며 그런 경우에 인과관계가 있다고 말할 수 있다. 예를 들어, 앞에서 언급한 실험집단에 포함된 청소년들에게서 교육프로그램의 효과가 크다고 할 때 교육프로그램 운영이 순수 원인이라고 말하기 위해서는 다른 실험집단의 청소년들에게 다른 요인(제3요인)이 개입되지 않았다는 것이 전제되어야 한다. 만약 실험집단에 포함된 청소년들이 시민성을 위한 가정훈육을 받고 있거나 다른 교육프로그램을 통해서 시민성을 향상시키는 데 영향을 받고 있다면 청소년 교육프로그램은 진정한 원인이라고 말할 수 없다. 마찬가지로 노인복지회관 노인들이 여가프로그램을 수행하는 동안 TV에서 외국 노인들의 여가프로그램을 접하고 스스로 따라하였다면 연구자는 여가프로그램 개입이 순수한 영향요인이라고 말할 수 없다.

(3) 실험대상의 무작위화

실험대상의 무작위화(randomization) 또는 무작위배정(random assignment)은 전체집단에서 각 대상들이 실험대상으로 뽑힐 확률이 모두 동일하도록 배정하는 것을 말한다. 무작위로 선발하게 되면 하나의 집단이 또 다른 집단으로 분류될 수 있는 가능성이 있으며, 모든 사례들이 하나의 집단이나 또 다른 집단으로 배정될 수 있는 기회는 동등하다. 즉, 한 대상이 실험집단이나 통제집단으로 배정될 확률이 같다는 것이다. 이러한 방식으로 두 집단을 구성하면 두 집단은 실험변수 이외에 조건들이 완전히 동일하게 된다. 따라서 연구자가 어느 한 집단을 실험집단으로 선택하고 나머지 하나를 통제집단으로 선택한다면 두 집단은 동질적인 집단이 되고 제3의 변수가 통제된다는 의미이다.

2) 실험설계의 구성요소

실험설계는 전형적으로 인과관계를 규명하기 위한 과학적 연구방법이다. 실험설계를 구축하여 관찰을 수행하기 위해서는 다음과 같은 구성요소를 갖추어야 한다(Neuman & Wiegand, 2000: 174).

① 실험처리(experimental treatment) 또는 독립변수(independent variable)

② 종속변수(dependent variable)

③ 사전검사(pre-test)

④ 사후검사(post-test)

⑤ 실험집단(experiment group)

⑥ 통제집단(control group)

⑦ 무작위 배정(random assignment)

⑧ 관찰(observation)

3. 실험설계의 기본모형

실험설계는 전형적으로 두 변수(독립변수와 종속변수) 간의 인과관계를 밝히기 위한 과학적 연구방법이다. 변수 간의 인과관계를 밝히기 위해서는 실험집단과 통제집단을 비교하여 두 집단의 특성이 동일한가를 측정한 다음, 통제집단에는 실험치(독립변수)를 개입시키지 않고 실험집단에만 실험치(독립변수)를 개입시킨 후 두 집단의 종속변수를 재측정하여 비교함으로써 차이가 있으면 그 차이를 가져온 원인으로 실험치(독립변수)가 개입되었기 때문이라고 설명한다. 이때 실험치가 순수한 원인이라고 말하기 위해서는 실험치 이외에 어떤 요인도 개입되지 않았다는 점과, 실험집단과 통제집단이 무작위로 배정되었다는 점을 밝혀야 한다. 그림 13-1 은 실험설계의 전형적인 모형을 제시하고 있다.

【그림 13-1】 실험설계의 기본 모형

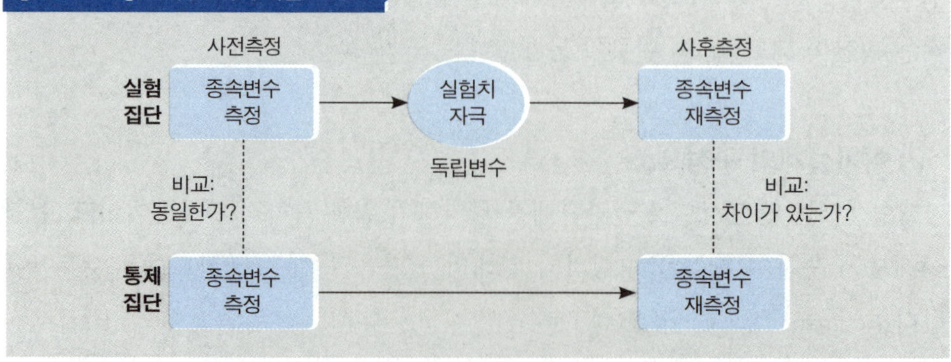

4. 실험설계의 수행과정

실험설계에 따른 실험을 수행하기 위해서는 앞에서 언급한 기본조건과 구성요소를 갖추고 일정한 절차에 따라 진행해야 한다. 연구자가 반드시 정해진 절차를 거쳐 수행해야 하는 것은 아니지만 실험연구의 방향을 잡고 연구를 원활하게 진행하기 위해서는 다음과 같은 절차에 따라 수행해야 할 것이다(Neuman, 2000: 229).

① 1단계: 실험연구의 적절한 가설을 세운다.
② 2단계: 현실적 실제 한계를 감안하는 가설이 검증될 수 있도록 실험설계를 구축한다.
③ 3단계: 실험치 도입방법을 결정하거나 독립변수를 유발하는 상황을 어떻게 만들 것인가를 결정한다.
④ 4단계: 독립변수에 대한 타당성과 신뢰성이 있는 측정도구를 개발한다.
⑤ 5단계: 실험환경을 설정하고 실험치와 종속변수에 대한 예비검사를 수행한다.
⑥ 6단계: 적절한 대상 혹은 사례를 정한다.
⑦ 7단계: 집단을 대상으로 무작위로 배정한다.
⑧ 8단계: 모든 집단의 종속변수에 대한 사전검사의 데이터를 수집한다.
⑨ 9단계: 실험집단에 대한 실험치를 도입하고 모든 집단을 모니터한다.
⑩ 10단계: 종속변수에 대한 사후검사 측정치의 데이터를 수집한다.
⑪ 11단계: 수집된 데이터를 검토하고 다른 집단들을 비교한다. 이 단계에서는 통계나 그래프를 사용한다.
⑫ 12단계: 가설의 지지 여부를 결정한다.

5. 실험설계 진행을 위한 질문 체크리스트

실험설계 진행을 위해서는 사전에 점검해야 할 사항이 있다. 표 13-1은 실험연구 절차를 위해 점검할 질문 체크리스트이다.

표 13-1 실험연구 절차의 질문 체크리스트

1. 연구대상은 누구인가? 연구대상이 모집단에 어느 정도 속하는가?
2. 연구대상은 어떻게 선발되었는가? 무작위 선발방식이 사용되었는가?
3. 연구대상은 무작위로 할당될 수 있는가? 그들을 동등화할 수 있는가?
4. 연구에서 종속변수는 무엇인가? 종속변수를 어떻게 측정할 것인가? 여러 번 어떻게 측정할 것인가?
5. 실험치 조건은 무엇인가? 실험치를 어떻게 조작할 것인가?
6. 실험에서 변수들은 공변될 수 있는가? 변수들을 어떻게 측정할 것인가?
7. 연구결과를 측정하는 데 무슨 측정도구가 사용될 수 있는가?
   - 측정도구가 왜 선택되었는가?
   - 측정도구를 누가 개발했는가?
   - 측정도구는 신뢰도와 타당도가 확보되었는가?
8. 절차적 단계의 검토
   - 집단에 대한 연구대상의 무작위할당
   - 인구통계학적 정보
   - 사전검사/사후검사 관리
   - 실험치 관리
9. 실험설계와 절차를 위한 내적타당성과 외적타당성을 위협하는 요인은 무엇인가?
10. 예비조사의 수행
11. 데이터를 분석하기 위해 어떤 통계방법을 이용할 것인가?

자료: Creswll(1994: 127)

제2절 실험설계와 인과관계

실험설계는 인과관계를 밝히는 전형적 연구설계이다. 사회연구는 대부분 인과관계의 검증을 통하여 이루어진다고 할 수 있다. 사회적 현상과 사회구성원의 문제를 발견하고 그 원인과 결과 간의 관계를 규명함으로써 사회연구의 목적인 사회문제 해결을 위한 정책의 수립 내지 이론 형성이 이루어진다.

1. 인과관계의 의미

사회현상에 대한 과학적 설명에서 핵심적 과제는 인과관계(causal relation)를 밝히는 것이다. 인과관계는 원인과 결과 사이의 관계로, 이 관계를 통해 나온 결과로 현상을 설명·예측하고자 한다. 사회과학에서 인과관계의 규명은 독립변수가 이론에 나타난 대로 종속변수의 변화와 크기에 영향을 미칠 수 있을까 하는 의문을 밝히는 것이다. 과학적 연구는 이와 같은 의문에 대한 대답을 얻는 것이 주요 목적이다.

어떤 특정한 현상에 대한 변수가 다른 변수와 밀접한 관계를 가지고 있다고 해서 반드시 인과관계가 성립하지는 않는다. 사회현상에서는 문제 또는 결과를 초래하는 원인을 몇 개의 현상으로 한정 짓기 곤란하다. 어떤 사회현상은 다른 많은 현상들과 상호작용을 하면서 복합적인 결과로 나타나기 때문에 연구자가 특정한 변수를 원인이라고 정확히 단정하기란 어려운 일이다. 예를 들어, 경제가 침체되면서 자살률이 높아지는 현상이 나타난다고 해서 경제의 침체가 자살률의 원인이라고 단정하기 어렵다. 자살충동을 일으키는 원인에는 자살충동의 상호교류, 개인의 명예를 지키는 수단, 우울증과 같은 정신적 병력 등 여러 가지가 있을 수 있기 때문에, 이런 요인들을 완벽하게 통제하지 않는 상황에서 경제의 침체를 원인으로 규정하기란 곤란하다. 이처럼 명확히 콕 집어서 무엇이 절대적인 원인이라고 말하기 어렵기 때문에 사회과학에서는 명확하고 결정론적인 표현보다는 확률적인 표현을 사용한다.

2. 인과관계를 위한 조건

사회과학에서는 인과관계가 성립되기 위한 조건으로 여러 가지를 제시하고 있지만, 대부분의 사회과학 연구에서는 다음과 같은 3가지 조건이 충족될 때 인과관계가 있다고 말한다.

(1) 시간적 순서

어떤 현상이나 문제의 원인을 규명하기 위해서는 원인이 되는 요소인 독립변수가 먼저 발생하든지 먼저 변화되어야 한다. 즉 한 사건(현상)이 다른 사건에 시간적으로 앞서야 한다. 반대로 미래의 상황이 현재나 과거의 상황을 결정할 수 없다.

- 흡연비율 → 폐암발생률
- 부모의 지위 → 자녀의 교육수준
- 실업 → 소득감소
- 교육수준 → 소득증가
- 심리적 좌절 → 자살률
- 동기부여 → 성취감
- 도시화 → 주택문제(교통문제, 쓰레기문제 등)
- 스마트폰중독 → 독해력

(2) 공동변화

공변관계 및 공동변화(covariation) 또는 연관성(association)은 둘 또는 그 이상의 변수가 상호 관련되어 있지 않다면 한 변수가 다른 변수의 원인이 될 수 없다는 것이다. 예를 들어 설명하면 다음과 같다.

- '교육을 많이 받을수록 소득이 많다'는 공변관계이다.
  만일 교육수준의 변화에 따른 소득의 변화가 없으면 양자는 공변관계가 아니다.

- '어린아이에게서 어머니의 애정을 박탈하면 비행을 저지른다'도 공변관계이다.
  만일 어머니의 애정을 충분히 받은 아이와 애정이 결핍된 아이가 똑같이 비행을 저지른다면 공변관계가 아니다.

- '지능이 낮으면 범죄를 저지른다'도 공변관계이다.
  만일 지능이 낮은 사람과 높은 사람이 똑같이 범죄를 저지른다면 지능은 범죄의 원인이 될 수 없다.

공변관계는 과학적 연구에서 상관관계로 나타난다. 상관관계가 존재해야 인과관계가 있다고 말할 수 있다. 예를 들어, 상대적 박탈감의 크기와 폭동의 정도 간에 상관관계가 없으면 양자 간에는 인과관계도 없다고 말할 수 있다. 물론 상관관계가 있다고 하여 모두 인과관계가 있는 것은 아니다. 상관관계는 인과관계의 필요요건이지 충분요건은 아니다. 상관관계는 변수와 변수 간에 관련이 있다는 것이지 어떤 변수가 시간적으로 앞서서 발생하는지는 알 수 없다.

이상과 같이 공변관계를 알아보기 위하여 독립변수에 노출된(영향을 받은) 사람과 그렇지 않은 사람을 비교하거나(실험, 통제의 양 집단 비교) 독립변수의 영향을 받기 전후를 비교(단일집단 비교)하는 방법이 있다.

(3) 진실한 관계(non-spuriousness)

진실한 관계(non-spuriousness) 또는 비허위적 관계는 두 변수의 관계가 제3의 변수(허위변수)에 의해 설명되지 않는 경우, 즉 다른 모든 변수(제3의 변수)의 영향을 배제하여도 두 변수 간의 관계가 유지되면 그 관계는 진실한 관계라 할 수 있다. 예를 들어, 흡연비율과 폐암발생률의 관계에서 성별, 연령, 기혼 여부, 소득, 직업 등의 모든 상황과 조건에서도 차이가 없다면 그 관계는 진실한 관계이다. 즉 모든 관련 변수의 효과가 제거되었다면 그 관계는 인과관계가 있다고 말할 수 있다.

또한 진실한 관계가 있다고 말하기 위해서는 제3의 변수를 통제해도 독립변수와 종속변수의 관계가 변화하지 않아야 하는데, 이를 위해서는 외생변수를 통제할 수 있는 인위적 실험상황을 만드는 것이 가장 좋은 방법이다. 하지만 인간행동의 환경에서 외생변수를 확인하고 통제하기란 현실적으로 쉬운 일이 아니다.

제3절 실험설계의 타당성

실험적 연구의 핵심은 원인변수와 결과변수 사이에 인과관계가 존재하는지를 추론하는 일이다. 따라서 인과관계 존재 여부를 경험적으로 검증해야 하는데, 연구에서 인과관계의 추론이 정확하게 이루어지면 그 연구는 타당성이 높다고 말할 수 있다.

실험설계에서 타당성(validity)은 경험적 연구를 통하여 인과관계를 얼마나 진실에 가깝게 추론하느냐의 정도를 나타내는 개념으로, 연구의 어느 한 과정에서 살펴보는 측정의 타당성만을 지칭하는 것이 아니라 모든 단계에 걸쳐 적용된다. 즉 연구설계 단계에서부터 자료의 수집, 분석, 해석 및 연구결과의 일반화 등 연구의 전 과정에 걸쳐서 인과적 추론을 왜곡하는 요인이 배제되었을 때 타당성은 높아진다. 실험설계에서 타당성은 내적타당성과 외적타당성으로 구분된다.

1. 내적타당성

1) 내적타당성의 의미

내적타당성(internal validity)이란 측정된 결과가 실험처리(독립변수)의 진정한 변화 때문에 일어난 것인가에 관한 문제이다. 만약 실험처리 변화 이외에 다른 요인들이 개입되었다면 실험처리를 진정한 원인이라고 말할 수 없다. 내적타당성을 높이기 위해서는 순수하게 독립변수의 영향만으로 결과에 변화 또는 차이가 있었다고 말할 수 있어야 하기 때문에 외생변수들을 철저히 통제하는 실험환경이 구축되어야 한다.

2) 내적타당성의 저해요인

내적타당성을 저해한다는 의미는 추정된 원인 이외에 종속변수(결과)를 설명할 수 있는 외생변수 또는 경쟁가설이 존재한다는 것이다. 따라서 완전한 인과관계를 설명하기 위해서는 독립변수와 종속변수의 관계에서 외생변수 또는 경쟁가설이 제외되어야 하며, 반대로 외생변수가 끼어들거나 경쟁가설이 존재하면 두 변수 간 관계의 추론에 오류가 발생한다. 이렇게 되면 독립변수가 종속변수의 원인이라는 주장은 정확하지 않은 것이 된다. 이와 같이 원인이라고 하는 독립변수가 결과라고 하는 종속변수에 영향을 미친 진정한 원인이 아님에도 불구하고 잘못 인식하고 정의하는 오류를 가져오게 되는데, 이를 내적타당성을 저해하는 요인이라고 한다(Campbell, 1963).

(1) 선발요인

실험집단과 통제집단으로 나눌 때 편의적으로 선발하거나 편견을 가지고 선정하거나 또는 편향되게 선별한다면 이미 처음부터 특정한 속성이 특정집단으로 편중되기 때문에 실험처리가 결과에 영향을 미치는 진정한 효과라고 볼 수 없다.

내적타당성 저해요인으로서 선발요인은 정책이나 프로그램 집행 후에 실험집단과 비교집단 간의 결과변수에 대한 측정값의 차이가 정책집행의 효과라기보다는 처음부터 두 집단구성원들이 다르기 때문에 나타나는 경우이다. 예를 들어, 새로운 학습프로그램의 효과성을 알아보기 위해서 자발적으로 프로그램에 참여한 집단과 그렇지 않은 집단을 비교해 본 후, 프로그램 참여집단에서 점수가 높게 나타났다고 하여 새로운 학습프로그램이 효과가 있었다고 말할 수는 없다. 이것은 새로운 학습프로그램에 참여한 사람들이 원래 학습능력이 높았기 때문에 다르게 나타났다고 볼 수 있다.

(2) 역사요인

역사요인(history)은 측정기간 중에 연구자의 의도와는 관계없이 일어난 사건이 결과변수에 영향을 미치는 것이다. 측정기간 중 정치·경제·사회 및 각종 재난이나 자연환경의 변화를 가져오는 사건이 발생한 경우 이 사건이 종속변수에 영향을 미치고 있다면 실험처리(독립변수)가 종속변수에 변화나 차이를 가져오는 진정한 원인이라고 말할 수 없다. 실험설계에서 사전검사(pre-test)와 사후검사(post-test) 간에 일어나는 사건(event)으로 인하여 발생하는 문제점으로, 실험실 내의 실험에서는 통제가 가능하지만 현지실험에서는 통제가 매우 힘들다. 이러한 역사요인은 실험간격이 넓을수록 더 크게 작용한다.

예를 들어, 노인우울증 치료집단에 대한 치료프로그램에서 외국의 노인이 노년기를 활동적이고 긍정적으로 보내고 있는 TV 프로그램을 집에서 시청하고 자극을 받았다. 이때 프로그램을 시청한 노인이 외국의 노인처럼 활동적이고 긍정적으로 삶을 보내야겠다고 다짐한 상태에서 측정하여 사전측정할 때보다 양호한 상태로 나타났다고 해서 치료프로그램으로 우울증이 개선되었다고 판단하는 것은 오류이다. 즉, 우울증이 개선된 진정한 원인은 치료프로그램이 아니라 우연히 시청한 TV 프로그램 때문이라고 말할 수 있다. 이와 반대로, 지역주민에게 건강한 삶을 살 수 있도록 주민자치센터에서 스트레스해소 프로그램을 운영하고 있는 경우, 프로그램 운영 기간 중 '신종코로나바이러스(코로나19)'로 인해 사람 간 밀접접촉을 삼가도록 '사회적 거리두기' 캠페인을 함으로써 오히려 스트레스가 해소되지 않고 증가되었다고 하여 프로그램이 효과가 없다고 말하기 곤란하다. 직업훈련프로그램 운영기간 중 경제상황의 악화로 취업률이 감소하였다고 하여 직업훈련프로그램의 효과가 없다고 말하거나, 반대로 경제상황의 호전으로 프로그램과 상관없이 취업률이 증가되었음에도 불구하고 프로그램의 효과가 있다고 말하는 경우도 역사요인에 의한 잘못된 설명이다.

(3) 성숙요인

시간의 흐름에 따른 생리적·심리적 변화가 종속변수에 영향을 미쳐 잘못된 결론을 유도하는 경우이다. 사람은 나이, 지식, 체력, 경험 등으로 인지능력, 지각능력, 판단능력의 변화를 가져옴으로써 사전측정보다 사후측정에서 좋은 결과를 가져올 수 있다. 예를 들어, 우유급식에 따른 초등학생의 체력증가를 알아보려고 하는데 검사기간 동안에 우유급식보다는 나이가 체력을 증가시키는 원인이 될 수 있다. 또한 교육훈련프로그램 효과에 따른 아동의 독서력을 측정할 경우 검사기간 동안 독서능력이 자연적으로 향상될 수 있다. 그리고 복지프로그램을 실시하더라도 노인은 나이가 들어감에 따라 건강이 악화될 수 있다.

(4) 실험도중 탈락 또는 상실요인

측정기간 중 실험대상에서 특정인이 탈락·상실됨으로써 남아 있는 대상이 처음의 관찰대상 집단과 다른 특성을 갖게 되는 현상으로 이렇게 되면 비교집단이 서로 이질적일 수밖에 없다. 예를 들어, 실직자재취업프로그램에 끝까지 남아 있는 사람은 중도포기한 사람보다 성취동기가 높은 경우이거나 금연프로그램에서 중도 탈락자보다 수료자가 성공률이 높은 경우이다. 또 다른 예를 보면, 자아존중감향상프로그램에 참여하고 있는 학생이 다른 학교로 전학을 가는 경우 그 학생은 사전검사에는 참여했지만 사후검사는 빠지기 때문에 결과에 영향을 미치게 된다.

(5) 측정도구요인

사전·사후의 측정에서 측정자의 측정도구(검사도구)가 달라져서 생기는 문제로, 정책이나 프로그램의 경우 효과가 왜곡될 수 있다. 예를 들어, 실직자재취업훈련프로그램이 효과가 있는지를 알아보기 위해 프로그램 참여 전에는 난이도가 높은 시험문제로 측정하고 프로그램이 끝난 후에는 난이도가 낮은 시험문제로 측정하는 경우 그 결과를 통해 프로그램이 효과가 있었다고 말할 수는 없다. 이 요인은 신뢰도(reliability)와 관련된다.

(6) 검사요인(측정도구의 친숙성)

실험대상이 동일(또는 비슷한) 측정을 여러 번 받을 때 발생하는 문제로, 조사의 실시 전·후에 유사한 검사가 반복됨으로써 프로그램 참여자들이 검사에 친숙해져서 측정값(결과)에 영향을 미치는 현상이다. 예를 들어, 실직자재취업훈련프로그램이 효과가 있는지를 알아보기 위해 프로그램 참여 전과 참여 후에 측정하는데 두 질문지가 같다면 참여자들은 문제에 익숙해졌을 수도 있기 때문에 프로그램에 참여하여 두 번의 시험을 치른 사람은 높은 점수를 얻을 수도 있다. 또 다른 예를 보면, 각종 자격시험을 준비하기 위한 학습프로그램에서 사전측정과 사후측정에 사용된 시험문제가 동일하거나 유사한 경우 사전측정보다는 사후측정에서 높은 점수를 얻었다고 하여 학습프로그램이 효과가 있었다고 말하기는 곤란하다.

(7) 회귀요인

사전검사에서 종속변수의 극단적인 측정값(최고값 또는 최저값)을 갖는 사례들은 사후검사(재측정)할 때 평균값으로 회귀하여 처음과 같은 극단적 측정값을 나타넬 확률이 줄어들게 된다. 회귀요인(regression)은 종속변수의 값이 가장 높거나 가장 낮은 사람만을 실험집단으로 선택했을 경우 다음 검사에서는 실험치(독립변수)의 효과가 없더라도 높은 집단은 낮아지고 낮은 집단은 높아지는 현상으로 나타난다. 예를 들어, 집단시설에 장기간 수용된 수용자에게 좌절감 정도가 얼마나 큰지에 대하여 사전검사를 실시한 후 좌절감 정도가 큰 사람에게만 상담서비스를 실시한다. 그러나 사전검사를 받은 사람의 일부는 사전검사 당일에 컨디션이 아주 나빴기 때문에 비정상적인 낮은 점수를 받았을지도 모른다. 그 이유는 전날 잠을 제대로 못 잤거나, 갑자기 이가 아파서 기분이 몹시 좋지 않았거나, 친한 친구나 친척이 사망했다는 나쁜 소식을 들음으로써 심리적 상태가 아주 나빴을 수 있다. 이런 경우 상담서비스를 실시하고 사후검사를 통해 좌절감 정도가 사전검사에 비해 낮아졌다고 하여 좌절감 정도가 낮게 된 것은 상담서비스를 받았기 때문이라고 말할 수 없다. 사전검사와 사후검사 기간 동안, 즉 일정한 시간이 지나 좌절감 정도가 평균 상태로 회귀된 것일 뿐 상담프로그램의 효과로 좌절감이 사전검사보다 낮게 나온 것은 아니다.

(8) 모방과 노출(유출)

모방과 노출 및 유출은 실험집단과 통제집단에 속한 사람들이 서로 대화하거나 만날 가능성이 있는 경우(노출), 실험집단에 속한 사람들이 통제집단의 사람들에게 자신의 실험경험을 알려주거나(유출), 우연히 통제집단의 사람들이 실험집단에 가해진 실험행동을 모방할 경우, 실험집단의 실험효과가 없는 것으로 설명하는 것이다. 통제집단에 속하는 대상자들이 실험집단에 가해진 실험치를 모방하여 그대로 행동에 옮긴다면, 실험집단과 통제집단 간에는 차이가 없는 것이 된다. 그러나 실제로는 차이가 존재하지만 통제집단의 모방으로 인해 차이가 없는 것으로 결론지을 수 있다.

예를 들어, 교육역량강화프로그램을 개발하여 A대학교 학생들에게 몇 년간에 걸쳐 실시한 후 이 프로그램이 교육역량강화에 영향을 미치는지를 알아보려고 B대학교의 학생들과 비교해 보았다. 조사결과 A대학교의 학생들은 B대학교 학생들과 별 차이가 없는 것으로 나타났다. 이때 B대학교 학생들이 A대학교 학생들에게 가해진 교육역량강화프로그램을 모방하거나 도입하여 두 집단의 차이가 없을 가능성이 높다. 요컨대, A대학교 학생들에게 적용했던 프로그램의 실제 효과는 증가되었으나 B대학교 학생들이 A대학교 학생들에게 적용했던 교육역량강화프로그램과 똑같은 행동을 모방함으로써 B대학교 학생들에게 그 효과가 나타나게 되어, 결국 A대학교 학생들의 효과가 증가하지 않는 것으로 결론을 내릴 수 있다.

3) 내적타당성 저해요인의 통제방법

내적타당성 확보를 저해하는 요인을 통제하는 방법으로는 주로 짝짓기와 무작위배정이 많이 사용된다.

(1) 짝짓기

짝짓기는 실험집단과 통제집단에 똑같은 특성을 가진 사람들을 할당하는 방식이다. 짝짓기는 다음에 설명할 무작위배정과 함께 사용될 때 진정한 효과가 있다. 만약 무작위배정을 고려하지 않고 짝짓기만을 한다면 누가 어느 집단에 배정되는지를 결정하면서 발생할 수 있는 모든 편견을 통제하지 못하게 된다. 짝짓기 방법은 다시 정밀통제방법과 빈도분포통제방법으로 나뉜다.

첫째, 정밀통제(precision control)방법은 양 집단(실험집단과 통제집단)의 모든 사례(case)가 똑같은 특성을 지니도록 배정하는 방법이다. 예를 들어, 거주지역, 성별, 연령, 교육수준, 기혼 여부 등을 통해 짝짓기한다면 양 집단에 똑같은 특성을 가진 사람이 배정되도록 해야 한다.

【그림 13-2】 정밀통제방법

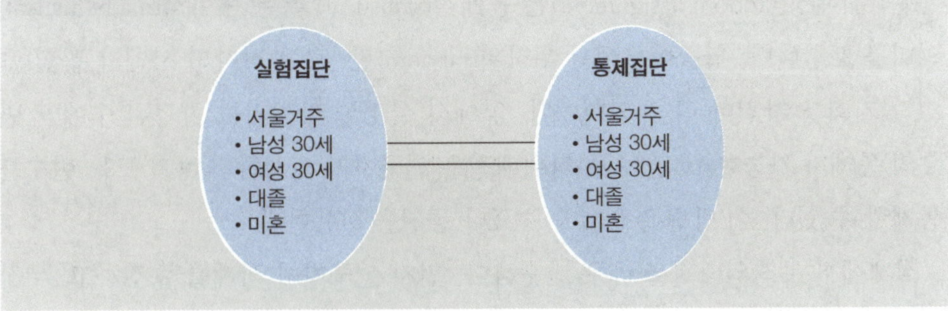

그러나 정밀통제방법도 다음과 같이 한계가 있다. (a) 수많은 특성에 대하여 어떻게 일일이 짝짓기를 할 것인가에 관한 문제로, 예를 들어 지역, 성, 연령, 교육정도, 소득 등의 모든 조건을 갖춘 사람을 찾아 양 집단에 똑같이 배정하는 것이 현실적으로 어려우며, (b) 어떤 특성이 중요한지 사전에 알아야 되는데 그것을 결정하기가 곤란하다.

둘째, 빈도분포통제(frequency distribution control)는 양 집단(실험집단과 통제집단)이 일대일 대응이 아니라 중앙경향치(central tendency)를 중심으로 유사하게 짝짓기하는 것이다. 예를 들어, 성이 문제라면 양 집단의 남녀비율을 같게 한다든지, 연령이 문제라면 양 집단의 평균연령을 같게 한다든지, 또한 교육이 문제라면 양 집단의 교육수준을 같게 하는 방법이다.

이 방법은 정밀통제방법보다는 쉬우나 모든 특성을 다 통제하였는지를 알 수 없고 알더라도 현실적으로 통제가 불가능한 경우가 많다는 것이 한계이다.

【그림 13-3】 빈도분포통제방법

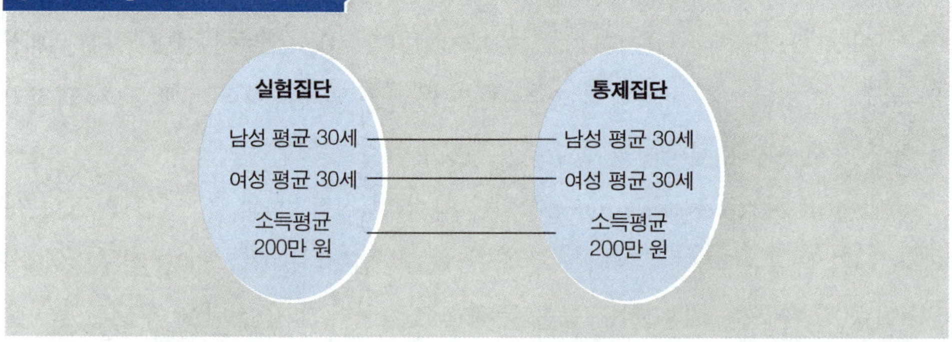

(2) 무작위배정의 방법

무작위배정(random assignment)은 통계적(statistical) 혹은 수학적(mathematical) 의미를 포함한다. 확률이론에서 무작위(random)란 '모든 각각의 사례가 뽑힐 수 있는 기회를 가진다'라는 의미이다. 앞에서 설명한 짝짓기는 한정된 수에만 변수의 통제가 가능한 데 반해, 무작위배정은 연구자가 의식하지 않고 모든 변수를 통제할 수 있다. 이 방법은 주로 난수표나 동전을 사용한다.

실제에서 무작위배정은 매우 단순하다. 먼저 연구자가 사례를 수집하고, 무작위 과정을 통해 두 개 혹은 그 이상의 집단으로 구분한다. 예를 들어, 연구자가 32명을 16명씩 두 개 집단으로 구분하려는 경우 무작위방법은 종이에 각자의 이름을 쓰게 하고 모자에 넣은 다음 눈을 감고 섞은 후 '집단1'에 16개의 종이를 끄집어내고 '집단2'에 다시 16개의 종이를 끄집어낸다. 다음은 무작위방법의 예시이다(Neuman & Wiegand, 2000: 173).

① 1단계

다양한 특징을 가진 사례들을 수집한다.

A, B, C 의 특징(예: 납세자의 연령, 사회계급, 혼인 여부 등)을 가진 30개의 사례가 무작위로 나열되어 있다고 가정한다.

A B B C A C A B C A C B A C A B C A B C A C A A B B C A B C

② 2단계

임의로 각 집단의 동등한 사례수가 선정될 수 있도록 기계적 절차로 진행한다.

【방법1】 다음과 같이 사례에 다른 이름을 할당한다.

A	B	B	C	A	C	A	B	C	A	C	B	A	C	A	B	C	A	B	C	A	C	A	A	B	B	C	A	B	C
1	2	1	2	1	2	1	2	1	2	1	2	1	2	1	2	1	2	1	2	1	2	1	2	1	2	1	2	1	2

배정결과

집단1	집단2
A 7	4
B 3	6
C 5	5

【방법2】 사례집단을 두 개로 나눈다.

A	B	B	C	A	C	A	B	C	A	C	B	A	C	A	B	C	A	B	C	A	C	A	A	B	B	C	A	B	C
1	1	1	1	1	1	1	1	1	1	1	1	1	1	1	2	2	2	2	2	2	2	2	2	2	2	2	2	2	2

배정결과

집단1	집단2
A 6	5
B 4	5
C 5	5

【**방법3**】 동전을 던져서 앞면이 나오면 ‘H’, 뒷면이 나오면 ‘T’로 표시한다.

A	B	B	C	A	C	A	B	C	A	C	B	A	C	A	B	C	A	B	C	A	C	A	A	B	B	C	A	B	C
H	H	T	H	T	T	H	H	T	H	T	T	T	H	T	T	H	T	H	H	H	H	T	H	T	T	H	T	T	H

배정결과

집단1	집단2
A 5	6
B 3	6
C 7	3

(3) 짝짓기와 무작위배정의 관계

무작위배정의 목적이 사례의 특징을 두 개(그 이상)의 동등한 집단으로 나누는 데 있다면, 각 집단마다 똑같은 사례의 특징으로 짝짓기한다는 것은 쉬운 일이 아니다. 짝짓기는 무작위로 배정하는 한 가지 방법이지만 자주 사용하는 방법은 아니다.

왜냐하면 짝짓기에는 관련된 어떤 특징으로 짝을 이루게 할 것인가, 또는 그 특징으로 정확하게 짝짓기할 수 있느냐 하는 문제가 남는다. 개인 사례의 경우 많은 특징들이 있지만 연구자는 관련된 특징이 무엇인지를 정확히 알 수 없다. 예를 들어, 납세자는 왜 소득세를 교묘한 방법으로 적게 납부하거나 회피하는가에 대한 실험을 수행하려고 할 때, 연구자는 납세자들을 비교 가능한 두 개의 집단으로 짝짓기해야만 한다. 하지만 특징이 문제이다. 두 개의 집단을 연령으로 할 것인지, 직업으로 할 것인지, 성별로 할 것인지, 정치적 이념으로 할 것인지 등의 문제를 안고 있기 때문에 진정한 짝짓기를 수행하기는 현실적으로 어렵다.

2. 외적타당성

1) 외적타당성의 의미

외적타당성(external validity)이란 관찰한 결과로 밝혀진 독립변수의 효과를 다른 상황에 적용했을 때에도 동일한 효과가 나타날지, 즉 일반화할 수 있는지에 관한 문제이다. 특정집단을 대상으로 특정정책을 특정시기에 특정상황에서 적용하여 조사한 결과를 다른 집단·시기·상황에 보편적으로 적용시킬 수 있을 때 외적타당성이 있다고 말한다. 외적타당성을 높이기 위해서는 가능한 현실과 맞는 조건에서 실험이 이루어져야 한다.

2) 외적타당성의 저해요인

외적타당성을 저해하는 요인은 다음과 같다(Campbell, 1963).

(1) 사전검사에 대한 반응적 효과

사전검사에서 응답자들에게 개입되는 실험처리는 응답자들이 일상생활에서 보편적으로 경험한 현상이 아니므로 평상시와 다른 반응을 나타낼 수 있다. 이런 이유 때문에 실험에 참여한 사람들의 관찰결과를 가지고 실험에 참여하지 않은 사람들에게 일반화한다는 것은 문제가 있다.

사전검사를 하는 과정에서 실험처리가 개입되면 실험대상들은 실험처리에 대한 사전지식이나 경험을 갖게 된다. 따라서 사전지식을 갖춘 사람과 실험치를 처음 접하는 다른 지역(집단)이나 사람을 비교한다는 것은 문제가 있다.

(2) 실험대상자 선발편견

실험대상자의 선발편견으로 나타난 결과를 일반화한다는 것은 문제가 있다. 예를 들어, 노인우울증 프로그램 효과를 알아보기 위해 저소득층지역의 노인회관 노인들을 대상으로 프로그램을 적용하여 관찰한 결과를 부유층지역의 노인회관 노인들에게 적용하였을 때에도 동일한 결과를 가져올 것이라고 주장하는 것은 문제가 있다.

(3) 실험절차에 대한 반응적 효과

실험에 참여한 사람들이 실험을 당하고 있다는 것을 알게 되면 평상시와 다른 의식적 행동을 할 수 있다. 따라서 실험과정을 아는 사람들과 모르는 사람들이 나타내는 반응은 다르다는 것이다. 예를 들어, 내비게이션이 설치되어 있지 않은 차량의 운전자가 과속무인단속카메라가 어디에 설치되어 있다는 것을 알고 있는 운전자와 그것을 모르는 사람의 반응에는 차이가 있다.

(4) 다양한 실험처리의 복합적 영향

동일한 사람들에게 여러 가지 실험처리를 적용하는 경우 이전 실험처리의 효과가 나중 실험처리의 효과에 영향을 미치게 된다. 이런 사람들의 측정결과를 아무런 실험처리 경험이 없는 사람들에게 적용한다는 것은 문제가 있다. 예를 들어, 노인회관의 여가프로그램이 생활만족도에 미치는 효과를 알아보려고 한다. 실험집단의 노인들은 이전에 대학의 평생교육기관에서 여가프로그램을 경험한 바 있다. 이때 대학의 평생교육기관에서 경험한 여가프로그램의 효과가 노인회관에서 운영하는 여가프로그램의 효과에 영향을 미칠 수 있기 때문에 대학의 평생교육기관에서 여가프로그램을 경험하지 못한 다른 노인회관의 노인들에게 여가프로그램을 운영하면 동일한 결과가 나타날 것이라는 주장은 문제가 있다.

3) 외적타당성 저해요인의 통제방법

외적타당성 확보를 저해하는 요인을 통제하는 방법으로 주로 무작위추출방법, 의도적으로 이질적인 요소를 포함시키는 방법, 그리고 대표적 사례만을 표본으로 선정하는 방법이 사용된다.

(1) 무작위추출방법

연구결과의 적용가능성을 높이기 위해서는 무작위추출법(random sampling)을 활용하여 대상집단을 추출한다. 연구결과를 일반화하고자 하는 모집단을 규정한 다음 무작위추출로 조사하는 경우 조사결과를 모집단에 일반화할 수 있게 된다.

(2) 계획적으로 이질적인 요소를 포함시키는 방법

이 방법은 연구결과를 일반화하고자 하는 집단, 상황, 그리고 시기를 규정한 다음 여기에 여러 가지 이질적인 사례들이 포함될 수 있도록 표본을 설계하는 방법이다. 예를 들어, 농촌, 소도시, 대도시 등 여러 지역의 학생들을 골고루 표본에 포함시키면 서로 다른 환경에 처한 학생들에게 교육프로그램의 효과를 일반화할 수 있다.

(3) 대표적 사례만을 표본으로 선정하는 방법

연구자가 연구결과를 적용시키고자 하는 집단, 상황 및 시기의 유형을 미리 세밀하게 규정한 다음 그와 같은 집단, 상황, 시기 중에서 최소한 하나의 사례가 포함될 수 있도록 표본을 선정하는 방법이다. 예를 들어, 어떤 지역에 교육프로그램을 실시하기 전에 그 효과를 사전평가하고자 할 때, 그 지역의 여러 학교 중에서 학생수의 크기, 학생의 평균성적, 부모의 소득수준 등 여러 면에서 그 지역을 대표할 수 있는 학교들을 선정하여 연구대상으로 활용하는 방법이다.

제4절 실험설계의 종류

연구자는 실험설계를 구축할 때 연구목적, 관찰대상, 조사상황, 조사시기 등을 종합적으로 고려하여 이에 적합한 실험설계방법을 선택해야 한다. 실험설계는 실험설계의 조건, 즉 실험처리의 조작화, 외생변수 통제, 관찰대상의 무작위화 등에 따라 진실험설계, 준실험설계, 비실험설계로 구분된다.

1. 진실험설계

진실험설계(true-experimental design)는 인과관계를 규명하는 전형적인 설계방법으로 앞에서 제시하는 실험설계의 조건(실험변수의 조작, 외생변수의 통제, 무작위배정)을 모두 충족시키는 실험방법이다. 진실험설계의 유형에는 통제집단 사후측정설계, 통제집단 사전사후설계, 솔로몬의 4집단설계, 요인설계 등이 있다.

(1) 통제집단 사후측정설계

통제집단 사후측정설계(posttest only control group design)는 무작위배정을 통해 동질성을 가진 연구대상을 실험집단과 통제집단으로 구성한 다음, 실험집단에 대해서는 실험변수를 개입시키고 통제집단에 대해서는 실험변수를 통제하는 실험설계이다. 두 집단 모두에 사후측정을 실시하여 실험집단의 관찰값과 통제집단의 관찰값의 차이를 실험변수의 효과(E)로 본다.

		독립변수(실험처리)	사후검사
실험집단(RG)	R	X	O_1
통제집단(CG)	R		O_2

$E=(O_1-O_2)$

이 같은 실험상황은 사전측정이 문제를 일으킬 수 있는 경우 또는 사전측정이 불가능한 경우에 사용되며 역사요인, 성숙요인, 회귀요인 등 내적타당성의 저해요인이 제거된다. 또한 사전측정을 하지 않아 사전검사에 대한 반응적 효과에 의한 외적타당성 저해를 방지할 수 있고, 시간과 비용이 절약되는 장점이 있다. 반면, 사전검사를 하지 않기 때문에 O_1과 O_2의 차이가 과연 독립변수(실험처리) X로 인한 것인지를 알 수 없다.

예를 들면, 영화가 인종에 대한 편견에 미치는 영향을 조사하기 위하여 학생들을 두 집단으로 나누고 한 집단에서는 인종차별적인 영화를 보여 준 뒤 면접을 실시하고 영화를 보여 주지 않은 다른 집단에 대해서는 평소 인종에 대해 어느 정도 편견을 가지고 있는지를 면접하였다. 이때 영화를 본 집단과 보지 않은 집단 간에 인종의 편견에 차이가 나타났다면 차이를 가져온 원인은 영화상영의 효과라고 판정한다. 그러나 영화상영의 결과가 유의미하게 나왔다고 하더라도 사전측정을 하지 않아 영화상영이 결과에 영향을 미치는 진정한 원인이라고 단정할 수 있는지 의문이다. 또한 성차별 의식교육에 대한 효과를 알아보기 위해 성차별 강의가 끝난 뒤 면접을 하고 성차별 의식교육을 받지 않은 집단과 비교했을 때 유의한 차이가 나타났다고 하더라도 그 결과를 단지 성차별 강의로만 설명할 수 있는지 의문이다.

(2) 통제집단 사전사후설계(고전적 실험설계)

통제집단 사전사후설계 또는 고전적 실험설계(pretest-posttest control group design classic experimental design)는 무작위화를 통해 선정된 두 집단에 대하여 실험집단에는 독립변수의 조작을 가하고 통제집단에는 독립변수의 조작을 가하지 않는 방법으로, 사전측정이 설계에 통합되어 있는 것이 통제집단 사후측정설계와의 차이점이다.

		사전검사	독립변수	사후검사
실험집단(EG)	R	O_1	X	O_2
통제집단(CG)	R	O_3		O_4

$$E=(O_2-O_1)-(O_4-O_3)$$

이 같은 실험상황은 독립변수가 개입되기 전에 실험집단과 통제집단의 상태가 동일한지의 여부를 점검해 볼 수 있다. 반면, 실험집단과 통제집단 모두에 검사요인을 통제할 수 없다는 단점이 있다. 즉 실험집단과 통제집단에 속한 대상들이 사전측정에 의하여 정상과는 다른 민감한 반응을 보일 수도 있고 또한 연구자의 의도를 파악하거나 시험양식에 익숙해져 실제의 독립변수의 효과와는 다른 결과를 보일 수도 있다.

이 같은 실험상황의 예를 보면, 노인요양시설에서 노인우울증을 완화시킬 목적으로 클라이언트가 자신의 생활사를 돌이켜보도록 하는 개입을 사용하고 이 개입의 효과를 평가하고자 한다. 사회사업가는 실험 참여에 동의하며 개입이 적절할 것으로 생각하는 사람들을 두 집단으로 무작위로 배정하였다. 무작위배정은 난수표를 사용하거나 동전을 사용하였다. 이때 우울증(종속변수)을 나타내는

지수를 개입하기 전과 후에 관측하고 개입한 집단과 개입하지 않은 집단 간의 우울증 완화에 차이가 있었다면 개입은 결과의 변화를 설명하는 유의적 변수라고 말할 수 있다.

(3) 솔로몬4집단설계

솔로몬4집단설계(Solomon four-group design)는 앞에서 설명한 고전적 실험설계를 통제집단 사후설계와 혼합한 것이다. 이 설계는 두 집단이 아니라 4개의 집단으로 연구대상을 무작위배정한다. 이 중 두 집단은 통제집단, 두 집단은 실험집단이다. 통제집단과 실험집단의 각각 한 집단에는 사전검사와 사후검사를 실시하고, 나머지 집단에는 사후검사만을 실시한다. 만약 사전검사가 특별한 효과를 야기한다면 그 효과는 두 실험집단의 결과를 서로 비교하고, 두 통제집단의 결과를 서로 비교하여 발견할 수 있다.

		사전검사	독립변수	사후검사
실험집단(A)	R	O_1	X	O_2
통제집단(B)	R	O_3		O_4
실험집단(D)	R		X	O_5
통제집단(C)	R			O_6

이러한 설계방법은 먼저 실험집단 간의 비교(O_5-O_1)와 통제집단 간의 비교(O_6-O_3)를 통한 상대적 효과를 파악함으로써 사전검사에 의한 민감도의 반응효과를 파악하고 있다. 그리고 실험집단의 비교(O_5-O_2)에서는 독립변수 X에 의한 종속변수의 효과(O_2)가 사전검사에 의해서 나타난 민감한 반응효과가 있는 경우와 그렇지 않은 경우의 차이점을 의미하고 있다. 만일에 사전검사에 의한 민감성의 효과가 거의 없으려면 (O_5-O_2) 및 (O_6-O_4)의 차이가 거의 없어야 할 것이다. 이렇게 되면 독립변수 X는 사전검사를 받지 않은 집단에도 일반화가 가능하다.

솔로몬4집단설계는 각 변수별로 효과의 분리가 가능하고 철저하게 외생변수를 통제할 수 있다는 장점이 있는 반면, 실험집단과 통제집단의 선정과 관리가 어렵고 비경제적이라는 단점이 있다. 이 설계는 이론적으로는 높이 평가되고 있지만 실제에서는 이런 연구상황을 얻기가 쉽지 않기 때문에 잘 적용되지 않는다.

(4) 요인설계

지금까지는 한 개의 독립변수가 종속변수에 미치는 영향에 관한 설계였다. 그러나 만일 여러 개의 독립변수가 동시에 종속변수에 영향을 미칠 때 독립변수 하나만의 효과를 가지고 이를 일반화한다면 인과관계의 외적타당성에 문제가 있다. 이러한 문제를 제거하기 위한 것이 요인설계(factorial design)이다. 요인설계는 2개 이상의 독립변수가 종속변수에 영향을 미치는 상황을 알아보려는 설계방법으로 다른 설계에 비해 일반화의 정도가 크다. 즉 '다른 조건이 같다면'의 가정이 감소된다.

예를 들면, 조직규모가 크고 작은가 여부와 조직형태의 집권과 분권 여부에 따라 서비스수준의 효과를 알아보려고 한다. 이런 경우 각 요인별로 비교하여 어떤 요인에서 가장 높은 측정치를 보이는가를 살펴본다.

	조직규모 (대)	조직규모 (소)
집권	1	2
분권	3	4

R	X_1	O_1	X_1	대－집권
R	X_2	O_2	X_2	소－집권
R	X_3	O_3	X_3	대－분권
R	X_4	O_4	X_4	소－분권

2. 준실험설계

준실험설계(quasi-experimental design) 또는 유사실험설계는 무작위배정에 의하여 실험집단과 통제집단의 동등화를 꾀할 수 없을 때 사용하는 설계방법이다. 준실험설계는 무작위배정 대신에 다른 방법을 사용하여 실험집단과 유사한 비교집단을 구성하는 설계이다. 준실험설계의 유형에는 비동질적 통제집단설계, 단절적 시계열설계, 상호교체단절적 시계열설계, 통제-시계열설계, 회귀-불연속설계 등이 있다.

(1) 비동질적 통제집단설계

비동질적 통제집단설계(non-equivalent control group design)는 실험조건상 조사 대상을 실험집단과 통제집단으로 나눌 수 있으나 무작위배정을 통한 동질화가 이루어지지 않는 경우이다. 이런 경우에는 짝짓기(matching) 등의 방법을 통하여 가능한 범위 내에서 실험집단과 유사한 비교집단을 구성하여 측정한다.

예를 들어, 재가노인의 우울증예방프로그램의 효과성을 살펴보고자 한다. 노인복지관의 노인들을 대상으로 우울증진단을 실시하고 증상이 있는 노인들에게 실험집단에 참여하도록 한다. 실험집단과 유사한 비교집단으로 노인병원 외래환자들을 선정하여 사전·사후검사를 실시하였다. 이렇게 우울증예방프로그램에 참여한 노인들과 외래환자들을 비교했을 때 실험집단 노인들의 우울증이 사전검사 때보다 낮게 측정되었다면 우울증을 감소시키는 원인을 예방프로그램이라고 주장하는 경우이다.

		사전검사	독립변수	사후검사
실험집단	M	O_1	X	O_2
통제집단	M	O_3		O_4

$E=(O_2-O_1)-(O_4-O_3)$

또 다른 예를 보면, 담배, 술, 약물의 사용을 줄이고자 하는 프로그램을 평가하기 위해 두 개의 고등학교를 선정하였다. 통제집단 학교로 인구학적으로 유사한 인근학교를 선정했다. 실험집단 학교에서는 건강교육프로그램을 실시하였고 통제집단 학교는 프로그램을 실시하지 않았다. 사전·사후측정을 통해 실험집단 학교 학생들의 담배, 술, 약물사용이 현저하게 줄었다면 연구자는 그 원인을 건강교육프로그램이라고 주장하게 된다. 이런 경우 연구대상을 무작위로 배정하지 못했기 때문에 두 학교가 비교가능한지 의문을 가질 수 있다. 그러나 사전측정을 통해 실험집단과 통제집단(비교집단)의 흡연정도가 거의 동일하다는 사실을 알게 되면 프로그램이 학생들의 행위에 영향을 미쳤다고 볼 수 있다.

(2) 단절적 시계열설계

단절적 시계열설계(interrupted time-series design)는 여러 시점에서 관찰되는 자료를 통하여 실험변수의 효과를 추정하기 위한 방법이다. 각 시점에 대하여 하나의 자료가 주어져 있기 때문에 시계열이라고 하고, 독립변수가 조작되는 점에서 분명한 구분선이 존재하기 때문에 단절적 시계열이라 한다.

O_1	O_2	O_3	O_4	O_5	X	O_6	O_7	O_8	O_9	O_{10}

이 방법은 정책이나 프로그램이 개입 전후의 여러 시점에 걸쳐서 어떤 변화를 보이는지를 관찰하는 방법이다. 또한 조사대상을 실험·통제 집단으로 나눌 수 없고 동일한 대상에 대하여 실험변수에 노출되기 전·후의 종속변수에 대한 측정을 실시하여 변화의 추세를 파악하고 실험효과를 분석하는 방법이다. 이 방법은 한 실험집단을 실험처리 전·후로 여러 번 관찰하며, 기간이 길면 길수록 좋다. 그러나 측정기간에 우발적인 사건의 영향을 배제할 수 없고 측정수단의 변화와 같은 외생변수의 영향을 받을 가능성이 많다는 것이 단점이다.

예를 들어, 직선제 단체장 이후 지방정부의 행정서비스수준을 살펴보려는 경우 다른 요인이 통제되고 직선제 단체장 취임 이후 행정서비스수준이 향상되었다면 임명제보다 직선제가 행정서비스수준에 영향을 미치는 중요요인이라고 말할 수 있다. 병원에 우울증 치료를 받고 있는 환자들에게 새로운 프로그램을 개입시킨 후, 프로그램 도입 전·후의 관찰값을 비교했을 경우 프로그램 도입 전보다 도입 후에 우울증세가 감소되었다면 우울증 감소의 원인을 새로운 프로그램의 도입이라고 말할 수 있다.

(3) 상호교체단절적 시계열설계

상호교체단절적 시계열설계(interrupted time-series with switching replications)는

두 개 집단에 대하여 같은 정책을 다른 시기에 각각 적용해 보는 것이다. 이 방법의 가장 큰 장점은 두 집단이 서로 실험·통제 집단으로서의 역할이 가능하다는 것이다.

O_1	O_2	O_3	O_4	O_5	O_6	X	O_7	O_8	O_9	O_{10}
O_1	O_2	O_3	X	O_4	O_5	O_6	O_7	O_8	O_9	O_{10}

(4) 통제-시계열설계

통제-시계열설계(control-time series design)는 단절적 시계열설계에 하나 또는 그 이상의 통제집단을 부가하는 방법이다. 예를 들어, A, B병원에 우울증 치료를 받고 있는 환자들이 있다. B병원의 환자들에게는 새로운 프로그램을 개입시키지 않은 반면, A병원의 환자들에게는 새로운 프로그램을 개입시킨다. 두 집단에 대해 새로운 프로그램 도입 전·후의 관찰값을 측정한 결과 A병원 환자들의 우울증이 현저하게 감소되었다면 우울증 감소의 원인을 새로운 프로그램의 도입이라고 말할 수 있다.

실험집단	O_1	O_2	O_3	O_4	X	O_5	O_6	O_7	O_8
통제집단	O_1	O_2	O_3	O_4		O_5	O_6	O_7	O_8

(5) 회귀불연속설계

회귀불연속설계(regression-discontinuity design)는 실험치의 적용을 받기 위해서 일정한 기준, 즉 자격기준 및 선발기준(cutting point)을 사용하여 실험집단과 통제집단으로 구분하여 실험효과를 측정하는 방법이다. 회귀불연속설계는 전체 대상집단이 프로그램의 수용범위보다 크거나 투입자원이 희소하여 일부의 대상자에만 희소자원(중요하거나 심각한 집단)이 공급될 수밖에 없는 경우에 적용할 수 있다(김지원, 2015: 199-201). 만일 무작위배정을 한다면 프로그램 서비스를 꼭 받을 만한 사람이 배제될 가능성이 있다.

장학금지급기준을 회귀불연속설계를 살펴보면 다음 **그림 13-4**와 같다. 장학금

지급기준을 80점으로 정한 경우, 80점 미만 집단에는 장학금을 지급하지 않고 80점 이상인 집단에는 장학금을 지급하였다. 장학금을 지급하지 않았더라면 A, B, C, D 성적에 연속하여 회귀선(점선)에 위치한 E, F, G 성적이 예상되지만, 장학금을 지급한 이후 효과로 E', F', G'로 향상되었음을 보여주고 있다. 이때 회귀선의 기울기가 직선이고 기울기가 동일하다는 가정 아래 $E \rightarrow E', F \rightarrow F', G \rightarrow G'$로 회귀선(실선)이 이동하게 되는데 이를 회귀불연속이라고 한다.

【그림 13-4】 회귀불연속설계(1)

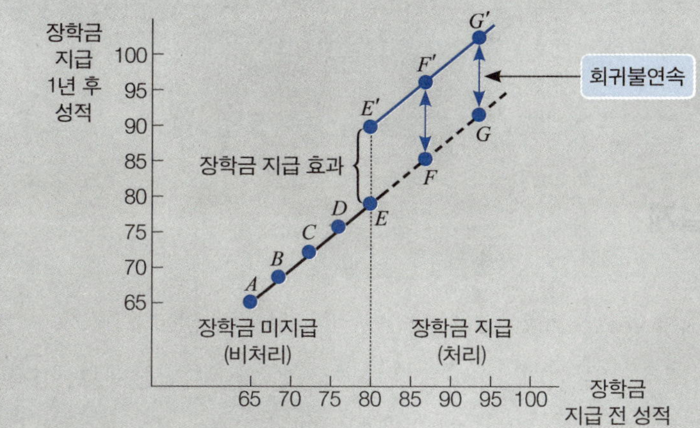

자료: 김지원(2015: 199)

회귀불연속설계의 두 번째 예시를 보면 **그림 13-5**와 같이 성적이 80점 이상인 학생에게 장학금을 수여하고 졸업 후 그들의 취업률의 변화 차이를 살펴보는 경우이다. 장학금을 지급하지 않았더라면 오른쪽 점선의 회귀선에 취업률 결과가 예상되었지만 장학금을 지급한 효과로서 취업률이 상승한 회귀선에 분포되어 있으며, 그 효과의 원인은 장학금수여이다. 장학금수여의 효과(B)는 A의 평균값에서 C의 평균값으로 뺀 결과이다.

【그림 13-5】 회귀불연속설계(2)

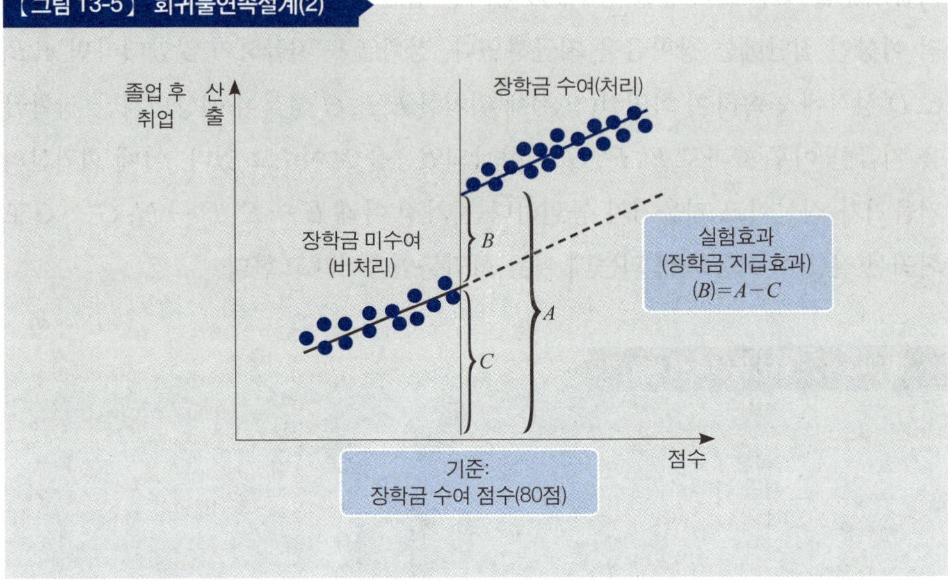

3. 비실험설계

비실험설계(non-experimental design)는 비교집단이 없고 연구자가 실험변수를 조작하기 어려우며 실험대상을 무작위화할 수 없는 실험설계로, 정확한 의미에서는 실험설계라고 할 수 없다. 따라서 인과적 추론의 3가지 조건을 모두 갖추지 못하기 때문에 내적타당성이나 외적타당성의 저해요인을 거의 제거하지 못한다. 비실험설계는 가설의 검증보다 문제의 도출을 위하여 순수한 실험설계 전에 시험적으로 실시하는 탐색조사의 성격을 띤다.

(1) 단일집단 사후측정설계

단일집단 사후측정설계 또는 단일사례연구(one group posttest only design, one shot case study)는 단일집단을 한 번만(사건 뒤에) 관찰하는 방식으로 대부분의 사회실험이 여기에 해당된다. 이 설계는 사전측정이 없어 실험의 순수한 효과를 측정했다고 볼 수 없고, 외생변수의 통제도 불가능하므로 내적·외적타당성이 모두 결여된다. 예를 들어, 적성검사를 받으러 온 대상자에게 단 1회의 상담을 실시한 후 태도변화를 측정하는 경우가 이에 해당된다.

X	O_1	→	$E=O_1$

(2) 단일집단 사전사후측정설계

단일집단 사전사후측정설계(one group pretest-posttest design)는 단일집단에 대하여 실험처리 전후를 측정한 뒤 이를 비교하는 방식이다. 이 방법은 O_1이 있어서 비교가 가능하다는 것이 장점이나, (O_2-O_1)가 X 이외에 다른 요인(외생변수)으로도 설명가능하기 때문에 인과관계를 추론하기가 곤란하다. 또한 (O_2-O_1)의 시간 차이가 길수록 문제가 있다. 예를 들어, 중장년들에게 노부모 부양부담감을 측정하고 1회의 교육을 실시한 후 다시 부양부담감을 측정하는 경우이다.

실험집단(EG)	O_1	X	O_2

$E=(O_2-O_1)$

(3) 비동질적 집단 사후측정설계(비교집단설계)

비동질적 집단 사후측정설계(posttest only design with non-equivalent group)는 실험대상을 두 개의 집단으로 나누어 실험변수를 조작하는 집단과 그렇지 않은 집단으로 구분한 후 사후측정결과의 차이로 실험변수조작의 효과를 측정하는 설계이다. 이 방법은 무작위배정이 되지 않아 두 집단의 동질성을 확보하기 어렵기 때문에 내적타당성과 외적타당성이 낮다.

	독립변수	사후검사
실험집단(EG)	X	O_1
통제집단(CG)		O_2

$E=(O_1-O_2)$

표 13-2 사회과학 연구에서 실험설계 요약정리

구분	진실험설계	준실험설계	비실험설계
연구대상의 무작위화	가능	불가능	불가능
독립변수(시험처리)의 조작가능성	가능	일부 가능	불가능
외생변수의 통제정도	가능	일부 가능	불가능
측정시기 및 측정대상 통제	가능	가능	불가능
실행가능성	거의 불가능	부분 가능	가능

생각해 볼 문제

1. 인과관계 조건을 설명하시오.
2. 실험설계의 장단점을 설명하시오.
3. 요인설계를 사례를 들어 설명하시오.
4. 실험설계가 기본조건을 갖추어야 하는 이유를 설명하시오.
5. 실험설계에서 외적타당성 저해요인의 통제방법을 설명하시오.
6. 준실험설계에서 단절적 시계열설계를 사례를 들어 구축해 보시오.
7. 사회과학에서 인과관계를 확률적으로 표현하는 이유를 설명하시오.
8. 진실험설계에서 통제집단 사전사후설계를 사례를 들어 구축해 보시오.
9. 진실험설계에서 통제집단 사후측정설계를 사례를 들어 구축해 보시오.
10. 준실험설계에서 비동질적 통제집단설계를 사례를 들어 구축해 보시오.
11. 준실험설계에서 상호교체단절적 시계열설계를 사례를 들어 구축하시오.
12. 실험설계에서 내적타당성 저해요인의 통제방법을 사례를 들어 설명하시오.
13. 연구문제와 연구대상을 임의로 선정한 후 실험설계의 수행과정을 제시하시오.

제 14 장

내용분석

이 장의 개요

자료는 크게 1차자료와 2차자료로 구분한다. 연구자가 2차자료를 활용하는 경우에는 대부분 1차자료의 접근이 불가능하거나 2차자료가 가지는 독특한 특성을 통해 연구목적을 달성할 수 있다고 판단하는 경우이다. 내용분석은 직접적으로 자료원천(소스)에 접근하기 곤란한 경우나 시간적 여유를 가지고 과거의 자료를 체계적으로 접근하고자 하는 경우에 이용하는 방법론으로 질적내용을 양적자료로 전환하는 접근법이다.

제1절 내용분석의 의의

1. 내용분석의 개념

내용분석(content analysis)은 인간의 상징적 기호로 표시된 의사전달의 기록물에 대한 내용적 특징을 체계적으로 기술하여 동기, 원인, 결과, 영향을 객관적이고 체계적으로 추리하려는 사회과학의 분석기법으로 질적내용을 양적자료로 전환하는 방법이다.

여기에서 '객관적'이란 명백한 규칙에 따라 분석됨으로써 서로 다른 연구자도 같은 매체(기록 또는 영상)에서 같은 결과를 얻는 것을 말하며, '체계적'이란 어떠한 내용의 포함 여부가 일관성 있는 기준에 따라 실행됨으로써 연구자의 취향에 맞는 내용만이 선택되는 것을 방지한다는 의미가 포함되어 있다. 내용분석은 질적자료에 대한 메시지의 의미를 추론하는 양적접근의 통계적 방법으로, 타당한 측정규칙에 따라 수치를 부여하는 체계적이며 반복 가능한 커뮤니케이션 상징(symbol)에 대한 조사이자 그러한 수치들을 수반하는 관계들에 대한 분석이다(배현석, 2001: 43).

내용분석은 정부문서와 같은 공적기록이나 편지, 신문사설, 신문기사, 개인일기, 방송, 연설문 등 커뮤니케이션(communication) 매체를 통해 얻을 수 있는 자료의 분석기법이자 관찰의 한 방법으로, 커뮤니케이션의 내용(메시지)이 추론의 근거가 되며 메시지의 현재적 내용뿐만 아니라 잠재적 내용도 분석대상이 된다. 또한 내용분석은 문헌연구의 일종이기도 하지만 면접·질문지·실험 등의 방법을 통해서 알고자 하는 사실을 알 수 없을 때 사용하는 자료수집의 방법이기도 하다.

사회과학 연구에서 내용분석을 적용하는 경우는 다음과 같다.

① 자료소스(원천)에 대한 접근이 어렵고 자료가 문헌일 경우
② 실증적 자료에 대한 보완적 연구가 필요할 경우
③ 무엇을 자료로 삼을 것인가를 검토하는 경우

④ 연구대상자의 언어·문체 등을 분석할 경우
⑤ 분석자료가 방대할 때 실제 분석자료를 일일이 수집하기가 어려운 경우
⑥ 정책내용이나 매스미디어의 내용 경향이나 변천 그리고 논조분석·주제분석 등을 하려는 경우

예를 들어, 정부정책의 변화 흐름을 파악하기 위해 정부간행물에 대한 내용을 분석하거나, 지역사회에 특정시설(방사성폐기물 처분시설, 화장장 및 납골당, 노인요양시설, 정신요양시설, 쓰레기처리장 등)이 들어설 것에 대해 지역사회조직 회의록에 여러 유형의 쟁점이 얼마나 자주 등장하는지에 관한 지표를 제시할 때이다. 이때 회의록에 반영된 주민참여의 정도와 특정 유형의 쟁점 간에 어떤 빈도를 나타내는지를 회의록에 통해 파악해 볼 수 있다.

【그림 14-1】 내용분석의 흐름 체계

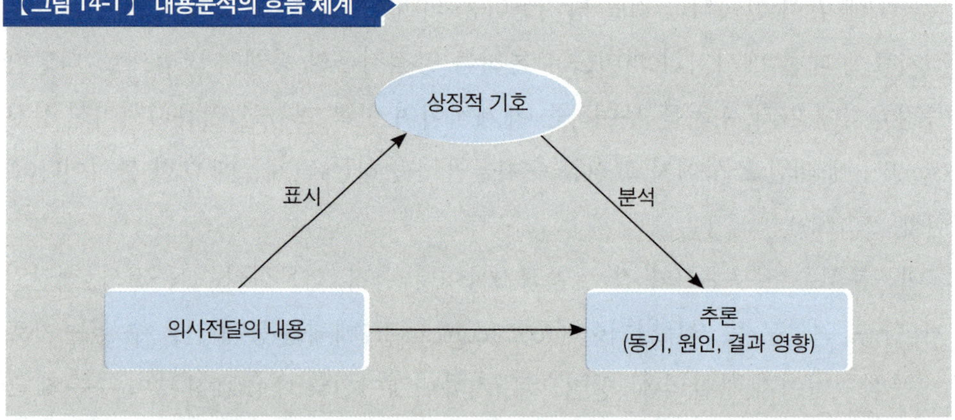

2. 내용분석의 장단점

내용분석에 이용되는 자료는 주로 문헌이나 선행연구 등의 2차자료를 이용함으로써 다음과 같은 장점을 가진다.

① 자료수집과정이 경제적이다. 내용분석은 자료수집과정에서 시간과 돈을 절감해 줄 수 있다. 예를 들어, 설문조사의 경우 한 사람이 많은 사람을 대상으

로 조사할 수 없지만 내용분석의 경우 기록물만 있으면 한 사람이 조사 가능하다.

② 장기기간의 시간적 변화흐름을 파악할 수 있다. 설문조사는 주로 횡단면적 연구로서 장기간에 걸쳐 조사를 수행할 수 없지만 내용분석은 특정 주제에 대한 역사적 기록물을 통해 장기간의 시간적 변화흐름을 파악할 수 있다.

③ 자료수집과정에서 정확성을 높인다. 설문조사나 면접은 조사대상에게 영향을 미칠 수 있으나 내용분석은 이미 발표되었거나 보고된 자료를 토대로 조사하기 때문에 비관여적이어서 조사대상에게 영향을 미치지 않는다.

④ 실수를 한 경우 다시 조사할 필요가 없다. 예를 들어, 설문조사나 실험의 경우는 한 번 실수하면 그 자료는 사용할 수 없게 되는 데 반해 내용분석은 실수가 발생하더라도 기존 자료를 다시 검토하면 된다.

위와 같은 장점에도 불구하고 기록물에 의존하기 때문에 기록물로 나타나지 않는 속성은 파악할 수 없다는 단점이 있다. 이것은 실제적인 타당도를 확보하는 문제로, 기록물이 어떤 행위자의 행동, 태도, 특징 등을 그대로 표현했다고 보기 힘들기 때문이다.

3. 내용분석의 방법

내용분석의 경향은 질적분석, 횟수계산, 상황분석, 원자분석, 그리고 강도분석 등으로 구분된다. 각 경향을 설명하면 다음과 같다(김광웅, 1999: 477-479).

(1) 질적분석

주제의 성격에 따라 양적으로 분석할 수 없는 내용을 질적분석(qualitative analysis)이라 하는데, 대부분 정보활동 부문이나 비학술적 목적인 경우에 활용되고 있다. 예를 들어, 부동산정책 변화의 실마리나 정치지도자의 태도는 통계적으로 처리할 수도 없으며 공식적으로 발표되는 것도 아니기 때문에 신문기자나 소식통에 의해 밝혀지기 쉬운 경우가 있다.

(2) 횟수계산

횟수계산(frequency counts)은 자주 표현되는 단어나 용어 등의 빈도(횟수)를 계산하는 방법으로, 어떤 주제가 몇 번 나왔는지 횟수만을 계산하는 경우와 어떤 연설의 주제 횟수를 계산하는 방법이다. 예를 들어, 주제의 발생빈도, 지면의 단어나 길이, 방송시간 등 나누고 셈하는 작업 등을 통해 찬성과 반대 등을 판별할 수 있다. 이 방법은 신문의 사설을 분석할 때 많이 사용한다. 보수, 진보, 자유, 평화, 질서, 폭력, 인권, 복지 등의 주제나 용어의 사용횟수를 세어 보는 경우이다.

(3) 상황분석

상황분석(contingency analysis)은 부수적으로 나타나는 다른 상징적 단위를 확인하는 분석으로, 한 주제가 다른 주제와 함께 얼마나 자주 나타나느냐를 알아보는 것으로 주제와 다른 주제의 연관성 및 연결성을 파악한다. 상황분석은 한 단위만을 분석하여 추론하기보다는 그와 유사한 것을 동시에 분석함으로써 좀 더 확실한 추론을 하기 위함이다. 예를 들어, 신자유주의와 복지에 대한 국가개입 최소화, 민주적 상징과 대표적 정부 또는 대중참여 등으로 부차적으로 이용하는 경우이다. 인터넷의 연관 키워드 검색을 통하여 관심 이슈를 파악하는 경우도 상황분석에 해당된다.

(4) 원자분석

원자분석(valence analysis)은 말의 상징과 맥락 간에 존재하는 연계성과 그 밀도를 찾아내는 방법이다. 이 분석으로 어의차 척도에 따라 태도의 긴밀도(association)를 측정할 수 있다. 그리고 이 분석으로 문장에 나타나는 찬반·호소·친소 등의 카테고리에 따라 이를 식별할 수 있다.

(5) 강도분석

강도분석(intensity analysis)은 메시지의 상징이 지니는 강도를 밝히는 것으로, 즉 단어의 빈도가 잦다고 해서 반드시 강도가 있는 것이 아니므로 이를 통해 메시지의 강약을 식별할 수 있다.

제2절 내용분석의 단위와 범주

1. 내용분석의 기록단위

내용분석은 문자로 된 메시지의 주요 구성요소들을 분석하는 것으로, 구성요소는 단어 또는 용어, 주제, 인물, 문단, 항목, 개념, 의미 등이 있다(김경동 외, 1998: 327-328; 김광웅, 1999: 488-490).

(1) 단어(용어)

단어 혹은 용어(words or terms)는 가장 작은 요소이자 기록단위이다. 내용분석에서 단어를 이용하는 것은 특정 단어(words) 혹은 용어(terms)의 빈도분포(frequency distribution)를 알고자 하는 것으로 일정기간 동안에 방송 및 기사의 내용 중 조사대상의 단어나 용어의 횟수를 기록하는 것이다. 예를 들어, '양극화' 20개, '경제회복' 30개, '남녀평등' 15개, '포용' 20개, '협력' 15개 등으로 파악한다.

(2) 주제

주제(theme)는 주어와 술어만 가지는 비교적 단순한 문장이다. 예를 들어, '경제적 자유주의와 시장개입주의의 대립', '인간성 상실의 사회구조적 원인과 대책', '부부 간의 갈등의 원인', '부모와 자식 간의 갈등' 등의 주제를 파악하는 것이다.

(3) 인물

연구의 어떤 분야든 간에 인물(characters)은 분석에서 매우 중요하다. 인물(character)은 소설, 연극, 영화, 라디오와 같은 곳에서 등장인물의 인종적·사회적·경제적·심리적 속성을 파악함으로써 작가의 성품과 의도 등을 유추하려는 연구로, 단어나 용어의 수가 아닌 등장하는 사람(person)의 수를 세어보는 것이다.

(4) 항목

항목(items)은 책, 편지, 연설, 일기, 신문 또는 심층면접에서 발송인의 메시지(messages)를 파악하려 한다. 예컨대 연설문에서 민주성, 효과성의 의미를 파악하려는 경우이다.

(5) 지면 및 횟수

인쇄물의 경우 그 난(欄)의 길이라든가, 면수(面數), 행수(行數), 절(節) 그리고 영화라면 필름의 길이, 라디오의 경우라면 할당된 시간, TV라면 편성시간대 등에 의하여 분류할 수 있다.

(6) 문단

문단(paragraphs)은 많이 쓰이지 않는다. 하나의 문단이 다양하고 많은 생각들의 의미로 진술되기 때문에 구체적으로 분류하고 코드화하는 것이 쉽지 않다.

(7) 개념

분석단위로서 개념(concepts)은 지금까지 말한 분석단위보다 더욱 복잡하다. 개념은 단어의 그룹으로 문장, 변수들을 포함한다. 예를 들어, 범죄, 비행, 사기꾼과 같은 단어는 일탈이라는 개념적 속성을 포함하고 있다. 내용분석에서 개념 단위는 잠재적인 특성을 도출하는 데 많이 사용된다.

(8) 의미

내용분석에서 의미(semantics)를 사용하는 것은, 사용된 단어의 유형이나 빈도에 관심을 가질 뿐 아니라 그 단어로 인해 영향을 받은 다른 단어, 단어의 강약 정도 등 전체 문장의 의미에도 관심을 가지는 경우이다.

2. 내용분석의 범주

내용분석의 기록단위가 잘 규정되어 있다 하더라도 그것을 한데 묶어 주는 범주가 구성되어 있지 않으면 안 된다. 내용분석을 통한 좋은 연구란 범주가 확실히 규정되고(범주의 확실성), 문제에 적합하게 들어맞으며(문제의 적합성), 조사하고자 하는 문제가 확실히 규정될 때이다(문제의 확실성). 범주는 (a) 연구의 목적과 주제를 적절하게 반영해야 하며, (b) 망라하면서 상호 배타적이며, (c) 단일분류원칙으로부터 도출된 것이어야 한다(Holsti, 1969; 김경동 외, 1998: 325에서 재인용; 김광웅, 1999: 484-488).

(1) 주제

주제(subject matter)는 가장 기본적인 문제로 무엇에 대한 말인가를 대답해 주는 것이며 내용분석에서 사용하는 가장 일반적인 범주이다.

(2) 방향

방향(direction)은 주제를 취급하는 찬반의 태도, 지향(orientation), 특징(character)을 나타내는 것으로, 그 커뮤니케이션이 어떠한 주제에 대하여 찬성·중립·반대의 방향을 나타내는지를 파악하고자 한다.

(3) 기준

기준(standard)은 방향 분류의 기초가 되는 것으로, 무엇에 기준을 두고 찬반 또는 중립을 말하고 있는가를 묻는 것이다. 예를 들어, 가장 일반적인 카테고리로 강자와 약자, 도덕성과 비도덕성, 긍정과 부정으로 구분되는 기준이 무엇인지를 제시하여야 한다.

(4) 가치

가치(values)는 기준과 밀접한 관련이 있는 것으로, 사람들이 궁극적으로 원하고 구하는 것이 무엇인지, 즉 목적 또는 욕구라고도 말한다. 예를 들어, 수입, 안전, 권력, 명예, 공정, 애정 등이 이에 해당된다.

(5) 수단

내용분석에서 가치는 행위의 목적을 취급한 데 반해, 수단은 이러한 목적 실현을 위하여 사용하는 방법을 말한다. 목적물이 어떠한 방법으로 획득되는가 하는 문제이다. 예를 들어, 양극화 해소를 실현하는 방법으로 복지예산 증대, 영세사업장 근로자 세금 감면 및 지원, 부동산 과다 보유의 세금인상 등이 있다.

(6) 특징

특징(traits)은 능력 또는 주체의 상태라고도 불린다. 보통 개인적 특성이나 심리적 특징 등 주로 사람을 묘사하는 데 많이 사용되는데, 성, 연령, 직업, 혼인관계, 사회적 계급, 종교, 거주, 국적 등이 해당된다.

(7) 중심인물

중심인물은 행위의 개시자로서 중심적 위치를 차지하는 개인이나 집단이다. 예를 들어, 학교폭력을 행사하는 학생집단, 비행을 저지르는 청소년, 노인회관의 노인들, 정신요양원의 수용자, 약물 및 마약복용자 등 행위를 하는 개인이나 집단을 일컫는다.

(8) 권위

권위(authority)는 말하는 원천(source)을 어디 또는 누구에 두는가에 해당된다. 예를 들어, TV뉴스에서 인용한 뉴스의 원천은 어느 집단 누구로부터 나온 것인가를 밝히는 것이다.

(9) 기원

권위 범주는 말하는 정보의 원천을 의미하는 데 반해, 기원(origin)은 내용의 발생지를 의미한다. 예를 들어, 지리적인 구분으로 제시되는 지구, 군, 도, 국, 외국 등이 기원의 분류이다.

(10) 대상

대상(target)은 그 커뮤니케이션이 누구를 위하여 이루어졌는가 하는 점이다. 예를 들어 노인, 아동, 여성, 영세민, 직장인, 자영업자, 농민, 어민, 전문직종사자 등으로 분류할 수 있다.

(11) 커뮤니케이션 형식

커뮤니케이션 형식(form or type)은 출판형식의 경우 픽션과 논픽션으로 나누거나 TV방송의 경우 드라마, 뉴스, 좌담회 등으로 분류하고, 잡지인 경우 대중잡지, 학술잡지 등으로 분류하며, 신문인 경우 일간지·격일간지·주간지·월간지 등으로 나누고, 신문의 보급범위에 따라 전국지·지방지 등으로 나누며, 방송도 중앙방송과 지역방송, 공영방송과 민영방송, 공중파와 비공중파(유선 및 케이블 가입자 전용) 등으로 분류한다.

(12) 발언형식과 기록형식

발언과 기록이 사실과 인용에 의하느냐 하는 것이다. 발언 또는 기록하는 사람이 본인이 직접 경험한 사실을 토대로 작성하였는지 아니면 타인의 경험과 매체가 발표한 내용을 인용한 것인지를 구분한다.

(13) 강도

강도(intensity)는 정서 또는 감상을 나타내는 것으로, TV뉴스에서 정규시간대에 편성하는 것과 긴급뉴스로 편성하는 것은 강도가 다르다. 또한 신문에 큰 활자로 어떠한 문제를 다룬 것과, 그 내용을 작은 활자로 다룬 것은 강도정도가 같다고 할 수 없다. 또한 많은 지면을 할당한 것과 적은 지면을 할당한 것, 신문의 톱에 기재된 것과 구석에 기재된 것 등은 그 강도에 있어서 다르다.

제3절 내용분석의 절차와 방법

1. 내용분석의 연구단계

내용분석(content analysis)은 문서, 필름, 비디오, 연설 등으로 작성된 의사전달 매체의 질적자료를 양적방법으로 분석하는 방법으로(Denscombe, 1998), 메시지의 특징을 객관적이며 체계적으로 확인, 분류함으로써 추론(inferences)을 이끌어 내는 하나의 기법이다(Holsti, 1969: 14). 따라서 내용분석의 주요 목적은 원문(text)에 밝혀지지 않은 변수들을 추론하는 데 있다. 내용분석의 일반적 연구단계는 다음과 같이 아홉 단계로 진행한다.

【그림 14-2】 내용분석의 연구단계

- 1단계 — • 연구목적을 결정한다.
- 2단계 — • 측정하려는 변수목록을 준비한다.
- 3단계 — • 각 변수를 위해 특정 커뮤니케이션 맥락과 프로세스를 무엇으로 측정할 것인가를 결정한다.
- 4단계 — • 분석단위를 결정한다(커뮤니케이션 할당은 분석하는 데 최소 단위여야 한다).
- 5단계 — • 코딩 프로토콜을 개발하고 측정척도를 선정한다.
- 6단계 — • 커뮤니케이션을 발생시키는 대상을 수집한다.
- 7단계 — • 커뮤니케이션 대상을 무작위로 표출하고 예비분석을 수행한다.
- 8단계 — • 분석카테고리나 필요하면 분석단위를 조정한다.
- 9단계 — • 커뮤니케이션의 전체 표본을 분석한다.

자료: Holsti(1969); Sproull(1988); Denscombe(1998)

2. 매체별 표본추출 방법

내용분석을 위한 수단으로 대부분 매스미디어에서 발표되었던 자료를 사용하는 경우가 많다. 특히 상업적인 매체들이 생산하는 내용은 주기성을 가지고 있기 때문에 변화의 흐름을 파악하는 데 유용하다. 예를 들어, 새로운 네트워크 TV 프로그램은 가을, 겨울, 그리고 봄에 제작되며 여름 동안에는 재방송 프로그램이 방송되는 경우가 많다. 일간지의 경우에는 게재되는 광고량에 따라 발행면수가 달라지는데 광고량은 요일에 따라 차이가 있다. 이와 같은 체계적인 가변성은 내용에 영향을 미친다. 많은 연구에서 사용되었던 표출방법을 정리하면 표 14-1 과 같다.

표 14-1 1년 동안의 내용에 대한 추론을 위한 효율적인 표본추출방법

내용 유형	표본의 속성
일간신문	1년 가운데 두 구축된 주일 추출 (모든 요일이 두 번씩 포함되게 무작위로 요일을 추출)
주간신문	1년 가운데 모든 달에서 하나의 발행호를 무작위로 추출
TV네트워크의 저녁뉴스캐스트	1년 가운데 매달 방송된 뉴스캐스트들 가운에 2일치를 무작위로 추출
뉴스 잡지	1년 가운데 모든 달에서 하나의 발행호를 무작위로 추출

자료: 배현석(2001: 169)

3. 내용분석의 보완적 분석도구

내용분석과 유사한 연구설계로 서술분석(narrative analysis)과 담화분석(discourse analysis)이 있다. 서술(narrative)이란 일생의 어떤 사건을 기술한 구술(oral)과 문자로 쓴 해설을 말하며, 담화(discourse)란 즐거움을 주기보다는 정보를 전달하기 위한 구술 또는 문자로 작성된 커뮤니케이션을 의미한다. 때로 담화는 말하는 사람과 글을 쓰는 사람 간에 커뮤니케이션의 교환을 확인하기 위해 이용된다.

1) 서술분석의 평가모델

서술과 연설내용을 분석하기 위한 평가모델은 **표 14-2** 와 같다. 여기에 적용해 볼 수 있는 것으로 의회기록, 신문기사, 지방의원의 연설, 공공기관의 공식문서와 같은 것이 있다.

표 14-2 서술분석의 평가모델

구조요소	설명	질문
요약	–	개요는 무엇인가?
지향	상황의 확인	누가, 무엇을, 언제, 어디에서
문제의 원인	이야기의 중심이 된 주요 사건의 빈도	무엇 때문에 일이 발생했는가?
평가	분석의 강조점	그래서 어떠했는가?
결과	사건의 결과 또는 문제해결	최종적으로 어떻게 되었는가?
결론	–	서술의 종료

자료: Cortazzi(1993)

2) 커뮤니케이션의 담화분석

담화분석(discourse analysis)은 메시지의 공식적 구조를 확인하기 위하여 구술이나 문장으로 된 커뮤니케이션을 분석하는 방법이다. 담화분석은 메시지(messages)나 원문(text)에 대한 언어의 구조를 분석하는 것이다. 사회과학에서 담화분석은 다음과 같은 경우에 적용해 볼 수 있다(Potter & Wetherell, 1994: 48).

첫째, 담화분석은 일상에서 일어나는 이야기와 이야기를 문장으로 쓴 기록물을 분석하는 데 이용할 수 있다. 이와 같은 분석대상에 대해 메시지뿐만 아니라 어법이나 응집력과 같은 언어의 형태, 즉 언어적 내용을 분석하는 것이다.

둘째, 담화분석은 메시지에 담겨 있는 행동, 구조, 변화성을 살펴보고자 하는 데 있다.

셋째, 담화분석은 원문과 이야기의 수사학적 조직 또는 뜻을 확대하는 조직에 관심을 두고 이용할 수 있다.

제4절 내용분석의 사례

1. 사례1: 국회의원선거의 보도내용 분석

내용분석의 실제를 학습하는 틀로 삼기 위하여 김춘식 외(2012)의 〈신문의 제19대 국회의원선거 보도 내용분석〉을 요약·정리하여 소개한다. 이 내용은 2002년 4월 11일에 실시된 제19대 국회의원선거에 관한 신문보도의 구체적인 내용이 무엇이고, 신문이 이러한 선거관련 내용을 어떻게 다뤘는지를 분석했다(김춘식 외, 2012).

(1) 분석대상과 자료수집

분석을 위한 모집단은 2012년 제19대 국회의원 선거일(4월 11일) 2주 전(3월 29일)부터 선거일 1주 후(4월 17일)까지 서울과 지방에서 발간되는 종합일간지에 게재된 선거관련 기사들(선거, 총선, 투표)을 설정하였다. 분석대상은 중앙일간지(조선일보, 중앙일보, 동아일보, 경향신문, 한겨레)와 지방일간지(강원일보, 경인일보, 매일신문, 부산일보, 광주일보, 전북일보, 대전일보, 제주일보) 등 모두 13개지를 분석대상으로 선정하였으며, 분석대상으로 선정된 언론사의 기사원문보기서비스(PDF)를 이용하여 자료를 수집하였다(김춘식 외, 2012: 31).

(2) 분석단위 및 분석카테고리

분석단위는 기사(항목)이며, 분석카테고리는 신문의 헤드라인분석, 하위요인은 헤드라인 내용, 헤드라인 인용부호 사용여부, 헤드라인 인용 행위체, 헤드라인 인용부호 제시방식, 작은따옴표 사용여부 및 유형, 표제에 사용된 용어성격, 헤드라인 기사제목 방향성 등으로 분류하였다.[1]

1) 분석카테고리는 김춘식 외(2012)의 내용 중에서 일부만 발췌하였음.

표 14-3 분석카테고리

분석 카테고리	하위영역
헤드라인	• 헤드라인 내용 • 헤드라인 인용부호 사용여부 • 헤드라인 인용 행위체 • 헤드라인 인용부호 제시방식 • 작은따옴표 사용여부 및 유형 • 표제에 사용된 용어성격 • 헤드라인 기사제목 방향성

자료: 김춘식 외(2012: 33)

(3) 분석결과

하위영역의 '헤드라인 내용'의 분석결과는 **표 14-4** 와 같다. 일간지 기사의 헤드라인 내용을 확인한 결과, '선거일반', '선거스케치', '전략프레임', '정책', '이슈', '자질론', '시민사회여론', '지역성', '대통령 선거와 연계한 평가' 등 9개의 대주제를 설정한 다음 헤드라인에서 어떤 내용이 언급되었는지를 확인하였다(김춘식 외, 2012: 44).

표 14-4 헤드라인 대주제 빈도(중앙일간지 vs. 지방일간지)

분석카테고리		중앙일간지		지방일간지	
대주제	세부 내용	순위	건(%)	순위	건(%)
전략프레임	후보자 선출/정당선거전략/정당공식논평/정당공격과 비난/여론조사결과/판세분석/정당SNS선거캠페인	1	575(40.8)	1	1,022(53.5)
대통령선거와 연계한 평가	잠재적 대권주자 행보/총선이 대권구도에 미치는 영향/대권주자 밀어주기/선거에 대한 일반적인 평가/향후 정국 전망	2	306(21.8)	6	187(9.8)
선거스케치	정당대표 선거지원유세/핵심지도부 캠페인 활동/지방선거구별 대결구도	3	280(20.0)	2	416(21.8)

분석카테고리		중앙일간지		지방일간지	
대주제	세부 내용	순위	건(%)	순위	건(%)
선거이슈	불법민간인사찰/나꼼수 막말/문대성 학위논문 표절/김형태 성추행/문재인 불법 건축/손수조 선거법 위반	4	250(17.7)	8	102(5.3)
선거일반	선거일정/선거의의/선거관리	5	226(16.1)	4	397(20.8)
시민사회여론	선거에 대한 시민의 반응/시민단체 선거관련활동/안철수 정치관련/SNS여론	6	210(14.8)	5	326(17.0)
자질론	정당자질론/후보자질론	7	168(11.9)	7	149(7.8)
정책	공약	8	166(11.8)	3	404(21.1)
지역성	지역주의 타파 혹은 옹호/지역감정 혹은 갈등 조장	9	23(1.7)	9	34(1.7)

자료: 김춘식 외(2012: 45)

2. 사례2: 공공장소 음주규제 정책의 시민반응

다음 사례로는 이지현 외(2018)가 발표한 〈공공장소 음주규제 정책에 대한 시민반응: 온라인 기사 댓글 내용분석〉을 요약·정리하였다. 이는 공공장소 음주규제 정책에 대한 국민적 수용성을 파악하기 위하여, 2016년 6월 서울시에서 공공장소 음주규제에 관한 조례가 발의된 직후의 단독 기사에 달린 댓글 분석을 통해 알코올의 물리적 이용 가능성 제한 중 장소 제한 정책에 대한 지지 정도와 찬성과 반대의 근거가 어디에 있는지를 파악하고자 하였다(이지현 외, 2018: 54).

(1) 분석대상

2016년 6월 3일 서울시는 「서울특별시 건전한 음주문화 조성에 대한 조례」를 발의하였고, 이에 대해 2016년 6월 14일 머니투데이 신문 25면에 단독 머리기사 〈서울 공원·놀이터서 술 마시면 '과태로 10만 원' 물린다〉가 게재되었다. 이 기사는 머니투데이 웹사이트뿐만 아니라 포털사이트 네이버(NAVER), 다음(Daum) 등에 표출되었다. 연구대상 온라인기사는 2018년 8월 10일까지 포털사이트를 통해 뉴스 관련 홈페이지 50개(네이버 5개, 다음 45개)로 확산되었으며, 총 320개의 블로그와 온라인 카페(네이버 238개, 다음 82개)로 확산, 인용되었다. 이 연구에서는 포털사이트인 네이버와 다음에 게재된 연구대상 온라인기사의 댓글과 댓글의견에 대한 상호작용적 반응인 덧글, 그리고 댓글과 덧글에 대한 사회적 승인 단서를 분석대상으로 설정하였다(이지현 외, 2018: 55).

온라인기사에 나타난 조례의 내용은 도시공원과 어린이 놀이터 등을 음주청정지역으로 지정, 음주청정지역에서 음주할 경우 10만 원 이하 과태료 부과, 극장·음식점·지하철·버스 등에서 술에 취해 주정 부리는 자에 과태료 5만 원, 그리고 혈중알코올농도 0.05% 이상 술 취한 사람에게 주류를 판매해서 사고가 나면 판매자에게도 10만 원 이상 과태료 부과 등 4가지 논점이었다(이지현 외, 2018: 59).

(2) 분석단위 및 분석카테고리

2016년 6월 14일 기사가 게재된 이후부터 마지막 댓글이 달린 2016년 6월 18일까지 네이버와 다음에 달린 모든 댓글은 총 1,246개였으며 네이버에 달린 댓글수(1,085개)가 다음(161개)보다 많았다. 이 연구에서는 덧글 113개(네이버 108개, 다음 5개)까지 포함하여 총 1,359개의 댓글 및 덧글을 최종 분석대상으로 하였다. 분석단위는 댓글로 하였기 때문에 댓글과 덧글은 분석에서는 동일한 단위로 취급되었다(이지현 외, 2018: 55).

분석카테고리, 즉 댓글유형은 정책지지형, 정책반대형, 정책의문형, 대안정책제시형 등 4가지로 분류하였다.

(3) 분석결과

4가지 유형 중 가장 많은 댓글로 분류된 유형은 정책지지형으로 48%로 나타났으며, 그다음으로 정책의문형 25%, 정책대안제시형 18%, 정책반대형 9% 등으로 집계되었다. 정책지지형에 해당하는 댓글은 총 374개로 조례 위반 시 부과되는 과태료의 수준이 너무 낮아 지키는 사람이 없을 것이기 때문에 '과태료를 인상' 해야 한다는 의견이 44%였고 94%가 공감을 표시했다. 그다음으로 많은 수를 차지한 댓글은 공공장소 음주규제를 시행하는 조례의 취지에 공감하며, 적극적으로 시행하기 바란다는 '전반적 동조'가 24%로 89%가 공감을 표시했다. 정책의 문형에 해당한 댓글은 총 191개로 이 중 52%가 공원에서 주로 밤에 음주하는 음주자를 누가 어떻게 단속할 것인가 등 조례의 '실행가능성에 대한 의문'을 나타냈으며, 97%가 이 댓글에 공감을 표시하였다. 그다음으로는 술에 취해 주정 부리는 것을 누가 어떻게 판단할 것인가 등의 '술주정의 기준'이 모호하다는 의견이 46%로 이에 대한 공감이 84%였다. 정책반대형의 경우 이 조례가 과태료로 조세를 벌어들이기 위한 '과세를 위한 조례'라는 비판의 내용이 담긴 댓글이 50%로 이에 대한 공감은 42%였다. 마지막으로 정책대안제시형에서는 '음주범죄에 대하여 강력히 처벌'해야 한다는 댓글이 73%로 가장 높았고, 이에 대한 사회적 승인은 80%였다(이지현 외, 2018: 59-60).

표 14-5 댓글유형에 대한 분석결과

유형	하위유형	댓글	사회적 지지 신호	
			공감	비공감
정책지지	• 규제강화	37(10)	91(79)	24(21)
	• 과태료 인상	166(44)	2,055(94)	142(6)
	• 음주규제 공공장소 범위 확대	83(22)	6,269(95)	298(5)
	• 전반적 동의	88(24)	397(89)	49(11)
	계	374(100)	8,812(94)	513(6)
정책의문	• 실행가능성 의문	100(52)	3,689(97)	131(3)
	• 술주정의 기준 모호	87(46)	280(84)	53(16)
	• 혈중알콜농도 0.05% 측정방법	4(2)	0(0)	0(0)
	계	191(100)	3,969(96)	184(4)
정책반대	• 대중지지의 부족	19(28)	35(74)	12(26)
	• 과세를 위한 조례	34(50)	41(42)	56(58)
	• 모순된 행정	15(22)	450(93)	32(7)
	계	68(100)	526(84)	100(16)
대안정책 제시	• 음주범죄에 대한 강력한 처벌	101(73)	789(80)	195(20)
	• 주류판매 장소 및 시간에 대한 제한	24(17)	104(79)	27(21)
	• 주류가격 인상	3(2)	14(48)	15(52)
	• 주류에 대한 마케팅 규제	10(7)	26(87)	4(13)
	계	138(100)	933(79)	241(21)

주. 숫자는 빈도, 괄호는 %를 나타냄
자료: 이지현 외(2018: 59-60)

3. 사례3: 지역정보화 연구경향

다음 사례는 김구(2013)의 〈지역정보화 연구경향 분석〉이라는 논문을 통해 지역정보화의 내용의 특징을 분석한 것이다.

(1) 분석대상

분석대상은 2000년도부터 2012년 9월까지 발간한 21개 전문학술지를 대상으로 하였다.

(2) 분석단위와 분석카테고리

분석카테고리는 "지역정보화" 및 "정보화"에 관한 주제로 선정하였으며, 분석단위는 세부연구분야로 생산성(백오피스, 프런트오피스), 민주성 및 투명성, 성찰성 및 윤리성, 형평성, 이론, 기반 및 정책 등으로 분류하였다.

(3) 분석결과

세부연구분야별 연구경향을 분석한 결과 백오피스는 19.5%, 프런트오피스는 24.7%, 민주성은 14%, 성찰성은 4.2%, 형평성은 9.3%, 이론은 10.2%, 기반 및 정책은 18.1% 등으로 나타났다.

표 14-6 세부연구분야별 지역정보화 연구경향 분석 결과(총괄)

연구분야		논문 수	비율(%)
생산성	백오피스	42	19.5
	프런트오피스	53	24.7
민주성(투명성)		30	14.0
성찰성(윤리성)		9	4.2
형평성		20	9.3
이론		22	10.2
기반 및 정책		39	18.1
합계		215	100.0

자료: 김구(2013: 12)

다음 표 14-7은 연도별 세부연구분야를 나타낸 결과이다. 참고로 지역정보화 및 정보화에 연구에서도 시대 흐름 및 정부에 따라서 관심 분야가 조명을 받았는지 알 수 있다.

표 14-7 연도별 세부연구분야 분석 결과

연도	생산성		민주성 (투명성)	성찰성 (윤리성)	형평성	이론	기반 및 정책	합계
	백오피스	프런트오피스						
2000	1	0	0	0	1	1	2	5
2001	5	3	1	0	5	0	7	21
2002	2	6	1	0	4	0	2	15
2003	4	4	1	0	0	0	1	10
2004	2	6	2	0	1	1	3	15
2005	3	2	1	0	0	2	3	11
2006	3	3	1	0	1	0	2	10
2007	2	7	6	0	2	2	2	21
2008	3	7	4	2	1	3	7	27
2009	4	5	5	5	1	0	2	22
2010	4	4	5	1	1	2	3	20
2011	6	4	2	1	3	6	2	24
2012	3	2	1	0	0	5	3	14
합계	42	53	30	9	20	22	39	215

주: 김대중 정부: 1998. 2. 25. ~ 2003. 2. 24.
노무현 정부: 2003. 2. 25. ~ 2008. 2. 24.
이명박 정부: 2008. 2. 25. ~ 2013. 2. 24.
자료: 김구(2013: 17)

4. 사례4: 대통령 연설문

다음 사례로 문재인 대통령의 '2020년 예산안 시정연설' 전문(2019. 10. 22)에 대하여 분석단위를 '단어'로 기준으로 분석한 결과 표 14-8과 같이 제시되었다.[2] 분석 결과 국민 33번, 경제 29번, 공정 27번, 재정 21번, 혁신 20번 순으로 집계되

2) '2020년 예산안 시정연설' 전문(2019. 10. 22)은 인터넷 검색을 통하여 전문을 획득할 수 있다.

었다. 연설한 곳이 국회이고 정부가 제안한 예산안의 심의·승인을 요청한 자리이기 때문에, 국민과 경제 및 재정을 강조한 것으로 추정할 수 있다.

표 14-8 시정연설문 '단어' 분석 결과

단어	국민	경제	공정	재정	혁신	포용	평화	성장	협력	인권
빈도	33	29	27	21	20	14	11	8	5	4

또한 2020년 5월 10일 문재인 대통령의 취임 3주년 특별연설문(전문)에 대한 주요 단어 언급 횟수를 분석한 결과 **그림 14-3**과 같이 고용 및 일자리는 23회, 경제는 22회, 방역은 20회, 위기는 19회, 선도는 11회, 코로나는 9회 등으로 분석되었다. 이와 같은 주요 단어 언급 횟수의 배경을 추정해 보면, 2020년 사상 초유의 '코로나바이러스감염증-19(COVID-19)' 여파로 고용이 불안하고 경제상황이 좋지 않다는 것을 방증하며, 방역관리의 중요성을 엿볼 수 있음을 알 수 있다.

【그림 14-3】 문재인 대통령 취임 3주년 특별연설문(전문) 내용분석 결과

자료: 매경(2020. 5. 10)의 내용을 토대로 재구성

생각해 볼 문제

1. 임의의 대통령 재임기간 중의 연설문을 획득한 후 내용분석의 카테고리에 따라 분석하시오.
2. 인터넷 검색도구를 이용하여 주요 중앙일간지 하나를 선택하여 기사 중 '노령화'의 주제를 빈도를 시대별로 분석하고, 통계청 자료의 노령화 추세와 비교하여 설명하시오.

제 15 장

질적연구의 본질

이 장의 개요

사회현상을 양적특성, 즉 숫자로만 나타낼 수는 없다. 인간의 주관적 내면이 표상으로 나타난 것이 사회현상 및 사회문제이기 때문에, 현상과 문제에 영향을 미치는 모든 신념과 태도의 양상을 양적특성을 통해 포획하기란 쉽지 않다. 따라서 이에 대한 대안이면서 양적연구와 선순환적 관계를 가진 질적연구의 본질에 관해 살펴본다. 질적연구는 사회통념의 규범과 가치체계 및 보편적 사고, 인식체계를 바탕으로 사회현상에 대한 해석적 접근을 수행한다.

제1절 질적방법론의 의의

1. 질적연구의 의의

질적연구(qualitative study)는 사회적 실체와 현상이 어떻게 해석, 이해되고 경험되거나 생성되는가에 관심을 둔다는 점에서 넓은 의미로 '해석주의자(interpretivist)'적인 철학적 입장에 토대를 두고 있다. 질적연구는 자료를 만들어 내는 방법이 융통적이고, 자료가 창출되는 사회적 맥락에 보다 관심을 기울인다. 또한 분석과 설명방법에서 복합성, 세부사항, 그리고 맥락을 이해하는 데 중점을 두어 풍부하고, 상황적이며, 세부적인 자료를 바탕으로 완숙한 이해를 창출해 내는 데 목적을 둔다(김두섭 역, 2002: 20).

질적연구의 궁극적인 목적은 설명적 이론을 검증(test)하는 것이 아니라 발견(discovery)하는 것에 있다. 질적연구방법론의 주요 관심사는 특정 범주나 변수보다는 심도 있는 묘사를 통해서 연구대상의 복잡한 세계를 전체적인(holistic) 관점에서 알리는 것에 있다(유태균 역, 2005: 24).

이와 같이 질적연구는 특정국면 및 특정요소에 한정되지 않고 전체적이고 종합적인 접근으로 역사적·문화적 관점에서 인간의 행동과 사회현상을 조합시켜 어떤 맥락을 가져왔으며, 어떤 현상을 가져오게 된 복합적인 요소들의 실체를 큰 그림으로써 이해를 구하는 설명적 소스를 얻는 데 주안점을 둔다.

2. 질적방법론의 접근틀

과학적 연구의 질적방법론을 시스템적으로 접근하는 틀은 그림 15-1과 같다.

첫째, 연구는 문제상황(problem situation)의 존재를 느끼거나 인식하는 것에서부터 출발한다. 시스템적 사고에 비추어 보면, 연구의 과정은 시작과 끝이 있는 것이 아니라 계속적으로 순환적 관계를 갖는다. 예를 들어, 역사적 관점에서 연구가 시작되었다 하더라도 연구발달과정에서는 사회학적 관점에서 사회조직

(social organization)을 살펴보게 될 것이고, 나아가 심리학적 관점에서 개인의 특성유형을 살펴볼 수도 있다. 그러므로 연구의 시작과 끝은 순환적 관계이며 4가지 방식 간에 상호작용 효과로써 복잡하게 얽혀 있다.

둘째, 문제상황으로부터 개념적 모형(conceptual model)으로 가는 경로를 개념화(conceptualization)한다. 문제에 대한 개념적 모형은 가장 기본적이면서도 광범위하게 정의할 수 있는데, 정확하고 구체적이며 미시적이 아닌 거시적인 전망을 의미한다. 예를 들어, 개념적 모형에서는 문제가 되는 것이 경제학, 사회학, 심리학, 행정학, 정책학 등 어디에 해당되는가를 지목해야 한다. 개념적 모형의 선택은 세계관(world view)을 선택하는 것과 유사하다.

셋째, 개념적 모형이 선택되면 구체적이고 세부적인 과학적 모형(scientific model)을 형성해야 하고 여기에서 해결방안이 도출되어야 한다. 만약 과학적 모형이 수리적이라면 그에 따른 해결방안을 공식적으로 나타내어야 한다. 또한 과학적 모형이 경험적이라면 해결방안은 경험적으로 검증가능한 가설로 제시하여야 한다.

【그림 15-1】 문제해결 시스템

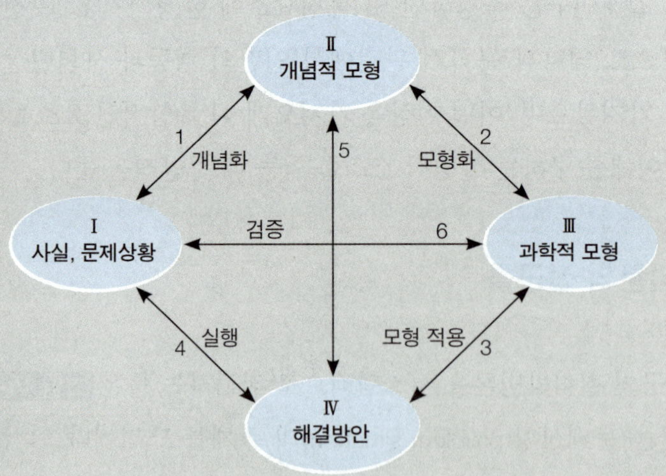

자료: Mitroff & Kilmann(1978: 117)

3. 질적연구의 제도적 시스템

과학적 연구를 제도적 분석관점에서도 접근해 볼 수 있다. 그림 15-2는 조직행동(Kilmann & Mitroff, 1977) 분야에서 적용되는 연구접근방법이지만 과학적 연구의 제도적 체계(institutional system)에도 적용될 수 있다. 이 접근방법은 제도를 분석하는 방법으로 조직행동(organizational behavior) 분야에서 도출되었으며 제도와 정치 등 과학적 연구의 광범위한 분야에도 적용될 수 있다.

이 모형의 첫 번째 국면은 개방체계(open system)와 폐쇄체계(closed system)의 구분이다. 개방체계는 조직을 둘러싸고 있는 외부 환경적 요소를 고려하는 것이고, 폐쇄체계는 외부 환경적 요소를 고려하지 않는 접근방법이다. 제도분석 모형(analytical model of institutions)은 환경이 검토되어야 할 필요성을 지적하고 환경이 제도의 기능에 어떻게 영향을 미치는지를 살펴볼 수 있어야 한다.

다음 국면은 제도의 구조(structure)로서 목표(goal)와 통제(control)로 이루어진다. 목표는 제도가 달성하려는 기대, 즉 어떤 사회적 문제를 해결하기 위해 적용

【그림 15-2】 제도분석 모델에 입각한 과학적 접근법의 거시모델

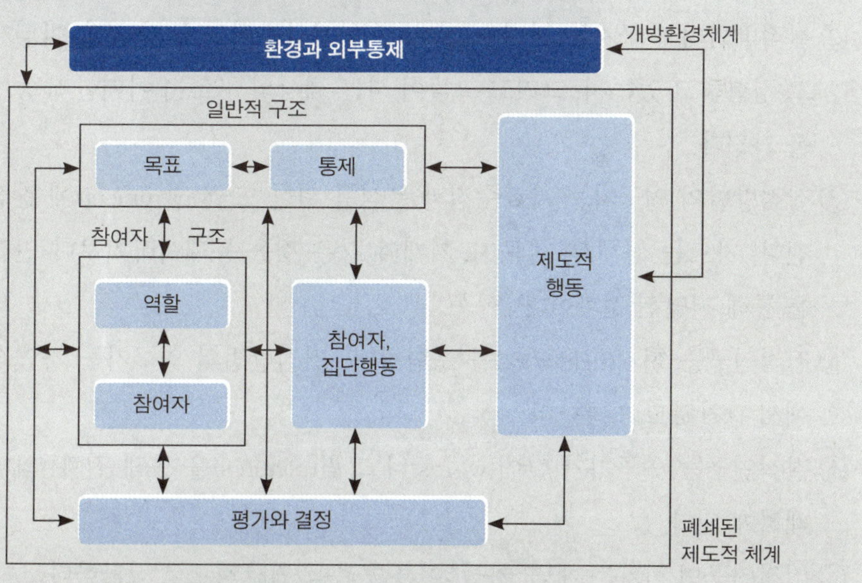

자료: Mitroff & Kilmann(1978: 122)

될 수 있는 일반적인 자원(resources)은 무엇인지, 어떤 지식 또는 서비스를 제공할 것인지, 서비스를 제공하는 데 어떤 제도들이 있는지 등을 자세하게 기술하는 것이다. 통제는 이들 목표를 달성하는 데 제도가 이행될 수 있도록 하는 기본적 방법과 설계를 상세하게 기술하는 것이다. 예를 들어, 학문분야, 정책, 보상과 인센티브 시스템, 그리고 도덕, 윤리와 같이 과학적 당면문제에 관한 의사결정을 이끄는 다른 제도적 정책 등을 들 수 있다. 그러므로 목표와 통제의 일반적 구조는 제도의 청사진이며, 무엇을 어떻게 수행할 것인가에 대한 출발이다.

제도적 행동에 영향을 미치는 것은 일반적 구조와 참여자 그리고 집단행동이며, 집단행동에 영향을 미치는 것은 역할과 참여자 간 상호작용의 결과이다.

4. 질적연구의 가정과 특징

1) 질적연구방법의 기본가정

질적연구의 기본가정은 다음과 같다(Merriam, 1988).

① 질적방법의 연구자는 성과나 결과보다 주로 절차(process)에 관심을 둔다.
② 질적방법의 연구자는 의미(meaning), 즉 사람들이 그들의 삶을 어떻게 느끼고 경험하고 있는지, 그리고 그들이 사는 세상의 구조는 어떠한지 등에 흥미를 가진다.
③ 질적방법의 연구자는 자료수집과 분석을 위한 도구(instrument)에 관심을 가진다. 자료는 명세서, 설문지, 기계와 같은 것을 통해서라기보다 인간 도구를 통해 전달된 결과이다.
④ 질적연구는 현지(fieldwork)를 포함한다. 질적방법의 연구자는 자연적 상황에서 관찰하고 기록한다.
⑤ 질적연구는 연구자가 단어(words)나 그림(pictures)을 통해 절차, 의미를 이해하게 된다.
⑥ 질적연구의 절차는 개념, 가설, 이론 구축을 귀납적으로 접근한다.

질적연구 수행을 위한 연구계획 수립에 있어서 고려해야 할 사항은 다음과 같다(Marshall & Rossman, 1995: 146-148).

① 연구방법의 적절성이 판단될 수 있도록 연구방법이 자세하게 전개되어야 한다.
② 가정이 제시되어야 한다.
③ 자료수집과 분석에 있어서 가치판단이 제시되어야 한다.
④ 현실세계와 결과 간의 관계 논증이 원자료(raw data)로부터 비롯되어야 한다.
⑤ 선행연구의 관계성이 제시되고 현상이 분명하게 정의되어야 한다.
⑥ 연구는 다른 연구자, 실무자, 정책결정자가 접근 가능해야 한다.
⑦ 관찰은 전체 국면에서 이루어져야 한다.
⑧ 자료는 보존되고 분석에 유용해야 한다.
⑨ 자료에 대한 숨어 있는 정보를 발굴하고 이면의 동기를 파악할 수 있도록 다양한 방법이 모색되어야 한다.
⑩ 의미는 문화횡단적 관점(cross-cultural perspective)에서 이끌어 내야 한다.
⑪ 연구윤리를 준수한다.
⑫ 연구에 참여하는 사람(대상자)은 어떤 방법으로든 혜택이 있어야 한다.
⑬ 자료수집 전략은 적절하고 효율적이어야 한다.
⑭ 연구는 전체적인 맥락에서 이해하여야 한다.
⑮ 연구자는 제도와 역할을 역사적인 상황에서 이해하여야 한다.

2) 질적연구의 특징

질적연구는 자연세계에서 이루어지며 인문주의적인 다양한 방법과 해석주의를 바탕으로 수행된다는 점을 들 수 있다.

표 15-1 질적연구의 특징

질적연구	질적연구자
• 자연세계에서 일어난다. • 상호작용적이고 인문주의적인 다양한 방법을 이용한다. • 해석주의적이다.	• 전체적인 사회현상을 조망한다. • 체계적으로 반영한다. • 다양한 국면과 복잡한 원인을 탐색한다.

자료: Marshall & Rossman(1999: 3)

3) 질적연구절차를 위한 질문 체크리스트

질적연구를 수행하기 위해서는 사전적으로 점검사항을 고려해야 한다. **표 15-2**는 질적연구절차에 있어서 점검해야 할 체크리스트이다.

표 15-2 질적연구절차를 위한 질문 체크리스트

1. 질적연구의 기본적 특징과 가정들을 언급하였는가?
2. 질적접근과 양적접근 간의 차이를 독자들에게 이해하고 납득시킬 수 있는가?
3. 연구에 이용된 질적설계의 특수유형을 언급하였는가?
4. 연구결과를 통해 제시된 연구자의 가치와 선입견 등을 독자들이 이해할 수 있는가?
5. 자료수집이 용이한가?
6. 수집된 자료수집절차를 언급 및 논의하였는가?
7. 자료수집절차의 이유는 무엇인가?
8. 자료 분석단계와 분석방법(토대이론, 사례연구, 현상학 등)을 언급하였는가?
9. 수집된 정보를 확인하는 절차(타당도와 신뢰도)를 언급하였는가?
10. 연구를 위한 특수한 결과는 무엇인가? 즉, 이론과 문헌에서 논의된 특수한 결과를 제시하였는가?

자료: Creswll(1994: 144)

4) 질적연구에서 연구질문의 형태

질적연구에서는 연구형태, 즉 탐색적 연구, 설명적 연구, 비판적 연구, 기술적 연구, 실행지향 연구, 예측적 연구 등에 따라 연구질문이 달라진다. **표 15-3**은 연구형태에 따른 연구질문을 제시하고 있다.

표 15-3 질적연구에서 질문의 형태

연구형태	연구목적	연구질문
탐색적 연구	• 현상이해 • 중요 변수의 확인과 발견 • 미래연구의 가설 도출	• 무슨 일이 일어났는가? • 중요 주제, 패턴, 카테고리는 무엇인가? • 하나의 패턴은 다른 패턴과 어떻게 연결되어 있는가?
설명적 연구	• 현상의 원인 설명 • 현상을 형성하고 있는 인과적 구조 확인	• 무슨 사건, 신념, 태도, 정책들이 현상을 형성하고 있는가? • 영향요인들은 현상의 결과에 얼마만큼 영향을 미치는가?
비판적 연구	• 논거에서 함의하는 가정과 편견을 밝힘	• 현상의 견해를 정의하는 인간본질, 사회, 실제, 지식의 형태는 무엇인가?
기술적 연구	• 현상의 기록	• 현상을 일으키는 주요 행태, 사건, 신념, 태도, 구조, 프로세스는 무엇인가?
실행지향 연구	• 사람을 움직이고 교육하는 데 있어서 현상 변동의 이해	• 현상을 형성하고 있는 사건, 신념, 태도, 정책은 무엇인가? • 표적집단(target group)이 현상을 어떻게 보고 있는가? • 표적집단이 현상을 어떻게 변화시킬 수 있는가?
예측적 연구	• 현상의 결과 예측 • 현상으로부터 가져올 사건과 행동 예견	• 현상의 결과로 무슨 일이 일어날 것인가? • 누가 영향을 받을 것인가? • 어떤 방식으로 영향을 받을 것인가?

자료: Marshall & Rossman(1995: 41); Miller & Whicker(1999: 183)

제2절 질적자료의 분석과정

1. 질적자료와 양적자료의 특징

연구의 접근방법에 상관없이 연구수행에 있어서 자료는 면접, 설문지, 관찰(공개, 비공개), 문서분석, 대상자의 실험 등을 통해 수집된다. 세부적으로 연구목적, 접근방법, 연구대상자 등에 따라 달리할 수 있지만 사회과학 연구에 있어서는 위와 같은 자료수집방법 중에서 하나를 선택할 수도 있고 복합적으로 사용할 수도 있다.

양적연구(quantitative research)와 질적연구(qualitative research)의 자료분석과정은 유사한 특징을 가지기도 하지만 다른 특징을 가지기도 한다.

1) 공통점

첫째, 자료수집 장소가 정해져 있는 것이 아니라 연구자가 어떤 방법으로 수집하느냐에 따라 달리할 수 있다.

둘째, 양적자료나 질적자료 모두 연구결과를 추론(inference)하는 데 사용된다.

셋째, 양적자료나 질적자료 모두 비교분석에 이용된다.

넷째, 연구자는 모든 자료에 대해 신뢰성(reliability)과 타당성(validity)에 관심을 갖는다.

2) 차이점

양적자료는 주로 표로 만들어 맞추면서 처리하는 방법에서 질적자료와 다르다. 양적자료는 전형적으로 표준화된 통계적 검정을 통해 컴퓨터로 처리된다. 컴퓨터를 이용하여 처리된 통계는 자료세트를 설명하고 가설을 검증한다.

이에 반해 질적자료는 단어, 그림, 인위적으로 만든 자료, 음악 등 다양한 형상과 문서로 나타낸다. 또한 질적자료는 다양한 방식으로 평가되고 해석될 수도 있다. 그리고 연구목적에 따라 분석방법을 다르게 할 수 있어 다른 결과가 나타날 수 있다.

2. 질적자료의 의미

질적자료(qualitative data)는 해석적 연구와 후기실증주의 연구수행에서 수집된 자료를 말한다. 질적자료는 이야기 형식인 것이 대부분으로 작성된 문서, 대화기록, 면접기록, 치료기록, 자문기록, 법조문, 포커스집단 토론기록 등을 포함한다. 질적자료는 역사적이고 문학적인 문서, 민족지학상의 현장보고, 일기, 신문, 잡지, 저널 등으로 제시된 결과물이다. 질적자료는 사진, 지도, 삽화, 그림, 음표, 기록테이프, 필름 등 다양한 형식이 있다. 따라서 질적자료는 가공되지 않은 현장기록물이 대부분이다.

3. 질적자료의 분석과정

질적자료의 분석과정은 연구목적, 연구대상, 자료유형 등에 따라 다르기 때문에 획일적인 과정을 제시하기는 곤란하나 대부분의 질적자료가 면접, 관찰, 문서, 기록물이기 때문에 이런 자료유형을 가정하고 일반적인 분석과정을 제시하면 다음과 같다(McNabb, 2002: 370-375).

(1) 유형과 구조를 위한 예비분석

분석에서 정보가 모두 수집되었다면 모든 자료는 일정한 순서와 구조로 배열되어야 하며, 문서로 된 질적자료는 유형과 주제에 따라 순서를 정해야 한다. 질적자료 분석과정에서 중요한 일은 확립된 의미와 정의로부터 자료를 분류 및 재분류하고 유형을 만드는 것이다. 자료유형의 발견에는 연구자의 주관이 개입될 수 있다.

(2) 군집형성과 주제 확인을 위한 공개코딩

분석과정에서 모든 질적자료의 주요 활동은 분류된 자료를 군집화하는 일이다. 군집화에는 기존의 기준에 따를 수도 있지만 일정한 기준이 있는 것은 아니다. 코딩하고 범주화하는 것은 분석과정에서 연구자가 직접 만드는 경우가 대부분이다.

(3) 유사성과 대조를 위한 비교분석

대부분의 질적연구는 수집자료에 대한 비교분석을 필요로 한다. 근거이론연구를 보더라도 비교는 전체 분석과정의 부분을 통합하는 것이다. 비교에서는 기존의 자료와 수집된 새로운 자료의 각 부분들을 지속적으로 상호 비교해야 한다.

그리고 해석적 관점에서는 연구문제를 해결할 수 있도록 충실한 비교설명이 있어야 한다.

(4) 각 구조별 분석

이 단계에서 연구자는 어떤 카테고리가 처음에 할당된 요인보다 더 직관적 감각으로 되어 있는지를 결정하기 위해 코딩된 자료를 검토한다. 여기에서 각 구조별이란 더 많은 카테고리가 있다면 그것들이 재검토되어야 한다는 의미이다.

(5) 구조와 주제를 명확히 하기 위한 축코딩

축코딩(axial coding)은 순서와 구조를 최초 코딩된 자료로 안내하기 위한 2차적 기회를 연구자에게 제공하는 것이다.

(6) 관계성 확인을 위한 관계분석

자료 내의 주요구조와 중요하지 않은 구조를 위해, 그리고 자료에 대한 의미 있는 아이디어를 개발하기 위해 연구자는 카테고리를 구축하고 코드화한 후 편집하고 해석을 해야 한다. 이 과정에서 주요 활동은 구조와 집단화 간의 관계성(relationships)을 확인하는 일이다. 관계성을 확인하는 방법 중의 하나는 박스, 사이클, 화살표, 선 등으로 도표를 만드는 것이다.

(7) 주요 주제의 선택적 기록

유형은 분석을 통해 나타나므로 연구자는 눈에 띄는 주제를 살펴봐야 한다. 수집된 자료의 분석과 재분석을 수행함으로써 몇 개의 주제를 적은 카테고리로 병합해야 한다. 이 과정은 통계분석의 요인분석을 통해 자료를 축소하는 것과 같다. 자료축소와 집적과정은 연구결과를 요약하는 데 도움을 준다.

(8) 문헌과의 연결을 위한 반복적 분석

연구자는 연구의 분석결과에서 나타나는 분명한 점과 관련 문헌을 연결시켜야 한다. 즉, 수집된 자료가 연구분야와 어떻게 연결되고 기존연구와 유사점 및 차이점이 있는지를 분명히 보여 주어야 한다.

(9) 자료로부터 적절한 이론의 개발

대부분의 연구프로젝트 주요 목표는 연구분야에 지적 또는 이론적 지식을 기여하는 데 있다. 이것은 더욱 의미 있는 이론이 분석결과로부터 제시되어야 한다는 의미이다.

【그림 15-3】 질적자료 분석과정

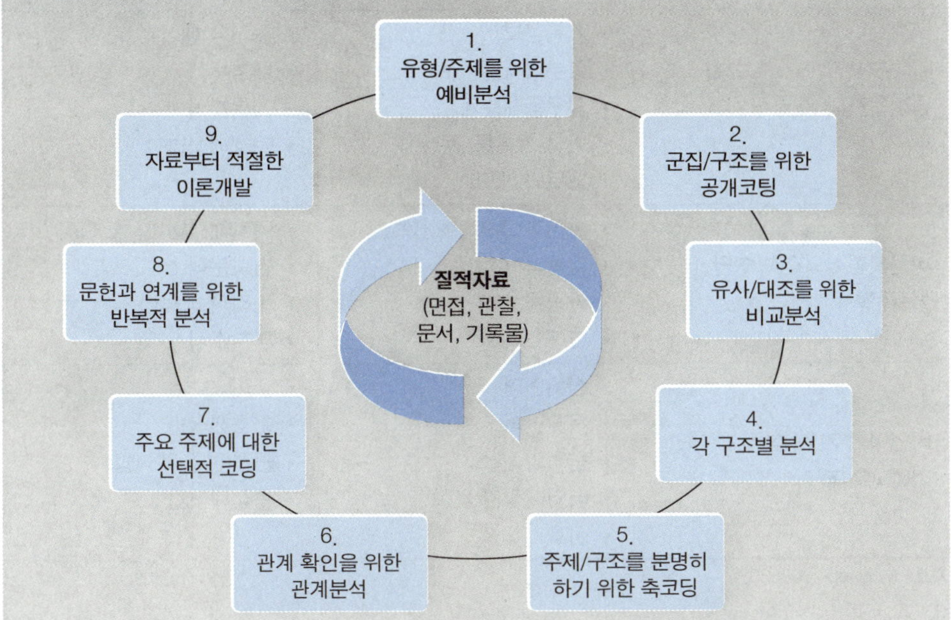

자료: McNabb(2002: 371)

제3절 질적자료의 분석방법

질적연구의 자료들은 일종의 메시지를 전달하는 사람, 단어, 행동, 출판물, 물질문화, 아이템, 상징 등을 포함한다. 질적연구에서는 질적자료의 특성에 따라 분석방법이 달라질 수 있는데, 표 15-4는 다양한 자료원천, 자료유형 그리고 분석방법 간의 관계를 제시하고 있다.

표 15-4 자료소스, 자료유형, 연구방법 간의 관계

자료소스	자료유형	분석방법
문자로 된 자료	• 전문서적 • 매스미디어 • 이야기 • 도서	• 논리적 해석법 • 내용분석 • 서사분석 • 메타분석 • 문헌연구
공식문서와 기록	• 기록정보 • 정부기록물 • 인구동태통계 • 기타 기록물, 문서 • 노트와 메모	• 논리적 해석법 • 내용분석 • 기록분석 • 기호해석법
비문자형식의 정보수단 물질문화	• 사진과 그림 • 필름과 비디오 • 가공물 • 그래프와 표	• 기호해석법 • 담화분석 • 논리적 해석법 • 부지조사
비언어적 기호, 상징, 기타 메시지	• 신체언어 • 몸짓언어 • 음악과 댄스 • 비언어적인 음향 • 신호	• 소리 • 기호해석법 • 근접(공간)해석법 • 동작해석법

자료: McNabb(2002: 393)

1. 텍스트 자료의 분석

사회과학의 질적연구에 이용되는 자료의 특성은 대부분 문자로 기록된 문서가 많다는 점이다. 문자로 기록된 문서는 사회이론, 법, 역사 등의 내용을 담고 있다. 연구자의 입장에서 보면, 문헌이나 문서에 토대를 둔 연구는 3가지로 분류할 수 있다.

첫째는 모든 과학적 연구에서 수행되고 있는 전통적 문헌연구(literature review)로, 문헌연구의 목적은 완전한 연구프로젝트를 설계하는 데 이용될 수 있는 배경

정보를 제공하기 위함이다.[1]

둘째는 문헌비평과 유사한 기록연구(archival studies)로, 기록연구는 공공부문이나 민간부문의 공식문서, 기록, 역사의 본질로부터 이끌어 낸다.

셋째는 메타분석(meta-analysis)설계로, 연구자는 다른 연구결과물을 분석대상으로서 이용한다. 메타분석은 주제에 관한 다른 연구자의 연구를 요약하기 위한 양적기법이다.

2. 메타분석방법

1) 메타분석의 목적

메타분석(meta-analysis)은 연구주제에 대한 문헌을 조사함으로써 여러 가지를 보여 줄 수 있다. 첫째는 선행연구의 조망을 통해 연구자의 연구프레임을 잡을 수 있도록 하고, 둘째는 연구문제에 대한 통찰력과 새로운 아이디어를 제공하며, 셋째는 문제에 대한 새로운 조사방식을 제시하거나 수집된 자료의 분석방법을 암시해 준다. 메타분석은 크게 주제, 방법, 결론에 관한 기존의 문헌을 분석하는 데 목적을 두고 있다.

2) 메타분석의 장단점

메타분석의 장단점을 살펴보면 다음과 같다(Lipsey & Wilson, 2001). 먼저 메타분석의 장점은 (a) 연구계획과 기준을 확립하는 데 도움을 주고 (b) 메타분석을 통해 연구요약을 더욱 세련되게 하며 (c) 다양한 연구결과로부터 다양한 정보를 조직화하고 구조화할 수 있는 방법을 얻는다.

이와 같은 장점에도 불구하고 단점도 있다. (a) 분석과정에서 많은 노력과 전문가적 지식을 필요로 한다. (b) 메타분석은 중요한 이슈에 대해 표면적인 처리로 인해 민감한 부분을 놓치기 쉽고 연구에서 함의하는 사회적 상황, 이론적 영향과 함의, 방법론적 질, 연구절차 등을 자세히 끄집어 낼 수 없다.

1) 문헌연구는 제6장에서 자세하게 설명하였다.

3) 메타분석의 절차

메타분석은 일반적으로 다음과 같은 절차로 진행한다(Lipsey & Wilson, 2001; Fink, 1998).

(1) 주제와 질문의 진술

메타분석의 첫 번째 단계는 연구주제와 연구질문을 개발하는 일이다. 연구주제가 선정되면 메타분석으로 대답할 연구질문을 제시하여야 한다.

(2) 메타분석의 주제와 관련된 연구형태의 확인

연구형태란 개별연구로 수행된 문헌자료의 분석유형을 의미한다. 예를 들어, 두 개 또는 그 이상의 변수 간의 상관관계에 초점을 맞추고 있는지, 실험집단/통제집단 설계인지, 그리고 표준화된 두 개 표본의 비교연구인지 등을 의미한다.

(3) 분석에 포함된 연구유형 선택

이 단계는 두 번째 단계와 유사하지만 통계적 검정을 사용한다는 점에서 다르다. 메타분석에 사용된 검정방법은 (a) 평균을 통한 중심화경향 기술, (b) 사전집단과 사후집단의 가설검증, (c) 다른 집단의 비교 또는 진실험과 비실험 집단과의 비교(예, 성별 또는 연령 집단별 비교), (d) 회귀분석 등이다.

(4) 기준결정

메타분석에서 연구에 포함될 기준을 결정한다. 예를 들면, (a) 연구의 독특한 국면, (b) 연구대상(연구에 사용된 응답자의 유형과 특성들), (c) 주요 변수, (d) 연구설계, (e) 문화적·언어적 범위, (f) 시간적 범위, (g) 간행물 유형 등이다.

(5) 연구소스의 식별과 위치확인

연구대상인 연구원천을 식별하고 식별된 자료소스가 어디에 위치해 있는가를 확인하여야 한다.

(6) 연구문헌의 검색과 비평

이 단계에서 연구자는 가장 적합한 참고문헌을 찾아야 한다.

(7) 효과크기 통계치 선정

메타분석의 연구주제 및 연구문제와 관련된 결과를 분류하고 분류된 결과가 가지는 효과를 설명하기 위해서 통계적 방법을 사용하게 되는데 이때 효과크기를 측정하는 통계치를 선정하고 동일한 효과크기 통계치에 따라 코딩하여야 한다. 예를 들어, 효과크기 통계치가 두 개 또는 그 이상의 변수 간의 상관관계를 알아보고자 한다면, 연구에서의 변수는 같은 측정수준(명목, 순서, 등간)으로 측정되어야 한다. 표 15-5는 메타분석에 이용되는 효과크기 통계치를 나타내고 있다.

표 15-5 메타분석에 이용하는 효과크기 통계량

관계유형	통계분석 유형
단일변수 관계	• 빈도분석 • 산술평균
두 개의 변수관계 a. 사전사후비교 b. 집단비교	• 평균차이 검증
변수 간 연관성	• 상관분석 • 회귀분석
다중관계	• 다변량관계검정

자료: Lipsey & Wilson(2001)

(8) 정확한 코드 할당

코드는 가중치 시스템과 유사하며, 표본크기에 토대를 두고 있다. 예를 들어, 표본크기가 500개로 검증된 어떤 연구는 표본크기가 5개 내지 50개로 검증된 연구보다 더 정확하다고 말할 수 있다는 것이다.

(9) 통계분석과 결과보고

이 단계에서는 자료의 소스가 정보로 변환된다. 메타분석 수행과정에서 검토되었던 문헌자료의 소스가 분류되고 분석되어 분석결과가 가지는 의미를 정리하여야 한다.

【그림 15-4】 메타분석 연구설계의 절차

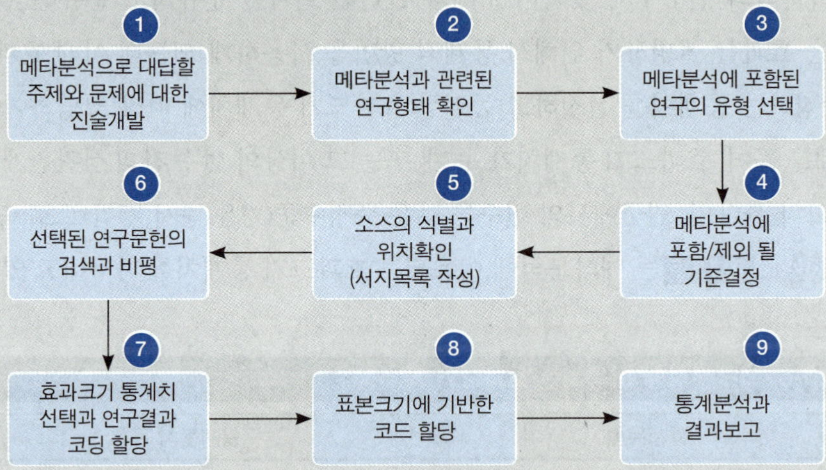

자료: Fink(1998); Lipsey & Wilson(2001)

생각해 볼 문제

1. 질적자료의 분석과정을 설명하시오.
2. 사회과학에서 질적연구의 의미를 설명하시오.
3. 질적자료와 양적자료의 분석방법을 비교 설명하시오.
4. 질적연구방법의 기본가정과 연구계획 수립에서 고려해야 할 사항에 대하여 왜 그렇게 되어야 하는지 그 이유를 설명하시오.

제 16 장

사례연구와 역사적 비교연구

이 장의 개요

사회현상 및 사회문제는 특정상황에서 특정양상을 띠기도 하고, 시간적 흐름에 따라서 다른 양상을 보이기도 한다. 전자의 경우가 사례연구에, 후자의 경우가 역사적 비교연구에 해당된다. 이 장에서는 사례연구와 역사적 비교연구에 관한 본질과 접근방법을 살펴본다.

제1절 사례연구

1. 사례연구의 의의

1) 사례연구의 개념

사례연구(case study)는 특별한 사람, 사회상황, 사건 등에 관한 충분한 정보를 체계적으로 수집하고 연구대상이 어떻게 작동하고 기능하는가를 효과적으로 이해하기 위한 것이다. 사례연구는 많은 표본을 사용하기보다 한정된 변수에 대해 엄격한 프로토콜(protocol)에 따라 진행하는 연구방법이다. 사례연구는 단일사례 또는 다중사례에 대한 심층면접과 종단면적 조사 등을 통해 사례와 사건의 배경과 경위 및 현황을 파악하고자 한다.

사례연구는 자료를 수집하는 기법이라기보다 여러 자료수집방법들을 조직화하는 하나의 방법론이다. 사례연구의 접근은 주로 일반적인 현지조사(field study)에서부터 개인이나 집단을 대상으로 한 면접에 이르기까지 그 범위가 다양하다. 따라서 사례연구는 개인, 집단, 전체 지역사회에 초점을 맞출 수도 있으며 생활사, 문서, 구술기록, 심층면접, 참여관찰 등과 같은 다양한 자료수집기법을 이용할 수도 있다.

방법(method)의 관점에서 보면, 사례연구는 생활과 사회의 광범위한 분야에 초점을 맞춘다. 예를 들어, 연구자는 학생들의 행동에 관한 연구와 같은 개인적 생활이라는 하나의 국면에 대해 한정할 수도 있으며 사회에서 사람들의 행동에 영향을 미치는 배경, 경험, 역할, 동기와 같은 개인의 사회적 생활 전반에 대한 조사를 수행할 수도 있다.

2) 사례연구의 특징

사회과학 연구에서 질적 연구자들이 가장 많이 사용하는 방법은 사례연구이다. 단 하나의 현상, 개인, 지역사회, 제도에 집중함으로써 연구자들은 이런 대상들을 구성하고 있는 요인들의 특징들에 대한 명백한 상호작용을 밝히는 데 목적을 두고 있다. 사례연구는 그 밖에 다른 연구접근법들이 못 보고 넘어간 다양한 뉘앙스, 패턴, 잠재적 요소들을 획득할 수 있다. 사례연구의 방법은 전체적인 기술(holistic description)과 설명(explanation)에 초점을 맞추는 경향이 있다. 사례연구의 방법은 자료를 수집하는 새로운 유형도 아니고 분석기법도 아니다. 사례연구는 명제나 가설의 검증이 아니라, 오직 연구대상에 대한 기술과 탐색을 주목적으로 한다는 점에서 설명적 연구와 구별된다. 따라서 새로운 아이디어의 발견을 위한 예비조사와 같은 성격을 지닌다. 그리고 시간의 흐름에 따라 일정기간 동안 조사하는 종단면적 연구방법이다. 하지만 분석단위의 수가 매우 적다는 점에서 연구의 결과에 대해서 일반화를 시도할 수 없으며, 보통 문제해결을 제시해 주지 않는다. 예를 들어, 비행학생의 성격, 성장환경, 학교생활, 동료관계, 부모와의 갈등, 가정경제상황 등을 통해서 그의 비행행동을 설명할 수 있는 요인들을 조사하였다. 연구자는 그 비행학생이 비행행동을 하게 된 원인이 성장환경에 있다고 판단하였다. 연구자는 이런 연구결과를 통해 열악한 성장환경이 비행행동과 관련이 있다고 일반화할 수는 없다. 그것은 그 학생에 해당되는 것이지 다른 학생에게 해당되는 것은 아니기 때문이다.

또 다른 예를 들면, 어느 지방자치단체에서 케이블 설치를 위하여 이미 설치 운영하고 있는 다른 지방자치단체의 케이블카 운영 실태를 조사한 경우, 그 케이블카 운영 사례 결과를 일반화할 수는 없다. 그것은 케이블을 운영하고 있는 지방자치단체마다 인문사회학적 요소, 경제적 및 정치적 요소, 문화적 요소, 인구통계학적 요소 등 다양하고 고유한 특징 상황을 가지고 있기 때문이다.

3) 사례연구의 장단점

사례연구의 장점은 (a) 조사대상의 핵심 문제를 집중 조사하므로 사실의 깊이를 파악할 수 있고, (b) 탐색을 통해 본조사를 위한 예비조사로 활용할 수 있으며, (c) 어떤 상황의 특수성을 명확히 파악할 수 있고, (d) 각각 상황과 관련된 문화적 환경·배경 등을 전체적으로 연관 지어 파악할 수 있다는 것이다.

그러나 단점은 (a) 조사결과를 일반화시키기 어렵고, (b) 자료의 신뢰성을 확보할 수 없으며, (c) 자료를 수집하는 데 시간과 비용이 많이 들고, (d) 연구자의 가치 및 주관이 개입되기 쉬우며, (e) 조사방법의 과학성이 부족하고, (f) 적절한 사례 설정이 어려워 접근 가능한 인접사례가 선정될 가능성이 높다는 것이다.

표 16-1 사례연구와 서베이조사의 비교

사례연구	서베이조사
연구대상을 질적으로 파악하고 기술	양적인 측면에서 파악하고 기술
소수대상의 여러 가지 복합적 요인에 대한 복합적 관찰	많은 대상의 특정차원을 획일적으로 조사
연구대상 각각의 특수성을 추구	조사집단의 공통분모적 성질인 대표성을 추구
연구대상의 내면적/동태적 양상을 수직적으로 파고드는 조사	조사대상의 표면적 구조단면을 수평적으로 전개하는 조사
미시적 접근	거시적 접근

2. 사례연구의 유형

사례연구는 개인에 관한 사례연구와 집단에 관한 사례연구가 있다. 개인에 관한 사례연구는 분석단위를 개인에게 초점을 맞춘 것으로 일기, 편지, 자서전과 같은 개인의 행동 및 사생활에 관한 기록을 검토하여 간접적으로 조사하는 방법과, 개인의 행동 및 사생활의 경험을 조사원이 면접·관찰 등의 방법으로 직접 조사하는 임상적 조사방법이 있다. 예를 들어 개인의 일탈행동이나 반사회적 행동을 집중적으로 조사하는 경우가 해당된다.

다음으로 집단에 관한 사례연구는 분석단위를 집단에 초점을 맞추고 지역집단, 문화집단, 종교집단 등 특정사회집단의 형성과정과 특징을 면밀히 파악하기 위한 조사이다.

한편 사례연구 설계 시 기본유형은 분석단위를 기준으로 단일사례설계와 다중사례설계로 구분한다. 분석단위가 하나이고 하나의 상황을 가지는 사례를 연구하는 경우를 단일사례설계하고 하며, 분석단위가 하나 두 개 이상이고 여러 상황을 가지는 사례를 비교하는 경우를 다중사례설계라고 한다. 반면 분석단위가 두 개이면서 하나의 사례를 가진 상황을 연구하는 것은 단일사례설계에 해당되고,

이런 단일사례설계가 두 개 이상인 경우는 다중사례설계이다.

[그림 16-1] 사례연구 설계의 기본 유형

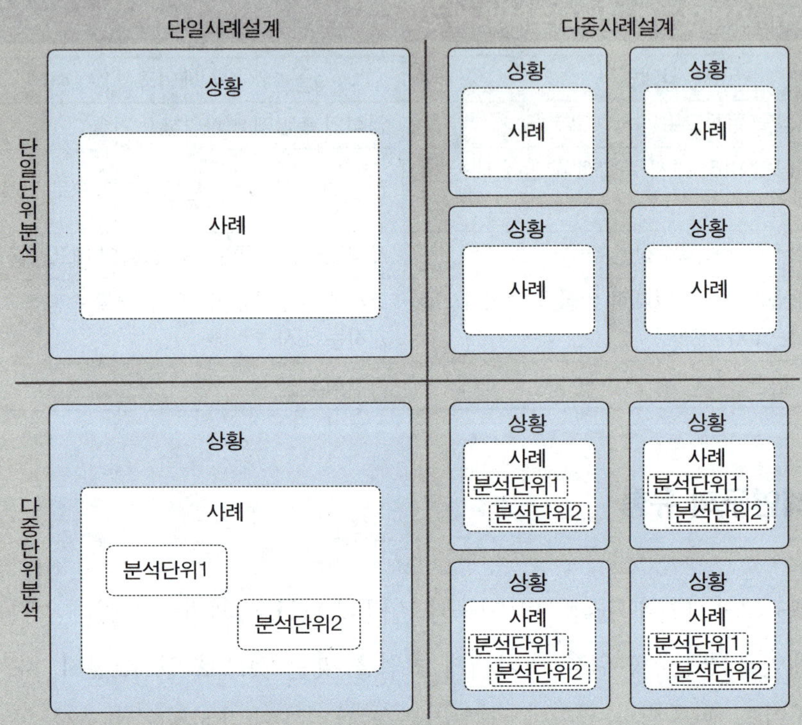

자료: Yin(2009: 46-60)

3. 사례연구의 접근과정

사례연구의 접근은 크게 개념정의와 설계, 분석, 결론 등 3가지 영역으로 구분한다. 개념정의와 설계 영역에서는 이론을 전개하고 사례를 선정하며 자료를 수집한다. 분석 영역에서는 각 사례에 대한 연구를 수행한 후 해당 사례분석 결과를 작성한다. 마지막 결론 영역에서는 사례 간 교차비교를 통하여 결론이 이르며, 맨 처음 단계의 이론을 수정하고 정책함의를 제시하는 과정을 거친다.

【그림 16-2】 사례연구의 접근과정

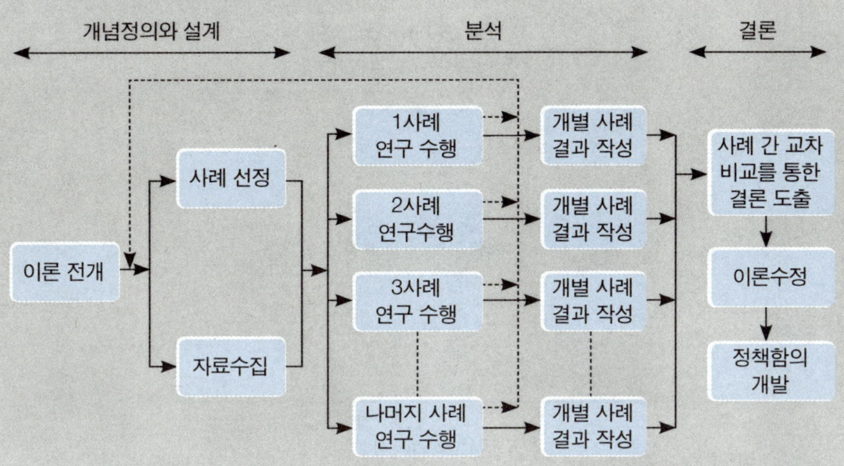

자료: Yin(2009: 57)

4. 사례연구의 절차

사례연구의 일반적 절차는 사례연구의 틀을 작성한 후 주요 구성요인의 조작화, 분석단위의 한정, 자료수집, 자료분석, 결과비교와 보고서 제출 순서로 진행된다.

1) 사례연구의 틀

사례연구 수행에 있어서 첫 번째 단계는 연구를 위한 틀(frame)을 확립하는 것이다. 연구틀에서는 기본적인 연구문제를 확인하며, 연구자는 다음 3가지 질문에 답할 수 있어야 한다. 첫째, 이 상황에서 다른 연구방법도 있는데 왜 사례연구방법을 사용해야만 하는가? 둘째, 왜 이 사례를 연구하려고 하는가? 그리고 연구 발전을 위해 더욱 대표되는 사례는 없는가? 셋째, 연구과정에서 특별한 행동과 현상들을 선택하였는가?

2) 주요 구성요인의 조작화

사례연구 수행의 두 번째 단계는 관련 주제, 이슈, 연구질문, 변수들을 조작화

【그림 16-3】 사례연구의 절차

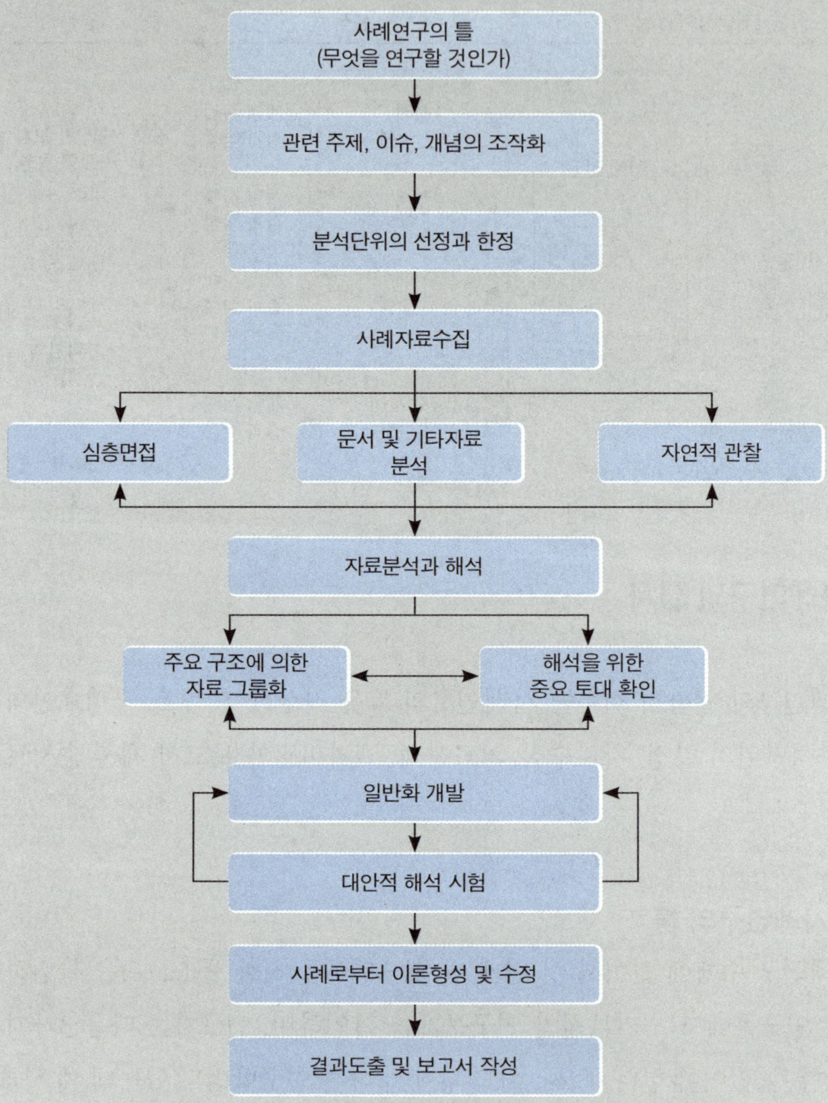

자료: McNabb(2002: 292)

하는 것이다. 조작화는 이들 요인들에 대한 정의와 개념화를 하고 또한 연구의 가정(assumptions)과 한계(limitations)를 확인하는 것이다. 이 단계에서는 필요로 하는 자료들이 사례 면접과 관찰하는 과정에서 수집될 수 있도록 자료(질문)의 순서를 잡고 구조화한다. 그리고 자료를 일정한 기준에 따라 범주화하는 과정도 이 단계에서 수행한다.

3) 분석단위 한정

사례연구 수행의 세 번째 단계는 분석단위를 한정하는 것이다. 연구자가 연구해야 될 문제를 어떻게 한정할 것인가에 대한 답을 줄 수 있어야 한다. 사례연구에서는 현상의 많은 유형들(단일사례/다중사례, 개인/집단)에 초점을 맞출 수 있다. 하지만 대부분의 사례연구는 개인이나 둘 이상의 쌍, 소규모 또는 대규모 그룹, 프로세스, 조직 등에 초점을 맞추며 프로그램, 기관, 기관의 작은 하위단위 등이 포함될 수 있다.

4) 자료수집

사례연구의 네 번째 단계는 사례자료를 수집하는 일이다. 자료수집은 다양한 방식이 있지만, 사회과학에서 가장 많이 이용되는 방식은 면접(interviews), 자연적 관찰(naturalistic observation), 내외부 문서분석(analysis of internal and external documents) 등이다.

면접(interviews)을 통해 사례연구를 위한 자료를 수집하는 방법도 몇 가지가 있지만 대표적으로 많이 사용되는 방법이 개인에 대한 심층면접(in-depth interviews)과 포커스집단면접이다. 개인면접은 조사자와 대상 또는 응답자 간의 대화를 통해 이루어진다. 포커스집단면접은 8명에서 12명으로 구성된 집단이 특정 주제와 이슈에 대해 개방적이고 자유롭게 토론하며 조사자는 단지 주제와 이슈에 대한 최소한의 방향만을 제시한다.

관찰(observation)에서 조사자는 우연한 사건과 행태들을 기록한다. 관찰은 현상을 보이는 그대로 기록 전달할 수 있다는 장점이 있는 반면 우연한 사건과 행태들이 일어날 때까지 기다려야 한다는 한계가 있다.

문서분석은 정부의 공식적 기록, 조직의 내부보고와 메모, 사례대상에 관한 외부 보고서와 기사 등을 통해 자료를 수집한다. 문서분석의 주요 장점은 상황에 구애받거나 간섭받지 않는다는 것이다.

5) 자료분석

모든 질적자료의 분석은 그림 16-4 에서 제시하는 6가지 국면으로 진행된다. 먼저 자료조직화 단계는 상호 배타적인 카테고리에 자료를 분류함으로써 자료의 부피를 줄이는 방법의 하나이다.

사례연구에서 연구자의 주요 책임은 원자료(raw data)가 연구질문에 답할 수 있는 근거로서 정보기능을 유지하는 데 있다. 사례연구의 자료분석에서는 최종 보고서를 작성하기 전에 다양한 견해를 찾고 각 견해와 자료에 대한 가중치를 부여하는 일이 중요하다.

【그림 16-4】 자료분석의 절차

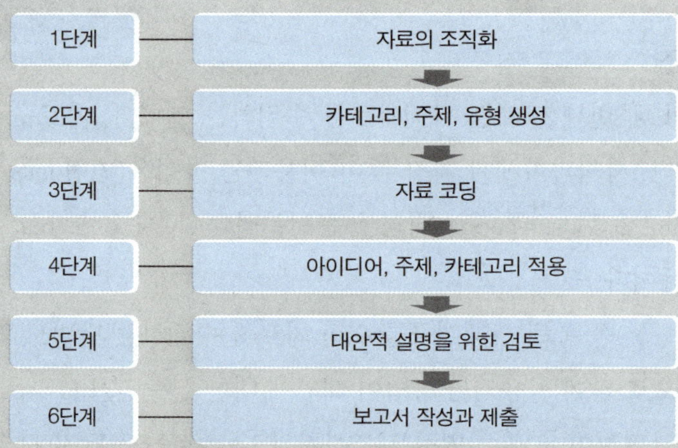

자료: McNabb(2002: 297)

6) 결과 비교와 보고서 제출

사례연구의 마지막 단계는 사례결과에 대하여 설득력 있는 설명을 이끌어 내는 것으로, 주요 개념과 연구목적들 간의 관계가 진술되어야 한다. 모든 정보는 사례를 이해하는 데 필수적이며 이런 정보들이 설명에 포함되어야 한다. 이 과정에서는 전형적으로 연구과정에서 발견한 행태와 사건들에 대한 연구자의 해석이 포함된다.

사례연구의 보고는 사실 중심으로 연구가 지각한 것을 분명하게 설명하는 것이다. 더불어, 연구결과와 관련되는 대안적 해석도 논의되어야 하며, 연구자가 이들 대안을 왜 채택하지 않았는지도 설명되어야 한다.

한편, 사례연구의 단계별 전략은 그림 16-5와 같다.

【그림 16-5】 사례연구의 단계별 전략

단계	연구전략
1단계 (연구설계)	• 연구문제의 정의 • 연구명제의 정립 • 분석단위 설정 • 자료와 명제를 연결시키는 논리개발 • 결과를 해석하는 기준설정
2단계 (자료수집 준비)	• 연구원(조사자) 자질 검토 • 사전교육 및 세미나 • 프로토콜 개발 • 후보사례심사 및 사례선정 • 예비사례연구 • 예비사례연구보고서 작성
3단계 (증거수집)	• 다양한 자료원에 대한 이해 • 두 개 이상의 자료원을 사용 • 증거제시 • 증거수렴 • 데이터베이스 구축 • 증거의 연결고리 만들기
4단계 (자료분석)	• 분석전략 세우기 • 분석기법 선택 • 분석결과 도출
5단계 (보고서 작성)	• 주 독자층 선정 • 보고서 구성체계 결정 • 보고서 작성 • 보고서 검토

자료: 신경식 외(2005)

제2절 역사적 비교연구

1. 역사적 비교연구의 개념

사회조사는 하나의 국가에서 일어나는 사회생활을 조사하는 것이 대부분이다. 그러나 역사적 비교연구(historical-comparative research)는 둘 이상의 연구대상에 대한 연대기적 사건 및 현상을 비교 연구하는 것이다. 여기에서 역사적이라 함은 하나의 연구대상을 종단면적 방법으로 연구하는 것이고, 비교연구라 함은 둘 이상의 연구대상을 횡단면적 방법으로 연구는 것이다. 그러므로 역사적 비교연구는 종단면적 연구와 횡단면적 연구를 결합시키는 연구방법이다. 역사적 비교연구자들은 일정기간에 걸쳐 조건이 변하는 것을 지켜보기 위해 인구, 범죄율, 실업률, 출생률, 사망률, 이혼율 등과 같은 시계열자료를 사용하기도 하고 이것을 지역별, 국가별로 비교하기도 한다.

역사적 비교연구는 세 가지 차원에서 접근한다. 첫째는 하나의 국가 혹은 여러 국가에서 일어나는 사건이나 현상이 무엇인가에 초점을 맞춘다. 둘째는 연구자가 시간(time)과 역사(history)를 어떻게 포함하느냐이다. 연구자는 과거에 일어난 단 한 번의 사건에 초점을 맞출 것인가, 여러 연도에 걸쳐서 횡단면적으로 접

표 16-2 역사적 비교연구의 접근 가능성

시간차원과 자료종류	비교차원		
	하나의 국가	몇 개 국가	다수국가
· 과거에 한 번			
양적	○	○	○
질적	○	○	○
· 시간교차			
양적	○	○	○
질적	○	○	○
· 현재			
양적	○	○	○
질적	○	○	○

근할 것인가, 최근에 일어난 사건을 연구할 것인가를 결정한다. 셋째는 연구자의 분석이 양적자료나 질적자료에 토대를 둔다는 것이다.

2. 역사적 비교연구의 특징

역사적 비교연구가 가지는 특징은 다음과 같다. (a) 불완전한 정보나 증거로부터 재조직화한다. (b) 사회적 상황 혹은 역사적 상황 밖의 요인들을 인식함으로써 분석결과의 일반화가 왜곡되는 것을 방지한다. (c) 조건들의 우연성과 요소들의 조합이 원인이라고 파악한다. (d) 원인을 비교하고 거시수준과 미시수준을 연계한다. (e) 어떤 상황에서 펼쳐지는 구체적인 특수성을 교차상황으로 이동한다.

3. 역사적 비교연구의 절차

역사적 비교연구의 수행과정은 반드시 엄격성을 요구하지 않으며 복잡하고 특별한 기법을 사용하지 않는다. 역사적 비교연구에 입각하여 연구수행을 하기 위해서는 다음과 같은 단계로 진행한다.

① 연구목적에 대한 개념화를 명확히 한다.
② 증거의 소재를 파악하고 수집한다.
③ 증거의 질을 평가한다.
④ 증거를 조직화한다.
⑤ 증거를 종합화한다.
⑥ 보고서를 작성 및 제출한다.

4. 역사적 자료와 증거

역사적 증거나 자료 유형은 1차소스, 2차소스, 연속기록, 회고록 등이 있다. 1차소스는 편지, 다이어리, 신문, 영화, 소설, 사진 등이 해당된다. 1차소스는 문서보

관소에서 찾을 수 있고, 개인 소장품, 집 안 벽장, 박물관에서도 찾을 수 있다. 1차 소스가 사실적이고 권위적이지만 시간적 한계가 있기 때문에 2차소스를 사용한다. 2차소스는 1차소스로 연구한 결과물을 이용하는 것이다. 연속기록은 조직이 생존하는 동안 일어나는 현황에 대한 파일이나 통계문서로 이루어진다. 회고록은 기억을 토대로 과거 생활이나 경험에 대해 개인이 쓴 글을 말한다.

5. 역사적 비교연구의 방법별 유형

(1) 사례비교연구

사례비교연구(case comparative study)는 일반화를 위한 것이 아니라 특별한 사회 또는 문화단위를 비교하는 데 초점을 둔다. 예를 들면, 중국의 비공식적 통제와 미국의 비공식적 통제 간의 차이는 무엇인가? 일본의 노인복지 유형과 한국의 노인복지 유형은 각각 무엇이고 어떤 차이가 있는가? 일본의 연금제도와 한국의 연금제도는 역사적으로 어떻게 변천되었나?

(2) 문화맥락연구

문화맥락연구(cultural-context research)는 사회유형 및 문화적 맥락을 연구하여 특정 행동과 결과를 가져오는지 연구하는 것이다. 예를 들면, 미국의 청소년 문화와 독일의 청소년 문화를 통해 청소년들의 여가활동이나 비행행동을 비교연구하는 경우이다.

(3) 상호국가연구

상호국가연구(cross-national research)는 분석단위가 국가이다. 상호국가연구는 여러 국가를 상호 교차하여 변수를 측정한다. 통계분석을 위해서 연구자는 최소한 50개 국가의 정보를 필요로 한다.

(4) 초국가적 연구

초국가적 연구(transnational research)는 제3세계와 같은 다양한 국가단위를 사용하며 OECD, APEC, ASEM, OPEC, EU 등과 같은 국가의 연합체를 분석단위로 설정한다.

6. 역사적 비교연구의 등가성

1) 등가성의 중요성

역사적 비교연구에서는 등가성(equivalence, 等價性)에 대한 고려가 있어야 한다. 등가성의 문제는 역사적 시기나 문화 등 횡단적으로 다른 상황을 비교하는 데서 비롯된다. 등가성, 즉 가치가 서로 같아야만 비교가능하다는 가정을 할 수 있는데 만약 등가성이 없다면 연구자는 동일한 개념을 사용할 수 없다. 등가성은 다른 상황을 상호 교차하여 비교연구할 때 다른 역사적 시기와 문화에 대한 자료를 정확히 읽고, 이해하고, 개념화하는 데서 비롯된다. 등가성이 없다면 연구자는 다른 문화와 역사적 기간에 대해 동일한 개념이나 측정을 사용할 수 없을 것이다(Neuman, 2000: 409).

2) 등가성의 유형

등가성의 유형은 어휘 등가성, 상황적 등가성, 개념적 등가성, 측정 등가성으로 구분된다(Neuman, 2000: 410-412).

(1) 어휘 등가성

어휘 등가성(lexicon equivalence)이란 단어, 어구를 정확히 번역하거나 같은 사물에 대해 같은 의미의 단어를 찾는 것이다. 예를 들면, 영어를 한글로 번역하고 다시 한글을 영어로 번역할 때 연구자는 첫 번째 영어와 두 번째 영어를 비교해 보는 것이다.

(2) 상황적 등가성

상황적 등가성(contextual equivalence)이란 다른 사회적·역사적 상황에서 용어나 개념을 정확히 적용하는 것이다.

(3) 개념적 등가성

개념적 등가성(conceptual equivalence)이란 다른 문화적·역사적 시기를 교차하여 동일 개념을 사용할 수 있는 능력을 의미한다. 연구자가 사용하는 개념은 경험에 토대를 두고 있으며 경험은 자신의 문화와 시대에서 학습한 지식이다. 따라서 연구자는 자신이 학습한 개념을 확대하려고 시도할 수 있지만, 또 다른 문화와 시기에 관한 견해는 현재의 생활상황과 거리가 멀 수 있다.

(4) 측정 등가성

측정 등가성(measurement equivalence)이란 다른 상황에서 같은 개념을 측정하는 것을 의미한다. 만약 연구자가 다른 상황에 적절한 개념을 개발한다면, 상황마다 개념이 달라질 것이다.

생각해 볼 문제

1. 사례연구의 장단점을 설명하시오.
2. 사례연구와 서베이조사를 비교 설명하시오.
3. 역사적 비교연구에서 등가성을 설명하시오.
4. 사례연구에서 종단면적 조사의 의미를 설명하시오.
5. 사례연구와 역사적 비교연구의 관계를 설명하시오.
6. 역사적 비교연구를 토대로 한국과 일본의 실업률, 출생률, 사망률, 이혼율 등을 비교 설명하시오.

제 17 장

근거이론과 실행연구

이 장의 개요

사회과학의 목적 중 하나는 인간의 행동을 일으킨 근거를 찾는 것이다. 이를 위해서는 인간행위의 다양성을 설명하고 해석할 수 있는 개념들을 발견하고 이들 개념 간의 관계를 구성하는 것이 필요하다. 또한 개인의 행동은 지역사회, 집단, 조직 행동에 영향을 미치기 때문에 이들 행동의 변화를 주도하는 원인을 살펴보는 것도 중요하다. 전자의 경우가 근거이론에, 후자의 경우가 실행연구에 해당하는데 이 장에서는 근거이론과 실행연구를 살펴본다.

제1절 근거이론

1. 근거이론의 의의

1) 근거이론의 개념

연구방법론에 있어서 1960년대 후반에 소개된 근거이론(grounded theory) 접근법은 모든 사회과학 분야의 연구자들에게 관심을 불러일으킨 방법론이다. 근거이론의 창안자 중 한 사람인 Glaser(1999)는 근거이론을 자료의 체계적인 수집에서부터 여러 개념적 이론의 창출에까지 적용할 수 있는 질적연구방법이라고 하였다. 근거이론은 말 그대로 이론을 만들 때 경험자료를 그 근거로 하는 방법론이다(윤견수, 2013: 168). 근거이론의 방법론은 기존의 계량 중심 실증주의적 연구방법의 한계를 극복하고자 제시된 방법으로, 분석대상이 되는 현상에 대해 최대한 있는 그대로 분석하여 귀납적인 현상의 구조를 형성하고자 하며, 이를 위해 필요한 지침과 절차를 제공하고 있다. 근거이론은 '현실에 기반을 둔 자료(data)에 근거(grounded)'하여 '귀납적 발견의 맥락'에서 '이론'을 도출하는 질적연구의 방법론이다(권향원, 2016: 184).

근거이론은 전통적 질적방법론으로서 연구의 산출물로 '이론'(theory)을 목적으로 삼는다는 점에서 다른 질적연구방법들과 차별된다(권향원, 2016: 191). 근거이론은 미리 정해진 이론적 틀이나 변수를 통한 분석이 아닌, 관찰과 질문을 통해 수집된 자료로부터 개념을 발견하고 범주화하여 이론을 만들어나가는 귀납적 연구방법이다. 자료수집과 분석과정을 병합한다는 점에서 다른 연구방법과 차별성이 있으며, 특정상황에 대한 객관적 분석보다는 개인의 심리적 반응에 초점을 둔 연구에 적합하다(이자은, 2019: 27).

근거이론의 방법론은 상징적인 상호작용론(symbolic interactionism)에 바탕을 두고 전개되었다. 인간의 모든 사회적 행위는 행위자가 자신을 둘러싸고 있는 상황들을 주시하고 해석하며 평가하는 과정을 통해 이루어진다고 하여 인간을 적극적 개체로 간주하는 적극적인 인간관을 제시하고 이를 방법론에 적용시킨 것이 근거이론이다. 이러한 철학적 배경을 근간으로 하는 근거이론 방법론은 인간 행위의 상호작용의 본질을 파악하고 개념화하는 것에 주안점을 두고 있다.

근거이론 방법론은 일련의 체계적인 과정을 통하여 어떤 현상에 대해 귀납적으로 이끌어진 하나의 이론을 발전시키는 질적연구방법이다. 근거이론 방법론은 대상자의 표현 속에서 대상자가 의미 있게 받아들이고 있는 주요 사건이나 문제점을 대상자의 관점에서 파악하려는 연구방법론이다. 근거이론 방법론은 연구하고자 하는 영역에서 보이는 행위의 다양성을 설명하고 해석할 수 있는 개념들을 발견하고 이들 개념 간의 관계를 만들어 낸다. 따라서 연구자는 근거이론 방법론을 통하여 대상자의 주요 문제를 찾아내고, 이들로 지속적으로 문제를 해결해 나가는 기본적인 사회과정(basic psychological process)을 발견할 수 있다는 것이다.

사회과학 연구에서 근거이론이 가지는 귀납적인 접근방법은 연구자가 대상이 되는 현상들에 대한 철저한 경험에서 출발해야 하며, 경험에서 추출된 자료에 확고하게 근거를 둔 현상의 구조에 대한 파악을 추구한다. 나아가 근거이론은 연구자에게만 유용한 것이 아니라 탐구되고 있는 사회적 실천과 관련된 사람들에게도 유용해야 된다는 점을 강조한다.

상징적 상호작용론의 3가지 기본 가정은 다음과 같다.

① 사람들은 사물의 의미에 기초하여 행동을 하며
② 사물이 갖는 의미는 사회적 과정을 통해서 형성, 변형되고 유지되며
③ 사람들은 해석적 과정을 통해서 사물의 의미를 사용한다.

2) 근거이론의 접근법

근거이론 방법은 연구대상자와의 면담, 현장관찰, 문서분석, 비디오 분석, 현장 노트 등을 통해 자료를 수집하는 측면에서 다른 질적연구방법과 유사하다. 또한 다른 질적연구방법과 마찬가지로 경우에 따라 양적자료와 질적자료, 그리고 분석방법 모두를 활용한다.

근거이론의 2가지 접근방법을 살펴보면, 첫째 연구자가 선행이론을 정교화하

거나 수정하거나 수정하려는 의도 없이 연구 전에 이론을 정립하지 않은 상태에서, 수집되는 자료로부터 이론이 생성되도록 하는 접근방식이다. 즉, 연구자가 여러 단계와 절차를 거쳐 자료 수집과 분석, 그리고 수집된 정보 간의 내적관련성(interrelationship)을 비교 분석함으로써 새로운 이론을 도출해 내는 접근방법이다.

둘째, Strauss(1987)가 제시한 바와 같이 현장을 연구하는 데 근거가 되는 이론으로부터 연구가 시작되어 수집된 자료를 중심으로 이론을 생성하거나 근거가 되는 이론을 수정·보완·재해석하며 이론을 도출하는 방법이다. 이 방법은 선행연구를 기초로 하는 이론을 근거로 연구를 수행하며 관련성과 상치되는 점을 비교하는 작업을 포함하고, 기존의 이론을 중심으로 일어나는 사회현상을 비교분석하여 기존의 이론을 보완하거나 수정하는 방법이다. 이 과정에서 중요시 여겨지는 부분은 연구대상자의 '견해'가 반드시 포함되는 것을 전제로 한다.

2. 근거이론의 절차

근거이론의 절차는 다음과 같이 두 가지로 제시될 수 있다. 하나는 Lee(1999)가 제시한 8단계로 각 단계에서 지속적으로 카테고리를 비교하는 것을 강조하고 있으나 Strauss & Corbin(1998)이 제시한 축코딩(axial coding) 단계는 포함되지 않았다. 이에 반해 Strauss & Corbin(1998)이 제시한 7단계의 모델은 방법(method)이 개발되고 반복되는 과정이라는 점이 약간 다르다고 볼 수 있다.

두 번째 근거이론의 연구절차는 **그림 17-1** 과 같이 7가지 단계로 이루어진다(Glaser, 1992; Strauss & Corbin, 1998; McNabb, 2002: 305-314).

(1) 관심 주제 확인

근거이론 방법론에서 첫 번째 단계는 연구자가 연구자의 경험, 현장 등의 어느 분야든 간에 연구자의 관심분야에서 주제를 생각할 수 있다.

[그림 17-1] 근거이론 연구수행을 위한 Lee(1999)의 모형

1단계	연구자가 관심분야의 아이디어, 문제, 개념을 세운다. 아이디어는 연구자 자신의 경험, 몇 가지 주요 면접 또는 문헌분석에서 도출할 수 있다.
2단계	아이디어, 문제, 개념이 창의적으로 탐색되면, 연구자는 현상과 이들 요인들의 관계성을 위한 토대개념을 제안한다.
3단계	연구자는 실제 자료를 비교함으로써 처음으로 연계성을 시험한다.
4단계	연구자는 이론을 검증하는 첫 번째 단계로서 현상개념을 계속적으로 비교한다.
5단계	자료를 계속 분석하고 새로운 반대개념을 검증함으로써 핵심개념을 구축하기 위한 개념을 통합, 단순화, 축소한다.
6단계	연구자는 이론적 메모(가능한 모든 연계성과 이론적 설명을 자세하게 말하려는 예비시도)를 준비한다. 이 단계는 계속적인 검증과 적절한 이론으로 수정하기 위한 준비절차이다.
7단계	연구자는 계속 자료를 수집하고 카테고리와 특징별로 자료를 코딩한다. 또한 자료들에 대한 이론적 해석을 산출한다.
8단계	최종보고서를 준비한다. 근거이론연구에서는 분리하거나 물리적인 과정으로 단순화시킬 수 없다. 대신에 연구과정의 주요과정으로 제시해야 한다.

(2) 연구목적 결정

근거이론 방법론에 입각하여 생각할 수 있는 주요 연구목적은 다음과 같은 내용을 포함한다.

① 증거의 정확성 평가
② 경험에 입각한 일반화 확립
③ 개념 확인
④ 기존 이론의 증명

⑤ 이론 개발

(3) 연구대상의 선정

연구자는 어떤 사람으로부터 획득된 정보를 활용할 것인지를 결정해야 한다. 근거이론 방법론에 있어서 연구대상 선정은 무작위보다는 표본의 대표성(representativeness of the sample)을 확보하는 데 관심을 두어야 한다. 연구대상의 선정은 연구주제에 대한 정보를 가장 잘 나타낼 수 있는 곳(원천)에서 찾아야 한다.

(4) 자료수집

근거이론 방법론에 있어서 자료수집은 특별한 방법으로 한정하고 있지 않다. 하지만 대부분의 연구자는 대인면접, 자연적 관찰, 이야기, 문서나 작성된 보고서의 분석을 이용한다. 근거이론 방법론은 사회조사(양적조사, 질적조사)에서 수집되었던 자료가 이용될 수도 있다.

(5) 자료의 개방코딩

코딩(coding)은 개념, 카테고리, 특징들에 대해 어떤 의미를 부여하는 과정이다. 코딩은 개념을 발견하고 이를 발전시키기 위해 자료를 해체하고 통합해 나가는 절차이자(이자은, 2019: 28), 자료가 보여주는 핵심적인 주제와 관계적 패턴을 축약·표현하여 자료를 정보로 변환하는 작업이다. 즉, 인터뷰 등의 귀납적-질적 방법을 통해 얻어진 자료의 세트를 이론의 구조적 완결성을 갖춘 정보로 재구성하는 작업을 의미한다(권향원 외, 2011: 284-285). 예를 들어, 공무원의 임용과 승진을 설명하기 위한 기존의 이론들이 실적과의 상관관계만을 제시하고 있을 때, 한 연구자가 한국 공무원에 대해 인터뷰한 결과 온정주의와 연고주의가 공무원의 임용과 승진에 영향을 미친다는 점을 발견했을 경우, 이 자료는 코딩을 통해 공무원의 임용과 승진을 설명하기 위한 온정주의와 연고주의라는 개념들로 요약적으로 제시될 수 있다. 또한, 온정주의와 연고주의가 임용과 승진에의 인과적 영향이 확인되었을 경우, 이들 간의 관계적 구조 역시 코딩을 통해 표현될 수 있을 것이다(권향원 외, 2011: 184-185).

양적연구와 비교하여 코딩의 특징은 다음과 같다. 양적연구에서 코딩은 수집한 자료를 숫자로 입력하는 절차를 의미하는 것이 일반적이다. 가령, 신문 등의 미디어 자료를 분석하는 경우 내용분석(content analysis)을 통해 원하는 개념적 키워드의 빈도를 측정하여 입력하거나, 혹은 설문지의 경우 응답의 값들을 입력하는 과정을 의미한다. 일반적으로 양적-분석적 연구에서의 코딩은 다분히 무의식적인 과정이다. 즉, 코딩과정에 연구자의 주관이 개입될 여지는 없으며, 자료의 입력과정 및 절차는 가능한 중립적이고, 기계적으로 이루어지는 경우가 대부분이다(권향원 외, 2011: 285). 그러나 질적연구에서 코딩은 연구자의 주관이나 가치판단이 개입되고 입력과정에서 편견을 배제하기 어렵다. 이와 같은 한계 및 오류를 줄이기 위해서는 무엇을, 어떻게 코딩할 것인지에 대한 명확한 틀과 기준이 사전에 확립될 필요가 있다.

이 단계에서 코딩방법은 개방코딩과 축코딩이 있다.

개방코딩(open coding)이란 면접 등을 통해 얻은 자료를 해체하고 비교하여 개념화하며, 개념들을 서로 비교하여 범주로 묶는 과정이다. 축코딩(axial coding)이란 개방코딩을 통해 생성한 범주들 간에 서로 연합관계를 만들면서, 개방코딩 후에 새로운 방식으로 자료를 다시 조합하여 범주를 생성하고, 이렇게 생성한 범주들 간의 인과 및 전후관계, 중재 및 맥락 관계, 작용 및 상호작용 전략 그리고 결과를 이끌어 내는 코딩이다.

다음 **표 17-1** 은 원자료(raw data)를 위해 코드를 개발하는 방식이다.

표 17-1 개념적 카테고리에 의미를 생성하는 방법

1. 계산	7. 개괄 잡기
2. 패턴, 주제	8. 요인화
3. 그럴듯한 일 찾기	9. 관계성
4. 군집화	10. 매개변수 발견
5. 은유 만들기	11. 증거의 체인 연결하기
6. 변수 쪼개기	12. 이론적 일관성

자료: Miles & Huberman(1984: 215); McNabb(2002: 312)에서 재인용

(6) 자료의 이론적(선택적) 코딩

이론적(theoretical) 또는 선택적 코딩(selective coding)이란 일정한 범주와 구조에 따라 자료를 처리하고 개념적 카테고리의 등급과 순서의 중요도를 확립하는 것을 말한다. 선택코딩(selective)이란 중심카테고리를 선택하는 과정으로, 중심카테고리를 다른 카테고리에 체계적으로 연관시키고 그들의 관련성을 확인하여 카테고리들을 통합집중화하는 코딩이다. 연구자는 많은 카테고리 중에서 가장 강력하고 중요한 카테고리를 평가해야 한다. 모든 자료가 중심카테고리로 분류될 때까지 이런 작업을 계속한다.

이 단계는 다음과 같이 구체적인 단계를 거치게 된다.

① 예비(공개) 카테고리는 첫 번째로 수집된 자료로 이루어진다.
② 일반적이고 광범위한 카테고리는 예비 그룹화를 포함한다.
③ 카테고리들을 더욱 세련되고 명확히 한다.
④ 핵심 카테고리의 세트를 최종적으로 수용한다.
⑤ 자료를 분석하면 그 결과는 핵심 카테고리의 특징과 차원에 따라 할당한다.
⑥ 계속적인 비교를 통해, 코딩의 특징과 차원의 수정이 필요하면 코딩계획을 변경할 수 있다.
⑦ 이론적 코딩의 목적은 자료에서 발견된 집합체에 따라 카테고리와 그들의 특성 간의 관계를 확인하는 일이다.

(7) 이론개발

이 단계는 앞선 모든 활동이 완성되는 과정이다. 즉, 자료에 근거하는 이론을 형성하는 단계이다. 근거이론 방법에서 제시되어야 할 이론의 주요 특징은 다음과 같다.

① 이론은 주제와 가장 적합해야 한다.
② 이론은 이해 가능해야 하며 연구의 관련자들에게 유용해야 한다.

【그림 17-2】 근거이론의 연구과정

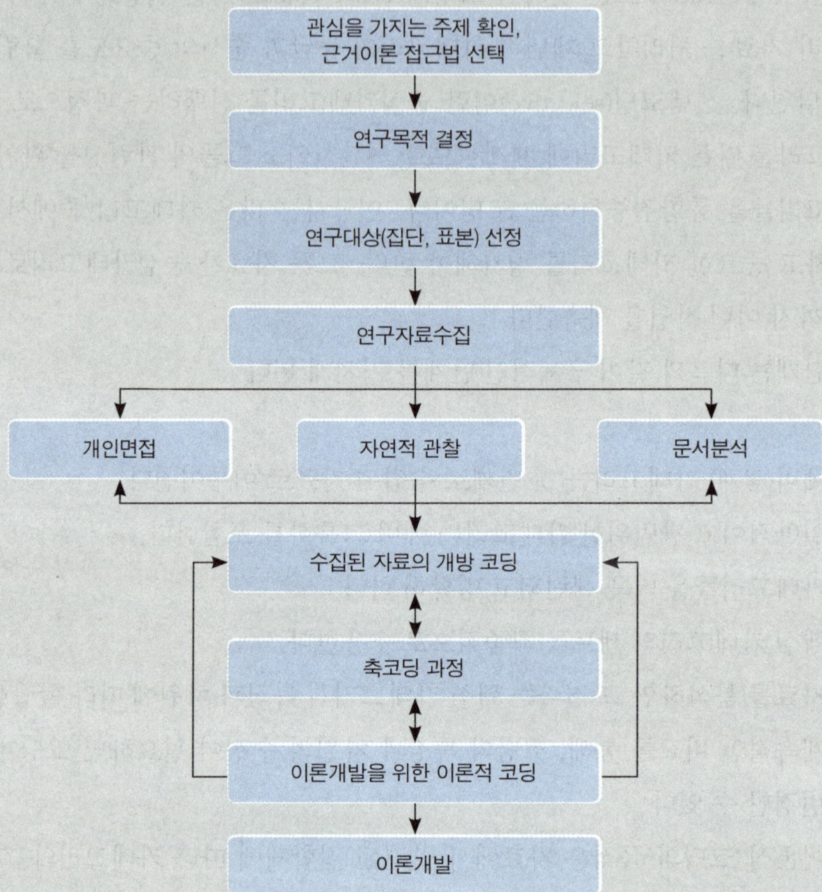

자료: McNabb(2002: 307)

3. 근거이론의 고려사항

근거이론 방법론은 기본적으로 오랫동안 노력이 집중되어야 하며 시간이 많이 소요되는 과정이다. 또한 자료수집에 있어서도 이론적 표본추출에 기반을 둔 각 자료들로 복합적인 파동을 수반하게 되며, 이론적 포화가 성취될 때까지 반복과정은 지속되어야 한다. 이 모든 것을 고려할 때 연구자는 연구의 실질적 자원들이 뒷받침되지 않는다면 근거이론의 접근에 신중을 기해야 하고 가능한 접근을 피하는 것이 좋을 것이다(Lee, 1999: 50; McNabb, 2002: 314에서 재인용).

제2절 실행연구

1. 실행연구의 개념

실행연구(action research)는 사회시스템, 즉 구성원으로 형성된 집단을 포함하고 있는 지역사회, 조직, 집단에서 어떤 변화(change)가 주도되고 있는가를 살펴보는 질적연구방법의 하나이다. 실행연구에서는 집단에 영향을 미치는 문제, 집단의 기능방식을 조사하고 변화를 필요로 하는 구성원들에게 도움을 주고자 한다.

실행연구의 선구자는 Lewin(1948)로, 그는 사회집단(social group)에서 실질적 문제를 해결하는 접근법으로 이것을 제시하였다. 실행연구는 귀납적 접근방법으로 사회문제의 이해를 증대시키는 데 초점을 두며, 구성원들 간의 협력적 노력(collaborative effort)을 통해 집단 내에서 사람들이 어떻게 기능하는가를 살펴봄으로써 집단의 변화와 개선을 이루고자 하는 데 초점을 둔다(Kuhne & Quigley, 1997).

2. 실행연구의 접근모형

오늘날 실행연구의 모델은 **그림 17-3**과 같이 전통적 실행연구, 참여적 실행연구, 임파워먼트 연구, 페미니스트 연구 등 5가지로 구분된다.

(1) 전통적 실행연구

전통적 실행연구(traditional action research)의 주요 목적은 지역사회와 같은 역기능적 사회제도(dysfunctional social institutions)의 변동에 도움을 주고자 하며 이론과 지식의 일반적 축적에 기여하고자 하는 데 있다.

【그림 17-3】 실행연구 모형의 체계도

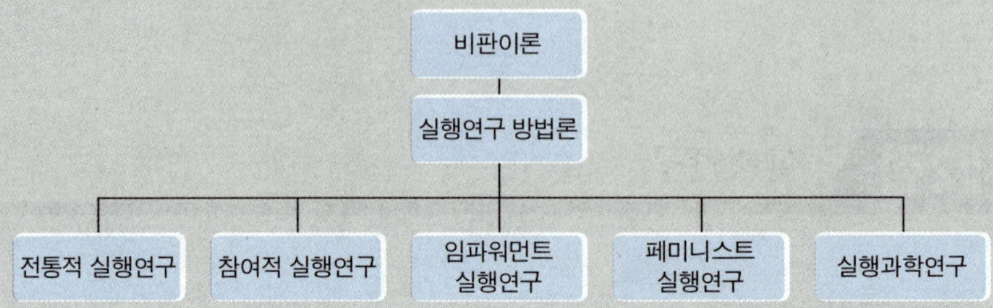

자료: McNabb(2002: 348)

전통적 실행연구가 갖는 특징은 다음과 같다. 첫째, 수집된 자료는 어떤 유형을 가질 수 있고 구조화된 서베이 설문지, 단순면접, 비구조화된 대인면접이나 포커스집단면접과 같은 여러 가지 방법으로 수집될 수 있다. 둘째, 실행연구는 사회문제가 발생하고 있는 장소와 상황에서 수행되며 보통 표본보다는 전체 집단이나 모집단 자체를 대상으로 한다. 셋째, 실행연구는 단일사례나 조직적 단위에 초점을 맞춘다. 넷째, 실행연구에서는 집단구성원들 즉 연구대상자의 협력을 필요로 한다.

(2) 참여적 실행연구

참여적 실행연구(participatory action research)의 주요 목적은 사회의 근본적 변동에 영향을 미치는 효과를 살펴보는 데 있다. 참여적 연구에서 참여자들은 책임감을 가지고 연구 전체의 설계, 자료수집, 분석, 그리고 결론에 이르기까지 참여하게 된다.

참여적 실행연구가 갖는 특징은 집단이나 지역사회의 사람들에게 권한위임을 강조하며 가능한 그들이 연구를 통제할 수 있어야 한다는 것이다. 여기에서 연구자 역할은 연구의 다음 순서에 따라 참여자들을 안내하는 것이다.

(3) 임파워먼트 연구

임파워먼트 연구(empowerment research)는 인구통계학적 특징이나 신체적·감정적 장애로 배제된 개인이나 집단에 관심을 두며 전형적으로 정신건강, 시민관여, 지역사회프로그램 분야의 이슈를 다루는 데 적합하다. 임파워먼트 연구는 사회, 조직, 지역사회에서 침묵하고 있는 사람들이나 따돌림을 받고 있는 사람들의 집단 상황이나 그런 상황이 조성되는 배경에 관심을 가진다. 연구자는 따돌림을 받고 있는 사람들을 이해하기 위해 지각되고 있지 않은 집단의 강도와 자원들을 확인하게 된다. 권한이 위임된 집단구성원들은 집단에 영향을 미치는 내외적 영향력을 갖는다.

(4) 페미니스트 연구

페미니스트 연구(feminist research)는 남성의 우월성, 여성과 남성 간의 사회적·정치적·경제적 평등에 관심을 두고 페미니스트의 의제를 진척시키는 데 초점을 맞춘다. 페미니스트 연구에서는 사회적 변동, 참여자(여성)의 권리를 회복을 통해 참여자의 생활의 질을 높일 수 있다고 본다.

페미니스트 연구자들은 억압을 극복하고 여성에게 권한을 부여하며 사회구조의 변모를 가져올 수 있는 가치를 공유하는 데 관심을 두고, 이런 연구가 지향하는 지식의 근본적 본질은 사회참여가 보장된 변화와 변혁에 있다고 한다(Small, 1995: 947).

(5) 실행과학 연구

실행과학 연구(action science research)는 특히 개입방법(intervention method)이라고도 하는데, 실행(action)을 안내하는 근본적인 믿음(beliefs)을 조사함으로써 개인 간, 조직 간 효과성을 향상시킬 수 있는 아이디어에 기반을 둔다(Raelin, 1997). 이 접근법은 참여자의 개입(intervention)을 통해 문제가 진단된다고 보고, 참여자의 개입을 통해 문제상황을 지각하고 문제에 대한 대안을 창출하는 일종의 아이디어 발굴기법이다. 실행과학 연구는 실행학습(action learning), 실행조사, 혁신실행연구와 같은 의미도 사용된다.

3. 비판이론과 실행연구

철학적으로 볼 때, 실행연구는 연구접근법에서 비판이론(critical theory)과 밀접하게 관련된다. 즉, 삶의 방식, 사회화, 집단기능의 개선방식을 찾아 사람(클라이언트)들에게 도움을 주기 위한 목적으로 사회조직에 있어서 개입(intervention)을 모색한다. 이렇게 두 접근법은 유사한 목적을 가지고 있지만 다른 국면에서 차이점을 보인다. 비판이론과 연구는 막스(Marx)와 프로이드(Freud)의 해방적(emancipatory)인 관점으로부터 전개되어 하버마스(Habermas)와 프랑크푸르트학파(Frankfurt school)로 이어져 온 데 반해, 실행연구는 레윈(K. Lewin)의 참여적 민주주의(participatory democracy)와 존 듀이(J. Dewey)의 교육시스템 연구에 뿌리를 두고 있다.

프랑크푸르트학파는 전통적 인식론(epistemology)의 입장에서 불만족을 표현하는 철학자들의 집단이며 사회과학에서 새로운 철학을 구성해야 된다고 하는 실증주의적 이론가들이다. 이것이 오늘날 새로운 과학철학이라고 일컫는 후기실증주의(post positivism)이다. 후기실증주의 한 분야와 연관된 새로운 이론의 형태가 비판이론이다. 하지만 비판이론은 전통적 실증주의 이론과 다음과 같은 3가지 근본적인 차이점을 가진다(Geuss, 1981: 1-2).

첫째, 비판이론은 사람들을 계몽하고 인간행동을 인도한다.

둘째, 비판이론은 지식을 형성하는 데 기여한다.

셋째, 비판이론은 자연과학은 물론 인식론의 토대와 다르다. 즉, 비판이론은 숙고적(reflective)인 데 반해 자연과학의 이론은 실증적(objective)이다.

비판연구는 사회시스템에서 살아가는 인간들이 해방되기 위해 사회를 변화시키는 방법들을 스스로 발견하는 데 도움을 준다는 것이다. 반면 실행연구는 집단기능방식의 개선을 가져오기 위해서는 집단에 참여하는 것을 강조하고 있다. 결국 비판연구와 실행연구 접근법의 공통점은 사회변화(social change)를 가져오는 데 초점을 맞춘다는 것이다.

4. 실행연구의 적용 분야

실행연구는 다음과 같이 다섯 가지 분야에 적용해 볼 수 있다(Argyris et al., 1985: 8-9).

첫째, 협력을 통해 문제를 해결하려는 경우이다. 실행연구는 프로세스(process)를 다루며 실제 사회시스템의 변화를 가져오는 데 노력한다. 특별한 문제에 목표를 두고 문제해결을 바라는 조직이나 집단을 지원한다.

둘째, 문제를 확인, 기획, 실행하는 데 도움을 준다. 실행연구는 문제의 확인, 기획, 실행, 평가라는 반복적인 순환을 통해 진행된다.

셋째, 교육과 재교육에 적용될 수 있다. 사회집단과 조직의 변화는 구성원들의 교육과 재교육 과정을 포함한다.

넷째, 민주적 참여와 실행에 기여한다. 집단행동과 효과성을 개선하기 위해서는 민주적 실천을 위한 아이디어의 발상이 요구된다.

다섯째, 이론구축과 실제응용에 기여한다. 실행연구의 주요 목적은 이론 개발을 통해 사회과학의 기본지식을 확장시키고 사회조직의 실행을 개선하는 데 기여하는 것이다.

5. 계획된 변화의 이행단계

실행연구는 연구자가 의도하는 변화를 가져오는 접근방법이다. 의도하는 변화를 수행하는 절차는 다음과 같다(Schmck, 1997; McNabb, 2002: 356-358에서 재인용).

(1) 1단계

1단계에서는 문제를 안고 있으면서 변화의 대상이 되는 개인이나 집단을 확인한다. 특히 이 단계에서는 조직의 효과성을 방해하거나 좌절을 조장하는 기능적 장애요소를 확인하는 것이 중요하다.

(2) 2단계

2단계에서는 상황과 관련된 자료를 수집한다. 현재 상황에 대한 자료를 수집하고 참여자의 아이디어를 이끌어 낸다. 가능한 자료는 다른 많은 원천과 내외부로부터 수집되는 것이 좋다.

(3) 3단계

3단계에서는 수집된 자료로부터 상황을 진단한다. 예를 들어, 연구팀은 집단토론자료와 설문지 자료를 결합하는 예비분석을 수행한다. 이 단계에서는 임시자문위원회를 만들어 구성원들에게 정보를 공유하도록 하고 해석을 권유한다. 모든 자료가 수집되고 연구팀과 집단참여자의 합의가 이루어지고 복합적인 진단보고가 마련된다.

(4) 4단계

4단계에서는 연구자와 참여자가 조직적 이슈를 해결하고 변화의 장애요소를 제거하기 위해 계획과 실행단계에서 협력한다.

(5) 5단계

5단계에서는 계획이 실제 실행으로 변환되어야 한다. 연구자의 역할은 변화된 모습을 내부적으로 분석하는 일이다.

(6) 6단계

6단계는 평가단계이다. 이 단계에서는 세부적으로 다음과 같은 6가지가 고려되어야 한다.

① 평가하게 될 변화의 목표를 분명히 한다.
② 설계된 핵심활동을 중심으로 조직적 또는 사회적 문제를 분석한다.
③ 변화활동을 정의하고 설명한다.
④ 관찰된 변화가 활동으로 비롯된 것인지 아니면 다른 어떤 원인에서 비롯된

것인지를 결정한다.

⑤ 효과를 표시한다.

(7) 7단계

7단계에서 실행연구의 종국적 목적은 연구대상 집단이나 조직의 변화가 제도화되는 것이다. 추가적인 변화가 필요하다면 사정하고 이 과정을 반복해서 수행한다.

【그림 17-4】 계획된 변화이행단계

1단계	변화의 대상이 되는 개인이나 팀/집단을 확인한다.
2단계	현재 상황에 대한 자료를 수집하고 참여자의 아이디어를 이끌어 낸다. 가능한 자료는 다른 많은 원천과 내외부로부터 수집되는 것이 좋다.
3단계	수집된 자료를 토대로 상황에 대해 협력적인 진단을 수행한다.
4단계	연구자와 참여자는 현재 상황에 변화를 가져올 수 있는 계획을 수립하고 아이디어를 적용하고 따라한다.
5단계	계획이 실제적인 행동변화의 노력으로 변환되도록 한다.
6단계	실행이 평가되고 변화노력을 계속할 것인지 결정해야 한다.
7단계	실행의 종국적 목적은 변화가 제도화되는 것이다. 추가적인 변화가 필요하다면 사정하고 이 과정을 반복해서 수행한다.

자료: Schmuck(1997: 143)

6. 실행연구의 수행절차

실행연구는 세 가지 국면, 여섯 단계로 진행된다(Kuhne & Quigley, 1997; McNabb, 2002: 360-364).

첫 번째 국면은 계획으로, 문제를 확인하고 이해하며 문제를 정의하고 개입을 제안하며 측정도구를 개발한다. 두 번째 국면은 실행 국면으로, 비판적 과정이다. 세 번째는 숙고 국면으로, 평가와 변환으로 이행하게 된다.

먼저, 계획(planning) 국면에서는 문제를 식별하고 이해하며, 실행연구프로젝트의 계획을 세우고 어떤 측정도구를 사용할 것인지를 결정해야 한다. 이 국면에서 (a) 첫 번째 단계는 문제를 식별하고 이해하는 것과 그것의 원인을 인지하기 위해 집단구성원을 대상으로 광범한 면접을 수행하는 것을 포함한다. 문제에 대한 연구자의 인지는 참여자의 관점에서 하는 것이 더욱 중요하다. 또한 연구자는 문제의 일부만을 알고 있을 수도 있다. 이 단계에서 정보는 참여자나 다른 연구자들의 브레인스토밍(brainstorming)을 통해, 출판된 전문서적을 통해, 탐색 또는 집단 관찰을 통해 수집된다. 연구자와 집단참여자들은 문제가 연구할 충분한 가치가 있는지를 결정해야 한다. (b) 다음 두 번째 단계는 프로젝트를 한정하고 계획을 수립하는 일이다. 계획에서 가장 중요한 것은 문제를 어떻게 다룰 것인가를 결정하는 일이다. 협력적 연구활동에서 이 단계는 참여자들이 개입할 문제에 동의하고 행동을 위한 집단을 조직하며 참여자들이 실행 국면에 어떻게 관여할 것인지 합의에 이른다. 이 단계의 연구활동에서는 집단구성원들 사이에 수락될 수 있는 변화의 준비지수가 생성된다. (c) 계획 국면의 세 번째 단계는 측정도구를 결정하는 일로 실행연구에서 진단단계이다. 만약 향상된 기법과 도구를 필요로 한다면 벤치마킹을 해야 하며, 벤치마킹은 분명하고 설득력 있게 설명되어야 한다. 이 단계에서는 실행연구의 평가단계에서 무엇을 측정해야 할 것인가를 분명히 하고 언제 측정할 것인가도 결정해야 하며 평가하기 전에 실험개입기간도 정해야 한다. 여기에 대한 대답은 문제의 우선순위와 참여자의 관여정도에 따라 달라질 수 있다.

실행연구의 두 번째 국면은 변화의 이행이다. (d) 이 단계에서 집단구성원들은 임무를 부여받는다. 연구자의 역할은 조언을 요구받으면 방법론을 제공하는 것이나 실행의 리더나 충동자가 되어서는 안 된다. 이 단계에서 연구자의 또 다른 중요한 역할은 집단이 최초 계획에 따라 움직일 수 있도록 유지하는 일이다. 만약 개입과 변화가 적절하지 못한 경우 계획을 수정해야 한다면 전체 시스템을 되풀이해야 한다.

실행연구의 마지막 국면은 숙고로 평가결과와 변화가 집단이나 조직으로 변환되었는가를 살펴보는 것이다. (e) 먼저 평가단계에서는 실행 국면과정에서 수집된 모든 자료를 이용한다. 연구자는 문제와 개입에서 나타난 자료를 평가하기 위해 집단참여자들을 면밀히 살펴봐야 한다. 그리고 여기에서는 어떤 수준을 성공기준으로 삼을 것인가도 결정해야 한다. 만약 문제가 해결되었다면 프로젝트는 종료되어야 하고 그렇지 않다면 연구절차를 반복해야 한다. 실행연구의 사이클은 바람직한 변화를 가져오고 작동될 때까지 지속되어야 한다.

(f) 실행연구의 마지막 단계는 전체 과정에 대한 최종보고서를 참여자와 연구자가 함께 작성하는 것이다. 보고서는 완전해야 하며, 모든 사람들이 이해하기 쉬운 형태로 작성되어야 하고 집단과 조직의 변화에 대한 이론적 지식과 실행연구의 과정이 포함되어야 한다.

표 17-2 실행연구 수행절차

국면	단계
계획(planning)	문제(problem)
	기획(planning)
	측정(measures)
실행(action)	이행(implementation)
숙고(reflection)	평가(evaluation)
	전이(transition)

생각해 볼 문제

1. 비판이론과 실행연구를 비교 설명하시오.
2. 근거이론과 사례분석, 근거이론과 내용분석을 각각 상호 비교 설명하시오.
3. 주변에서 실행연구에 적합한 문제를 찾아 부문과 대상이 적합한지 제시하시오.

제 18 장

연구한계와 연구윤리

제1절 연구한계

제2절 연구윤리

이 장의 개요

지금까지 사회과학 연구조사에 관한 전반적인 틀과 방법을 살펴보았다. 사회과학의 연구대상이 인간행동에서 비롯된 사회현상(사회문제)이기 때문에 연구과정이나 접근이 올바르지 않거나 비윤리적이어서는 안 된다. 사회과학 연구는 건전한 사회공동체에 기여하여야 하므로 사회구성원들이 동의하고 수용하기 곤란한 연구방법이나 수단을 적용하는 것은 오히려 사회과학 연구가 지향하는 목적과 배치되는 것이다. 사회과학의 종국적 목적이 바람직하고 긍정적인 결과를 낳기 위하여, 문제를 일으키는 원인들을 발견하고 그에 따른 처방책을 제안하는 것이기 때문에 이와 배치되는 연구과정이나 접근은 지양되어야 한다. 이 장에서는 사회과학 연구의 한계와 연구윤리를 살펴본다.

제1절 연구한계

사회과학은 사회문제를 해결하여 인간의 삶의 질을 향상시키기 위한 지식을 체계화하는 것이며, 사회과학 연구는 사회현상을 체계적으로 탐구할 수 있도록 하는 방법과 과정 및 절차를 안내하게 된다. 그러나 사회과학 연구를 실제로 수행하는 데는 다음과 같은 한계가 있기 때문에 연구자는 이런 한계를 극복할 수 있도록 연구설계를 구축해야 하며 그에 따른 연구전략을 수립해야 한다.

(1) 경험적 인식의 제한성

사회과학 연구는 사회현상에 대한 경험적으로 인식된 내용만을 포함하는데 인간의 경험적 인식의 범위는 한계가 있다. 예를 들어, 범죄를 예방하기 위해 이상행동을 관찰하는 경우 어떤 행동은 이상행동이고 어떤 행동은 정상행동인지에 대한 인식의 기준이 관찰자마다 다를 수 있다.

(2) 시간과 비용의 제약

사회과학 연구는 정해진 연구기간에 한정된 비용으로 수행해야 한다. 문제를 정확히 인지하고 조사하기 위해서는 충분한 시간과 비용이 필요하나 시간과 비용의 제약 때문에 완벽한 연구를 수행하는 데 어려움이 있다. 그러므로 당초 연구계획 및 전략 수립 시 시간과 비용의 범위 내에서 연구가 이루어질 수 있는 연구내용을 설정할 필요가 있다. 연구내용을 포괄적이고 광범위하게 설정하면 그만큼 시간이 오래 걸리고 비용이 과다 소요되기 때문이다.

(3) 지리적 제약

사회과학 연구는 일정한 지역 내에서 수행되므로 표본의 대표성 문제가 발생한다. 사회과학 연구 대상이 특정지역에 국한되고 조사대상이 적은 경우에는 전수조사를 수행할 수 있지만, 조사대상이 전국에 걸쳐 있는 경우에는 표본조사를 해야 하기 때문에 표본의 대표성이 문제된다. 표본의 대표성은 연구결과의 일반화를 제약하게 되는데, 표본의 대표성을 확보하는 문제는 표본추출 설계를 어떻게 구축하느냐에 달려있다.

(4) 개인의 가치와 선호

사회과학 연구는 개인적 가치나 선호 또는 선입견 등 주관성이 조사과정에 개입될 가능성이 높다. 물론 개인의 가치나 선호를 가능한 한 배제하기 위하여 객관적 척도나 도구를 사용하지만 자료를 분석하고 해석하는 과정에서 연구자의 주관적 개입을 절대적으로 배제할 수는 없다.

(5) 정치적·문화적·사회적 요인에 따른 제약

사회과학 연구의 결과는 논리의 타당성보다는 연구 당시의 사회적 사상과 이념이나 정치적인 통제 및 문화적인 요인에 따라 수용과 거부가 결정되기도 한다. 예를 들어, 어떤 정책을 공약으로 내건 정당이 집권한 경우 그것을 이행하기 위한 정책타당성 조사를 전문연구기관에 의뢰하였으나 엄밀하고 객관적인 과학적 조사결과로 '정책을 시행하기에 적절하지 않다'는 결론이 제시되었다. 이때 정책당국은 연구결과에 의한 논리적 타당성보다는 정치적 타당성을 앞세워 정책을 시행할 수 있다.

제2절 연구윤리

1. 윤리문제의 대두

그동안 인간을 대상으로 하는 연구윤리는 많은 논쟁이 있어 왔다. 인간대상 연구윤리에 대한 자극은 제2차 세계대전에서 나치의 잔악한 행위에서 비롯되었다고 볼 수 있다. 당시에 건강한 죄수들에게 다양한 질병(말라리아, 전염성의 황달, 반점열, 독약)을 주입시키고 그 영향을 보려는 실험이 의사와 과학자들에 의해 수행되었다. 이후 뉘른베르크 법정(Nuremberg Trials: 나치스 전범[戰犯]에 대한 재판, 1945-1946)은 인간대상 실험의 남용에 초점을 맞추었고, 결과로 뉘른베르크 강령(Nuremberg Code)이라는 의학적 인간실험에 관한 도덕, 윤리, 법적 원칙이 제시되었다. 뉘른베르크 강령은 인간실험에 "자발적 동의" 개념을 확립하였고 이후 사회과학과 행태과학에 윤리적 실천으로 개발되고 평가되는 모델로서 제시되었다. 뉘른베르크 강령을 소개하면 다음과 같다.[1)]

1. 실험대상이 되는 사람의 자발적인 동의(voluntary consent)는 절대 필수적이다.
   즉, 관련 당사자는 동의할 수 있는 법적능력이 있어야 하고, 강압, 사기, 기망, 강박, 기만, 기타 이면의 강제나 강압의 개입 없이 자유로이 선택권을 행사할 수 있는 상황에서 관련사안의 주된 요소를 충분히 숙지하고 이해하여 이에 근거한 사리에 합당한 결정을 할 수 있어야 한다. 마지막 요건을 만족시키기 위해서는 실험대상자가 긍정적인 결정을 승낙하기에 앞서 그에게 당해 실험의 성격, 기간 및 목적, 당해 실험을 행하는 방법 및 수단, 예상되는 모든 불편 및 위험사항, 그리고 실험에 참여함으로써 야기될지 모르는 건강 또는 신상의 영향에 대하여 고지를 받아야 한다. 동의의 적정성을 확인할 의무와 책임은 실험을 주도, 지시, 관장하는 각 개인에게 있다. 이는 타인에게 위임할 수 없는 일신전속적 의무이며 책임이다.
2. 실험은 다른 연구방법·수단으로는 얻을 수 없는 사회적 이익을 위해 유익한 결과를 낳을 수 있는 것이어야 하며, 성질상 무작위로 행해지거나 불필요한 것이어서는 안 된다.
3. 실험은 그로 인하여 기대되는 결과가 당해 실험의 실행을 정당화할 수 있도록 동물실험의 결과와 연구대상이 되는 질병의 자연발생사 및 기타 문제에 관한 지식에 근거하여 계획되어야 한다.
4. 실험을 할 때에는 모든 불필요한 신체적·정신적 고통과 침해를 피해야 한다.
5. 사망 또는 불구의 장애가 발생할 수 있으리라고 추측할 만한 이유가 있는 경우에는 실험을 행할 수 없다. 단, 실험을 하는 의료진도 그 대상이 되는 실험의 경우는 예외로 한다.
6. 실험으로 인하여 감수해야 하는 위험의 정도나 그로 인하여 해결되는 문제의 인도주의적 중요성 정도를 초과해서는 안 된다.
7. 상해, 불구, 사망의 어떠한 일말의 가능성으로부터도 실험대상자를 보호하기 위하여 적절한 준비와 적당한 시설을 갖추어야 한다.
8. 실험은 과학적으로 자격을 갖춘 자에 의해서만 행해져야 한다. 실험을 시행하고 이에 참여하는 사람에게는 실험의 모든 단계를 통하여 최고도의 기술과 주의가 요구된다.

1) http://en.wikisource.org/wiki/Nuremberg_Code, (Retrieved on June 10, 2011).

9. 실험이 진행되는 동안 실험대상자는 실험을 계속 할 수 없는 신체적·정신적 상태에 이르게 된 경우 실험을 자유로이 종료시킬 수 있어야 한다.

10. 실험이 진행되는 동안 당해 과학자는 그에게 요구되는 선의의, 고도의 기술 및 주의력으로 판단해 볼 때, 지속적인 실험이 실험대상자에게 상해, 장애 또는 죽음을 야기하리라고 믿을 만한 상당한 이유가 있는 경우에는 어느 단계에서든 실험을 중지할 준비가 되어 있어야 한다.

2. 사회과학 연구의 윤리

사회과학 연구는 인간을 대상으로 하기 때문에 윤리적인 문제에 직면하게 된다. 사회과학 연구가 과학적 엄밀성을 통해 지식을 탐구하고 사회적 개량 및 치료에 가치를 둔다고 하더라도 기본적 인간의 존엄성과 윤리문제를 초월할 수는 없다. 그리고 사회과학 연구가 바람직한 인간행동의 범위를 이탈한 이상행동을 개선 및 수정하거나 이에 준수할 수 있도록 하는 방침을 정하는 기초자료로 활용되거나 또는 인간의 기본적인 생활수준을 영위할 수 있도록 하기 위한 정책방향을 제시하는 자료로 이용된다 하더라도 사회의 건전성, 바람직한 정도 및 수준, 올바른 인간행동은 누구의 눈높이에서, 누구의 기준으로 보고 인식하느냐에 달려 있기 때문에 연구자 자신의 눈높이에서, 연구자의 기준으로 인간행동이 어떠해야 한다고 주장하는 것은 세심한 주의가 필요하다. 인간의 기본적인 권리를 침해하는 연구조사는 득(得)보다는 실(失)이 많다는 것에 귀를 기울여야 한다. 사회과학 연구 수행에 있어서 신중히 고민해야 할 사항을 제시하면 다음과 같다.

(1) 자발적 참여와 조사목적 및 내용의 고지에 의한 동의

조사자가 참여자들에게 조사의 목적과 내용을 알려 주어야 하고, 참여자들이 조사에 참여하고 있음을 알고 있어야 하며 조사에 대한 동의를 얻는 자발적 참여여야 한다. 예를 들어, 수업을 듣는 학생들에게 강사가 설문지를 돌리고 응답을 받으려고 하는 경우 강사(조사자)는 학생들에게 전적으로 자발적이라고 알려 주어야 하고 강요를 해서는 안 된다. 만약 조사가 자발적이 아닌 경우 조사결과의 일반화(generalizability)를 위협하게 된다. 설문지가 빈곤여성에 관한 학생들 태도를 측정하려 할 때, 빈곤에 아주 깊은 관심을 가진 소수 학생만 자발적으로 참여했다고 가정해 보자. 그런 소수 응답 결과를 근거로 일반학생의 태도를 설명할 근거를 가지지 못하며 만약 그 결과를 전체 학생 모집단에 일반화시킨다면 심각한 오류에 빠지게 된다.

(2) 참여자에게 피해를 주지 않는 조사

조사는 참여자의 자발적 참여와 상관없이 사람들에게 피해를 주지 않아야 한다. 조사과정에서 사람들이 심리적으로 피해를 받을 수 있는 응답, 즉 응답자가 사회적으로 평판이 나쁜 일탈행동이나 태도, 모욕적으로 받아들일 수 있는 개인적 특성(빈곤계층, 기초생활수급권자, 저소득층, 결손, 이혼가정 등)을 드러낼 것을 요청받은 경우, 그들은 또 한 번의 사회적 격차를 느끼게 되고 정신적 피해를 받게 된다. 예를 들어, 기초생활수급자의 가정실태를 조사한다고 하자. 조사자는 행정기관의 자료를 바탕으로 기초생활수급 대상자를 방문하여 가정실태를 파악하게 된다. 조사자가 그런 가정에 방문했을 때 응답자들은 '우리가 빈곤계층이라는 것이 세상에 알려졌구나!'라고 생각할 것이고 그들의 자녀들은 마음의 상처를 받을 수 있다. 사회과학 연구는 인간의 삶의 질을 개선하기 위한 토대를 제공하는 데 목적을 둔다 하더라도 조사과정이라는 수단이 목적을 정당화할 수는 없다.

(3) 익명성과 비밀 보장하기

조사는 참여자의 신원이 노출되어서는 안 되며 참여자가 공개를 꺼리는 비밀은 보장해야 한다. 익명성 보장은 누가 설문지에 응답했는지 또는 응답하지 않았는지를 구분할 수 없게 하는 것이다. 예를 들어, 사회적으로 평판이 나쁜 일탈행동을 조사할 때, 즉 마약남용, 음주운전, 가정 및 아동폭력 등의 실태를 조사할 때 익명성이 보장되지 않는다면 조사에 응답하려는 사람은 거의 없을 것이다. 설령 응답자가 자발적으로 이름을 알려 주었다 하더라도 연구자는 그런 정보를 삭제하여 누구도 알 수 없도록 해야 한다.

사람은 개인의 사생활이 노출되는 것을 꺼린다. 비밀보장은 익명성과 함께 개인의 사생활이 노출되지 않게 하는 것과 관련된다. 응답자의 연령, 교육수준, 소득수준, 건강상태, 부부관계 등을 알리고 싶은 사람은 드물다. 그러나 다른 한편에서는 윤리적 고려가 비밀보장을 지키지 못하게 만드는 경우도 발생할 수 있다. 상습폭행, 아동학대를 상담하는 경우 응답자가 심각하고 절박한 위기상황에 놓여 있을 때 기관에 보고하여 응답자가 적절한 보호조치를 받을 수 있도록 하는 것도 조사자의 책임일 것이다. 이런 경우에도 응답자에게 상담하기 전 고지하고 동의를 얻을 필요가 있다.

(4) 조사대상자를 속이는 일

조사자가 응답자들을 속이는 일은 없어야 한다. 행정기관에서 지역주민들의 생활수준 개선방법을 찾기 위한 목적으로 전문조사기관에 조사를 의뢰하였다고 하자. 그러나 지역주민들이 사실대로 응답해 주지 않는다면 그 조사는 효과적인 생활수준 개선에 기여하게 될 정확한 정보를 이끌어 내지 못한다. 이를 우려한 조사자는 순수한 목적으로 가장하고 대학의 연구프로그램의 일부라고 응답자들을 속일 수 있다. 이럴 경우 조사의 과학적 질은 향상되겠지만 조사과정에서 심각한 윤리적 문제를 일으키게 된다.

(5) 분석과 보고의 진실성

어떤 분야의 연구일지라도 연구의 한계 및 약점 그리고 실패는 있는 그대로 독자에게 보고되어야 한다. 연구가 실패한 것을 성공한 것처럼 거짓보고한다는 것은 실제 세계에 적용할 수 없다는 의미이며, 임상적인 경우에는 개선 및 치료가 될 수 없는 잘못된 정보와 지식을 제공하는 것과 같다.

과학은 정직성과 개방성을 통해 진보하는 데 반하여 자기방어를 위한 거짓보고에 의해 지체된다. 연구자 자신의 사회적 지위나 체면을 의식해 연구성과물을 허위 또는 왜곡시키는 행동은 과학자의 직분을 스스로 포기하는 행동이다. 지식의 발전은 연구자가 경험한 모든 문제와 한계를 공개하고 인정 및 수용할 때 이루어지는 것이다.

이밖에 사회과학 연구에서 지켜야 할 세부적인 윤리문제는 〈부록 2〉를 참고한다.

생각해 볼 문제

1. 사회과학 연구의 한계를 설명하시오.
2. 연구의 사회적 필요성 및 이익과 윤리문제가 충돌될 때 어떻게 할지를 설명하시오.

제 19 장

보고서와 논문 작성

이 장의 개요

연구조사를 통해 최종적으로 제시하는 것은 보고서 및 논문 형식의 결과물이다. 일련의 연구절차를 거쳐 연구결과를 생산하였지만, 연구성과가 학문공동체와 연구문제와 관련된 이해관계자들에게 연구내용이 전달되지 못하거나 전달되더라도 내용이 왜곡된다면 연구결과물은 실제에서 활용되지 못하고 문제해결에 도움을 주지 못한다. 보고서와 논문은 지식에 대한 의사전달을 위하여 일정한 구조를 갖추어야만 학문공동체나 이해관계자에게 이해를 높일 수 있고 지식으로 확산될 수 있으며 학문발전의 토대 구축에 기여하게 된다. 이를 위해서는 일정한 기준에 따라 구조를 갖추어야 한다. 이 장에서는 연구성과의 결과물을 어떻게 작성할 것인지에 대한, 즉 보고서와 논문의 작성방식과 구조를 살펴본다.

제1절 보고서와 논문의 작성기준

연구의 마지막 단계는 보고서를 작성하는 일이다. 연구문제에 따른 연구질문에 답하고 연구목적을 달성하기 위하여 과학적 연구과정과 분석단계를 거치면 최종적으로 문제해결 방안을 제시해야 하는데, 그것을 문서형태로 작성하는 것이 바로 연구보고서 및 논문이다. 연구보고서 및 논문 작성 시 고려해야 할 사항은 다음과 같다(소영일, 1996; 채서일, 2005; 김영종, 1999; 홍성열, 2004; 이종승, 2006).

(1) 문제해결성

보고서 및 논문은 연구출발에서 제기되었던 모든 문제점에 대한 해답을 제시해 줄 수 있어야 하며, 그 문제점에 대한 해결방안 등을 설명할 수 있어야 한다. 반대로 보고서 및 논문에 이런 내용이 없다든가 혹은 의사결정이나 문제해결을 위한 방향 및 방안을 위한 지침을 제공하지 않는다면 좋은 보고서 및 논문이라고 말할 수 없다.

(2) 정확성

내용은 정확하게 기술되어야 한다. 정확성은 (a) 수집된 자료가 신뢰성이 있고 타당한가, (b) 자료처리과정이 조사목적과 조사설계에 부합하는가, (c) 자료분석기법이 적합한가, (d) 분석결과 해석의 기준이 적합한가, (e) 그 밖에 오자나, 오타, 문법이 틀리지 않았는지를 검토해야 한다는 의미이다. 내용이 정확성을 벗어나면 연구내용은 체계성을 갖추지 못하고 논리성과 이해성도 떨어져서 연구결과의 설득력이 낮아진다.

(3) 객관성

객관성(objectivity)이란 개인의 주관적인 느낌이나 의견을 제시하는 문학작품과는 달리 타당한 객관적 근거에 입각하여 사실적 내용을 보고하는 것을 말하다. 이를 위해서는 믿을 만한 자료의 근거에 따라 인용한 내용을 밝혀야 한다. 객관성을 위하여 주어나 대명사는 일반적으로 3인칭을 사용한다. 예를 들어, '나'라는 표현 대신에 '연구자', '필자', 또는 '저자' 등의 표현을 사용한다. 따라서 "나의 생각은..."이라는 표현 대신에 "연구자의 생각은...", "이 연구에서는..." 식의 표현을 사용한다.

(4) 명료성

명료성은 보고서 및 논문 등의 표현이 이해하기 쉽고, 뜻이 모호한 단어나 어구가 없는 것을 말한다. 명확성을 지키려면 우선 작성자가 쓰려는 내용에 대하여 올바른 논리 및 이해를 가지고 있어야 하고, 이를 명확한 문장으로 표현할 수 있어야 한다. 명확성을 갖추려면 주어, 동사, 목적어 그리고 시간적·장소적 범위가 뚜렷하게 명시되어야 한다.

(5) 간결성과 완전성

간결성은 보고서 및 논문에 반드시 필요한 것들만이 요약되어 있어야 한다는 것이다. 내용에 불필요한 정보를 포함하는 용어나 단어 그리고 어구가 있는지 또 이런 것들이 중복 사용되고 있는지를 살펴보아야 한다. 동일한 의미를 갖고 있는 문장을 여러 번 부연 설명하는 것은 간결성에 위배된다. 반대로 꼭 필요한 단어나 용어 그리고 어구가 누락되지 않았는지도 검토해야 한다. 불필요한 단어나 어구가 사용된 예를 보면 다음과 같다.

첫째, 이중부정을 사용하는 경우로 "응답을 하지 않은 사람은 조사에 흥미를 갖지 않는다"라는 문장에서 "~하지 않은"과 "~갖지 않는다"는 이중부정이다. 이 문장은 "응답을 하는 사람은 조사에 흥미를 갖는다"라는 표현으로 고쳐주어야 한다.

둘째, 동일한 단어와 문장이 반복되는 경우로 "농촌에 거주하는 응답자는 도시에 거주하는 응답자보다 마음에 여유가 있다"라는 표현은 "거주하는 응답자"가 반복해서 쓰이고 있다. 이 문장을 "농촌 거주 응답자는 도시 응답자보다 마음에 여유가 있다"로 표현하면 간결하다.

셋째, 유사한 수식어를 중복 사용하는 경우로 "가정형편이 아주 곤란한 청소년은 공부하는 데 무척 어려웠다"는 표현에서 "아주, 무척"이란 수식어가 중복되고 있다.

(6) 이해성

보고서 및 논문은 정보이용자가 원하는 정보를 사용하기 쉽게 기술되어야 한다. 정보이용자의 관심과 이해능력 등에 맞추어서 가능한 한 쉬운 단어와 문장으로 구성해야 한다.

(7) 가독성

가독성(可讀性, readability)이란 내용을 읽기가 까다롭지 않고 쉬워야 한다는 의미이다. 같은 내용이라도 어떻게 표현하느냐에 따라 읽고 이해하기가 어려워질 수 있다. 가독성은 이해성을 충족시키기 위한 조건으로 다른 사람들이 읽기도 쉬우며 쉽게 이해할 수 있도록 글을 풀어서 써야 한다. 특별한 경우를 제외하고는 전문용어를 피하거나, 일본식 한자 표현을 사용하지 말아야 한다.

(8) 일관성

보고서 및 논문에서는 용어 및 체제가 일관성을 유지해야 한다. 일단 어떤 특성이나 현상 및 사실을 의미하거나 나타내는 용어를 사용하기로 했으면 처음부터 끝까지 일관된 용어를 사용해야 한다.

제2절 보고서와 논문의 작성구조

연구의 조사과정 및 분석과정을 거쳐 보고서 및 논문을 작성하는 마지막 과정은 학술적인 용도(학위논문 포함)든 또는 정부기관이나 단체 및 기업으로부터 연구용역을 받아 특정용도로 활용하기 위한 것이든 연구결과를 활용하는 사람이나 이해관계자에게 연구의 전체 과정을 일목요연하게 설명할 수 있어야 한다. 이를 위해서는 보고서 및 논문 작성이 체계화되어야 한다. 여기에서는 크게 학술적인 목적으로 활용되는 학술연구보고서와 정책적 제언에 바탕을 두는 연구용역보고서로 나누어 작성구조를 제시한다(남궁근, 1998: 491-498).

1. 목차 체계

보고서나 논문의 목차 및 내용의 계층체계는 획일적인 하나의 형식이 존재하는 것은 아니다. 학위논문의 경우는 학위수여기관이 요구하는 논문작성법에 따라야 하고, 학회학술논문의 경우는 해당 학회의 편집규정에 따르며, 학술연구용역보고서의 경우 용역발주기관에서 바라는 일정한 체계와 형식에 따라야 한다. 여기에서 제시하는 체계는 일반적인 형식 중 하나로 보고서나 논문을 제출해야 하는 기관이나 단체가 특별히 요구하는 체계가 없는 경우 세 가지 예시 중 하나를 선택할 수 있으며, 어떤 체계를 선택하든 배열은 상위계층에서 하위계층으로 내려가면서 글자크기나 글자체를 달리할 수 있다.

표 19-1 연구보고서 및 논문의 목차 체계

(예1)	(예2)	(예3)
제1장 제1절 1. 가. (1) (가) ①	I 1. 1.1 1.1.1 1.1.1.1	I. 1. 1) (1) ①

2. 양적연구의 체계

1) 학술지와 학위논문의 체계

학술단체의 학술세미나, 발표논문, 전문학술지 또는 연구기관 및 단체의 기관지에 게재할 논문은 분량이나 형식에 제약을 받는 경우가 많아 세세한 설명보다는 압축하여 정리하는 경우가 일반적이다.

이에 반하여 석사 및 박사학위논문, 학술연구보고서, 단행본, 연구서적 등은 분량의 제한이 없는 경우가 많아 연구자의 의도에 따라 많은 정보를 세세하게 포함시킬 수 있다. 표 19-2는 전문학술지의 논문구조이고, 표 19-3은 학위논문의 구조이다.

표 19-2 전문학술지 논문 구조

Ⅰ. 시작 부분

1. 연구제목(국문, 영문)
2. 연구자의 성명, 소속, 직위, 연락처
3. 목차
4. 국문초록(영문초록)

Ⅱ. 본문 부분

1. 서론
2. 이론적 논의(이론적 검토 또는 선행연구의 고찰)
3. 조사설계
   1) 연구모형과 가설설정
   2) 변수선정
   3) 변수의 조작화
   4) 자료수집방법
   5) 표본추출방법
   6) 통계분석방법
4. 실증분석(분석결과 및 해석)
   1) 표본의 분포
   2) 기술통계량 분석
   3) 측정도구의 검증(신뢰도와 타당도 검증)
   4) 모형 및 가설의 검증
   5) 분석결과에 대한 논의
5. 결론
   1) 연구결과의 요약
   2) 이론적 · 정책적 · 방법론적 함의
   3) 연구한계 및 미래 연구방향

Ⅲ. 마지막 부분

1. 참고문헌
   – 국내문헌(단행본, 논문 순), 외국문헌 순으로 배열
2. 부록(설문지)

표 19-3 학위논문 및 연구서적의 구조

Ⅰ. 시작 부분

1. 연구제목(논문 또는 연구서적의 제목)
2. 연구자의 성명, 소속, 직위
3. 목차(내용목차, 표목차, 그림목차)
4. 요약문(국문요약, 영문요약)

Ⅱ. 본문 부분

1. 서론
   1) 연구배경 및 필요성
   2) 연구목적
   3) 연구범위 및 연구대상
   4) 연구방법
2. 이론적 논의(이론적 검토 또는 선행연구의 고찰)
   1) 개념적 내용 정리
   2) 이슈와 쟁점 정리
   3) 이론과 관련된 현황분석
3. 조사설계
   1) 연구모형과 가설설정
   2) 변수선정
   3) 변수의 조작화
   4) 자료수집방법
   5) 표본추출방법
   6) 통계분석방법
4. 실증분석(분석결과 및 해석)
   1) 표본의 분포
   2) 기술통계량 분석
   3) 측정도구의 검증(신뢰도와 타당도 검증)
   4) 모형 및 가설의 검증
   5) 분석결과에 대한 논의
5. 결론 및 논의
   1) 연구결과의 요약
   2) 이론적 · 정책적 · 방법론적 함의
   3) 연구한계 및 미래 연구방향

Ⅲ. 마지막 부분

1. 참고문헌
   – 국내문헌(단행본, 논문 순), 외국문헌 순으로 배열
2. 부록(설문지)

2) 학술연구용역보고서의 구조

학술연구용역보고서는 정부기관이나 단체에서 연구자들에게 연구용역을 의뢰하거나 연구자가 용역발주기관에 연구신청서를 제출하여 채택되었을 경우 수행한 결과를 보고서로 만든 것이다. 학술연구용역은 용역발주기관이 연구결과물을 특정 용도에 사용하기 위한 것이기 때문에 연구주제가 미리 정해지고 연구자는 연구목적을 달성하기 위해 어떤 연구방법으로 수행할 것이며 예상되는 성과물은 무엇이고 그 성과물을 어떻게 활용할 수 있을 것이라고 기술해 놓은 연구계획서에 따라 진행된다. 학술연구용역보고서는 현재의 문제를 해결하기 위해서 미래에 취해야 할 목표와 방향을 설정하고, 이를 개선할 수 있는 대안에 관한 정보를 담고 있어야 한다. 또한 학술연구용역보고서는 의사결정자를 포함한 이해관계자들에게 문제의 차원과 해결방안의 범위를 제시함으로써 이해관계자들이 취해야 할 행동과 예상되는 기대효과를 담고 있어야 한다. 학술연구용역보고서는 일반적으로 **표 19-4**와 같은 구조를 가진다.

표 19-4 학술연구용역보고서의 구조

Ⅰ. **시작 부분**
- 1. 표지(사업명칭, 제목, 제출날짜, 연구기관, 연구발주기관)
- 2. 제출문(의뢰자, 의뢰자에게 보내는 서한, 제출날짜, 연구기관, 연구자)
- 3. 목차(내용목차, 표목차, 그림목차)
- 4. 요약문

Ⅱ. **본문 부분**
- 1. 서론
  - 1) 연구배경 및 필요성
  - 2) 연구목적
  - 3) 연구범위 및 연구대상
  - 4) 연구방법
- 2. 연구문제의 배경
  - 1) 문제상황의 진술
  - 2) 문제해결을 위한 기존의 정책노력
  - 3) 과거의 정책성과의 검토
  - 4) 문제상황의 중요성
- 3. 정책문제와 정책목표
  - 1) 문제의 진술

2) 분석의 접근방법
3) 주요 이해당사자
4) 정책목표와 하위목표
5) 잠재적 해결방안
4. 현황분석과 대안의 검토
1) 현황분석
2) 대안의 비교 검토
3) 현황분석결과와 대안검토의 비교
5. 해결방안의 제시
1) 방안제시
2) 해결방안 활용방법
3) 기대되는 활용효과
6. 결론 및 논의
1) 연구결과의 요약
2) 이론적 · 정책적 함의

Ⅲ. 마지막 부분
1. 참고문헌
– 국내문헌(단행본, 논문 순), 외국문헌 순으로 배열
2. 부록(설문지)

3. 질적연구의 체계

질적연구의 보고서 체계를 소개하면 **그림 19-1** 과 같다(Berg, 2004: 303).

【그림 19-1】 질적연구의 보고서 체계

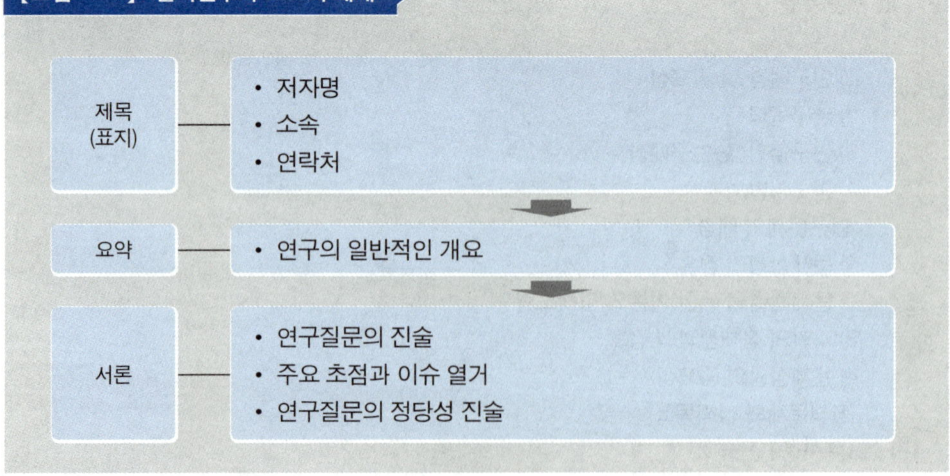

문헌검토	• 연구주제와 관련된 문헌에 대한 일반적 검토 • 문헌검토의 정리와 비평 • 이론적 틀 제시
방법론	• 전반적인 연구절차와 전략 기술 • 표본, 표본추출 기법, 조사대상자 기술 • 조사상황 고려 • 자료수집 전략 논의 • 자료조직화 방법 • 분석절차
연구결과	• 연구결과 제시: 결과논의와 함께 애로사항도 기술 • 연구질문과 결과 간에 연계성 기술
논의/결론	• 기존 연구와 관련하여 연구결과가 갖는 의미 • 현재 연구결과와 문헌검토의 일치 여부 • 연구결과가 갖는 정책적 함의 논의 • 후속 및 미래 연구를 위한 방향 제시

자료: Schmuck(1997: 143)

제3절 인용과 참고문헌

보고서 및 논문 작성에서 마지막 점검사항은 내용에 인용했던 문헌이 정확하게 표기되었는지를 확인하는 것이다. 인용각주와 참고문헌을 표기하는 방식 역시 일정한 형식이 존재하는 것은 아니다. 학술단체의 경우 학회마다 편집규정 및 논문작성규정이 다르고 학위논문의 경우도 학교마다 그 형식이 다를 수 있다. 하지만 일반적인 학교의 경우도 학교마다 약간씩 달리한다.

일반적인 형식은 저자명, 출판년도, 서명 및 제목(또는 게재학술지명), 출판사(또는 학술단체명), 인용페이지 등으로 나열한다.

1. 본문주 및 각주 달기

보고서 및 논문의 본문에 인용 또는 참고한 자료의 출처를 밝히는 참고주는 다음과 같이 괄호를 사용하여 처리하거나 본문 하단에 표기한다. 마침표(.), 가운뎃점(·), 콜론(:), 세미콜론(;), 기타기호와 이탤릭체 등을 다음 예시에 따라 사용한다. 동일한 인용 표현에 대해 여러 인용출처를 함께 표기할 경우 세미콜론(;)을 사용한다.

(1) 인용 자료가 문장의 일부로 언급되는 경우

a) 채서일(2005: 14)에 의하면 ....

b) 남궁근(1998: 61-65)을 중심으로 ....

c) Rubin & Babbie(1997: 24-26)의 분류에 따라 ....

d) 전자정부법 제3조 제1항에서는 ....

e)「2018 보건복지백서」(2019: 36)에 제시된 ....

(2) 인용 자료가 본문 괄호 속에 분리된 경우

......라고 볼 수 있으며(채서일, 2005: 14; 남궁근, 1998: 61-65; Rubin & Babbie, 1997: 24-26; 국민기초생활보장법§ 3①; 「동아일보」, 2011.05.05.)......을 제시하였다.

(3) 저자가 2명 이상인 경우

......라고 볼 수 있다(홍길동 외, 2005: 14; Rubin et al., 1997: 24-26).

(4) 본문 하단에 일련번호를 매기고 사용하는 경우

1) 채서일, 「사회과학조사방법론」(서울: 비엔엠북스, 2005), p. 33.

2) 남궁근, 「행정조사방법론」(서울: 법문사, 1998), pp. 10-15.

3) J. Cohen, Statistical Power Analysis for the Behavioral Science(New York: Academic Press, 1977), p. 14.

(5) 본문 내용에 부연설명을 위한 '내용주' 경우

본문 내용을 부연설명하기 위한 내용주(content notes)는 논문 전편을 통해서 일련번호를 매기고 본문 하단에 각주로 처리한다.

예: ....하였다.[1)]

(6) 기타 표와 그림의 경우

1. 표와 그림의 제목은
   - 저널논문의 경우 논문의 전편을 통해 일련번호를 매기고 표와 그림의 윗부분에 쓴다.
     예: 〈표 1〉, 〈그림 1〉
   - 학위논문, 보고서, 연구서적, 단행본의 경우 장별로 일련번호를 매기고 표와 그림의 윗부분에 쓴다.
     예: 〈표 1-1〉, 〈그림 1-2〉
2. 표와 그림에 대한 주와 자료는 왼쪽 하단에 개별주, 확률주, 일반주, 자료 순서가 되도록 배열한다. 단, 주 마지막에 마침표(.)는 찍지 않는다.

(개별주 예)

a) ....

b) ....

(확률주 예)

$^{*}p<.05$, $^{**}p<.01$, $^{***}p<.001$

(일반주 예)

주: ....

(자료 예)

자료: 채서일(2005: 45-46)

2. 참고문헌 달기

보고서와 논문의 마지막 작업은 본문에 인용했거나 참고했던 자료들의 출처를 빠짐없이 충실히 정리하는 것이다. 다음은 한국행정학회의 학술지 〈한국행정학보〉와 한국정보화진흥원의 학술지 〈정보화정책〉 논문작성방법을 기준으로 재정리하였다.

① 참고문헌은 저자명, 출판연도, 제목, 출판사항의 순서로 기재한다.
② 국내문헌과 외국문헌(동양, 서양의 순)으로 구분하되 저자의 성(性)을 기준으로 국내문헌은 가나다순으로 외국문헌은 알파벳순으로 배열한다.
③ 같은 저자의 여러 문헌은 연도순으로 배치하며, 같은 해에 발행된 문헌이 둘 이상일 경우에는 글에서 언급된 순서에 따라 출판연도 뒤에 a, b, c를 첨가하여 구분한다. 단, 같은 해에 발행된 문헌이라 할지라도 국문과 영문은 구분한다.
④ 저자가 2인 이상인 경우 본문과 각주에서는 '홍길동 외(2011)' 또는 'Awad, et al.,(2007)'로 표시하지만 참고문헌에서는 모든 저자의 이름을 기재해야 한다. 참고문헌 작성 시 우리나라 2인 이상 저자 표기 시에는 가운뎃점(·)을 쓰고, 국외 2인 이상 저자 표기 시에는 '&'를 쓴다.
⑤ 외국어 표기 시 단어별 첫 글자는 대문자로 쓴다.

감사원법. (개정 1995. 1. 5, 법률 제4937호).

「'93과학기술연감」. (1994). 서울: 과학기술처.

과학기술처. (1987). 「과학기술행정 20년사」. 서울: 과학기술처.

김창준 · 안병만. (1989). 입법부와 행정부의 관료행태 비교. 박동서 · 김광웅(공편). 「의회와 행정부」, 77-115. 서울: 법문사.

남궁근. (1998). 「행정조사방법론」. 서울: 법문사.
채서일. (2005). 「사회과학조사방법론」. 서울: 비엔엠북스.

보건복지부. (2004). 「2004년도 노인복지시설 현황」. 서울: 보건복지부.
한국정보사회진흥원. (2006). 「UCI 연계 및 도입을 위한 성공사례 분석」. 서울: 한국정보사회진흥원.

윤기찬. (2004). 「사회복지서비스 민간위탁 사업의 성과평가에 관한 연구」. 박사학위논문, 영남대학교 대학원.

이기식. (2003). 우리나라 전자정부정책의 총괄평가. 「한국정책학회 춘계학술대 발표논문집」.

이환범 · 이수창 · 임중한. (2005). 지역사회 노인여가복지시설 이용자 만족에 미치는 영향에 관한 분석. 「한국행정학보」, 39(3): 137-158.
최흥석 · 홍성만 · 주경일. (2003). 사회적 갈등의 근거 이론적 이해. 「한국행정학보」, 37(4): 169-191.

안병영. (1990). 관료부패는 고질병인가. 「한국일보」, 6. 26: 5.

「동아일보」. (2006). 정년퇴직후에도 근무 '延長族' 회사마다 계속 늘어, 1. 26: 3.

[인터넷 자료]
홍길동. (2005). 「한국의 정보화 정책」. http://www.nca.or.kr/0101.html. (검색일: 2005.03.05).
한국정보화진흥원. (연도불명). 「한국의 정보화 정책」. http://www.nca.or.kr/0101.html. (검색일: 2005.03.05).

[출판된 보고서나 이슈리포트]
한국정보화진흥원. (2006). 「UCI 연계 및 도입을 위한 성공사례 분석」. 서울: 한국정보화진흥원.

[출판되지 않은 보고서의 경우]
정보통신부. (2006). 「2006년 연두업무계획」. http://www.mic.go.kr. (검색일: 2006.02.04).
Cohen, J. (1977). *Statistical Power Analysis for the Behavioral Science*. New York: Academic Press.

Palier, B. & Mandin, C. (2004). Feance: A New World of Welfare for New Social Risks?. In P. Taylor-Gooby(ed.). *New Risks, New Welfare*, 111-131. Oxford: Oxford University Press.

Perry, James L. & Wise, Lois R. (1990). The Motivational Bases of Public Service. *Public Administration Review*, 50(3): 367-426.

Brown, Richard E., Gallagher, Thomas P., & Williams, Meredith C. (1982). *Auditing Performance in Government: Concepts and Cases*. New York: John Wiley & Sons.

Hempel, Carl G. (1965). *Aspects of Scientific Explanation*. New York: The Free Press; 강신택. 「사회과학 연구의 논리: 정치학 · 행정학을 중심으로」, 129-130. 서울: 박영사, 1995에서 재인용.

Hwang, Yun-won. (1987). *An Analysis of Local Government Expenditures in Korea*. Unpublished doctoral dissertation, University of Pittsburgh.

Okun, Arthur M. (1998). 「평등과 효율」, 정용덕(역). 서울: 성균관대학교출판부; Equality and Efficiency: *The Big Tradeoff*. Washington, D.C.: The Brookings Institute, 1975.

Thomas, Kenneth. (1976). Conflict and Conflict Management. In Murvin D. Dunnette(ed.). *Handbook of Industrial and Organizational Behavior*, 889-935. Chicago: Rand McNally College Publishing Co.

[인터넷 자료]

American Sociological Association. (2000). *Scholarship of Teaching and Learning Workshop*. http://www.asanet.org/socwkshp.html. (Retrieved on May 5, 2000).

[출판된 보고서나 이슈리포트]

United States. Dept. of Housing and Urban Development. (1999). *Rehab a Home with HUD's 203(k): HUD and FHA Are On Your Side*. Washington, DC: Dept. of Housing and Urban Development.

[출판되지 않은 보고서의 경우]

Unpublished: United Nations. (2009). *The World Economic and Social Survey*. http://www.un.org/esa/policy/wess/index.html. (Retrieved on March 10, 2009).

자료: 한국행정학보, 정보화정책 원고작성방법

부 록

부록 1: 연구전략 수립 시 검토사항

부록 2: 사회과학 연구윤리규약

부록1 연구계획 수립 시 검토사항(양적연구와 질적연구 포함)

연구단계	질문	세부항목	Y/N
1. 연구제목	연구내용과 연구성격과의 함축성은?	제목이 연구내용을 함축하고 있는가?	
		제목이 연구성격을 분명히 밝히고 있는가?	
2. 연구문제	연구문제의 적절성은?	문제가 간결하고 분명한가?	
		문제와 관련된 모든 사실과 개념 설명이 이루어졌는가?	
3 연구목적	수행하고자 하는 연구는?	탐구를 위한 것인가?	
		설명을 위한 것인가?	
		확증하기 위한 것인가?	
		다각검증하기 위한 것인가?	
		지지하기 위한 것인가?	
		반박하기 위한 것인가?	
4 연구방법	연구에서 어떤 방법이 더 중요한가?	양적연구방법	
		질적연구방법	
		양적 및 질적(동등정도)	
4-1 처음 적용하는 방법	맨 처음 사용할 방법은?	양적연구방법	
		질적연구방법	
		미결정	
4-2 양적연구 방법의 종류	어떤 방법의 양적연구를 수행할 것인가?	기술적인가?	
		공문서 분석인가?	
		설문조사(서베이)인가?	
		횡단분석인가?	
		종단분석인가?	
		실험연구인가?	
4-3 질적연구 방법의 종류	어떤 방법의 질적연구를 수행할 것인가?	비구조화된 질문에 답변을 작성할 것인가?	
		구조화된 인터뷰	
		비구조화된 인터뷰	
		관찰	
		민속학적 연구	
		현상학적 연구	

연구단계	질문	세부항목	Y/N
		사례연구	
		근거이론접근법	
5 연구설계의 합목적성	연구설계의 합목적성은?	한 섹션에 두 가지 방법을 사용하는 것으로 정리	
		섹션별로 각각의 방법이 적용되는 것으로 분리 설계	
6 양적연구의 도구	양적연구에서 도구는?	표준화된 상업적 도구	
		출판되었으나 비상업적 도구	
		현존하는 자료	
		현존하는 설문조사나 질문지	
		연구자 자신이 만든 도구	
		질적연구로부터 도출	
7 질적연구의 도구	질적연구에서 도구는?	문헌에서 이미 존재하는 질문들	
		연구에 앞서서 연구자가 설계한 질문들	
		자료수집 중 상호작용적인 질문들	
		양적자료로부터 나타나는 것들	
	관계문헌의 고찰은?	포괄적이고 심층적으로 이루어졌는가?	
		해당 분야의 현재 연구동향을 충분히 참고하였는가?	
8 연구질문의 방법론적 명백성	방법론적 섹션에서 연구질문은 명백한가?	질적연구를 위하여	
		양적연구를 위하여	
	가정의 진술은?	연구의 기본가정과 한계를 분명히 밝히고 있는가?	
		가정 또는 이론적 설명의 체계는 논리적인 추론이 가능하도록 제시되어 있는가?	
	가설의 설정은?	가설은 명확하게 진술하였는가?	
		다른 어떤 경쟁가설보다도 연구문제와 관련하여 많은 사실을 설명할 수 있는가?	
		가설은 검증가능한가?	
		가설은 이전에 알려져 있지 않은 사실과 관계를 예측하는 데 도움을 주는 것인가?	
	용어의 정의와 일관성은?	중요한 변수나 용어는 분명하게 정의하고 있는가?	
		용어나 개념은 일관되게 사용되고 있는가?	
		조작적 정의가 필요한 개념이나 변수는 제대로 정의하였는가?	

연구단계	질문	세부항목	Y/N
9 자료수집 방법과 연구 방법론의 일치성	방법론적 섹션에서 자료수집방법은 명확하고 충분히 유기적으로 연관되어 있는가?	질적인 구성성분	
		양적인 구성성분	
	일반적 사항	연구문제를 연구하기에 필요한 도구, 기술, 대상을 확보할 수 있는가?	
		연구설계는 연구문제에 대한 명확하고 타당한 해답을 얻을 수 있도록 되어 있는가?	
		사전 예비조사나 예비검사가 필요한 경우 그 절차에 대해서도 분명히 기술하고 있는가?	
		원자료 또는 이차적 자료 중 어느 것에 더 의존하려고 하는가?	
	자료수집과 분석계획?	자료수집방법과 절차를 분명히 제시하고 있는가?	
		자료수집방법은 적절한가?	
		자료분석방법과 절차를 제시하고 있는가?	
10 참가자 (표본)	연구 참가자는?	어디에서 접촉할 것인가?	
		누구를 대상으로 할 것인가?	
		언제 접촉할 것인가?	
		몇 명으로 정할 것인가?	
11 자료분석의 적절성	자료분석은 적절한가?	양적연구를 위하여	
		질적연구를 위하여	
		혼합방법의 연구를 위하여	
		연구의 각 구성요소에 대하여	
	자료분석도구의 적절성?	분석도구는 마련되었는가?	
		분석도구는 적절한가?	
		분석도구를 사용할 능력이 있는가?	
12 연구설계의 확장	연구설계는 ~을 촉진하는가?	새로운 질문	
		자료의 상호 연결	
13 윤리적 관심사	진술되어야 할 필요가 있는 ~ 윤리적 관심사가 있는가?	질적연구로부터 나타나는 양적연구를 위하여	
		양적연구로부터 나타나는 질적연구를 위하여	
14 분석된 자료의 처리	분석된 자료는?	양적연구로부터 나타나는 질적연구를 위하여	
		다른 시기에 처리되는가?	
		소프트웨어를 사용하는가?	

연구단계	질문	세부항목	Y/N
		질적연구로부터 나타나는 양적연구를 위하여	
15 분리와 통합의 계획	양적연구와 질적연구를 혼합했을 경우 통합계획은?	보고서 작성	
		방법	
		발견	
		논의	
16 연구추진 일정	추진일정의 적절성	연구추진일정은 무리 없이 짜여져 있는가?	
17 연구기대 효과 및 활용방안	기대효과	예상되는 결과를 제시하고 있는가?	
		예상되는 결과가 학문적 발전에 기여할 수 있는가?	
		예상되는 결과가 사회적 또는 실천적 문제를 해결하는 데 기여할 수 있는가?	
		예상되는 결과가 연구문제, 가설들과 관련지어 볼 때 타당성이 있는가?	
	활용방안	연구결과의 활용방안은 현실성이 있는가?	
		연구결과의 활용방안을 구체적으로 제시할 수 있는가?	
		연구결과를 쉽게 활용할 수 있는가?	
18 참고문헌	참고문헌의 충실성과 완전성	참고문헌이나 자료는 포괄적인가?	
		참고문헌이나 자료는 최근 것인가?	
		참고문헌이나 자료는 연구내용과 관련이 있는가?	
19 연구비 예산	소요예산의 적정성	금액은 연구수행에 적정한가?	
		예산항목은 연구설계에 적합한가?	
20 참여연구진	연구진 편성의 적정성	연구진은 관련분야의 전문가인가?	
		연구진은 최근 관련분야에 연구업적을 가지고 있는가?	
		연구진은 참여율은 적정한가?	

자료: Tashakkori & Teddle(1998); Creswell(2002); 이종규(2006: 391-396에서 재인용); 이종승(2006: 38-41)

부록2 사회과학 연구윤리규약

사회과학에서 일반적으로 준수해야 할 연구윤리에 대해 Reynolds(1979)가 제시한 규약을 정리하면 다음과 같다(이종규, 2006: 377-381에서 재인용).

【윤리규정과 관련된 일반적 이슈들】

1. 연구 프로젝트를 책임지고 있는 사회과학자는 연구과정과 프로젝트와 관련된 윤리적 문제에 관하여 그들 자신 혹은 그에게 소속된 자가 행한 모든 결정에 책임을 져야 한다.
2. 교수(교사)는 연구에 포함된 윤리적 문제와 관련하여 그의 학생이 결정한 모든 사항에 대하여 책임이 있다.
3. 연구의 한 부분으로서 수행된 모든 활동은 가정 및 주요공동체의 윤리기준과 일치하여야 한다.
4. 윤리적 이슈는 참여자가 속한 사회의 관점에서 고려되어야 한다.
5. 만일 해결되지 않거나 어려운 윤리적 딜레마가 일어나면 전문적 학회에 의하여 후원되는 동료 전문가 혹은 적절한 위원회가 지원과 자문을 하여야 한다.
6. 확립된 기본원칙으로부터 어떤 일탈이 있다는 것은 ⓐ 조사자에 의하여 더 큰 정도의 책임의 승인 ⓑ 외부 자문과 조언을 찾기 위한 더 진지한 의무 ⓒ 연구 참여자의 권리와 복지를 보호하기 위한 추가적 안전조치의 필요를 제시한다.

【연구수행을 위한 결정】

7. 연구자는 연구기획의 통합성을 유지하는 방법으로 수행되어야 하며 향후 연구수행을 위한 통합의 잠재성을 줄여서는 안 된다.
8. 조사자는 실증적 조사에 대한 이슈의 선택을 위하여 최적의 과학적 판단을 사용하여야 한다.
9. 인간을 주제로 한 연구를 수행하기 위한 결정은 참여자가 견뎌야 하는 위험과 관련하여 참여자와 사회에 대한 잠재적 이익의 평가를 포함하여야 한다.
10. 인간주제를 포함하는 어느 연구도 중요한 지성적인 의문과 관련이 있어야만 한다.

11. 인간주제를 포함하는 어느 연구도 인도주의적 의미를 가진 중요한 지성적인 의문과 관련이 있어야 하고, 그 지성적인 문제를 해결하는 데 다른 방법이 없어야만 한다.
12. 만일 연구에 참여하는 자에 대하여 항구적이고 부정적인 영향을 주는 위험이 있다면 인간 참여자를 포함하는 어느 연구도 매우 중요한 지성적인 의문과 관련이 있어야만 한다.
13. 잠재적 치료목적뿐만 아니라 위험이 내포된 어떤 연구도 고객 혹은 환자의 이익 관점에서 정당화되어야만 한다.
14. 참가자들에 대하여 주요한 항구적인 부정적 영향이 발생할 것이라고 믿을 사전적인 이유가 없어야 한다.
15. 연구의 수행이 참여자의 공동체 내에서 참여자, 참여자의 공동체 혹은 기관에서 지속적으로 손해를 준다면 그 연구는 정당화되지 못하여 폐기되어야만 한다.

【연구의 수행】

16. 모든 연구는 객관적이고 과학적인 프로젝트로서 소임을 다할 수 있는 형태로 수행되어야 한다.
17. 연구자는 연구기획의 통합성을 유지하는 방법으로 수행되어야 하며 향후 연구수행을 위한 통합의 잠재성을 줄여서는 안 된다.
18. 어떤 약물이 포함되어 있다면 능력 있는 인사와 적당한 설비를 이용할 수 있어야 한다.
19. 연구설계, 수행, 보고는 편향되어서는 안 되며 가능한 한 객관적이어야 한다.

【고지에 대한 동의: 일반원칙】

20. 고지된 동의는 모든 연구에 참가자를 참여시키는 데 사용되어야 한다.
21. 참가자는 고지된 동의를 받는 지위를 가져야 한다. 그렇지 않으면 참가자를 책임지는 자에게 고지된 동의를 받는 지위가 주어져야 한다.
22. 만일 참가자에 대한 잠재적 영향이 모호하거나 혹은 잠재적으로 해롭다면 고지된 동의가 사용되어야 한다.
23. 가능하다면 고지된 동의는 문서로 획득되어야 한다.

24. 자료의 획득방법 여부를 떠나서 정부자료를 사용하기 위해서는 공식적인 허가를 받아야 한다.

【고지에 대한 동의: 정보의 규정】

25. 연구의 목적, 과정 그리고 위험은 그들이 이해될 수 있는 방법으로 참가자에게 설명되어야 한다.
26. 참가자는 연구 참여 결정에 앞서서 그들이 선택된 집단이나 공동체에 대하여 연구에서 일어날 수 있는 가능한 결과를 알 수 있어야 한다.
27. 참가자의 이름을 얻는 데 사용되는 방법이 그(녀)에게 설명되어야 한다.
28. 후원, 재정적 및 다른 방법들이 잠재적인 참가자에게 일일이 열거되어야 한다.
29. 연구를 수행하는 자들의 신분이 잠재적인 참여자들에게 충분히 알려져야 한다.
30. 연구를 하는 인사의 성명과 주소가 참여자에게 주어져서 연구를 하는 인사가 계속 연락이 되도록 하여야 한다.
31. 참가자는 자료수집기법(테이프, 비디오 녹화, 사진, 장비, 생리학적 측정 등), 그러한 장비의 성능, 참여자가 익명 처리되고 자료는 보안이 유지되는지 여부의 정도까지 충분히 알아야 한다.
32. 비교적 오래 지속되는 프로젝트의 경우에 참가자는 주기적으로 연구의 진척을 통보받아야 한다.
33. 비디오와 영화를 찍을 때는 주인공은 청중이 누구인지뿐만 아니라 그 내용이 공개(그 내용을 보고 각 장면마다 승인 여부를 지정)될 것인지를 승인할 권리를 가진다.

【고지에 대한 동의: 자발적 승인】

34. 개인들은 참가를 거부할 선택권을 가지며 이것을 알아야 한다.
35. 참가자들은 언제라도 참가를 끝낼 수 있고 이러한 선택권을 알아야 한다.
36. 묵시적 혹은 공공연한 강요 없이 연구프로젝트에 참가하는 개인들을 참가하도록 고무하는 방법이 사용되어야 한다.

【참가자의 권리와 복지의 보호: 일반적인 이슈】

37. 참가자의 존엄, 사생활 및 이익은 존중되고 보호되어야 한다.

38. 참가자는 피해를 입어서는 안 된다. 참가자의 복지는 모든 관심사 중에서 제일 먼저 고려되어야 한다.
39. 참가자에 대한 손해와 고통은 가능한 한 빨리 위험한 연구의 과정적 메커니즘과 종결을 통하여 최소화하여야 한다. 그러한 영향은 문제를 다른 방법으로 연구할 수 없는 때에만 정당화되어야 한다.
40. 기대되지 않은 사안 발생이 참여자에게 중요한 부정적 영향을 주지 않도록 잠재적인 문제는 발생확률이 아무리 낮더라도 예상되어야만 한다.
41. 어떤 해로운 잔존효과(후유증)도 제거되어야만 한다.
42. 잠재적인 참여자의 바람(희망) 혹은 걱정은 일어나지 말아야 한다.
43. 만일 참가자에게 위험이 발생한다면 연구는 종료되어야 한다.
44. 연구목적의 전문적 지원을 위하여 고객을 활용하는 것은 그들이 고객으로서 직접적 이익을 도출하는 정도에 이를 경우에만 정당화된다.

【참가자의 권리와 복지의 보호: 속임】

45. 참가자를 속이는 것은 그러한 문제를 연구하는 데 다른 방법이 없는 반드시 필요한 경우에만 사용되어야 한다.
46. 속이는 것은 연구에 이용될 수 없다.
47. 속임이 연구과정에 포함되어 있다면 참가자의 권리와 복지를 보호하기 위하여 추가적인 예방조치가 취해져야 한다.
48. 속임을 이용한 연구에 포함된 이후에, 모든 참여자에게는 그 연구의 전반적이고도 완전하고 정직한 설명과 속임의 필요성에 대한 설명이 주어져야 한다.
49. 인도주의적 혹은 과학적 이유로 참여자에게 속임이 드러나지 않았다면, 조사자는 참가자의 이익과 복지를 보호하기 위한 특별한 의무를 진다.

【참가자의 권리와 복지의 보호: 비밀성과 익명】

50. 연구자료는 비밀이 유지되어야 하고 참가자(혹은 법적인 보호자)가 자신의 신분을 발표하는 것을 허용하는 경우가 아니면 모든 참가자는 익명으로 처리해야 한다.
51. 만일 비밀성과 익명이 보증되지 않는다면 연구에 포함되기 전에 참가자는 이 사실과 거기에서 비롯되는 가능한 결과에 대하여 알아야 한다.

52. 공식적인 지위를 가진 사람(연구 프로젝트의 부분으로 연구된)은 문서화된 공식 역할 의무(비밀정보로 취급할 필요가 없음)를 제공하여야 하며 그에게 연구의 최종결과보고서 1부를 보내주어야 한다.
53. 집합적이거나 집단적인 설명을 제공하도록 설계된 연구는 항상 개별참가자에 대하여 익명을 보장하여야 한다.
54. 사생활(privacy)은 항상 참가자와 참가자의 문화의 관점에서 고려되어야 한다.
55. 자료은행에 저장된 자료는 그 자료를 처음 수집한 조사자의 허락 없이 사용되어서는 안 된다.
56. 비밀보장 약속이 꼭 지켜지도록 되었어도 조사자는 참가자나 조직의 비행에 대한 정보를 유보할 필요가 있다.
57. 참가자의 익명을 보호하기 위하여 조직되는 자료를 위한 특별한 절차가 개발되어야 한다.

【참가자의 권리와 복지의 보호: 참가자의 이익】

58. 참가자의 모든 용역에 대해서는 공정한 대가가 주어져야 한다.
59. 참가자의 이익을 위한 것으로서 증가된 자기지식이 연구설계와 절차의 주요부분으로서 통합되어야 한다.
60. 연구의 사본이나 설명서가 모든 참가자에게 주어져야 한다.
61. 집합적 혹은 문화적 하위집단의 연구는 그들에게 이익을 주는 지식을 산출하여야 한다.

【참가자의 권리와 복지의 보호: 집단과 공동체에 대한 영향】

62. 조사자는 연구가 수행되는 주된 문화를 잘 알고 존중하여야 한다.
63. 조사자는 연구되는 주된 사회의 성원들과 협력하여야 한다.
64. 조사자는 연구의 수행을 위하여 주된 공동체의 사회적 구조에 대한 연구의 잠재적 영향과 다양한 집단과 개인들에게 영향을 주는 잠재적 변화를 미리 고려하여야 한다.
65. 조사자는 참여자가 속한 모집단이나 하위집단에 대한 연구와 보고서의 잠재적 영향을 미리 고려하여야 한다.

66. 참가자는 그들이 대표하는 집단과 문화적 하위집단에 대한 잠재적 영향을 미리 알아야 한다.
67. 모든 종류의 집단들과 사회체제들의 이해가 조사자에 의해 고려되어야 한다.

【참가자의 권리와 복지의 보호: 연구결과의 해석과 보고】

68. 모든 연구보고서는 공문서로 작성되어야 하며 모두가 자유롭게 이용할 수 있어야 한다.
69. 연구절차는 연구가설에 대하여 연구가 제시하는 지지 여부와 무관하게 모든 증거를 포함하여 연구보고서에 전반적으로 정확하게 기술되어야 한다. 결론은 객관적이고 편향되지 않아야 한다.
70. 모든 자료에 대하여 충분하고 완전한 해석이 제공되어야 하며 연구보고서를 작성하는 데 잘못 해석되지 않도록 막는 조치가 있어야 한다.
71. 연구에 대한 후원, 목적, 재정지원근거(출처) 그리고 조사자의 책임이 연구와 관련된 모든 출판물에 명확히 기술되어야 한다.
72. 만일 연구발표가 연구되는 모집단을 위태롭게 하거나 손해를 끼치고 완전한 위장(속임)이 불가능하다면 출판은 연기될 수 있다.
73. 국제비교연구는 주된 사회의 언어와 저널로 출판되어야 하며 그 외에도 다른 언어로 다른 사회에도 발표되어야 한다.
74. 연구에 공헌하는 모든 일행들에게도 적절한 평판이 주어져야 한다.
75. 모든 출판의 근거인 연구의 결실이나 공헌을 전반적으로 정확하게 알리는 작업이 기대된다.
76. 문화적 하위집단에 대한 연구발견의 출판은 참가자가 이해할 수 있는 용어로 된 설명이 포함되어야 한다.
77. 요청이 있을 때마다 원자료나 원래의 문헌들이 만들어져야 한다.
78. 과학적 업적이 있는 연구는 연구의 질이나 분석이 부적당한 경우를 제외하고는 항상 출판을 위하여 제출되어야 하고 공적발표를 유보해서는 안 된다.

참고문헌

【 국내문헌 】

강근복. (2009). 정책분석 및 평가에서의 양적질적 연구의 혼합. 「정책분석평가학회보」, 19(4): 43-67.

강신택. (1998). 「사회과학 연구의 논리」. 서울: 박영사.

Earl Babbie, 고성호 외(역). (2007). 「사회조사방법론」. 서울: 톰슨코포레이션코리아.

권선필. (2006). 근거이론을 통해 재구성해 본 지방정부 하급 공무원의 혁신수용현상에 관한 해석과 함의. 「한국사회와 행정연구」, 16(4): 45-67.

권향원·최도림. (2011). 근거이론적 방법의 이론화 논리에 대한 이해. 「한국행정학보」, 45(1): 275-302.

권향원. (2016). 근거이론의 수행방법에 대한 이해. 「한국정책과학학회보」, 20(2): 181-216.

김렬. (2007). 「사회과학도를 위한 연구조사방법론」. 서울: 박영사.

김광웅. (2006). 「방법론강의」. 서울: 박영사.

김구. (2010). 온라인 및 오프라인 사회적 자본 형성에 대한 온라인 활동의 영향성 분석: 대학생을 중심으로. 「사이버커뮤니케이션학보」, 27(4): 1-43.

김구·한기민. (2012). 경찰조직의 사회적 자본이 조직성과에 미치는 영향. 「지방정부연구」, 15(4): 127-151.

김구. (2013). 지역정보화 연구경향 분석: 내용적 특징을 중심으로. 「한국지역정보화학회지」, 16(2): 1-25.

김경동·이온죽. (1998). 「사회조사연구방법」. 서울: 박영사.

김기원. (2005). 「사회복지조사론」. 서울: 나눔의 집.

Mason, J., 김두섭(역). (2002). 「질적 연구방법론」. 서울: 나남출판.

김미숙. (2006). 양적 방법과 질적 방법의 통합에 대하여. 「교육사회학연구」, 16(3): 43-64.

김병진. (2000). 「현대조사방법론」. 서울: 삼영사.

Polkinghorne, D., 김승현 외(역). (2003). 「사회과학 방법론」. 서울: 일신사.

김아영. (2000). 「관찰연구법」. 서울: 교육과학사.

김양분·강상진·유한구·남궁지영. (2003). 학교 교육수준 및 실태분석 연구: 고등학교. 「연구보고 RR 2003-16」, 한국교육개발원.

김영모. (1972). 「한국사회학」. 서울: 법문사.

김영석. (1999). 「사회조사방법론」. 서울: 나남출판.

김영종. (1999). 「사회복지조사방법론」. 서울: 학지사.

김영화 외. (2006). 「현장과 함께 생각하는 사회문제」. 서울: 삼우사.

김인호. (1992). 「경영학 연구방법론」. 서울: 창지사.

김지수·신경림. (1996). 「근거이론의 이해」. 서울: 한울아카데미.

김지원. (2015). 「정책평가론」. 서울: 한국방송통신대학교출판문화원.

김춘식·양승찬·이강형·황용석. (2012). 「신문의 제19대 국회의원선거 보도 내용분석」. 한국언론진흥재단.

Jones, C. O., 김해동(역). (1986). 「정책형성론」. 서울: 법문사.

김해동. (1997). 「조사방법론」. 서울: 법문사.

김해동·김광웅. (1999). 「행정조사론」. 서울: 한국방송대학교출판부.

김현철. (2000). 「표본의 추출과 분석」. 서울: 교육과학사.

김호정. (1998). 「사회과학 통계분석」. 서울: 삼영사.

김홍규. (1997). 「사회과학통계분석」. 서울: 나남출판.

Dunn, W. N., 나기산 외(역). (1998). 「정책분석론(제2판)」. 서울: 법문사.

남궁근. (1998). 「행정조사방법론」. 서울: 법문사.

남세진·최성재. (2003). 「사회복지조사방법론」. 서울: 서울대학교출판부.

노시평·박희서·박영미. (1999). 「정책학」. 서울: 학현사.

노화준. (1999). 「정책분석론」. 서울: 박영사.

노화준·정정길·김지원. (1996). 「행정계량분석」. 서울: 한국방송대학교출판부.

명승환·최영훈. (2002). 인터넷조사방법론의 가능성과 쟁점: 행정학회회원들에 대한 설문조사결과를 토대로. 「한국행정학보」, 36(2): 333-351.

문태현. (1993). 사회과학 방법론의 갈등과 이론선택의 합리성. 「대구·경북행정학회보」, 5: 73-89.

박도순. (2000). 「문항작성방법론」. 서울: 교육과학사.

박도순. (2004). 「질문지작성방법론」. 서울: 교육과학사.

박도순. (2006). 「척도법」. 서울: 교육과학사.

박동균. (2000). 「조사방법과 사회통계」. (사)정책분석평가사협회.

박용치. (2005). 인터넷 조사의 현황과 문제. 「한국행정학회 추계학술대회발표논문집」.

박용치 외. (2008). 「조사방법론」. 서울: 대영문화사.

박은정. (2000). 「생명 공학 시대의 법과 윤리」. 서울: 이화여자대학교출판부.

박종관 외. (2003). 「사회조사방법론」. 대구: 홍익출판사.

박희서 외. (2006). 「사회복지조사방법론」. 서울: 비앤엠북스.

Riffe, D., Lacy, S., Fico, F. G., 배현석(역). (2001). 「미디어 내용분석 방법론」. 서울: 커뮤니케이션북스.

백욱현. (2006). 「면접법」. 서울: 교육과학사.

성래경. (1999). 「표본조사방법론」. 서울: 자유아카데미.

Babbie, E., Rubin, A., 성숙진·유태균·이선우(역). (2001). 「사회복지조사방법론」. 서울: 나남출판.

소영일. (2001). 「연구조사방법론」. 서울: 박영사.

송근원 외. (2000). 「객관식 조사분석방법론」. 서울: 법문사.

송근원. (1978). 현대 사회문제의 성격 및 그 해결 방법의 특성. 「한국행정학보」, 12: 250-265.

신경림. (2001). 「근거이론의 단계」. 서울: 현문사.

신경림·김미영. (2003). 「근거이론 연구방법론」. 서울: 현문사.

Yin, R. K., 신경식·서아영(역). (2005). 「사례연구방법」. 서울: 한경사.

신민철. (2007). 「사회연구방법의 기초」. 서울: 창민사.

심준섭. (2006). 행정학 연구의 대안적 방법으로서의 방법론적 다각화(triangulation): 질적 연구방법과 양적 연구방법의 결합. 「한국행정학회 동계학술대회발표논문집」.

양정하 외. (2004). 「사회복지조사방법론」. 대전: 학현사.

오인환. (1998). 「사회조사방법론」. 서울: 나남출판.

오택섭. (1998). 「사회과학 데이터 분석법」. 서울: 나남출판.

유영호. (1998). 「설문조사법」. 서울: 자유아카데미.

Padgett, D. K., 유태균(역). (2005). 「사회복지 질적 연구방법론」. 서울: 나남출판.

윤견수. (2013). 경험의 의미와 질적 연구의 연구 과정. 「한국정책과학학회보」, 17(2): 163-200.

이경희. (2001). 「연구조사방법론」. 서울: 민영사.

이광자. (1979). 사회문제 개념정립의 소고. 「한국사회복지학」, 1: 9-17.

이관우. (1986). 「신조사방법론」. 서울: 형설출판사.

이군희. (2004). 「사회과학 연구방법론」. 서울: 법문사.

이용숙·김영천·이혁규·김영미·조덕주·조재식. (2005). 「실행연구방법」. 서울: 학지사.

이원훈. (2000). 「조사방법론 I · II」. 서울: 한국언론자료간행회.

이자은. (2019). 근거이론 연구방법을 통한 주민들의 참여의식 및 행태변화 분석: 장위동 도시재생사업 참여주민을 대상으로. 「국토계획」, 54(7): 24-41.

이종규. (2006). 「질적 연구방법론」. 서울: 교육과학사.

이종승. (2006). 「연구논문 작성법」. 서울: 교육과학사.

이종호. (2007). 과학에서 본 철학. 「철학과 현실」, 2007. 3. pp. 158-171.

이준형. (2004). 「조사방법론」. 서울: 대영문화사.

이지현·김광기·제갈정·유승현. (2018). 공공장소 음주규제 정책에 대한 시민반응. 「보건교육건강증진학회지」, 35(4): 53-63.

이지훈. (2000). 「사례연구방법」. 대전: 대경.

이해영. (1999). 「사회과학 연구방법론」. 서울: 학현사.

정광수. (2011). 과학적 세계관과 인간관. 「범한철학」, 60: 167-183.

참고문헌

정주택 외. (2007). 「정책평가론」. 서울: 법문사.

정충영·최이규. (1998). 「SPSSWIN을 이용한 통계분석」. 서울: 무역경영사.

조영달. (2005). 「제도공간의 질적연구 방법론」. 서울: 교육과학사.

채구묵. (2005). 「사회복지조사방법론」. 서울: 양서원.

채서일. (2005). 「사회과학조사방법론」. 서울: 비앤엠북스.

선희. (1996). 사회과학 연구방법론의 재정립을 위한 개념적 접근: 질적·양적 방법을 중심으로. 「교육학연구」, 34(5): 281-297.

천성수·박종순. (2000). 「사회과학 조사분석론」. 서울: 아시아미디어 리서치.

최귀순. (2005). Strauss와 Glaser의 근거이론방법론 비교. 「정신간호학회지」, 14(1): 82-90.

최성재. (2005). 「사회복지조사방법론」. 서울: 나남출판.

최종후·윤성채. (2001). 「사회조사분석」. 서울: 세창출판사.

최흥석·홍성만·주경일. (2003). 사회적 갈등의 근거 이론적 이해. 「한국행정학보」, 37(4): 169-191.

한국사회학회(편). (1999). 「SPSS 사회조사분석」. 서울: 고려정보산업.

Rea, L. M., 한국통계학회 조사통계연구회(역). (1996). 「통계조사방법」. 서울: 자유아카데미.

한승준. (2000). 「사회조사방법론」. 서울: 대영문화사.

허재윤. (1980). 철학과 과학의 관계. 「철학연구」, 30·31: 93-129.

홍두승. (2000). 「사회조사분석(제3판)」. 서울: 다산출판사.

홍성열. (2004). 「연구방법론」. 서울: 시그마프레스.

【 외국문헌 】

Ackoff, R. L. (1962). Scientific Method. New York: John Wiley & Sons.

Almalki, S. (2016). Integrating Quantitative and Qualitative Data in Mixed Methods Research-Challenges and Benefits. *Journal of Education and Learning*, 5(3): 288-296.

Argyris, C., Putnam, R., & Smoth, D. M. (1985). *Action Science*. San Francisco: Jossey-Bass.

Athens, Lonnie. (1992). *The creation of dangerous violent criminals.* Urbana: University of Illinois Press.

Babbie, Earl R. (1992). *The Practice of Social Research*(6th ed.). Belmont, California: Wadsworth Publishing Co.

Baker, Therese L. (1988). *Doing Social Research.* New York: McGraw-Hill.

Berg, B. L. (2004). *Qualitative Research Methods for The Social Sciences*(5th ed.). Boston: Pearson Education, Inc.

Blak, James A. & Champion, Dean J. (1976). *Methods and Issues in Social Research.* New York: John Wiley & Sons.

Blaikie, N. (2010). *Designing Social Research*(2ed.). Malden, MA: Polity Press.

Bredemeier, H. C. & Toby, J. (1960). *Social Problems in America.* New York: Willey.

Burrell, G. & Morgan, G. (1979). *Sociological Paradigms and Organizational Analysis.* London: Heineman.

Campbell, D. T. & Stanley, J. C. (1963). *Experimental and Quasi-Experimental Designs for Research.* Boston: Houghton Mifflin.

Carmines, E. G. & Zeller, R. A. (1980). *Measurement in the Social Science: The Link Between Theory and Data.* Cambridge, Mass.: Cambridge Univ. Press.

Carmines, E. G. & Zeller, R. A. (1979). *Reliability and Validity Assessment.* Beverly Hills, CA: Sage.

Christensen, Larry B. (1988). *Experimental Methodology*(4th ed). Boston: Allyn & bacon Inc.

Cook, Thomas D. & Campbell, Donald T. (1979). *Quasi-Experimental Designs for Research.* Boston: Houghton Mifflin Company.

Cortazzi, M. (1993). *Narrative Analysis.* London: Falmer Press.

Creswell, D. R. (2002). *Educational Research.* Upper Saddle River, NJ.: Merrill, Prentice Hall.

Creswll, J. W. (1994). *Research Design: Qualitative & Quantitative Approaches.* Thousand

Oaks, California: Sage Publications, Inc.

Denscombe, M. (1998). *The Good Research Guide.* Buckingham, UK: Open University.

Doby, J. T. (1967). *Concepts and Theories.* In An Introduction to Social Research(ed.). Doby, J. T. New York: Appleron-Century-Crofts.

Dooley, D. (2001). *Social Research Methods*(4th ed.). New Jersey: Prentice Hall, Inc.

Cooper, H. (2010). *Research Synthesis and Meta-Analysis*(4th ed.). Thousand Oaks, CA: Sage Publications.

Dunn, William N. (1994). *Public Policy Analysis: An Introduction*(2nd ed.). Englewood Cliffs, New Jersey: Prentice-Hall.

Durant, W. (1991). *Story of Philosophy: The Lives and Opinions of the World's Greatest Philosophers.* Pocket. http://en.wikipedia.org/wiki/Philosophy

Fink, A. (1998). *Conducting Research Literature Review.* Thousand Oaks, CA: Sage.

Fowler, Floyd J. (1984). *Applies Social Research Methods Series.* Survey Research Methods. Vol. 1, Beverly Hills, CA: Sage.

Frankfort-Nachmias, C. & Nachmias, D. (1996). *Research Methods in the Social Sciences*(5th ed.). New York: St Martin's Press.

Galtung, J. (1967). *Theory and Methods of Social Research.* London: George Allen & Unwin Ltd.

Gagne, Patrica. (1996). *Identity, strategy, and feminist politics: Clemency for battered women who kill.* Social problems, 43: 77-93.

Geuss, R. (1981). *The Idea of Critical Theory: Habermas and the Frankfurt School.* Cambridge: Cambridge University Press.

Gibbs, J. (1972). *Sociological Theory Construction.* Hinsdale, Ill.: Dryden Press.

Gibson, W. J. & Brown, A. (2009). *Working with Qualitative Data.* Thousand Oaks, CA: Sage Publications.

Gill, J. & Johnson, P. (1997). *Research Methods for Managers.* London: Paul Chapman.

Gillmor, D. (1997). *Nader May Be the True Microsoft Threat.* 27 October. http://www.computerworld.com. 23 November 2001.

Glaser, B. G. & Strauss, A. (1967). *The Discovery of Grounded Theory: Strategies for Qualitative Research.* Chicago: Aldine.

Glaser, B. G. (1992). *Emergence vs. Forcing: Basics of Grounded Theory Analysis.* Mill Valley, CA: Sociology Press.

Goode, William J. & Hatt, Paul K. (1981). *Methods in Social Research.* Singapore: McGraw-Hill International Editions.

Hempel, C. G. (1952). Fundamental of Concept Formation in Empirical Science. *International Encyclopedia of Unified Science,* 2: 7. Chicago: The University of Chicago Press.

Henn, M., Weinstein, M., & Foard, N. (2009). *A Critical Introduction to Social Research*(2ed). Thousand Oaks, California: SAGE Publications Ltd.

Hicks, Charles R. (1973). *Fundamental Concepts in the Design of Experiments.* New York: Holt, Rinehart & Winston.

Hollis, M. (1994). *The Philosophy of Social Science: An Introduction.* Cambridge: Cambridge University Press.

Holsti, O. R. (1969). *Content Analysis for the Social Science and Humanities.* Reading, MA: Addison-Wesley.

James, K. R., Mulaik, S. A. and Brett, J. M. (1982). *Causal Analysis: Assumptions, Models and Data.* Beverly Hills, CA: Sage.

Kaplan, David. (2004). *The Sage Handbook of Quantitative Methodology for the Social Science*(ed.). California: Sage Publications.

Kaplan, A. (1964). *The Conduct of Inquiry.* San Francisco, California: Chandler Publishing Company.

Katzer, J., Cool, K. H., & Crouch W. W. (1991). *Evaluating information: A guide for user of social science research*(3rd ed.). New York: MeGraw Hill.

Kenny, D. A. (1979). *Correlation and Causality.* New York: John Wiley.

Keppel, Geoffrey. (1982). *Design and Analysis.* New Jersey: Prentice-Hall.

Kerlinger, F. N. (1986). *Foundations of Behavioral Research*(3rd ed.). New York: CBA Publishing.

Kilmann, R. H. & Mitroff, I. I. (1977). *Defining Real-World Problems: A Socal Science Approach.* Unpublished manuscript, Graduate School of Business, University of Pittsburgh.

Kockelmans, J. J. (1973). *Theoretical Problems in Phenomenological Psychology.* In Maurice Natanson(ed.). Phenomenology and the Social Science. 1: 246.

Kraska, Peter B., & Victor E. Kappeler. (1997). *Militarizing American police: The rise and normalization of paramilitary units.* Social Problems, 44: 1-18.

Kuhne, G. W. & Quigley, A. (1997). Understanding and Using Action Research in Practice Settings. *New Directing for Adult and Continuing Education,* 73(Spring): 23-40.

Layder, D. (1993). *New strategies in social research.* Cambridge, MA: Polity.

Lecompte, M. & Preissle, J. (1993). *Ethnography and Qualitative Design in Educational Research.* London: Academic Press.

Lee, T. W. (1999). *Using Qualitative Methods in Organizational Research.* Thousand Oaks, CA: Sage.

Lin, Nan. (1976). *Foundations of Social Research.* New York: McGraw-Hill.

Lincoln, Y. S & Guba, E. G. (1985). *Naturalistic Inquiry.* Beverly Hills, CA: Sage.

Lipsey, M. A. & Wilson, D. B. (2001). *Practical Meta-Analysis.* Thousand Oaks, CA: Sage.

Lock, K. (1996). Rewriting the Discovery of Grounded Theory After 25 Years?. *Journal of Management Inquiry,* 5(3): 239-246.

Marshall, C. & Rossman, G. B. (1999). *Designing Qualitative Research*(3rd ed.). Thousand

Oaks, California: Sage Publications, Inc.

Mason, J. (2002). *Qualitative Researching*(2ed.). Thousand Oaks, California: Sage Publications, Inc.

Mayer, Robert R. & Greenwood, Ernest. (1980). *Design of Social Policy Research.* N.J.: Prentice-hall.

McNabb, D. E. (2002). *Research Methods in Public Administration and Nonprofit Management.* Armonk, New York: M.E. Sharpe.

Mctavish, D. & Loether, H. (1999). *Social Research.* Addison-Wesley Educational Publisher, Inc.

Merriam, S. B. (1988). *Case study research in education: A qualitative approach.* San Francisco: Jossey-Bass.

Miles, M. B. & Huberman, M. (1984). *Qualitative Data Analysis: A Sourcebook of New Methods.* Beverly Hills, CA: Sage.

Miller, G. J. & Whicker, M. K. (1999). *Handbook of Research Methods in Public Administration*(ed.). Madison Avenue, New York: Marcel Dekker, Inc.

Miller, S. I. & Fredericks, M. (1996). *Qualitative Research Methods: Social Epistemology and Practical Inquiry.* New York: Lang.

Mitroff, I. I. & Kilmann, R. H. (1978). *Methodological Approaches to Social Science.* California: Jossey-Bass, Ins., Publishers.

Nachmias, David & Nachmias, Chava. (1987). *Research Methods in the Social Science*(3rd ed.). New York: ST. Martin's Press.

Neuman, W. L. (2000). *Social Research Method: Qualitative and Qualitative Approaches*(4th ed.). MA.: Allyn and Bacon.

Neuman, W. L. & Wiegand, B. (2000). *Criminal Justice Research Methods.* MA.: Allyn and Bacon.

O'Sullivan, Elizabethan & Rassel, Gary R. (1989). *Research Methods for Public Administrations.* New York: Longman.

Ott, W. (1978). *Environmental Indices: Theory and Practice.* Ann Arbor Science Publishers Inc., Ann Arbor, MI.

Patton, M. Q. (1984). *How to use qualitative methods in evaluation.* Newburry Park, Cal.: Sage Publications. Inc.

Piantanida, M. & Garman, N. B. (1999). *The Qualitative Dissertation.* Thousand Oaks, CA: Sage.

Pofi, J. A. D. (2002). Organizational diagnostics: integrating qualitative and quantitative methodology. *Journal of Organizational Change Management,* 15(2): 156-168.

Popper, K. (1934). *The Logic of Scientific Discovery.* London: Hutchinson and Co.

Potter, J. & Wetherell, M. (1994). Analyzing Discours. In Bryman, A. & Burgess, R. B(ed.). *Analyzing Qualitative Data.* 47-66. London: Routledge.

Punch, K. F. (2000). *Developing effective research proposals.* London: Sage Publications.

Puri, Harish K., Paramjit S. Judge, & Jagroop S. Sekhon. (1997). Terrorism in Punjab: Understanding reality at the grass-roots level. *Journal of Sociology,* 18: 37-59.

Quinton, A. (1996). Philosophy. In Ted Honderich(ed.). *The Oxford Companion to Philosophy.* http://en.wikipedia.org/wiki/Philosophy

Raelin, J. A. (1997). Action Learning and Action Science: Are They Different? *Organizational Dynamics,* 26(1): 21-35.

Reid, J. B. (1982). Observer training in naturalistic research. In Donald P. Hartmann(ed.). *Using observers to study behavior,* San Francisco: Jossey-Bass., Publishers.

Reynolds, P. D. (1979). *Ethical Dilemmas and Social Science Research.* San Francisco: Jossy-Bass.

Ridley, D. (2008). *The Literature Review.* Thousand Oaks, CA: Sage Publications.

Rubin, Alien & Babbie, Earl. (1989). *Research Methods for Social Work.* Belmont, California: Wadsworth Publishing Co.

Schmuck, R. A. (1997). *Practical Action Research for Change.* Arlington Heights, IL: SkyLight.

Seale, C., Gobo G., Gubrium, J. F. & Silverman, D(ed.). (2004). *Qualitative Research Practice. London:* Sage Publications.

Sekaran, U. (2003) *Research Methods for Business: A skill Building Approach*(4th ed.). USA: John Wiley & Sons, Inc.

Selltiz, C., Wrightman, L. S. & Cook, S. W. (1976). *Research Methods in Social Relation*(3rd ed)., New York: Holt, Rinehart and Winston.

Small, S. A. (1995). Action-Oriented Research: Models and Methods. *Journal of Marriage and the Family,* 57(4): 941-956.

Smelser, Neil J.(1976). *Comparative Methods in the Social Science.* Englewood Cliffs, New Jersey: Prentice-Hall, Inc.

Sproull, N. L. (1988). *Handbook of Research Methods.* Metuchen, NJ: Scarecrow Press.

Strauss, A. & Corbin, J. (1998). *Basis of Qualitative Research: Techniques and Procedures for Developing Grounded Theory*(2ed.). Thousand Oaks, CA: Sage.

Tashakkori, A. & Teddle, C. (1998). *Mixed methodology.* London: Sage.

White, J. D. (1986). On the growth of Knowledge in Public Administration. PAR, 46(1).

Yin, R. K. (2009). *Case Study Research.* Thousand Oaks, CA: Sage Publications.

Zeller, Richard A. & Carmines, Edward G. (1980). *Measurement in the Social Science.* Cambridge Univ. Press.

찾아보기

찾아보기

ㅂ

ㅅ

찾아보기

찾아보기

ㅊ

찾아보기

저자 소개

김 구

- 조선대학교 대학원 행정학 박사
- 학술연구교수(한국연구재단 선정)
- 한국행정학회 · 한국정책학회 · 한국정부학회 · 한국정책과학학회 · 한국공공관리학회 편집위원 역임
- 한국정책학회 ICT융합특별위원회 이사('18년)
- 한국지역정보화학회 부회장 및 편집위원 역임
- 행정안전부 지방자치단체 합동평가단 평가위원 역임
- 행정자치부 정부3.0 전문강사 및 평가위원 역임
- 강원도 정부3.0 자문위원 역임
- 국가직 5급 · 7급 · 9급 공무원 시험위원 역임
- 현재 국립 강릉원주대학교 자치행정학과 교수

강의분야: 연구방법론(계량분석), 정책분석 및 평가, 전자정부(지식정부)

연구분야: 정보화 및 전자정부, 혁신관리 및 지식관리(지식행정)

저자와의
협의하에
인지생략

사회과학 연구조사방법론:
양적연구와 질적연구의 접근 [제3판]

2008년 8월 20일 초판 발행
2011년 8월 26일 2 판 발행
2020년 6월 22일 3 판 인쇄
2020년 7월 1일 3 판 1 쇄 발행

저 자: 김 구
발행인: 정광식
발행처: **비앤엠 북스**
서울특별시 금천구 가산디지털1로 70 B1-103
등 록 2004. 12. 29. / 제313-2004-00298호
전 화 2627-5710~13, 팩스 2627-5720
홈페이지 www.대학교재.net
이 메 일 bnmbook@daum.net

가격 33,000원 ISBN 978-89-6821-111-9